Otto em seu escritório: era ali que suas crônicas tomavam forma [1989].

O autor e sua noiva, Helena, na avenida Afonso Pena, em Belo Horizonte [1947].

Com amigos de vida inteira, personagens habituais de suas crônicas: Com Hélio Pellegrino, Paulo Mendes Campos e Fernando Sabino [década de 1980].

Vinicius de Moraes e Nelson Rodrigues [da esquerda para a direita] com o jovem repórter OLR [década de 1950].
O poeta e o dramaturgo — ambos mortos em 1980 — aparecem em evocativos textos neste livro.

O autor com Pedro Nava, o dublê de médico e escritor que, na década de 1970, irrompeu na literatura brasileira com seus caudalosos [e fundamentais] livros de memórias [1983].

OLR na redação da *Folha de S.Paulo* com os jornalistas Gilberto Dimenstein e Matinas Suzuki no período em que mantinha sua crônica diária na página 2 do jornal.

Com o retrato da amiga Clarice Lispector.

Selo em homenagem a OLR,
cuja correspondência, em volume, só se compara à de Mário de Andrade.

Ricardo Carvalho [jornalista], Otto e Rubem Braga,
o autor que definiu a crônica como a conhecemos [1988].

Bom dia para nascer

Bom dia para nascer

Otto Lara Resende

CRÔNICAS PUBLICADAS NA *FOLHA DE S.PAULO*

Seleção e posfácio Humberto Werneck

COMPANHIA DAS LETRAS

Copyright © 2011 by herdeiros de Otto Lara Resende
Copyright do posfácio © 2011 Humberto Werneck
Todos os direitos reservados

Grafia atualizada segundo o Acordo Ortográfico da Língua Portuguesa de 1990, que entrou em vigor no Brasil em 2009.

Capa e projeto gráfico
Mariana Lara

Foto da quarta capa
Autor desconhecido/ Coleção Otto Lara Resende/
Acervo Instituto Moreira Salles, Rio de Janeiro, 1992

Preparação
Jacob Lebensztayn

Revisão
Huendel Viana
Luciane Helena Gomide

Dados Internacionais de Catalogação na Publicação (CIP)
(Câmara Brasileira do Livro, SP, Brasil)

Resende, Otto Lara, 1922-1992
Bom dia para nascer : crônicas publicadas na *Folha de S.Paulo* /
Otto Lara Resende; seleção e posfácio Humberto Werneck — São Paulo :
Companhia das Letras, 2011.

ISBN 978-85-359-1994-3

1. Crônicas brasileiras 2. Resende, Otto Lara, 1922-1992 3. Folha
de S.Paulo I. Werneck, Humberto. II. Título.

11-12254   CDD-869.93

Índice para catálogo sistemático:
1. Crônicas jornalísticas : Literatura brasileira   869.93

[2011]

Todos os direitos desta edição reservados à
EDITORA SCHWARCZ LTDA.
Rua Bandeira Paulista, 702, cj. 32
CEP 04532-002 • São Paulo • SP
Tel 11.3707-3500 • Fax 11.3707-3501
www.companhiadasletras.com.br
www.blogdacompanhia.com.br

*Este tipo de revisita dói muito
antigamente agora*

Otto Lara Resende

sumário

ESSE CÓDIGO SERENO [p. 13]

Bom dia para nascer [14] O outro foi melhor [15] O que diz o vento [17] Bola murcha [18] Almoço em família [20] Tempo de esquecer [21] O calo da velhice [22] A velhice do bebê [24] Iniciação à mouquice [25] Calma, isso passa [27] Este seu olhar [28] Fazer e lazer [30] Acordo e concordância [31] As vivas folhas mortas [33] Sermãozinho de Cinzas [34] Pega ou não pega [36] As bodas e o bode [37] Intimidades públicas [39] Bicicletai, menina-da! [40] Humor, amor [42] Humor, mau humor [43] A graça de esquecer [45] Esse código sereno [46] Torto e engraçado [48] Linha cruzada [49] O olho e o seu rabo [51] A rua, a fila, o acaso [52] Gostinho do risco [54] Cota zero [55] Cota zero [57] Peritos e falsários [58] O enigma do Collor [60] Convém tirar a limpo [61] Timbrada, mas falsa [63] De boca em boca [64] Nossa rica virtude [65] Isonomia por baixo [67] A flor no asfalto [68] Outra fachada [70] Leitura da barba [71] Saudade imperial [73] Réquiem para dois rapazes [74] Asmáticos e asmólogos [76] Sufoco hipersensível [77] Os poetas se retiram [79] Festa, com brisa [80] Entreato chuvoso [81] Turista, mas secreto [83] Carioca da gema [85] Mas dá pra curtir [86] Verão, capital Rio [87] Chuva, chave, pastel [89] Mistério em Copacabana [90] Mudamos e não mudamos [92] Manjedoura carioca [93] O primeiro tiro [95] Os bons espíritos [96] Simples quebra-galho [98] Vamos pela ordem [99] Galho de peripécias [101] O amorável pequinês [102] Bons companheiros [104] Morrer de mentirinha [105] A morte e a morte do poeta [107]

A CHAVE DO MISTÉRIO [p. 109]

A chave do mistério [110] De ouro, de chumbo [111] O que diz o mar [112] Degredo moderno [114] Os casais hoje e ontem [115] Na penumbra, a luz [117] Apenas um casal [118] A moda de casar [120] Vista cansada [121] Cinto, vara, açoite [123] Nênia para uma menina [124] Está tudo gravado [126] Nossa alada segurança [127] Anjo: precisa-se [129] Quem chora o quê [130] O futuro pelas costas [132] Sombras de agosto [133] Agosto recomposto [135] Abusão e palpite [136] Quem é o doido [138] Siga a seta

[139] O teste da rosa [141] Solução onírica [142] Nova, com licença [144] Aventura na serra [145] Uma pesquisa científica [146] Jogando sério [148] Cristina, cadê você? [149] Olá, iniludível [151]

EPIDEMIA POLISSILÁBICA [p. 153]

Colisão poética [154] A Taís de ontem e de hoje [155] Privilégio de carteirinha [157] Onomatomancia, talvez [158] Silvas, os ilustríssimos [160] Ilhas ou avenidas [161] Catacisco e Ciscorina [163] Criança e Colombo [164] Dever de casa [166] A princesa e o padeiro [167] A graça de Aninha [169] Nome de pia e outros [170] Asioc ed odiod [172] Hora do anagrama [173] Epidemia polissilábica [175] A gracinha dos graffitti [176] Problemão sem solução [178] O palavrão do general [179] A universal banana [181] Facada e tiro [182] Uma letra e suas voltas [183] Boatólogos e boateiros [185] Arcaísmo e esparadrapo [186] Boca, nariz e tabu [188] Palavras que ofendem [189] Questão de traje [191] Palavras inventadas [192] Doidos são os outros [194] Nós, os poluidores [195] Antiguidade, só nova [197] A mulher do sapateiro [198] Homero e eu [200] Escanção e luas [201] Belo nome de sábio [203] Uma letra maldita [204] O susto de volta [206]

AMIGOS ESCRITOS [p. 209]

Chegamos juntos ao mundo [210] O jovem poeta setentão [211] Conte tudo, Jorge [213] Nelson: hoje, ontem [214] A república e o golfo [215] Coitada da onça [217] Começo de uma fortuna [218] Claricevidência [220] Astúcia, sorte e blefe [221] Seus amigos e seus bichos [223] Rapazes ontem e hoje [224] Eu sou mais o Rodrigo [226] O amigo perfeito [227] Confidência e indiscrição [229] Cartear é bem melhor [230] Amigos escritos [232] Cartinha de amor brasílico [233] Perigo do símbolo [235] Mozart está tristíssimo [236] Um escritor, uma paixão [238] Não traiam o Machado [239] Inocente ou culpada [241] Capitu e o meu ônfalo [242] Se mais houvesse [244] A defunta, como vai? [245] Azuis, verdes, castanhos [247] O poeta e os seus olhos [248] Sina de poeta [250] Há dez, vinte anos [251] Quanto vale o poeta [253] Este ambiente hoje [254] Deixem o tigre em paz [256] O pastel e a crise [257] Um ano de ausência [259] Sangue de jabuticaba [260] A força do contraste [262] Lição de liberdade [263] A mestra e o menino [265] De barro ou de ouro [266] Uma estação catalã [268] Cordiais, mas cruéis [269] Versão e intuição [271] Tudo é e não é verdade [272] Brasileiro? Só com fiador [274] Como seria, se não fosse [275] Dona Chiquinha [277] O galo, o João e o Manuel [278] Galo, pomba e poetas [279] Poeta do encontro [281] Fim da alucinação [282] Eu sou o vagabundo [284] Os dez mais lá e cá [285] A maldição da poesia [287] Adolescência revisitada [288] Arte de inquietar [290] Quem vê cara [291] A farsa do sequestro [293] Graça e desgraça [294] O arroz da raposa [296]

A invencível utopia [p. 299]

O jeitão dele [300] Um certo jeito de ser [301] Brasileiro: o que é [302] Sonetos e jabuticabas [304] O poeta e o marechal [305] Também já estive lá [307] A morte da pena [308] Outro dia, há trinta anos [310] Ao cair da tarde [311] Nuvem de perplexidade [313] Jânio [314] Uma voz, um testemunho [316] Fascinante torvelinho [317] O começo da novidade [319] San(to) ou demônio [320] Isto cansa, mas assusta [322] A impossível tradução [323] A restrição mental [325] O direito no sufoco [326] O cortejo e a mentira [328] Direto à fonte [329] Direito ao tédio [331] O escambo de volta [332] Papéis trocados [333] Esse Brasil? Sumiu! [335] Mas é coisa nossa [336] Caminho de volta [338] Suspense carioca [339] Ontem, hoje, amanhã [341] A caixa-preta [342] O show piorou [344] A chapa e a operação [345] Símbolo augusto de quê? [347] Falam as cores [348] O melhor é ser mineiro [350] Às vezes, pega [351] O mestre do inglês [353] Adeus a um companheiro [354] Convém não esquecer [356] Filha, mas personagem [357] Fantasia de onipotência [359] Quem ri primeiro [360] Nós, mentirosos [362] Saudades de Sodoma [363] Uma época, um herói [365] A sua vida continua [366] Ao parto, minha gente [368] A invencível utopia [369] Homem bom de verear [370] A bruxa do poeta [372] Águia na cabeça [373]

santa jumentalidade [p. 377]

A vaca de Ipanema [378] Olhe debaixo da cama [379] Brasileiros de prestígio [380] Preguiça e inteligência [382] Rosa, tatu e urubu [383] Onça, tatu, Light não [385] O tatu brasileiro [386] Desamarraram o bode [388] Bodes e botas [389] Nosso irmão caluniado [391] Santa jumentalidade [392] Asno, cão e burrice [394] O sal da autoridade [395] Bem-vindo ao nosso calor [396] Bom para o sorveteiro [398] A solidão proibida [399] Garças e ministros [401] Volte, Zano [402] Fuga do borralho [404] A chave do sonho [405] Lágrimas e risos [407] O passarinho do diabo [408] Rãs, fuinhas e morcegos [410] Ronco perfumado [411] Defesa do elefante [413] Atração e repulsa [414] Viagem etimológica [416]

POSFÁCIO

OTTO CRONISTA: HUMOR E COMPAIXÃO, Humberto Werneck [419]
CRÉDITOS DAS IMAGENS [431]

ESSE CÓDIGO SERENO

Bom dia para nascer

01/05/1991

Eu não tinha a intenção de dizer logo assim de saída. Mas já que a *Folha* me entregou, confesso que sou mesmo antigo. Modelo 1922. Ano do Centenário da Independência, da Semana de Arte Moderna, do Tenentismo, da fundação do Partido Comunista, da inauguração do rádio etc. Suspeito que só eu e o rádio estamos funcionando neste mundo povoado de jovens. Mas juventude tem cura. Eu também já fui jovem. É só esperar.

Bem mais antiga é a origem do Dia do Trabalho. Começou em 1886, com a greve de Chicago. A polícia, claro, compareceu. Resultado: onze mortos — quatro operários e sete policiais. Primeiro e último escore a favor do trabalho. Três anos depois, em 1889, lembrando Chicago, os socialistas em Paris inventaram o Dia do Trabalho.

A data chegou depressa ao Brasil, mais subversiva do que festiva: em 1893. A recente República baixou o pau. Vem de longe o axioma: a questão social é uma questão de polícia. Só em 1938 surgiu aqui, oficial, o Dia do Trabalho. Também dia do pelego e do culto à personalidade do ditador. Em 1949, finalmente, a data virou lei. Lei e feriado.

Mês de Maria, mês das noivas, mês de flor-de-maio, maio sugere pureza e céu azul. "Só para meu amor é sempre maio" — cantou o primeiro poeta, o Camões. Um dos últimos, Drummond, escreveu uma "Carta aos nascidos em maio". Viu neles uma predestinação lírica, a que chamou "o princípio de maio".

Em maio, e no dia 1º, nasceram José de Alencar (1829) e Afonso Arinos (1868). Dois escritores, dois verdes. O indianista e o sertanista. Ambos enfática e ecologicamente brasileiros. Não

[14]

será mera coincidência a data da certidão de nascimento do Brasil. A carta de Pero Vaz de Caminha é de 1º de maio de 1500. Como o Brasil também é Touro, está difícil de pegá-lo à unha. Mais poeta que escrivão, Caminha foi o primeiro ufanista. Também pudera: em 1500 tudo ainda estava por ser destruído.

Só depois chegaram a inflação, a corrupção e a dívida externa. Há dez anos, em 1981, para celebrar o Dia do Trabalho, houve a explosão do Riocentro. Planejada em segredo, ao contrário da implosão de ontem em São Paulo, vem agora a furo a farsa do inquérito militar. Dá até vergonha de ser brasileiro. Maio, porém, está aí. 1º de maio: bom dia para começar. Ou recomeçar.

·····

O outro foi melhor

11/07/1991

Hoje é dia de eclipse. Como a natureza é pontual, o espetáculo tem hora para começar e acabar. Não quero contar vantagem, mas tenho alguma experiência no ramo. Acompanhei como repórter o eclipse de 7 de maio de 1947. Sem falsa modéstia, posso dizer que cobri o eclipse. E não foi um eclipsezinho qualquer, não. Foi um senhor eclipse, muito mais falado e comentado do que o de hoje.

A guerra tinha acabado havia dois anos e estava no ar uma porção de teorias novas e inovadoras que era preciso tirar a limpo. Nada como o escurinho do eclipse para raiar a luz da verdade científica. Se dependesse do Departamento de Estado ou do FMI, o eclipse, esse de 1947, seria visível só em Washington. Mas o Tru-

[15]

man, que era o presidente americano, teve de se curvar diante do Brasil. Do Brasil, não; diante de Minas Gerais.

Ou melhor, e talvez seja o caso de dizer ou pior: diante de Bocaiúva. Pois era lá em Bocaiúva que se podia ver o eclipse com o maior conforto. Deve ter sido coisa do Alkmin, que era de Bocaiúva e fazia tudo para prestigiar a sua obscura cidade. Ora, nada como um eclipse para trazê-la à luz do sol. O Henfil era menino e morava lá. Anos depois escreveu sobre o acontecimento que marcou a sua infância. Um monte de cientistas se juntou em Bocaiúva para espiar o eclipse e conferir com o que dizia o Einstein.

Tinha cientista de todo lado, da União Soviética e dos Estados Unidos. Os russos eram barbudos e calados. Impunham respeito como sabichões. Entre os repórteres, estava o José Guilherme Mendes, que fala russo. Mas o eclipse vinha classificado como *top secret*. Todo mundo na moita. Estava também o Paulo Mendes Campos, para vocês verem como esse eclipse era importante. De volta ao Rio, escrevi que o eclipse tinha me parecido um elefante de circo. Triste como um paquiderme obrigado a fazer gracinha. A metáfora era ousada, mas agradou.

O povo de Bocaiúva ficou apavorado. Desde a Antiguidade que eclipse assusta muito e é tido como sinal de mau agouro. Por via das dúvidas, convém bater na madeira. E vejam só: voltamos num avião militar americano, que sofreu um acidente. Vítima, meu retrato saiu nos jornais. Disseram que sofri perda de substância. De fato quebrei a cabeça, mas nunca soube que substância é essa. Sinto, porém, que me faz muita falta.

· · · · ·

O que diz o vento

07/10/1991

Para o Brasil chegar afinal ao Primeiro Mundo só falta vulcão. Uns abalozinhos já têm havido por aí, e cada vez mais frequentes. Agora passa por Itu esse vendaval, com tantas vítimas e tantos prejuízos a lastimar. Alguns jornais não tiveram dúvida: ciclone. Ou tornado, quem sabe. Deve ser coisa do *el niño*, um fenômeno que vem pelo mar lá do Pacífico, bate nos Andes, provoca o degelo e uma sequela de cataclismos que passam pelo Brasil.

Não sei o que é pior, se furacão ou vulcão. Pior mesmo, porque conheço, é tremor de terra. Estava em Lisboa com o Vinicius de Moraes quando aconteceu o terremoto de 1968. Palavra que achei que era contra mim pessoalmente. Veio até com dois *tt*. Assim: *terremOtto*. Quando estive no Japão com o Cláudio Mello e Souza fomos perseguidos por um tufão. Mas japonês dá jeito em tudo. O voo atrasou e voltamos a Tóquio numa boa.

Shelley que me desculpe, mas vento me dá nos nervos. Desarruma a gente por dentro. Mas, em matéria de vento, poeta tem imunidades. Manuel Bandeira associou à canção do vento a canção da sua vida. O vento varria as luzes, as músicas, os aromas. E a sua vida ficava cada vez mais cheia de aromas, de estrelas, de cânticos. O contrário do ventinho ladrão. Sabe como é que se chama vento? Com três assobios. Ou soprando num búzio. Também funciona se você invocar são Lourenço, que é o dono do vento.

Fúria dos elementos, símbolo da instabilidade, o vento é ao mesmo tempo sopro de vida. Uma aragem acompanha sempre os anjos. E foi o vento que fez descer sobre os apóstolos as línguas de fogo do Espírito Santo. Destruidor e salvador, com o vento renasce a vida, diz a "Ode to the West Wind", de Shelley. No inverno só um poeta romântico entrevê o início da primavera. Divindade para os gregos, o vento inquieta porque sacode a apatia e a estagnação.

Com esse poder de levar embora, suponhamos que uma lufada varresse o Brasil, como na canção do Manuel Bandeira. Que é que esse vento benfazejo devia levar embora? Todo mundo sabe o mundo de males que nos oprime nesta hora. Deviam ser varridos para sempre. Se vento leva e traz, se vento é mudança, não custa acreditar que, passada a tempestade, vem a bonança. E com ela, o sopro renovador — garante o poeta. A casa destelhada, a destruição já começou. Vem aí a reconstrução.

·····

Bola murcha

18/07/1991

Em matéria de futebol, costumo dizer que sou Botafogo desativado. Suspeito que estou assim antes de se desativar o próprio Botafogo. Aliás, hoje ninguém me pergunta qual é o meu time. Me perguntam qual o meu signo. Touro. Sou de Touro e logo sabem que sou. Nos dias que correm, e agora correm que nem o Senna, brasileiro acredita mais em horóscopo do que em carteira de identidade.

Quando o Maurinho Branco assaltou minha casa e não roubou muito, mas roubou tudo, esquecemos de lhe perguntar qual era o seu signo. Se ele fosse de Touro, ia começar um diálogo assim: "Ô meu irmão, desculpe, também sou Touro". E daí acabávamos descobrindo que temos um mesmo ascendente (astrológico, claro), ele tomava um cafezinho e se despedia como um cavalheiro. Iria assaltar alguém de Áries.

[18]

O Nelson Rodrigues, que sabia, mas não enxergava quem era a bola, dependurou as chuteiras no céu. As chuteiras já não são imortais. O João Saldanha foi cobrir a Copa na Itália e de lá tomou rumo ignorado. Gosta muito de viagem e de aventura, o João. Nem sequer almoçou comigo no Final do Leblon, como tinha prometido. O Sandro Moreyra entrou vivo num hospital e saiu morto. Estou sempre me perguntando por que diabo chamam hospital de *casa de saúde*. Há anos que o Armando Nogueira parou de escrever "Na grande área". A coluna do Cláudio Mello e Souza sumiu.

Aí é que desanimei de vez. O meu futebol era muito mais lido do que assistido. Em 1958 eu morava em Bruxelas e vi o delírio que o Brasil despertava. Pelé e Garrincha eram a dupla de mais cartaz no mundo. Nem os Beatles, que eram quatro e tiveram o cuidado de aparecer depois, lhes chegavam aos pés. No polo Norte, em 1965, vendo o sol da meia-noite, um esquimó me pulou no pescoço na maior alegria e agitação.

Só depois vim a saber a razão. Porque eu era brasileiro. "Pelé! Pelé!" — gritava ele, eufórico. O esquimó fedia um pouco a peixe, mas tudo bem. Dava gosto ser brasileiro. O futebol unia todo mundo num só grito. Rico e pobre, branco e negro, analfabeto e intelectual. Até o Kissinger gostava. Agora, escreve o Villas-Bôas Corrêa: "Para mim, chega". Despediu-se do futebol. Um alucinado que não perdia jogo. Com o Brasil ruim de bola como anda, precisamos providenciar uma alma nova para este paisão perdido no meio do campo.

· · · · ·

Almoço em família
09/08/1991

Como tínhamos ido às compras em Ipanema, o realejo se impunha: está tudo subindo. Os remédios que não sumiram dobraram de preço. E a carne? E o peito de frango? O televisor deu um salto de vinte por cento, em sete dias. Vocês vão ver *Bonitinha* hoje à noite? Pauta variada de assuntos. A filha mais velha acabou a *Megera domada*, versão Falabella. A mais nova está com pressa. Tem que sair para o trabalho na TV Manchete.

Estão querendo entrevistar a sua amiga que já foi assaltada vinte e nove vezes. Quase sempre no ônibus. E a secretária eletrônica? Deve ser do Paraguai: compro ou não compro? No camelô está muito mais em conta. O diabo é a manutenção. Ninguém conserta mais nada. Uns técnicos de fancaria. Ao menos vêm aí os cruzados de volta, pingando mês a mês. Dólares? Nunca! Deixar na poupança. Sejamos patriotas.

A neta só queria comer batata frita. Coca-cola no sábado, disse a mãe. Para não estragar os dentes. Mas quem pode com uma criança? E com todo esse charme. Coitada da Taís, chantageada pelo Ladislau. A conversa tinha deslizado para outro plano. Sim, a Olga está esplêndida. Segura sozinha a novela. Também, uma gênia como a Fernanda. Estão castigando a Malu Mader, coitadinha. Muito antipática, a Márcia. Claro que o Filipe vai operar o Ladislau. É doido por dinheiro. São dois bandidos.

O telefone. Poxa, só toca na hora do almoço. É porque almoçamos cedo, disse a caçula. Quedê o queijo da serra da Estrela? Cremoso assim é que é bom. Nisso, pipocam os tiros. Epa, é muito tiro. Na certa outro assalto ao banco da esquina. O sétimo ou oitavo. Chego à varanda. Um ônibus escolar no meio do trân-

[20]

sito engarrafado. Atiram de dentro do carro-forte. Um carro fura o sinal a toda, embica à esquerda. Todo mundo parado. Nenhum pânico. Rotina. Mas é um tiroteio!

Corro à portaria. Aos poucos, vão aparecendo os curiosos. E a notícia vai sendo bateada entre suposições e boatos. Dois seguranças morreram. Um bandido também. Outro está morrendo. Muito sangue. Na esquina de Maria Angélica, a confusão é geral. Soa a sirene da polícia. Coitado do Nilo Batista. Faz o que pode. Finalmente, a notícia: o objetivo era um sequestro. E a menininha se queixa, frustrada. Queria ver a Xuxa. O sequestro falhou. Que pena!

· · · · ·

Tempo de esquecer

29/11/1992

Atendi no primeiro sinal. Não, não estava dormindo. Devia ser bem tarde, mas preferi não saber a hora. Se tenho consciência de que o tempo é escasso, aí é que durmo pouco. A insônia não deixa passar a oportunidade. Está à espreita e se instala. No seu caso, havia mais de uma hora que vinha sendo perseguido por aquele fiapo de reminiscência. Na verdade, o que o perseguia era o esquecimento. Não importa, disse. Precisava da minha ajuda.

Tratava-se de reconstituir uma situação que tinha a ver com uma história recente. Primeiro, era necessário mergulhar até o nosso passado em Minas. Operação simples na formulação inicial, foi ganhando uma complexidade assustadora. Detalhe mais detalhe, a sonda caminhava entre sombras. O processo associativo nos distanciava cada vez mais do nosso alvo. Ele próprio era o primeiro a se deter aqui e ali, numa dispersão que respirava angústia.

A ansiedade é contagiosa, adverti. Muito mais contagiosa, concordamos, é a amnésia. Àquela hora da noite, não tinha sentido nos perdermos os dois em tão duro exercício arqueológico. Melhor não mexer nessa camada profunda da emoção. Se não está morta, está enterrada. Entreguemos pra Deus. Boa noite, bom sono. Podia ter voltado ao livro. Mas o verme da inquietação agora me roía a mim. Fui procurar uma revista científica que traz um artigo sobre a memória.

Desse ponto de vista, o tema é árido. Já nem sei direito o que é sinapse. Ainda que soubesse, não consigo me fixar na leitura. Atraído por essa miserável paleontologia, eis-me agora às voltas com o meu entulho de fósseis. É nisso que dá aceitar provocação a qualquer hora do dia ou da noite. Afinal, é ele quem anda com essa mania de voltar às mil insignificâncias do passado. Um simples nome de personagem irrelevante e tão antigo!

Devia ter me recusado a atender. Ou não mordesse a isca. Cá estou nesta agonia e ele há de ver que dorme a sono solto. É a minha vez de chamar. Ligo? Alta hora, cheia de ameaças. O silêncio contrasta com a atoarda dentro de mim. Vivos ou mortos, todos os ausentes exigem minha atenção. Passam voando, se atropelam e me destroçam. Vai ser difícil rearrumar as minhas gavetas interiores. Viver é esquecer, me digo. Nisso, soa o telefone. É ele!

· · · · ·

O calo da velhice 16/10/1991

Idoso é eufemismo de velho e é hoje palavra de uso corrente, pelo menos nos meios de comunicação. Se há necessidade de eufemismo, é porque velho é considerada uma palavra feia, ou desagradável. Na linguagem coloquial, não consigo imaginar alguém chamar um velho de idoso: "Está vendo aquele idoso ali? É meu avô". Dona Ika Fleury, que se dedica à causa dos velhos, acha, e o disse, que ser idoso é um castigo social e financeiro. Está certo.

Antes de ser social e financeiro, talvez seja um castigo biológico, de que ninguém escapa. Ou escapa, mas pela única alternativa — a morte. Quando um sujeito morre inteiro e sem sofrimento, dizem os franceses que morreu "*en beauté*". Morreu bonito, antes de ficar velho, ou idoso, o que sem eufemismo quer dizer decadente e feio. Um bagaço. Ou um museu, como diz a gíria da meninada carioca. Menino não tem eufemismo.

Pedro Nava, que era médico, encarava a velhice sem a menor piedade. Ainda agora, vejo em *Letras & Artes* o depoimento que deu pouco antes de morrer a Regina Maria Telles Vergara. Na casa do Hélio Pellegrino, em Belo Horizonte, eu ouvia a mãe dele, dona Assunta, dizer sempre: "*Vecchiaia è bruta*". Nós éramos uns garotos e a dona Assunta devia estar pelos quarenta e poucos anos. Um broto. Pois aqui está em português na boca do Nava o rifão da dona Assunta: "A velhice é feia".

Nava tinha então oitenta e um anos e poucos meses depois morreu, como se sabe. Foi um inconformado com a própria velhice. Chegou ao ponto de condenar a aposentadoria por limite de idade. "O sujeito aposentado fica neurótico", disse. Não estou longe de concordar. Grande escritor, Nava era um espírito radical. Ele próprio advertia que não era o caso de tomá-lo ao pé da letra. No outro extremo, também radical, está a atitude piegas com que hoje se trata o velho.

Os velhos sessentões, ou até os cinquentões, estão sendo cumulados de favores legais, na linha de uma mentalidade que compartimenta cada segmento social, para lhe dar tratamento privilegiado. No fundo, não acreditamos no bom e saudável direito impessoal. Ou na simples cortesia que encara o velho com o respeito que merece. Desse jeito vamos acabar votando uma lei que proteja o sujeito que tem um calo no pé. E terá direito a um guichê especial. Quem sabe é melhor acabar com as filas?

. . . . .

A velhice do bebê

17/10/1992

Deve ser coisa de americano, a geriatria. Até a palavra cheira a laboratório. A mesma raiz está em gerontocracia, governo dos velhos. A gerocomia ficava pelos hábitos de higiene. Pensar, sempre se pensou. A perspectiva vai de um extremo ao outro. Dou de barato que na simples exaltação se esconde uma ponte de horror. A sabedoria e tal e coisa, como está no Cícero. Mas *"senectus, morbus"*. É doença.

Será? Leia Italo Svevo, *Senilidade*. Compreensível, essa obsessão, dada a onipresente promoção da juventude. Palavras e metáforas evitam encarar a realidade. Idoso. Terceira idade. A quarta, qual será? Universal, não livra a cara de ninguém. Não pede certidão de nascimento. Não quer saber se está verde, ou maduro. Soou a hora, ninguém escapa. Justiça se lhe faça, a Indesejada é democrática. Nenhuma exceção.

Por antinomia, os valores jovens, obsessivos, tiram do armário o esqueleto. O assustador fantasma. A mocinha, mal soprou vinte velas, já está interrogando o espelho. Mente duas vezes, o espelho. Mente por dentro e por fora. Responde o que você quer

[24]

ouvir. Você pergunta e responde. Melhor prevenir do que remediar. Aí aparece a pré-geriatria. Não espere. Insidiosa, evite a velhice a partir de agora. É ao nascer que o sol começa a morrer. Beleza, juventude, mas para sempre. A rosa não é boa conselheira. *"L'espace d'un matin."* Ouço encantado o que me conta a jovem senhora. O espantoso progresso. Mil exames, diagnosticou uma levíssima mioquimia. Involuntário tremor na pálpebra esquerda. À musculação, à ginástica, à dieta, ao tênis, ao cooper, à natação, à bicicleta, juntou conselhos e práticas. Se ri ou sorri, caladinha se promete aquela ginástica facial. Ninguém pode ser feliz sozinho, penso. Trancada no banheiro, ela tenta.

A vida é uma sucessão de ciladas. O casamento, o parto, tudo conspira contra. Lindo bebê, mas mama! Nem à maior amiga dirá que entreviu no canto do olho direito a fímbria de um pé-de-galinha. Só faltava esta: ruga. Multiplica os tapinhas na futura papada. Fulana lhe aconselhou toalha quente. Esparadrapo, fita colante, prendedor. Ela topa tudo. Narinas frementes, bochechas assustadas, afinal se decide: o bebê vai para o pré-geriatra e já. Antes que seja tarde.

· · · · ·

Iniciação à mouquice 16/7/1992

Saúde de ferro, afinal não estava tão velho assim. Nessa altura em que é classificado como cavalheiro de certa idade. Certa idade, no caso, é idade incerta. Mas pende para a juventude. Com algum otimismo, o esplendor da maturidade. Razão de sobra para ficar aborrecido quando o amigo lhe recomendou uma audiometria. Só depois se lembrou de que era médico, esse amigo da onça. Ainda bem que nunca tinha praticado.

De medicina não sabia coisíssima nenhuma. Diploma decorativo, na boa tradição. Um benfeitor da humanidade, isso sim. De sua mão nunca paciente nenhum sofreu dano. Não se passou um mês e esbarra de novo com o doutor de fancaria. Como é, e o ouvido? Logo naquele dia tinha voltado o zumbido. Ouvidos moucos, esgueirou-se entre os festivos cumprimentos. O bruaá à sua volta rimava, agravado, com o desconforto interior. Meio opaco de um lado, retirou-se.

No dia seguinte, almoçou logo com quem? O Fulano. Dez anos mais velho e bem surdo. Dos dois ouvidos, coitado. Audiometria? Tinha ido aos Estados Unidos, à Alemanha e ao Japão. Não escapou do tal aparelhinho. Você custa a se adaptar. É assim como besouro ou mosca que entrasse no seu ouvido. Quando você vai se acostumando, o aparelhinho quebra. Ah, e tem pilha. Aí, sim, parece que estão construindo dentro de você um prédio de dez andares. O monta-cargas desce e sobe, rascante.

Além da manutenção, você precisa aprender a manejar. Funciona um canal de cada vez. Numa roda, você liga um, é o outro. Mais de duas vezes, o melhor é desistir do controle. Até três interlocutores, dependendo do timbre, tudo bem. Mas é preciso ordem nos debates. Brasileiro, você sabe, não fala. Grita. Uma inferneira. O melhor é não abrir a boca. Atento aos lábios alheios, você passa por gentil. E sempre dá pra saber qual é o assunto.

Há, sim, vozes mais fáceis de ouvir. Ou de descodificar. As mais agudas. O diabo é que nem sempre são as mais interessantes. Mulher é sempre melhor. Até no meio-tom dá pra entender. Você aprende a ler o sorriso, os olhos. A fisionomia fala. Há, claro, uma seleção de assuntos que escapa à sua vontade. Com o silêncio curioso, vem uma aragem de paz. É como se o Brasil ficasse mais longe. Ou você ficasse mais sábio. Pensando bem, nesta hora então, vale a pena, não vale?

· · · · ·

Calma, isso passa
23/10/1992

Acordou com uma dorzinha esquisita. Não latejava. E também não era pontada. Era dor nova. Com as velhas, se entendia bem. Companheiras cordiais, têm hora marcada. Nada de surpresa. Amiga, uma dor conhecida é como um lembrete. Olha, você está vivo. Hipocondríaco? Nada disso. Apenas se cuida. O Fulano, sim. Se lesse uma bula, pegava na hora todos os sintomas. Até anúncio lhe dava cólica.

Esse de fato vivia inventando novidade. A partir de certa altura, todo dia, uma dor nova, dizia. Se você amanhece sem uma dor novinha em folha, desconfie. Chame o socorro, enquanto se mexe. Cultivava especialista de todas as áreas, sempre a par das conquistas da ciência. Lia, indagava. Pioneiro na divulgação dos efeitos milagrosos da vitamina C. Escreveu ao dr. Linus Pauling. Queria uma entrevista. Comunicar o seu caso, espontânea cobaia.

Se o tivesse encontrado, teria descrito sua experiência. Uma polidipsia de fundo emocional. Bebia água sem parar. Que nem um animal. Que nem um cavalo de polo. O cavalo bebe setenta litros de água por dia. Guardada a proporção com o peso, não andava longe. Chegou um ponto em que não podia sair de casa. Primeiro, garantir a boa qualidade da água. Depois, assim como bebia, vertia. Um verter sem conta, constrangedor.

[27]

Pois lendo o dr. Pauling é que ficou bom. Se o paciente não ajuda, o médico tateia no escuro. Quem sabe de si é o doente. É ele quem dói. Quem se cura também é ele. O Fulano dosava a pesquisa de ponta com a medicina popular. Olho vivo no último prêmio Nobel e na velha mezinha caseira. O chazinho da vovó e aquela bateria de frascos americanos. Um deslumbre. Terapias? Todas. Das flores de Bach à aromática, passando pela cromoterapêutica do dr. Stobbler.

O Fulano? Pois é. Um belo dia, belo mesmo, acordou um atleta. Nenhuma dor. No almoço, caiu fulminado. Raio no céu azul. Quarenta e nove anos de idade. Mal começava a conhecer o próprio organismo, coitado. Estava escrito. Talvez no código genético. E depois, aquela obsessão por doença. Quem procura acha. Você marca, paga a hora e quer sair na mesma? Tem de achar. Eis aí. Divagando em torno da hipocondria do Fulano, acabou esquecendo a tal dorzinha esquisita. Passou. Voou como um passarinho.

· · · · ·

Este seu olhar

15/09/1991

No fundo bem fundo de si mesmo, um general suíço deve se sentir meio frustrado. Em matéria de guerra, o que a Suíça tem de mais próxima é a Cruz Vermelha. Nem por isso o general deixará de ter o peito crivado de medalhas. A paz também é nobre e digna de condecoração. Numa nação belicosa, que tem na guerra uma fatalidade histórica, um rapaz que escolhe a carreira das armas sabe o que o espera no seu horizonte profissional.

O mesmo se pode dizer de um bombeiro, chamado a viver diariamente com o perigo. O incêndio é um pesadelo. No Rio dos anos 50 testemunhei num domingo o da boate Vogue. Há pouco tempo acordei à noite com uma gritaria de pânico. Era a família de um prédio vizinho com o apartamento pegando fogo. Não houve vítimas, só prejuízos. No dia seguinte viajei e no hotel tratei de pedir um andar bem baixo.

Conheci nos velhos tempos um oficial do Corpo de Bombeiros. Alma delicada, era também músico. Caráter generoso, sem jaça, sua opção pela carreira tinha sido uma imposição do seu amor ao próximo. Por ele eu poria a minha mão no fogo, mesmo que não estivesse por perto. Pois bem. Não sei se vocês se lembram de um incêndio na zona do cais do porto. "Pavoroso sinistro", disseram os jornais sem receio do lugar-comum. Durou a noite toda. Desculpem se ouso dizer que um incêndio à noite é mais bonito. Digamos mais interessante. Claro que para quem assiste. Como para fotógrafos e cinegrafistas.

O meu amigo bombeiro apareceu de relance na televisão, mas a reportagem não lhe fez justiça. Foi o que senti quando me contou, modesto, o heroísmo de sua façanha. Para salvar vidas arriscou a própria vida. Não foi preciso me dizer isso às claras, porque há coisas que não se dizem. No caso não precisavam de ser ditas. No silêncio de seu recato, ele guardava, ao lado do orgulho, uma ponta de alegria.

O incêndio de fato tinha sido a grande oportunidade de sua vida. Quando começou a falar, percebi no seu coração a centelha de uma euforia. Trazia nos olhos o brilho que de público é o prêmio do dever cumprido. Mas há no coração dos homens, bombeiros ou não, uma nota de paradoxal ambiguidade. No luto da catástrofe se esconde uma ponta de inconfessável júbilo. Dito isso, é fora de

dúvida que a crise desta hora põe os políticos de orelha em pé.
Resta saber se também brilham os olhos — e por quê.

• • • • •

Fazer e lazer

03/11/1991

Era um desses que trazem no bronzeado da pele o selo de sua
cidadania carioca. Praia toda manhã com a turma, um prazer sagrado. Um dia um companheiro se retirou mais cedo. "Tenho
muito o que fazer", disse. E perguntou se ele não queria ir embora.
Foi quando o Sandro Moreira explicou que tinha também por seu
turno muito o que "*lazer*". O particípio passado de fazer é feito.
"De *lazer* é leito", acrescentou.

O lazer, ou o ócio, é a mãe da filosofia. Quem o diz é Thomas
Hobbes, que era do ramo: "*Leisure is the mother of philosophy*".
A partir do futebol e do Botafogo, Sandro filosofava todo dia na
sua crônica. E sempre com bom humor. Se a filosofia não é in-
compatível com o ócio, é antes sua filha, também não o é com a
praia. Se eu tivesse visto outro dia Helmut Kohl parado no calça-
dão de Copacabana olhando o mar, era capaz de jurar que estava
filosofando.

Um alemão parado já é por si só meio filósofo. Calado e mi-
rando o mar, é filósofo e meio. Mas não era propriamente filosofia
o que ocupava a cabeça do chanceler alemão. Com um metro e
noventa e três de altura e cento e três quilos de peso, parecia triste
e pensativo. Digamos que uma pesquisa ali mesmo tentasse no
palpite adivinhar em que pensava *herr* Kohl. Com que sonhava
ele naquela hora da tarde, ao sol de Copacabana?

[30]

Podia estar o pensamento nos alagados da Amazônia, que visitou. Ou quem sabe, no polo oposto, lhe viessem à lembrança os saudáveis descendentes dos compatriotas que encontrou em Santa Catarina. Podia ser também que, sobrecenho carregado, pensasse na miséria da favela carioca que viu com os próprios olhos. Ou na triste nuvem dos meninos de rua. Gigante saudável, na força dos sessenta e um anos, não seria descabido se por um momento também se desse ao luxo de apreciar as gatinhas de fio dental.

Mas nada disso. O chanceler ficou triste quando viu um monte de rapazes na praia. "Àquela hora deviam estar trabalhando", disse. No governo há nove anos, e agora da Alemanha unificada, líder de altas virtudes, *herr* Kohl que me desculpe, mas seu julgamento foi precipitado. Vadios não estão obrigatoriamente na praia. A *leisure class*, aliás, é coisa do Primeiro Mundo afluente. O chanceler nem parece alemão. Concluiu depressa demais, ao contrário daquele caricatural dr. Topsius do Eça de Queiroz. Pena que já não esteja aí o Sandro Moreira para lhe dizer que há um jeito de pegar leve no pesado. Se é paradoxo, é também filosofia carioca.

• • • • •

Acordo e concordância

13/11/1991

Taí uma coisa de que eu gosto: é bilhetinho. Sou grafomaníaco. Meu pai também era. Se minha mãe bobeasse, meu pai enchia a casa de bilhetinhos. Bem dizia o Pedro Nava: não adianta querer fugir do recado genético. Não passa um dia sem que eu escreva o meu bilhetinho. Ou vários. E os colo por todo lado. De preferên-

[31]

cia no espelho. O sujeito dentro de casa pode evitar um monte de coisas. Mas lá tem uma hora que vai ao espelho. Narciso fala alto.

Quando minha casa foi assaltada pelo Maurinho Branco, a notícia saiu no jornal. Xeroquei a notícia ampliada e preguei na porta da rua com um aviso: "Atenção: já fomos assaltados por profissional competente. Não temos joias, nem ouro, nem dólar. Vá em frente e boa sorte". Minha filha achou a própria cafonice e retirou o aviso da porta. Só faltei indicar alguns endereços, fruto do meu espírito de cooperação nesta hora difícil para todos. Ou quase todos.

O Jânio foi quem popularizou essa moda do bilhetinho. Escrevia num estilo precioso, quase pedante. Mas sem solecismo. O pioneirismo do Jânio foi mais na divulgação. O bilhete era marketing. Passava pito de público em todo mundo. E se mostrava enérgico, mandão, pelo menos da boca (ou da pena) para fora. Não escrevia. Ditava à dona Fortunata. Podem perguntar ao Zé Aparecido. Mas outros presidentes também escreviam bilhetinho. Rodrigues Alves não passava um dia sem redigir os seus. O Getúlio também escrevia. E escreveu até na hora da morte.

Como grafômano, sei que esta mania implica riscos. Às vezes você é apanhado num ímpeto e manda brasa. Sai com o sangue quente. Não há tempo para reflexão. No meu caso várias vezes já aconteceu isso. É uma sorte quando dá para perceber e a gente rasga. Aí faço outro com calma, ou não faço. Dormir vinte e quatro horas em cima de um rompante é sempre bom, sobretudo para quem, sendo autoridade, pode fazer o mal com uma simples penada.

Vejam, por exemplo, o bilhete do Collor ao Cláudio Humberto. Começa com um bruto solecismo: "os desdobramentos da votação *chama-me* a atenção". Eu podia indicar no texto outras nugas e rusgas. Mas basta esse erro flagrante de concordância. Se o predicado não concorda com o sujeito, como é que se vai chegar a um acordo? O entendimento nacional reclama linguagem clara. Palavras adequadas e correção gramatical. Do contrário, a crise se agrava e a vaca vai pro brejo. E nunca mais que sai.

· · · · ·

As vivas folhas mortas

14/11/1991

Eu estava no carro em Petrópolis quando ouvi a notícia da morte do Yves Montand. A notícia me pôs uma sombra no coração. Mais uma. Pensei comigo: vou escrever. E já me veio aquele soprinho confortador que o vulgo chama de inspiração. Ia entrando em casa, disposto a tomar umas notinhas, e pensei de novo: qual! Preciso tomar cuidado. Olhar pra frente. Nada de ficar olhando pra trás como um saudosista chorão.

O Dalton Trevisan, quando me manda um original, só faz um pedido: "Otto, seja cruel". Eu costumo pedir aos meus filhos para me policiarem. Sejam cruéis. Aí outro dia a Cristiana me advertiu: "Pai, cuidado. Você está muito reminiscente. Pare de falar no Getúlio". Fiquei de crista baixa. Mas é isso mesmo. Depois de certa altura, a gente traz o cadáver do passado amarrado ao pé. Ou ao coração. É um cadáver muito sensível. Se o tocam, exala lembranças pelos poros.

Mas hoje não resisto. Tenho de falar no Yves Montand. Forte testemunha do meu passado, eu o vi pessoalmente duas vezes. Encontrei de bater papo, olho no olho. Uma vez com o Jorge Amado. O Jorge é a glória, íntimo de todas as glórias. É baiano. Deixei por conta dele as despesas da conversação. Dei lá um ou

[33]

dois palpites. Outra vez foi no Rio, em 1982, na casa do Halfin, diretor da Air France. Estavam lá o Yves (olhem só a minha intimidade) e o Jorge Semprun. Nostálgico, discorri sobre o fantástico prestígio da França antigamente. E do francês, que hoje no Brasil é língua morta.

Foi um papo e tanto. O Semprun, espanhol, é um perfeito francês, graças à perseguição do Franco. O Montand, italiano, foi no colo da mãe pra França. O destino caprichou para fazer dele um europeu. Mais: um cidadão do mundo. Como *chansonnier* e como ator, chegou aonde chegou. Grande personagem. Paixão da Edith Piaf. Depois da Simone Signoret — que beleza! Até a Marilyn Monroe pegou uma casquinha. Nada de grande se faz sem paixão, dizia Pascal. Paixão mesmo.

No encontro de 82, conversamos sobre a denúncia que os dois, o Yves e o Jorge (agora é o Semprun), fizeram do stalinismo. Caíram-lhes as escamas dos olhos muito antes da perestroika. E botaram a boca no trombone sem medo do patrulhamento. Me lembro da emoção com que vi o *Z,* em Paris. E *L'aveu.* Me desculpem a meninada da *Folha* e o público jovem, mas eu sou mesmo um poço de reminiscências. O pior é que regurgitam e não tem como guardar.

· · · · ·

Sermãozinho de Cinzas

05/03/1992

Festa de amador, do Carnaval dizia o Lúcio Rangel, carioca e boêmio, que entendia, como os que mais entendem, a alma do Rio e por inteiro a MPB. Alegria coletiva, com data marcada, tristeza solitária. Evolui, como uma escola de samba, mas não acaba o Carnaval. Todo ano, no entanto, há uma voz para dizer que acabou. Morreu, não é mais o mesmo, diz o saudosista, quaresmal.

Pode ser, quem sabe, uma metáfora do Brasil. Como o Brasil, cheio de contrastes. Pobreza e riqueza, luxo e miséria. Desperdício, ostentação, gastos inúteis, lantejoulas e ouropéis. Asas à fantasia, alienação, busca das raízes. Confraternização de raças, de bicheiros e policiais, de autoridades e bandidos. O bloco da Comlurb, que trabalha o ano inteiro, e o bloco dos socialites. Impontualidade, pontualíssimos atrasos. Imprevidência — olha o fogo no carro alegórico!

Tudo é espetáculo. Narciso empurra o exibicionismo das vedetes de ocasião. Misturar-se ao povão para sobressair. Aparecer mais. Ser visto e televisto pela multidão dos que não desfilam. Muita roupa, uma tonelada de enfeites e adereços. Nenhuma roupa, ou roupa sumária. Basta a folha de parreira para dizer que a moça está seminua. *Semi* é metade. Na aritmética do folião, ou da foliona, *semi* é zero. A repórter americana jura que o carioca tende para a nudez. Cega, a Riotur protesta.

Ninguém esquece que os donos da terra viviam nus, vergonhas à mostra. Por uma noite ou duas, a tentação de passar por índio se impõe, no calor do verão. Pode chover que não faz mal. Refresca. Há muitos anos eu não passava o Carnaval no Rio. O feriado faz bem à cidade, enfim calma, sedativa. Sem gente demais, sem carros demais. Gostei da homenagem da Mangueira ao Tom Jobim. Mas faltou o urubu. Estava na hora de exaltar o urubu, a nossa águia de luto.

Por falar em luto, uma tristeza o nu frontal e afrontoso de gente do poder. Nudez explícita de um governo que começou com um abre-alas tão arrogante. Bandalheira de alto nível, é tudo uma baixaria só. "Não é miserável a república onde há delitos, senão onde falta o castigo deles" — prega o padre Antônio Vieira há três séculos. Brasileiro de Lisboa, colecionador de assombros, supersticioso e perseguido, Vieira é autor do "Sermão do Carnaval". Já se vê que entende de Brasil. E de seus eternos enredos.

· · · · ·

Pega ou não pega 13/06/1991

Se alguém sabe, me conte quando é que começou essa moda do Dia dos Namorados. Há pouco tempo, passou o Dia da Aeromoça. Há aqui uma discriminação. Pois se há aeromoço, por que não dizer Dia dos Aeromoços? No plural. De resto, essa palavra aeromoço está caindo em desuso. A tendência é dizer comissário de bordo. Em Portugal, diz-se hospedeira do ar. Influência do francês: *hôtesse de l'air*. O americano é mais prático: *steward*. Comum de dois.

É o tipo da palavra, aeromoço, que poderá um dia figurar num dicionário com a data de sua criação. O neologismo foi bem recebido. Acho que foi o poeta Paulo Bonfim quem sugeriu o Dia da Aeromoça. Manuel Bandeira logo aderiu e escreveu um "Discurso em louvor da aeromoça", no qual apelou para o Vinicius: "Tu, que celebraste com tanto amor as arquivistas, vem agora celebrar comigo a aeromoça".

Quando havia trem entre o Rio e São Paulo, tentaram pespegar nas moças do restaurante o nome de ferromoça. Horrível. Felizmente não pegou. Em 1889, coisa antiga paca, o dr. Castro Lopes publicou *Neologismos indispensáveis e barbarismos dispen-*

[36]

sáveis. Inventou o cardápio para *menu* e convescote para *pic-nic*. Para *pince-nez*, propôs nasóculos. Ancenúbio para *nuance*. Para *reclame*, preconício. E para *ouverture*, protofonia. Houve muita gozação.

Mas voltando ao Dia dos Namorados. Cai no dia 12 presumo que seja porque é véspera de Santo Antônio, que é hoje. Santo Antônio é o santo casamenteiro. O amigo das moças apaixonadas, ou que querem arranjar um príncipe encantado. Franciscano, é também amigo dos pobres. Daí o pão de santo Antônio, que é de graça, mas é um dia só. Precursor da merenda escolar. Ou da cesta básica.

Santo Antônio realiza proezas em matéria de achar coisas perdidas. É capaz de achar uma agulha no palheiro. Mas agora procurei um livrinho de Thales de Azevedo, sobre o namoro à antiga, e não achei. Santo Antônio deve estar muito ocupado. E depois pra que mexer com essas velharias? Vivam os neologismos! Por aí é que o namoro do PSDB com o Collor acaba pegando. Aconselho a prender o santo numa gaveta. E de cabeça pra baixo.

• • • • •

As bodas e o bode

12/03/1992

Como se diz hoje em dia, são dois casais emblemáticos. Ou eram. Todo cuidado é pouco com o tempo do verbo, quando se trata de casal. Agora é, daqui a pouco já era. O que não impede que na separação floresça uma aliança de boa amizade. Ex-marido e ex-mulher vivem então em perfeita harmonia. Não apenas entre artistas, pessoas excêntricas. Ou gente famosa, colunáveis que são notícia e nunca sabemos por quê. Nem nós nem eles.

[37]

Casal era antes sinônimo de harmonia, pelo menos no dicionário. Tempestuosa era a separação, sobretudo se o matrimônio se confundia com o patrimônio. Havia também, e ainda há, o casal unido por um recíproco rancor. É um sentimento humano entre humanos. E muito forte. A proximidade cria essa espécie de ferrugem das almas. Ou dos corações. Amor e ódio podem ser irmãos siameses e vivem sob o mesmo teto. Hoje, o emblema do mundo é a instabilidade.

Tão bem formado quanto *imexível*, criou-se até o neologismo *desestabilização*. Tudo agora é mexível. Desestabiliza-se um ministro. Um presidente, ou todo um governo. Fique todo mundo ciente de que não se tem a menor garantia. Certa, só a morte. Para morrer, basta estar vivo. Para separar, basta estar casado. Há caso de casal que se casa só para ter o prazer de descasar.

E os dois casais emblemáticos? Não esqueci, não. Nancy e Reagan. E Virginia e William. Os Reagan, unidos pelo sobrenome. E Masters e Johnson, marca registrada, cada qual com seu *family name*. Dois casais que americanamente vinham de casamentos anteriores. Depois de Hollywood e da Casa Branca, duas corridas de obstáculos, Nancy e Reagan chegaram às bodas de esmeralda. Uma proeza. Quarenta anos de casados. Dois pombinhos, que ainda agora arrulharam na festança de Los Angeles. E passearam românticos de barco.

Já a canoa de Virginia e William afundou. Juntos desde 1957, bodas de coral, Masters e Johnson casaram em 1971. Até as bodas de pérola, pesquisaram tudo e tudo ensinaram sobre competência conjugal. Ou sexual. Ele setenta e seis anos, ela sessenta e sete, a vida em comum acabou num tremendo bode, apesar das afinidades na pesquisa sexológica. Como a razão comercial e os lucros são indissolúveis, vão continuar pesquisando e ensinando. Como viver em paz cada um por si. Esta é fácil. O faturamento na certa vai despencar.

$$\cdots\cdots$$

Intimidades públicas 18/03/1992

Já se foi o tempo em que ninguém se metia em briga de marido e mulher — nem o marido. Hoje todo mundo se mete em tudo. Se não me engano, isto começou depois que definiram o direito à intimidade, também conhecido por privacidade, palavra que o Morais e o Aulete não registram. Além de feio, é um neologismo malformado e inútil. Ou quem sabe não. Afinal, íntimo é uma coisa; privado, outra.

De resto, a confusão que anda por aí não é só entre íntimo e privado. Como já dizia o Machado, a confusão é geral. Confunde-se o privado com o público, em particular no feminino, quando se trata da fazenda. A fazenda pública, quase sempre devassa, e a fazenda privada, em princípio indevassável. Os bens que são de todos, que ao governo cabe administrar, e os haveres de cada um, que ao governo cabe assegurar. Se os primeiros dissipa, confisca os segundos. Ou bloqueia, o que dá ideia do desatino em voga.

Volto à briga de marido e mulher. Uma das mais célebres, porque falada e cantada, foi a do casal Herivelto Martins e Dalva de Oliveira. O Herivelto está agora com oitenta anos e racha o bico. Anda meio magoado e acrimonioso, mas é uma glória. Além do que compôs, teve achados que a gente nem se lembra de que são dele. Introduziu o apito no samba, por exemplo. Fácil, não é? Hoje sim, depois de inventado.

Na idade de olhar para trás, o Herivelto conta como é que a Dalva lhe acertou um cinzeiro na cabeça. Só porque ele falava ao telefone com a Zezé Fonseca. Falava, não; ouvia, porque a Zezé falava feito matraca. Infelizmente, já não podemos ouvir a versão de quem atirou o cinzeiro. A Dalva está morta desde 1972. Imagino que esteja cantando a bela marcha-rancho "Bandeira branca", em sinal de paz. Um dia a paz desce, leniente, sobre os corações.

Não desceu sobre Joan e Ted Kennedy. Viveram casados vinte e quatro anos. O mundo todo de olho no casal, arre! Agora, aos sessenta, Ted anuncia que vai casar com Victoria Reggie, trinta e oito anos. Tradicionalmente católicos, os Kennedy se divorciam e se recasam. Era uma vez o casamento indissolúvel. Tudo hoje é solúvel, do café aos cálculos renais. E às vezes é até dissoluto. Eu achava engraçado quando um jornal escrevia na legenda "fulana de tal e seu atual marido". O adjetivo cabe, sim. E já convém dizer também atual filho. E atual neto. Nunca se sabe o dia de amanhã.

· · · · ·

Bicicletai, meninada!   18/12/1991

O que é uma associação de ideias: essa conversa sobre bicicletas tem para mim um forte sabor de infância. E acontece logo na véspera do Natal. Depois do velocípede, a bicicleta era mais que um sonho. Era uma obsessão que a gente sonhava vinte e quatro horas por dia. Um presentaço. Novinha em folha, vinha do Rio. Era como se viesse do Céu. Não era um garoto que subia ao selim. Era um príncipe, um reizinho.

Que menino não pensou um dia em voar? Pois a bicicleta voava. E voava baixo, ao nível dos espectadores. Todo o vocabulário vinha imantado pelo sortilégio que só a poesia tem: guidom, quadro, pedal, corrente, catraca. Quem não sabia andar de bicicleta estava atirado às trevas exteriores. Excluído do mundo encantado. Podia não ser um feliz proprietário. Mas não saber andar, ah, isto nunca! Bom era andar "sem mãos". Ou de pé. Ou de costas. Mil acrobacias.

Não sei em que vai dar essa gritaria toda. Pode ser até que saia um gol de bicicleta. Mas não vou morrer de espanto se, vistos e revistos os autos, tudo acabar no tradicional silêncio que sucede o alarido e a festa. De qualquer forma, já há lucro a registrar. E até um enriquecimento (lícito) do vocabulário, com a circulação de palavras como *ciclovia* e *bicicletário*. Ao lado dos neologismos, voltaram as casas de aluguel. Até parece que estamos em Cuba. Ou na Holanda.

É de 1946 o livro *Poemas, sonetos e baladas*, com vinte e dois desenhos do Caloca, o Carlos Leão. É nele que está a "Balada das meninas de bicicleta". Do Vinicius, claro. Homem de sorte. Tinha uma fobia: medo de ser enterrado vivo. Daí a sua outra balada, a do "Enterrado vivo". Mas que nada! Morto, cá o temos de volta, vivíssimo no comercial da televisão. Milagre do computador. Ao lado do Tom e do chope, como nos velhos tempos. Só falta falar. Perdão, não só fala, como canta.

Saudades dos passeios de bicicleta que inspiraram a balada do Vinicius. Num surto de infância, saíamos do Posto Cinco e íamos até o Leblon. O poeta, Rubem Braga, Moacir Werneck de Castro, Paulo Mendes Campos. Eu também, claro. Havia moças, mas a data remota manda lhes calar os nomes. "Bicicletai, meninada" — concita o Vinicius, nos seus "trint'anos", como diz. Curioso é que há versos que permitem uma leitura atual quase profética.

Senão leiam: "Bem haja a vossa saúde/ À humanidade inquieta/ Vós cuja ardente virtude/ Preservais muito amiúde/ Com um selim de bicicleta". Viu tudo, o Vinicius.

· · · · ·

Humor, amor
04/09/1992

Quem contava divinamente bem a história era o Marco Aurélio Matos. Com o seu talento histriônico, tudo com ele tinha graça. Até um discurso do Getúlio. Ou sua paródia. A imitação era perfeita. Batia as palatais no céu da boca, à maneira gaúcha. Tenho até hoje nas oiças uns trechos getulianos. Vou andando pela rua e sorrio, meio doidinho. Do nosso tempo de estudantes em Minas, me vem a voz do Getúlio, apud Marco Aurélio. O Estado Novo é a pesquisa social de novas formas etc.

Depois a imitação foi sendo enfeitada com recheios que misturavam a oratória oficial com a pilhéria. Dessa boa safra era a galinha ao molho pardo à Getúlio Vargas. Pega-se a galinha em pleno voo. A galinha do vizinho, bem entendido. E prosseguia a receita, com ingredientes políticos e temperos de um irresistível humor. A gente não se cansava de ver e ouvir o show sempre renovado do Marco Aurélio.

Mas a história a que me referi aí em cima é aquela. O sujeito foi encontrado no deserto, sangrando, com um punhal cravado no peito. "Não está doendo?", pergunta a irmã Paula. "Só dói quando eu rio." A resposta não podia ser mais hilária, como se diz hoje. E se espalhou por aí. Difícil saber até onde o Marco Aurélio inven-

[42]

tou essas histórias. E até onde lhes deu uma nova e vistosa roupagem. Conhecia a fundo Shakespeare, Swift, Shaw.

Estou pensando nisso a propósito do modo brasileiro de rir da própria desgraça. A gente sofre, mas a gente goza. Contraditórios, são sentimentos todavia afins. O antigo jeito bonachão do Getúlio não combina com o atual estilo *collorido*. Mais para o arrogante e colérico. Ainda agora, sitiado, tão só que até dá pena, está todo penteadinho. E o nariz empinado. Nem por isso, ou melhor, até por isso provoca o riso e a galhofa. No Brasil desgrenhado, é a nossa catarse.

Aí, no mesmo dia, em dois jornais, um carioca e o outro paulista, aparece a mesma sentença. "Humor e amor combinam bem", escreve o Marçal Versiani. "O humor é uma forma de amor!", exclama o José Simão. Aqui é que a porca torce o rabo. Me lembro de um bate-papo a respeito. Onde? Na Fundação Getúlio Vargas. A certa altura, entrou essa do humor político. O mestre de psicologia que dava as cartas partiu pra briga. Amor coisa nenhuma. Humor é ódio. E todo humorista é no fundo mal-humorado.

· · · · ·

Humor, mau humor   05/09/1992

Eu por mim considero muito boa a safra de humoristas nesta hora. Hora amarga e séria. Nem por isso é proibido rir, ou sorrir. Bastaria citar os craques que fazem a guerra nos tempos do Collor. Ou o humor. O Millôr, o Jô Soares e o Chico Caruso. Se a trinca fosse de quatro, entrava aí o Luis Fernando Verissimo. No entanto, são hipocondríacos. E incapazes de realizar uma obra generosa.

Sim, senhor. Se o humorista tem algum gênio, é mau. E por isso sofre do estômago. Vítima da ira destrutiva, disfarça o que é. Usa máscara. Releia o Mark Twain de *What is man*. Depois de ter feito epigramas cínicos e sátiras amargas, ele aí se abre. O homem é só egoísmo. Um cruel determinismo move o mundo. Nada mais pessimista e iracundo. Releia sua *Autobiography*.

Fazer rir. Isto é o que quer o humorista. Mas à custa de quê? De tudo que é sério, respeitável e temível. Provoca o riso como liberação e domínio agressivo. Aliás, desde Freud que se sabe. Freud estudou a piada e sua relação com o inconsciente. Quanto maior a repressão de um sentimento, tanto maior a ira. E tanto mais fácil fazer piada. Mas nem precisa da psicanálise. Todo humorista é um fracassado. Só que não se conforma com o próprio fracasso. Medroso, cético, recorre à pilhéria e cria uma risonha estrutura. Ferino, jocoso, mendiga elogios. Diz em forma de troça o que nem ele se atreve a dizer a sério. Só se mete com o que odeia. Nunca faz graça porque gosta. Por amor. Mas por impotência e raiva. Acaba vítima do próprio humorismo. Ri de si mesmo, forma de autodesprezo.

Outra coisa, claro, é o bom humor. Otimista, benévolo, vê o lado alegre da vida. Provoca o riso generoso, franco, eufórico. Aqui, sim. Estamos perto da efusão simpática, amorosa. E longe do sarcasmo do engraçado profissional. Este é um ressentido incurável, qual o bobo da corte. Mas está na hora de dizer que tudo isto não é meu. Deus me livre e guarde! Seu autor é Emílio Mira y Lopez. Espanhol, professor de psicologia e psiquiatria em Barcelona, viveu anos entre nós. E aqui ganhou fama de mestre, tá?

· · · · ·

A graça de esquecer

30/12/1991

Tipo do sonho impróprio para o começo do ano. Fui tão longe no passado e fiz uma tal mistura que nem dá para entender. Muito menos interpretar. Acordo e fico meditando no mistério da memória. Uma vez escrevi sobre a graça de esquecer. Sim, é uma graça que devemos agradecer a Deus. Quem não acredita em Deus agradeça aos seus neurônios. Ou à sua sinapse. Para sobreviver, para continuar vivendo, é fundamental esquecer.

Quem o diz são os especialistas que estudam e pesquisam o mecanismo da memória. É um mecanismo complexo, com segredos impenetráveis. A ciência olha e conclui que a vida seria insuportável se nos lembrássemos de tudo que nos acontece. Pegue por exemplo um garçom de lanchonete. Com um pouco de prática, é capaz de guardar um bom número de pedidos sem anotá-los. Não precisa de uma memória prodigiosa exatamente porque consegue esquecer.

Sim, à medida que retém, e retém cada vez melhor à medida que se exercita, é também capaz de apagar o que já não lhe é útil. Esquecer é assim uma espécie de válvula de escape. Lembrar o essencial só é possível porque podemos esquecer o que já não é essencial. Há coisa de uns poucos anos, tive um acesso de maluquice e resolvi entender os caprichos da memória. Esqueci depressa o amontoado de conhecimentos que digeri mal. Guardei a agradável certeza de que, também no plano afetivo, esquecer é uma operação tão essencial à vida como lembrar.

Deve ser por isso que Joaquim Nabuco num momento inspirado inventou a Nossa Senhora do Esquecimento. Um homem público, por exemplo, tem de ser devoto dessa indispensável *"Notre Dame de l'Oubli"*. Nabuco escreveu isso em francês, como era comum no seu tempo. Hoje a coisa mais comum do mundo é dizer que o Brasil é um país sem memória. Talvez seja mesmo. Um amigo me diz que só um velho demente vive a se lembrar do passado recente. Rima e quem sabe é verdade.

No limiar de um novo ano, é o caso de bancar o garçom da lanchonete. Não estou pregando a impunidade, nem a indiferença. Muito pelo contrário. Prego um critério seletivo. Imagine se a gente fosse lembrar tudo de ruim que aconteceu no ano passado. E antes, e antes. O Brasil tem toda razão de esquecer. Um país sem muita memória pode entrar mais leve no futuro. Sejamos otimistas ao menos uma vez no ano. Se a gente esqueceu, é porque não era essencial. Por falar nisso, esqueci o sonho que mencionei lá em cima. Se esqueci, não faz falta.

· · · · ·

Esse código sereno

06/12/1992

Faz mais de ano que não nos vemos, minha velha amiga e eu. Velha é carinho. Mas não precisa apagar a conotação do tempo. Curiosa coincidência. Pensava nela, uns fiapos de reminiscência, e ela me aparece assim sem mais nem menos. Um só instante e estamos à vontade. Está bem, muito bem, posso dizer, sincero. Como a lua, mulher tem fase. "Você está na lua nova", digo, convicto. "Crescente", ela corrige com bom humor.

Confortável, essa atmosfera que se estabelece entre nós. Podemos retomar agora a conversa de um ano atrás. Entro e saio, divertido, por temas e tópicos. Um monossílabo, um sorriso, um olhar — e estamos entendidos. Nenhuma explicação se impõe. Nosso

[46]

código está alerta. No que dizemos há mais do que dizemos. Estou mais loquaz do que ela. Mas sem ênfase, ou explicação. Também dispenso as meias palavras. Nossas antigas novidades.

Essa imantação recíproca não se improvisa. Deita raízes longe. E é de lá, desse tempo não mencionado, nem sequer agora sugerido, é de lá que nos vem esse bem-estar. A serena certeza de que estamos bem como estamos. Essa familiaridade que se instala e quase nos dispensa de seguir a pauta de um encontro não programado. Conversamos de ouvido. De ouvido calamos. A tarde calma não traz nenhum presságio. Aqui estamos, sem pressa nem constrangimento.

No aroma do café, bem forte como prefere, há resquícios de uma velha evocação. Sim, como a lembrança está perto do remorso! É um verso de Baudelaire, não? Mas agora não há remorso nem lembrança. Apenas esta doce partilha. Enquanto falo, seus olhos olham para dentro e sorriem. Sei o que vê e de que sorri. Porque sabe que sei, nada me diz. Nem uma simples palavra de passe. A pique de uma pergunta, se levanta e se serve, displicente, de mais café.

Caminha, vagarosa, até a janela. Não a conhecesse e diria que contempla, interessada, o que lá fora lhe chama a atenção. Mas não somos neste momento, ela e eu, consumidores de paisagem. Nem de espetáculo, banal ou insólito, pouco importa. A vida isola, penso comigo. "A gente devia se ver mais", diz ela. Se prometer que vai reunir os amigos em sua casa, sabe que não vou acreditar. Não promete. Deixar a vida seguir assim, nesse embalo de onda que vai e que vem. E se esvai.

· · · · ·

Torto e engraçado

20/10/1991

Como não sou muito novidadeiro, custei um pouco a aderir à secretária eletrônica. E até hoje não tenho computador, ou processador de texto, apesar de lidar bem com um teclado. Já experimentei e não me saí mal. Mas as mudanças vão ficando cada vez mais difíceis, com o passar do tempo. Não é só questão de idade. É também de temperamento. O comodista não quer mudar de hábitos. E resiste ao que é melhor, mais confortável, só porque é novo.

Não, não é o meu caso. Assim que se tornou tecnicamente confiável, aderi à secretária eletrônica. Para quem não tem secretária de carne e osso e é o contínuo de si mesmo, como é o meu caso, a eletrônica é uma mão na roda. Já estou na terceira, não porque seja infiel, mas porque as duas primeiras me abandonaram. Enguiçaram e não houve jeito de obrigá-las a voltar ao trabalho.

Apesar da palavra oficial, o telefone no Rio hoje é uma engenhoca que leva ao desespero até um Jó. Eu, por exemplo, andei com uma linha cruzada que me dava nos nervos. Dizia o Paulo Mendes Campos que número errado cai sempre em casa de estrangeira velha. Pois linha cruzada comigo é sempre com tagarela. E duas ao mesmo tempo. Um dia me dei ao luxo de ouvi-las por uma boa meia hora. Nunca vi duas criaturas falarem tanto sem ter rigorosamente nada para dizer. E de minuto em minuto as duas se despediam: "Então tá, ciao". Só da boca para fora. E tudo recomeçava.

Na interpretação da excelente Regina Casé em *Nardja Zulpério*, a secretária eletrônica dá um bom rendimento cômico, de passagem. Mas há todo um tratado a escrever sobre essa maquininha. Ou sobre o que ela representa no nosso dia a dia cada vez mais cer-

[48]

cado de equipamentos eletrodomésticos. Muita gente ainda se relaciona mal com a gravação. E xinga ou desliga. O cara custa a conseguir a ligação e dá com uma gravação, aí fica uma fera.

Como há anos tomo nota de todos os recados, um dia desses vou fazer uma seleção. Tem o apressadinho que nunca deixa o número. Ou a moça que fala baixo e embolado. Tem o chato, que fica íntimo da secretária (eletrônica, claro). E histórias hilárias, como o sujeito aflito que todo dia me deixava um recado patético: "Ô Rabelo, telefona pro Gumercindo!". Como o telefone aqui é uma droga, vira tudo uma doideira. Por aí é que eu vejo como é difícil desentortar o Brasil. Acaba tudo em fita cômica.

· · · · ·

Linha cruzada   14/09/1992

Talvez seja eu que não tenho sorte com telefone. Um amigo jura que o meu telefone não é veraz. O Nelson Rodrigues, que adorava telefonar, espalhou mil versões a meu respeito. Por mal dos pecados, durante anos figurava errado na lista. Cansei de reclamar. O meu número, palavra de honra, era o da Casa de Rui Barbosa. O dia inteiro era aquele inferno.

A empregada na liça, ninguém em casa, e a campainha não parava. Lá vinha a pergunta fatal. É da Casa de Rui Barbosa? Saíam as respostas mais disparatadas. O dr. Rui saiu. Está tomando banho. Morreu. Um dia o Ziraldo telefonou e espalhou por aí que eu tinha uma paranoia. Achava que era o Rui Barbosa. Choveram telefonemas, pra ver se eu estava doidinho mesmo. Hoje tenho a fiel secretária. Não mente, nem assina cheque. Eletrônica.

[49]

Mas ainda tem gente que não sabe falar com a gravação. Fala às carreiras. Telefonam de toda parte e pedem resposta urgente. Faço o que posso, mas, como disse, não tenho sorte com telefone. Como o poeta, ao telefone tenho perdido muito tempo de semear. Infinito é o número das histórias da minha babel telefônica. Ainda ontem telefonou a Emília. Chamo de volta. Atende uma voz feminina, eu brinco: "Seu nome é por causa da Emília do Monteiro Lobato?". Me responde uma certa Mariana. Engano. E esticamos o papo sobre literatura infantil.

Anoto um por um os recados. Chamo de volta. Mas consigo falar? Nanja! Minha amiga foi operada em São Paulo. Duas horas ao telefone, milagre! Completo a ligação cinco vezes. Apressada, quatro vezes a telefonista me passa o quarto errado. Uma quinta vez a ligação cai. Converso com quatro pacientes que não conheço. A todos desejo pronto restabelecimento. Como é que vai a minha amiga? Não sei. Também aqui vem bater muita ligação errada. Se posso, corrijo. Telefono, explico.

Mas nem sempre posso. A pobre senhora, por exemplo, chama sempre o Otto Stupakov. Ou o velho, percebo pela voz, que pede notícia do filho. Fala de Goiás, coitado. Se deixasse o número, eu chamava de volta. Multiplique isto por dez milhões. São dez milhões de telefones. É o melhor retrato do Brasil hoje. Não. Melhor é a casa da Dinda. Sem investir na infraestrutura, a nossa telefonia é essa tremenda saragata. Ninguém mais escreve. A grafofobia é geral. Pra complicar, ainda tem esse tal de grampo. Pra quê?

· · · · ·

O olho e o seu rabo

09/01/1992

De volta ao Rio, depois dos feriadões, fiquei impressionado com o número de filas por toda parte. Entrei em quatro delas. Uma façanha. Pagamentos, essas miudezas do cotidiano. Haja paciência. Eu já saio de casa com uma espécie de anestesia interior que tem algo de ascese em dose modesta. Até acho graça. E sempre dá para a gente observar o espetáculo humano. Um cineminha de divertido realismo.

Num banco, por exemplo. Uma dúvida não me aconselha a ir direto ao caixa. Aí espero a moça que está ocupada com uma cliente. O esmeradíssimo esforço com que ela evita o meu olhar é um jogo de astúcia. Gato e rato. Está na cara que a gata sabe que estou de olho nela. Como todo mundo, ela vê sem olhar. Olho também tem rabo. O esforço de não passar recibo a denuncia. Treinada, ela resiste e se concentra com a tal cliente. Mas eu também sou felino. Uma luz, ou uma sombra, sempre escapa.

Podia ao menos mandar sentar. A ressaca das festas não deixa espaço para a cortesia. A poltrona ali, desocupada. Mas é melhor curtir a torturazinha alheia. O sadismo dela e o meu masoquismo se entendem nesse prazeroso recreio. Eu é que não dou o braço a torcer. Vou esperar de pé, impassível, até o Juízo Final. O ar refrigerado ajuda. O leitor pode estar maldando este joguinho entre a moça e eu. Que é isso? Não há aqui sombra de sedução. O que ela teme é que, na fugacíssima troca de olhar, tenha de me dar atenção. Aí se quebra o nosso encanto sadomasoquista.

Eu até compreendo. Na aritmética da sua intimidade, pode estar cobrando de mim uma conta que é de outro. Mais fácil cobrar de um vago cliente do banco. Só agora o brasileiro está

aprendendo a ser impessoal. Não lhe é fácil. Se bobear, despenha-
-se na conversinha mole, sem o tom empertigado que convém à
relação profissional — pequeno rito engomado que evita todo
contato de alma. O famoso calor humano.

Uma hora e vinte minutos depois, um rápido diálogo e confir-
mo que podia ter ido direto ao caixa. Tempo perdido? Que nada.
Contei os bocejos do segurança: dezessete de bocão e cinco de
boquinha, tentando se segurar. E ainda tive pachorra para muito
mais. Nada como o *behaviourism*. Um vivo laboratório de psicologia do comportamento. Estou pronto para a fila da Caixa Econômica, que no Leblon está botando gente pelo ladrão. Perdão, pela
porta. A Caixa não tem ladrão. Ainda bem.

· · · · ·

A rua, a fila, o acaso 23/01/1992

Eu ia dando a minha voltinha num silêncio interior de paz.
Está difícil flanar nas ruas de hoje. Muito barulho, carros voando
ou atravancando a calçada, anda sobrecarregado o ar que respira-
mos. Mas há sempre o que ver, se levamos olhos desprevenidos,
de simpatia. Me lembrei do tempo em que o pai de família saía
depois do jantar pra fazer o quilo. A expressão tem a ver com o
mistério da nossa usina interior.

Com o perdão da palavra, tem a ver com as nossas tripas. Hoje
é o cooper, que traz um afã de competição. Cronometrado e exibi-
do, tira o fôlego e impede a conversinha mole. É mais uma fábrica
de ansiedade nesta época que fabrica estresse. Pois ia eu andando
pra clarear as ideias, ou pra pensar em nada. Nessa hora de entrega

e de inocência é que acontece a iluminação. A luzinha do entendimento acende onde quer.

Sem nenhum objetivo, eu ia bem satisfeitinho na minha disponibilidade. Aberto a qualquer convite, podia comprar um bombom, ou uma flor. Ou uma dessas canetinhas que acertam comigo e, bem ordinária, me traz um estremecimento de colegial. A gente sabe que o endereço da felicidade é no passado e é mentira. Mas é bom que exista, a felicidade. Nem que seja um momentinho só. Tão rico que dá pra ir vivendo. E se renova com qualquer surpresa boba. Encontrar por exemplo na banca uma revista fútil e dar com a foto daquela moça bonita. Olhar seus olhos e entendê-los, olhos adentro.

A vida é um mundo de possibilidades. Atração e repulsa, afinidades. Convergência e divergência. Nessa altura, as minhas pernas tinham me levado pro mundo da lua. Quando dei comigo de volta, estava espiando uma fila que coleava pela calçada. Curioso: etimologicamente, aposentado é quem se recolhe aos aposentos. De repente, os aposentados saíram da toca e estão na rua, pacientes em fila ou irados aos magotes.

Mas aquela fila não podia ser de aposentados. Tinha uma moça de short e pernas fortes de atleta. E muitos jovens. E vários boys. Um pequeno interesse, receber um dinheirinho, ou uma pequena obrigação, pagar uma conta, juntou na fila aquele pessoal todo. Misterioso caminho, esse, que aproxima as pessoas por um instante e depois as separa. Há de ver que ali estavam lado a lado duas almas que se procuram e, distraídas, disso não se deram conta. O acaso, o destino, quanta coisa passa por uma cabeça vadia! Ou por um frívolo coração.

· · · · ·

Gostinho do risco

20/07/1992

Vai completar um ano. Como negócio, pode não ser lá muito lucrativo. É cedo pra pensar em retirar o que investi. Mas que dá prazer, ah, isso dá. Como é que me decidi? Que pesquisa de mercado coisa nenhuma. Foi o que pintou. Não tinha assim uma paixão pelo ramo. A minha sócia também não. De repente, tudo se encaminhou. Restaurante. Vamos nessa.

Soltar o barquinho na corrente e ver onde é que vai dar. Uma vez engajado, você salta os obstáculos sem pestanejar. Dificuldade, é uma atrás da outra. Um papelório medonho. Lerdo, omisso, na hora de chatear o poder está ali, firme. Muita paciência e uma boa conversa, a coisa anda. Boa vontade? Também tem. Quando você mais precisa e menos espera, até ajuda aparece. Esse gostinho do risco. Inebriante.

Véspera da inauguração, um pandemônio. Improvisa daqui, ajeita dali, mil troços por fazer, de repente tinha cara de restaurante. A gente nem dormia. O pessoal dando um duro que só vendo. Garçom, operário, todo mundo. Minha sócia pegando no pesado, em cima da hora olhou o bar e quase desmaia. Não vai dar, choramingou. Aí é que entra a adrenalina, ou o milagre, sei lá. Você morre, mas sai. Questão de honra. Louca aventura.

Terça-feira é assim mesmo. Domingo não abre. Aqui neste ponto ainda não dá. Amanhã, quarta, começa a esquentar. Quinta e sexta são os melhores dias. Sexta, nem se fala. Superclima. O pessoal já entra embandeirado. Esse ar de congraçamento, de promessa ou surpresa. Você sabe como é. A happy hour estica noite adentro. Claro, o pessoal bebe mais. Maioria, homem. Tipo executivo, rapaziada. Mas tem mulher também. Sozinha? Raro.

[54]

Quando você pensa que começa a entender do negócio, está entendendo a entender do negócio, está entendendo é de gente. Tudo, mas tudo tem importância. A escolha da mesa, o serviço. O ritmo certo. Quando chega esta hora, você já batalhou à beça. No entanto só agora é que vai começar. Eu mesmo fiz a caipirinha de vodca. Você tem que se jogar todo. A freguesia percebe e corresponde. Você vê, por exemplo. Crise, sufoco, desemprego. E até hoje nem um cheque sem fundo! Brasileiro é honesto, sim. E o Brasil tem jeito, viu?

· · · · ·

Cota zero

24/01/1992

Outro dia mesmo, o crescimento da população era motivo de orgulho. Quando o Rio chegou a um milhão de habitantes, foi uma festa. Deu até manchete. Era aqui a capital da República. O projeto de uma capital lá no fundo do sertão era letra morta, mais uma, no cemitério da Constituição. São Paulo botava banca de metrópole cosmopolita. O maior parque industrial da América Latina.

A gente ia aí encontrar o Mário de Andrade, tomava chope no Franciscano, batia um papo na rua Lopes Chaves e pulsava no nosso peito aquela exaltação. Pátria, latejo em ti! Perto de Belo Horizonte, ainda quase Curral del Rei, perto das velhas cidades mineiras, Ouro Preto, São João del Rei, São Paulo já trazia, impaciente, a vibração da arrancada gigantesca. A frase do maior parque vinha escrita nos bondes amarelos, ou vermelhos? Eram vermelhos. Amarelos eram os de Belo Horizonte.

E verdes eram os do Rio. Verde, amarelo, vermelho, fossem estas ou outras cores, já se vislumbrava, ou se via, ofuscante, o arco-íris do futuro. Não era miragem, só dois pássaros voando. Era um pássaro na mão, ansioso pelo horizonte que, promissor, sim, também era real. A ditadura do Estado Novo aqui dentro não passava de uma bota apertada, prestes a ser descalçada. Tolhia, mas deixava andar pra frente. Lá fora, o horror da guerra. O mundo em cólicas de parto, para inaugurar o dia de amanhã. Já se entreviam os dedos róseos da aurora.

O penumbrismo, a tristura decadentista, isso era coisa do passado até nas artes e nas letras, de súbito despertadas em 1922. "Ah, como dói viver quando falta a esperança!" — o suspiro tísico do Manuel Bandeira de 1912 era tão antigo e fora de moda quanto o gramofone de 1910 do Murilo Mendes. Tudo de repente andava depressa. E na própria velocidade residia uma deusa que cumpria cultuar. Até Noel Rosa tinha cantado o progresso — e o progresso é natural. Bom dia, avenida Central!

Nuns poucos decênios, armamos o cenário para o banditismo, a violência, a criminalidade. O açodado bota-abaixo abria espaço à cidade de perfil americano. A cidade sem rosto. Os orgulhosos arranha-céus. Todo passado é remorso. Adeus, português suave dos sobrados. Chalezinhos suíços, morada ingênua, adeus. Jardim, quintal, *vade retro*! Lá vamos nós, Brasil das megalópoles, de parelha com Nova York, Londres, Paris. Tóquio que se apresse. Stop. Foi o futuro que chegou, ou o Brasil que parou?

• • • • •

Cota zero

08/10/1992

Um leitor me pergunta por que não escrevi sobre os neonazistas que pintam aí em São Paulo. Podia perguntar por que não escrevi contra. E perguntar já é quase uma injúria. No meu caso, tenho de lutar é contra um certo cansaço. A repetição é a única figura de retórica. Não fui conferir, mas sempre soube que a frase é do Napoleão. Pode ser. Nem por isso deixa de haver repetição ociosa. Dessas que, fatigantes, ressumam tédio.

Como tudo neste mundo, a imprensa vem passando por uma vertiginosa reforma. Até o jeitão do editorial, o seu estilo, se vê obrigado a mudar. Desabotoa o colarinho, respira aliviado o coloquial da rua. Aqui e ali, ainda resistem umas tantas nove-horas e excelências. Protocolo, linguagem engomada, essas coisas. Aliás, com o impeachment o povão começou a falar com boca de foro. Todo mundo vestiu sua beca de jurista.

No botequim do Lili vi briga de mão e rasteira em torno de uma nuga constitucional. Tempo houve em que muito jornal fugia da controvérsia como o diabo da cruz. Pra variar, todo santo dia era a favor. Do governo, evidente. Se não havia um figurão pra engrossar, dois temas estavam à mão. A favor e contra. O reflorestamento e o câncer. Vejam só, muito antes da ecomania e da aids. Lá um belo dia apareceu um espírito de porco que era contra o reflorestamento.

Perguntar se você é a favor do neonazismo é assim como indagar se vê com simpatia o câncer numa pessoa amada. Tipo da conversa que fica abaixo da cota zero. Está no rol do que não precisa ser dito. O açúcar é doce. A água é um precioso líquido. "*Ça va sans dire*", diz o Conselheiro Acácio. Mas há assuntos

[57]

teimosos. Pena capital, por exemplo. O que esgoelei contra não está no gibi. Mas tem até candidato da pena de morte.

Presumo que não tenha sido bom cabo eleitoral, a pena. Felizmente. De minha parte, não sou candidato a nada. Talvez ao silêncio. Outro assuntinho duro de roer é o regime carcerário. Alguém pode ser a favor de Carandiru? Quando o Dalai-Lama andou por aqui, falou da compaixão. Budista ou cristã, precisamos de misericórdia. Senão um dia desses acordamos todos ratos. Ferozes. Mas eu queria era contar que uma sabiá entrou aqui em casa, assustada, bicou daqui e dali e fez o seu ninho. Está na época da postura.

· · · · ·

Peritos e falsários
08/03/1992

Não sei até onde a jurisprudência brasileira aceita como prova incontestável gravação de fita, como essa que agora incrimina o Magri. Cumpre verificar primeiro se a voz é autêntica. Há perfeitos imitadores por aí. Há setenta e um anos, as dúvidas pairavam sobre a autenticidade de uma assinatura. Falo do episódio histórico das cartas falsas do Bernardes. Candidato a presidente da República, deitou ao papel uma série de insultos aos generais.

Como se duvidava da capacidade brasileira de chegar a uma conclusão pericial isenta, científica, as cartas viajaram até Bordéus. Foram examinadas pelo perito Locard. Que aliás cobrou trinta mil francos. Até lembra o Magri, que teria ganho trinta mil dólares. Parece que os trinta dinheiros de Judas estão fadados a trilhar o caminho dos homens. Locard concluiu que as cartas eram verdadeiras. Passou-se então a outro perito, o prof. Ottolenghi, uma sumidade de Roma.

A polêmica no Brasil corria solta, enquanto o professor italiano estudava os documentos. E concluiu que era tudo uma grosseira falsificação. Mas ainda faltava ouvir o perito suíço Reiss. Reiss, além de perito, era falsário. Acumulava. Tinha falsificado um documento para os alemães durante a guerra. Optou-se então por Bischoff, outra sumidade, catedrático em Lausanne. Quem levava as cartas era o jovem Virgílio de Melo Franco, que tinha saído do Rio em fevereiro. Só voltou em agosto.

Aqui, encontrou a controvérsia pegando fogo. Estava pior do que antes, no dia de sua partida. O *Correio da Manhã* liderava a grita pela autenticidade das cartas. O racha foi mais fundo. De um lado, bernardistas juravam pela falsificação. Do outro, antibernardistas berravam que era tudo verdade. Setenta e um anos passados, qual a conclusão? Depende do historiador. A maioria entende que as cartas eram falsas mesmo.

Mas o general Juarez Távora, tenente de 1922, morreu convencido de que eram autênticas, a despeito de os falsários terem sido identificados. Chamavam-se Jacinto Guimarães e Oldemar Lacerda. Dois crápulas, dizem. Bem, há outras cartas em nosso passado político. Mais recente, a carta de Brandi, por exemplo. Pretendia incriminar o Jango Goulart. Ex-ministro do Trabalho, como o Magri. Hoje, está tudo muito mais sofisticado. Qualquer criança sabe manejar tapes e vídeos. Ou seja: todo cuidado é pouco. Ah, saudades do velho tempo das cartas! Falsas ou autênticas, pouco importa.

· · · · ·

O enigma do Collor

17/01/1992

No caso da infidelidade da Capitu, o Carlos Castello Branco está do meu lado. A moça foi infiel, sim. Quanto ao plágio do Collor, sustenta que o ghost-writer é uma instituição contemporânea e existe em todo o mundo. Não vejo muita razão, diz na sua coluna no *Jornal do Brasil*, para se questionar a autoria de textos que não têm aspiração literária. A autoria não se confunde, no caso, com a *redatoria*.

Nessa pendenga toda, o Castello e eu fomos citados como ghost-writers. O Luiz Garcia também inocentou o Collor, no artigo "Plágio, não", publicado em *O Globo*. E de passagem disse que "o mais importante pronunciamento de Jânio Quadros sobre política externa foi obra de Otto Lara Resende". Escrevi, sim, gratuitamente, não um, mas numerosos textos que ao longo dos anos me foram solicitados por homens públicos.

A afirmação do Luiz Garcia é discutível quanto ao superlativo absoluto, mas não é hora de falar disso. Além do mais, nunca reivindiquei a autoria do que não assinei. Entendo que o silêncio é dever do ghost-writer. Dever, digamos, pelo menos contemporâneo. Eu brincava com o Schmidt que ele "assinava" o que escrevia para o Juscelino. O seu texto de fato guardava o tom schmidtiano. É dele, por exemplo, a bela apóstrofe "Deus poupou-me o sentimento do medo". Mas o Juscelino bancou e pronto.

Na mesma coluna sobre o plágio do Collor, o Castello aludiu de maneira velada a um documento que, escrito por mim, provocou uma crise de repercussão nacional. Fiquei quieto no meu canto, como me compete. Já li várias versões sobre o fato e calei. Não digo isso para passar por autoridade no caso Collor-Merquior.

[60]

Ou Merquior-Collor, na boa ordem cronológica. Mas dou o meu palpite, convicto: foi plágio, sim. Não se pode tapar o sol com a peneira, ainda que por oportuna conveniência política.

A propósito, tenho refletido sobre o mecanismo que levou o Collor a copiar ipsis verbis um texto alheio. A *Folha* descobriu que já estava no programa do tal Partido Social Liberal. E *O Globo* mostrou a irrefutável evidência do plágio. Que é que leva um cidadão a ostentar o que não é? O estudante que cola sabe o risco que corre. Quando o "estudante" é o presidente da República, então espere aí, minha gente, o caso é grave e intrigante. Pede atenção. E pede análise que o decifre. É um dado psicológico fundamental para o conhecimento da controvertida personalidade do Collor.

· · · · ·

Convém tirar a limpo

10/01/1992

Tema velho como a sé de Braga, esse do plágio. Ou plagiato. *Plagiarius* em Roma era o sujeito que roubava escravos. Ou o cara que comprava e vendia como escravo um cidadão livre. O sentido figurado passou às letras e às artes. É uma história exuberante, a dos plágios. E farta é a jurisprudência, já que a controvérsia às vezes só acaba no tribunal. Se não está às escâncaras, o plágio é um gato escondido com o rabo de fora. Hoje se fala em *intertextualidade*, como ontem se fazia às claras *à la manière de*. Também às claras se faz a paródia.

Na nossa música popular já se disse que samba é como passarinho: é de quem pegar primeiro. Falar nisso, outro dia um leitor escreveu ao *Jornal do Brasil* para denunciar o Vinicius, que copiou o verso "que seja eterno enquanto dure". Diz ele que é de Henri Régnier: "*L'amour est éternel... oui, tant qu'il dure*". Pode ser coincidência, por que não? Ou reminiscência inconsciente. Não há tema novo. Há nova maneira de abordar os velhos temas.

O plágio talvez passe mais despercebido quando se dá no campo das ideias, ensaio ou erudição. Fica difícil às vezes dizer aí o que é de quem, se os dois lados têm bagagem. O que não pode é ter a mala vazia. Apanhado com a boca na botija, o réu esperneia. Não dá a mão à palmatória. Calado é que não pode ficar. Quem cala consente. Na disputa de uma cátedra universitária, a acusação pode ter um desfecho trágico. Em matéria de tese, todo cuidado é pouco. Já houve caso até de suicídio.

Na literatura por toda parte há antecedentes ilustres. O Eça foi acusado com *O crime do padre Amaro* de plagiar o Zola de *La faute de l'abbé Mouret*. Grande repercussão teve entre nós nos anos 40 a acusação de Carolina Nabuco. *Rebecca*, da inglesa Daphne du Maurier, era cópia do seu *A sucessora*, de 1934. Álvaro Lins concluiu que era mesmo. E o *Correio da Manhã* botou a boca no trombone. Mas a tese caiu na Justiça.

Com Joan Fontaine, *Rebecca* deu um filme de êxito mundial. Manoel Carlos fez de *A sucessora* uma telenovela para a Rede Globo. Foi sucesso aqui e lá fora. Agora, mal começou *Pedra sobre pedra* e surge a acusação. É plágio de *Roque Santeiro* (Dias Gomes) e de *Tieta do Agreste* (Jorge Amado). Há quem diga que o plágio é a base de todas as literaturas, com exceção da primeira, que é desconhecida. Quem disse isso? Não foi o Cláudio Humberto. Foi Jean Giraudoux, dramaturgo francês que morreu em 1944.

· · · · ·

Timbrada, mas falsa

07/08/1992

Hoje está esquecida. Divulgada aqui em setembro de 1955, causou um grande rebu. O destinatário era o Jango Goulart, candidato a vice na chapa do Juscelino. Autor, o deputado argentino Brandi. Antônio Jesús Brandi, vejam só que nome cristão. Esse Brandi parecia estar por dentro de uma tal república sindicalista. Ia ser na marra. No poder, o Perón ajudava com armas ou com dinheiro, sei lá. Subversão no duro e articulação internacional.

Deputado da oposição, o Carlos Lacerda botou a mão na carta. Depois botou a boca no trombone. A eleição ia ser daí a pouco. A carta vinha datada de 5 de agosto de 1953. Reparem: 5 de agosto. Exatamente um ano antes do atentado que matou o major Vaz. E que abriu a crise que, dezenove dias depois, levou o Getúlio ao suicídio. Detalhe: a carta tinha sido batida em papel timbrado da Câmara de Corrientes.

Como o Brizola, Getúlio e Jango eram gaúchos. Na data da carta, o Jango era ministro do Trabalho do Getúlio. Vinha tudo a calhar. As armas entrariam por Uruguaiana e se destinavam às brigadas operárias de choque. Um horror. "É falsa", gritou o PTB. "Falsíssima", emendou o PSD. "Rombuda falsificação", garantiam JK e Jango a um passo da eleição. O Jango pediu ao general Lott pra abrir inquérito. O Lott era o ministro do Exército.

Instaurado, o IPM mandou à Argentina o general Maurel. Estou escrevendo e pensando: "Puxa vida, conheci esse povo todo". Entrevistei um por um. Até parece que sou um sobrevivente, cruz-credo! No dia da eleição, Maurel passou um telegrama cifrado. Sim, a carta podia ser autêntica. Lott não teve dúvida: mandou ler o telegrama no dia exato da eleição. Foi aquele escarcéu. Num primeiro exame, a polícia argentina de fato tinha entendido que a assinatura podia ser verdadeira.

Dias depois, a perícia conclui que era uma contrafação. Grosseiro embuste, tinha sido uma patranha de Cordeiro & Malfussi. Dois notórios falsários, que foram presos e racharam o bico. Quem foi o autor intelectual do crime? A quem aproveitava? Se tivesse sido a CIA, os arquivos americanos a esta altura já teriam confirmado. Não terá sido esta a primeira, nem infelizmente será a última maracutaia do gênero. Mas pelo menos foi desmascarada. É um antecedente animador. É só querer, que tudo se apura.

· · · · ·

De boca em boca
19/01/1992

Um domingo, isso faz anos, o Hélio Pellegrino e eu encontramos na igreja de são José o José Cândido Ferraz. O *Correio da Manhã* tinha saído naquele dia com uma entrevista do Santiago Dantas. Os três a lemos e os três a louvamos. O Zé Cândido resolveu me acompanhar até a minha casa e lá ficamos os dois de papo. O Zé Cândido era deputado federal e ia disputar a eleição de senador no Piauí. A irmã dele mandava na UDN de lá e já tinha aprovado.

Conversa vai, conversa vem, voltamos ao Santiago. Que clareza! Que modernidade! Afinal o visitante abriu o livro. Queria um discurso de arromba, tipo plataforma, para pronunciar na convenção estadual. A moçada hoje não se lembra, mas o Zé Cândido era amigo do brigadeiro Eduardo Gomes. E era, como se dizia, chapa-branca, sempre simpático ao governo. Disposto a colaborar.

Quando se retirou, estava assentado que eu ia cooperar com a sua campanha, vejam só, no Piauí. Queria um discurso baseado na entrevista do Santiago. Aquilo mesmo, dito de outra forma, com a necessária adaptação. Dei cabo da encomenda, claro. Meu conhecido desde os tempos de estudante, o Zé Cândido era um bom sujeito. Eu o chamava de benfeitor da humanidade, porque, médico, nunca tinha exercido a medicina. Ele ria e me convidava para um *black label*.

Dias depois sou chamado ao telefone. Eu nunca tinha ouvido falar no meu interlocutor, que se apresentou: Petrônio Portella, candidato da UDN ao governo do Piauí. Aquele belo discurso era impronunciável pelo candidato a senador. Ótimo, mas inadequado. Cerimonioso, me chamando de doutor, acabou por me dizer que o discurso estava talhado era para ele. Na medida certa. Se o Zé Cândido estava de acordo, tudo bem.

Isso mesmo: da boca do candidato a senador o discurso passou à boca do candidato a governador. Os dois foram eleitos. Ideias do Santiago, redação minha. Houve plágio? Não. Foi cópia? Não. Trabalho gracioso de ghost-writer. Agora apliquem *el cuento*. Se o Collor chamou um redator e entregou o texto do Merquior, por que o redator não fez assim? Se chamou, escolheu um amigo da onça. Se se incumbiu de tudo (?) pessoalmente, então comeu mosca. Foi a expressão que ele usou outro dia, a propósito de outro episódio.

· · · · ·

Nossa rica virtude

09/04/1992

Não sei se você é do tempo em que um pobre passava na porta de sua casa e, bem-educado, tocava a campainha. Você, ou alguém por você, atendia. Com uma lata na mão, o pobre pedia um resto de comida, pelo amor de Deus. Você dava ou não dava, segundo tivesse comida e disposição. Se dava, punha na lata o sobejo do dia. O pobre, reverente, lhe agradecia. E louvava o seu bom coração. Deus lhe pague e lhe dê em dobro. Amém, dizia você.

Era um rito civilizado. A gente até conhecia o pobre de vista e de nome. Freguês pontual, procurava não incomodar. Passava entre uma refeição e outra. Se eram dois ou três, tratavam de se entender entre eles. O pobre vinha uniformizado de pobre. Tinha cara de pobre, cabelo de pobre, barba de pobre. Olhar de pobre. Uns olhos humildes que se voltavam para baixo. Um leve brilho só lhe era permitido quando pronunciava o santo nome de Deus.

As crianças da casa conheciam cada um dos que estendiam a mão à caridade pública. Ou familiar. Um ou outro pobre era meio tantã. Engrolava palavras, podia cheirar mal e vestir andrajos que desconheciam água e sabão. Um tipo assim aceitava roupa velha. Daí a uns dias voltava nos trinques. Melhorava o visual. Às crianças se recomendava cuidado. Caridade, sim. Mas nada de intimidade. O pobre podia estar doente. A pobreza em si não era contagiosa, ao contrário da riqueza. Mas doença de pobre era um horror.

Quando o pobre não trazia a sua própria lata, um desmazelo, a família dispunha de uma vasilha para a emergência. Podia ser um prato rachado, ou de folha de flandres. Nem o cãozinho nem o gato podiam comer nessa vasilha. Bicho de estimação é delicado, pega doença à toa. Se o pobre tinha uma úlcera, ou um defeito físico evidente e feio, tinha o cuidado de não o exibir. Nunca ninguém lhe perguntava se doía. Doesse ou não, isso era lá com ele.

Era um tempo em que se respeitava a intimidade do pobre, mesmo sem estar garantida pela Constituição. As crianças bem-educadas não perguntavam por que o pobre era pobre. Nem por que não tinha casa pra morar. Ou comida pra comer. Curiosidade tinha limite. Se o pobre cheirasse a álcool, ai dele. Há de ver que lhe deram dinheiro. Perdia ponto e até a comida, se logo não se corrigisse. Vício, não, de forma nenhuma. Bem-comportado, o pobre abrilhantava o escrínio de nossas virtudes.

·····

Isonomia por baixo

20/05/1992

Deixei a redação de *O Diário* e vinha descendo a rua Goitacazes, quando alguém me chamou. Era o dr. Almir, na esquina da rua da Bahia. Em Belo Horizonte, claro. Perguntou o que eu ia fazer. "Vou almoçar", respondi. "Agora, não. O que você vai fazer da vida", ele esclareceu. "Ah, bom." Ia fazer vestibular para direito. Já estava até estudando com o prof. Rodolfo Jacob. Coitado, tão velhinho, e eu lá a importuná-lo, mal raiava o dia. Meu pai é que tinha me recomendado.

Santo homem, o dr. Almir. Meu conterrâneo de São João del Rei, fino espírito. Me disse para procurá-lo de tarde. Engoli o almoço e para lá segui. Eu queria um emprego? No recém-criado SIT, que ele dirigia ali no sobrado daquela esquina. Serviço do Imposto Territorial. Na mesma tarde comecei a trabalhar. O primeiro processo que abri tinha a expressão *de cujus.*

Depois do cafezinho, nenhuma dúvida sobre o meu status. Afinal, *de cujus* não é pra qualquer um. Bati à máquina o parecer. No fim do mês, nomeado pelo secretário (era o Ovídio de Abreu), fui à avenida João Pinheiro, à Pagadoria. Uma bruta surpresa no envelope: quatrocentos e cinquenta mil-réis. Passeei pela cidade e bati a pé pra casa. Tudo era perto. O pé-d'água, temporal de verão, me pegou no caminho, diante da igreja da Boa Viagem. Sei lá como, o envelope me caiu da mão. No dilúvio, o enxurro arrastou-o para o bueiro.

Com a ajuda do meu tio Sílvio, voltei lá assim que a chuva estiou. Levantamos a grade de ferro. Nem sombra do rico dinheirinho. Meu primeiro ordenado. Quatrocentos e cinquenta mil-réis, uma fortuna. Algumas cédulas e até moedas. Níqueis, prata de dez tostões, pratinha de quinhentos réis. Era tanto dinheiro que o pessoal da Secretaria da Fazenda reclamou. Amarra-cachorro, na gíria burocrática. O primeiro degrau da hierarquia. Ganhavam duzentos e setenta mil-réis mensais. E os fedelhos do SIT, com quatrocentos e cinquenta. Um absurdo.

No mês seguinte, não teve conversa: rebaixado para duzentos e setenta, tive de devolver a diferença. Pensei em invocar o enxurro. "*Act of God*." Mas a controvérsia jurídica era demais pra quem acabava de ser apresentado ao *de cujus*. Numa penada, o governador igualou os vencimentos. Duzentos e setenta mil-réis pra todo mundo. Assinado: Benedito Valladares, cujo centenário se celebra este ano. Se fiquei arrasado? Que nada. Eu tinha dezesseis anos. No mesmo dia subi assobiando os degraus do sobrado e retomei, impávido, a minha faina de parecerista.

· · · · ·

A flor no asfalto

30/05/1992

Conheço essa estrada genocida, o começo da Rio-Petrópolis. Duvido que se encontre um trecho rodoviário ou urbano mais assassino do que esse. São tantos os acidentes que já nem se abre inquérito. Quem atravessa a avenida Brasil fora da passarela quer morrer. Se morre, ninguém liga. Aparece aquela velinha acesa, o corpo é coberto por uma folha de jornal e pronto. Não se fala mais nisso.

Teria sido o destino de d. Creusa, se não levasse nas entranhas a própria vida. Na pista que vem para o Rio, a vinte metros da passarela de pedestres, d. Creusa foi apanhada por uma kombi. O motorista tentou parar e não conseguiu. Em seguida veio outro carro, um Apolo, e sobreveio o segundo atropelamento. A mesma vítima. Ferida, o ventre aberto pelas ferragens, deu-se aí o milagre.

D. Creusa estava grávida e morreu na hora. Mas no asfalto, expelida com a placenta, apareceu uma criança. Coberta a mãe com um plástico azul, um estudante pegou o bebê e o levou para o acostamento. Nunca tinha visto um parto na sua vida. Entre os curiosos, uma mulher amarrou o umbigo da recém-nascida. Uma menina. Por sorte, vinha vindo uma ambulância. Depois de chorar no asfalto, o bebê foi levado para o hospital de Xerém.

D. Creusa, aos quarenta e quatro anos, já era avó, mãe de vários filhos e viúva. Pobre, concentração humana de experiências e de dores, tinha pressa de viver. E era uma pilha carregada de vida. Quem devia estar ali era sua nora Marizete. Mas d. Creusa se ofereceu para ir no seu lugar porque, grávida, não pagava a passagem. Com o dinheiro do ônibus podia comprar sabão. Levava uma bolsa preta, com um coração de cartolina vermelha.

No cartão estava escrito: quinta-feira. Foi o dia do atropelamento. Apolo é o nome do segundo carro atropelador. Na mitologia, Apolo é o símbolo da vitória sobre a violência. Diz o poeta Píndaro que é o deus que põe no coração o amor da concórdia. No hospital, sete mães disputaram o privilégio de dar de mamar ao bebê. A vida é forte. E bela, apolínea, apesar de tudo. Por que não?

• • • • •

Outra fachada

09/08/1992

Foi na passagem do ano, em Angra dos Reis. Mais uma vez eu me encontrava num momento de transição. O fim do ano traz, inconsciente, esse desejo de mudar. Só me dei conta disso há pouco tempo, vendo a minha carteira profissional. Várias demissões no mês de dezembro. Época do Advento, Natal à vista, uma força nos impele e a gente admite que é possível recomeçar. O que passou e o que virá.

Essa pretensão de me reinaugurar. Pulsa nela uma expectativa que se abre, quase eufórica. Um alvoroço de asas. Deixar para trás o arquivo morto, fechar a porta, selada como um túmulo. É preciso morrer para renascer. Os opostos se misturam, mas se impõe no horizonte uma promessa de aurora. Pouco importa que não seja clara. Tanto melhor. Há na penumbra, nesse claro-escuro, uma nota propícia. Esse respiro que se acelera e exalta.

Poxa, quanta filigrana para chegar aonde eu quero. Visto pelo lado de fora, é só isto: deixei a barba crescer. Mudei a fachada. A gente na vida deve ter uma cara só. Se é raspada, vá raspada até o fim. Barba, pera, cavanhaque, costeletas. Os vários bigodes, cheio, fino, de pontas. Passa-piolho, ou em leque. Feita a escolha, que esteja feita. Adolescente, preservei intocado o recente buço. No afã de ser adulto, virou bigode sem conhecer navalha.

Até que um dia deitei-o abaixo aqui no Rio, no barbeiro da

[70]

Associação Cristã de Moços. Estava feita a minha opção. Vou de cara limpa, escanhoada. Aí estou um dia em Angra, fim de ano, começo de ano, e não fiz a barba. Eu mais que vivido. Revivido. Três, quatro dias e, mais depressa do que esperava, a barba compareceu. Hirsuta, como intratável se pretendia o remoto bigode adolescente. Com o tempo, eu saía de manhã pra andar com o Hélio Pellegrino, de repente ele estacava.

E me olhava, estupefato. Começava a rir. Eu não era eu. Aquele barbaças, ainda por cima a barba branca, se metia entre nós. O Hélio me fitava e em vão me procurava. E ria. Curioso é que a princípio me deu a maior força. Barba de protesto, dizia ele. De desgosto, dizia eu. Desgosto de quê? Já não sei, nunca soube. Talvez estivesse cansado de mim. Aí chegou julho. Aniversário da minha mãe e da minha filha Helena. Que presente me pediram? Raspar a barba! Raspei — e isso é outra história.

· · · · ·

Leitura da barba

12/08/1992

Nada como a etimologia. Você vai à origem da palavra, à sua fonte, e ela se ilumina. É como abrir um brinquedo e ver como é que funciona. Hoje ninguém dá bola para a gramática histórica. Fala-se por paus e por pedras. É um tal de *colocar* que não para mais. Eu coloquei, você colocou, nós colocamos. O verbo *pôr* sumiu. É o reino da misossofia. Horror ao saber. Por isso gostei de ver o Delfim Netto aderir à mania etimológica.

E saiu logo de misopogonia em riste. Como ele próprio explicou, vem do grego e quer dizer "aversão à barba". É um sentimento comum, este. O próprio Delfim não gosta dos barbudos. Os do PT pelo menos. Houve um tempo em que estiveram em foco os barbudinhos do Itamaraty. Tinham, como os petistas, uma vocação dissidente. A barba fala. É símbolo. E há uma semântica da barba. O barbudo hoje é do contra. Ontem foi a favor. Barbudo era d. Pedro II.

Monárquica, a barba significava respeitosa adesão. Conformismo de brasonado. Um simples bigode, cheio ou fino, tem sempre sentido. Pode sugerir um peralta dado a conquistas. E pode avalizar um austero cidadão. Um rabino ou um padre capuchinho sem barba não leva a menor fé. Há barbudos confessionais. E há profissões que trazem na barba um cartão de identidade. Na área da psicologia, a tendência agora é para a barba cerrada. Por que será?

A Velha República começou nas barbas do Deodoro e acabou no cavanhaque do Washington Luís. Prudente de Morais, conselheiro do Império, tinha barbas de monarca. Campos Sales, nem tanto. Os glabros começaram com o Getúlio. Linhares, Dutra, Café, Juscelino. Até o bigode do Jânio, que aliás voltou barbado de uma viagem à Europa. E raspou logo, porque dona Eloá não gostou. Ninguém deixa a barba crescer impunemente.

Há bigodes que, imantados, têm pontas que são lanças governistas. Captam os sinais do poder, como antenas sensíveis. No *Quincas Borba*, o Rubião vem de Minas de suíças. Próspero, Machado lhe dá no Rio uma barba cheia. Um belo dia, pede ao barbeiro Lucien para lhe talhar a pera e os bigodes à maneira de Napoleão III. Estava doido. Tinha pirado. Pensando bem, não estamos longe de ver surgir por aí um êmulo do Rubião. A cara rapada pode ser um disfarce.

· · · · ·

Saudade imperial

05/12/1991

Sou repúblico e parlamentarista, mas não espumo de ódio quando vejo um monarquista. O Paulo Bonfim escreveu um belo soneto "A Pedro 2º", invocando "a saudade imperial". O Alexandre Eulálio era monarquista e marxista. Há no mundo de agora exemplos como o da Espanha, onde o rei fez boa aliança com a modernidade. Faz cem anos hoje que d. Pedro II morreu exilado em Paris. A data exala uma certa nostalgia, até porque o passado, como a Terra vista do espaço, é sempre azul.

Quando os constituintes de 1988 adotaram o plebiscito, na certa não faziam ideia de que a causa monárquica ia receber a lufada favorável que vem recebendo. Não estou insinuando que vamos voltar ao Império. Continuaremos a ter muitos reis e rainhas no Carnaval, além dos que o povão coroa, como o Pelé. D. Pedro II era tão bonzinho que sonhava em ser presidente da República. A oposição apelidou-o de Pedro Banana.

Barbaçudo, austero, só viu a imperatriz Teresa Cristina na hora de casar. Três anos mais velha do que ele, era feia e manquitola. Viveram casados quarenta e seis anos e tiveram quatro filhos. Dois morreram. Altíssima taxa de mortalidade infantil no palácio! Na moita, d. Pedro se apaixonou pela condessa de Barral. As muitas cartas que lhe escreveu só vieram a público em 1948. Nenhuma faz referência à deliciosa saia compridíssima que lhe cobria os delicados pezinhos. Bons tempos. Boca de siri. Bons tempos. A hipocrisia era a homenagem do vício à virtude.

Se estivesse aí hoje, d. Pedro saía da quinta da Boa Vista e ia com o Darcy Ribeiro a uma aula num CIEP, ou num CIAC. Culto, era chamado de rei filósofo. Mas, fora uns sonetinhos, não deixou

[73]

obra especulativa ou literária de monta, gostava da companhia dos homens de letras, dos expoentes das artes e das ciências. Falando várias línguas, como o Marcílio, era doido por Victor Pasteur. Até Graham Bell foi encontrar nos Estados Unidos.

"Meu Deus, isto fala!" — exclamou quando viu o protótipo do telefone. Foi em 1876, há cento e quinze anos. Hoje, o progresso é fantástico. Tem telefonia móvel e telefone celular. Mas conseguir uma linha, só por milagre. O que dá de engano e de linha cruzada é um horror. Quem não tem secretária tem calo no dedo (é o meu caso) e sofre de Grahan-bellfobia. Em 1994 veremos se vamos voltar à monarquia. No plebiscito, fala a plebe. E plebe hoje é o que não falta. Tem de montão. Difícil é arranjar um barbaça tolerante e sábio como Pedro II.

· · · · ·

Réquiem para dois rapazes

15/08/1991

Fiquei impressionado, impressionado é pouco, fiquei comovido com o velório e o enterro do Douglas. O irmão mais velho, Domingos, disse umas poucas palavras. Sua sóbria presença acentuava a solidão daquela sombria cerimônia fúnebre. Foi preciso pedir ajuda aos coveiros. Não havia uma única alma piedosa, uma só mão amiga para pegar uma alça do caixão. A televisão devia ter tirado o áudio, na hora em que o féretro entrou naquela sinistra gaveta.

Numa época em que todo mundo quer aparecer, descabelar-se em público, a família em São Paulo também se fechou no silêncio.

O enterro solitário na cidade estranha falava por si. No deserto das grandes cidades, povoadas de rostos anônimos, ninguém conforta ninguém. Enterrar os mortos já não é obra da misericórdia. É uma exigência burocrática, que passa pelo IML e pelo papa-defunto. Não há encomendação do corpo, nem reza. Há fatura, atestado de óbito e autópsia.

Naquele momento ainda se podia contar com o testemunho do irmão Alberto. A garganta rasgada, mais um pouco e iria falar. Mas Alberto morreu, cercado pelo mesmo silêncio que sufocava o cemitério do Caju. Que é que deu nesses rapazes, santo Deus, para virem ao Rio armados de escopetas e granadas? Os vizinhos confirmam o pai: eles eram ligeiramente introvertidos. Tudo muito nebuloso. A mãe calada. Diz o pai que os meninos gostavam de eletrônica, de cinema, de bicicleta.

Sim, deviam gostar da Xuxa. Droga? Não. Bons alunos. E nada entendiam de armamento. Em que instante se deu então a ruptura? Tempos implacáveis, estes. Numa família de três rapazes, o pai industrial, a mãe dentista, dois deles são arrebatados por um vento de aventura tresloucada, como se tivessem recebido o script de um mau filme americano. O ato gratuito de Gide, quem sabe. A insensata busca de aventura, a qualquer preço.

E matam um pobre guarda que apenas lhes dirigiu uma pergunta. Ninguém suspeitava de que naquele sobrado de uma tranquila rua paulistana residia o satânico germe da violência irracional. Nenhum sinal no álbum de retratos da família. Vendo hoje os antigos olhos inocentes dos meninos, ninguém acredita. Se já não há crime e família, marginais e bons rapazes, então tudo é uma coisa só. E estamos todos ameaçados. Episódio macabro, teu mistério nos desafia. O silêncio dos dois túmulos pesa, cruel, sobre o Rio e sobre São Paulo.

Asmáticos e asmólogos

03/10/1992

Não sei por que veio bater aqui em casa uma revista médica. Tomei conhecimento de como a betaciclodextrina é metabolizada em glicose. Mas o que me impressionou mesmo foi o que há de novidade em matéria de terapêutica da asma. Meu conhecimento no ramo não foi adquirido nos livros. Ainda que remoto, é saber de experiência feito. Uma vez imaginei fundar um clube dos asmáticos. Fôlego curto, o Octavio Malta foi um que se entusiasmou.

Mas os asmáticos não são muito unidos. Tampouco os ex-asmáticos. É o meu caso, apesar de uma ou outra ameaça que lá de vez em quando me assusta. E quase sempre nos momentos mais inoportunos. Uma noite em Madri tive de sair de um jantar direto para uma farmácia. Se não opusesse feroz resistência, me recolhiam a um pronto-socorro com direito a balão de oxigênio. Lá se vão vinte anos. Foi minha última crise, espero. Última, isto é, derradeira.

Do tal clube dos asmáticos ficou uma crônica do Paulo Mendes Campos. Para o asmático, dizia ele, não há nada mais ofensivo do que perguntar se asma pega. Pois não é contagiosa. É de nascença e não mata. Dizem até que garante vida longa. Se não tiver complicação, o asmático fica pra semente. Como a tuberculose nos velhos tempos, a asma teria afinidade com certo tipo de gente. Gente sensível e inteligente. Verdade ou não, é um consolo.

Proust, por exemplo, todo mundo sabe que foi asmático. Vivia num sufoco tremendo, fechado naquele quarto forrado de cortiça. Isso nos seus últimos anos de vida, depois que encerrou a fase mundana. O que eu não sabia e a tal revista me informou é que há

[76]

hoje a asmologia. E há asmólogos, claro. Aliás, aí em São Paulo existe um *Jornal da Asma*. Graças ao seu editor, dr. Charles K. Naspitz, pude ler exemplares de vários números.

Boa parte do mistério e até, por que não?, do encanto da asma é porque se trata de uma doença hereditária e noturna. Ataca de preferência à noite. E se retira com o sol. Na velha ortografia, escrevia-se *asthma*. Palavra grega, tem a ver com aspirar. A reforma ortográfica cortou o *th*. Se por um lado simplificou o nome da doença, por outro aliviou a dispneia dos *asthmaticos*. Um acesso em Paris, por exemplo, ainda hoje é bem mais grave. O *th* não soa, mas em francês ainda se escreve *asthme*.

· · · · ·

Sufoco hipersensível

05/10/1992

Você pode adorar morango e lhe ser alérgico. Se comer, já sabe, é um desastre. Outro pode ter horror a cebola e não lhe ser alérgico. Não come porque detesta. Assim como não se discutem, gostos também não se explicam. São tabus. A alergia é uma descoberta do princípio do século. O sujeito nasce com uma certa hipersensibilidade para isto ou aquilo. Os alérgenos. Há, por exemplo, quem não suporte perfume. Um determinado tipo de perfume.

No caso de alimento, você evita. Se a alergia é a pluma, estofado de pluma sempre se pode evitar. Já perfume é mais difícil. Causa a ruptura de uma amizade, ou até de um amor. Se a dama insiste, é porque não há amor nem amizade. Nada mais prosaico do que um namorado ou uma namorada que se põe a espirrar à simples aproximação da parceira ou do parceiro. Uma tempestade alérgica pode liquidar com um amor. Sábia é a natureza ao impor as suas repulsas e as suas afinidades.

Pior é quando o alérgeno está no ar. Nesta época do ano, na primavera, o perigo aumenta. O ciclo polímico às vezes provoca um acesso de urticária ou de asma. O *Jornal da Asma*, do dr. Naspitz, dá importância ao fator emocional, no caso dos asmáticos. Não tenho dúvida nenhuma de que esse fator conta. Basta o asmático numa viagem se esquecer de sua mezinha e pronto — o acesso é fatal, já no avião. Hoje há os comprimidos. E a bombinha é agora mais discreta.

Imagine o que sofreu o pobre do Machado de Assis. Não sabia que ele era asmático? Eu também não. Sabíamos que era epiléptico. Pois o *Jornal da Asma* o inclui entre os asmáticos. Já tinha ouvido falar no estilo de gago do Machado. Sim, também era gago. Há de ver que o ritmo da sua prosa vem é da asma. Outro que pagou tributo à sufocação foi o Graciliano Ramos. Fumava que nem um desesperado. Cigarro mata-rato. E asmático! Eu o conheci e não sabia.

Explica-se por aí o temperamento abespinhado do Velho Graça. Outro asmático foi Augusto dos Anjos. Aquele pessimismo todo, coitado, era falta de ar. Vivia a um passo da asfixia, numa época em que a asmologia apenas engatinhava. Não se sabia o que hoje se sabe, ou se propala. Sendo uma forma de hipersensibilidade, que tem a ver com a respiração, isto é, com a própria vida, a asma inclina a pessoa para as letras e as artes. Dura compensação!

$\cdots$

Os poetas se retiram

23/09/1992

Mais um pouco e se acaba setembro. Está aí, à porta, o mês de outubro. E do alto de outubro já se descortina a fímbria de um novo ano. Em matéria de velocidade, nada ganha do tempo, fundista olímpico. Já nem corre mais. Despenha-se, na ânsia de chegar ao fim. Ou ao começo, o que dá na mesma. Pois todo começo é o começo do fim. Ritmo assim, ou mais rápido, só o da guitarra da inflação. Ainda outro dia, surgiu a ideia de homenagear poetas e escritores.

Veio primeiro Machado de Assis. Merecido. Ninguém lhe disputa esse lugar, se o critério não é o cronológico. À efígie, juntou-se uma frase de sua lavra. A intenção era não só homenagear, como divulgar o que as nossas letras têm de melhor. Depois do Machado, vieram outros. Agora, a Casa da Moeda está recolhendo dois poetas. A partir de 1º de outubro, saem de circulação o Carlos Drummond de Andrade e Cecília Meireles.

Apareceram outro dia mesmo e já não valem nada. Quem quiser que guarde como relíquia. A cédula de cinquenta e a de cem cruzeiros. Poetas e cronistas, Cecília e Drummond conheceram e aborreceram a inflação. Não podiam nem sonhar é que viessem a ser vítimas póstumas desta calamidade. Celebrada em vida também por sua beleza, seus açorianos olhos verdes, Cecília sai como entrou. Discretíssima. Também em silêncio, retira-se Drummond.

Pode ser simples impressão. O olhar do poeta me parece hoje mais triste. Não consigo ler a olho nu os versos que estão inscritos na cédula. Sei que mencionam o secreto semblante da verdade. Tristemente secreto, se tal semblante se esconde por trás do artifício do sigilo. É hora, isto sim, de pôr à mostra a cara da verdade.

Nada de voto sorrateiro, que é fuga e omissão. Segredo não é disfarce. Não é máscara de covarde.

Sigilosa, pontualíssima, chegou aí a São Paulo ontem, às 15h44, pelo horário de Brasília. Aqui no Rio, leio que chegou às 15h43. Um minuto de diferença. Assim tivéssemos tamanha precisão em tudo mais. Nossa consciência democrática, por exemplo. A cívica certeza de instituições estáveis. E funcionais. Mas afinal quem chegou aqui e aí? Sim, senhor, a primavera. Ora, se é primavera, ainda é tempo. De recomeço. De renascer.

·····

Festa, com brisa   26/02/1992

A gente nem precisa olhar o termômetro para saber que o calor está no auge. De uns três ou quatro dias pra cá, o verão perdeu a cerimônia e se instalou pra valer. Você não tem como fugir. Cedinho, o sol bate à sua porta e exige que você saia da toca. Não adianta o ar-refrigerado bufando a noite toda. Até o aparelho de refrigeração transpira. E o suor pinga lá fora.

Ai de coisa ou bicho que não se adapte ao calorão num dia assim. Está literalmente frito. O certo é não brigar, nem perder a paciência. Se você reclama e xinga este clima miserável, aí está perdido. Só lhe resta o desespero de suar em bicas. Calma, que o Brasil é nosso. Encarado com jeito, à carioca, o verão é uma festa. Não é só aqui que o termômetro sobe aos quarenta graus. Domingo chegou a quarenta ponto dois.

Se você tem à mão um mapa-múndi, ou um globo terrestre, pode correr o dedo pelo nosso meridiano. Nem quero saber qual é. Sei que

[80]

nesta latitude não há nenhuma cidade que chegue aos pés do Rio. Maravilhas ainda que temporariamente apagadas, é uma senhora cidade. Pode chamar de metrópole, ou até de megalópole, seja para louvar, seja para espinafrar. Grandes cidades há muitas pelo mundo. Calor também não falta. Mas o bom entendimento entre a cidade e o verão, isto é uma prerrogativa cem por cento carioca.

A natureza favorece essa aliança de amigos e o Rio tira partido da alegre fornalha que o aquece dia e noite. Aqui não pega essa história de que o calor amolece e prostra todas as energias. Ainda agora, metido num engarrafamento de todo tamanho, estive observando o pessoal em torno. O calorão ardente, mas seco, sem mormaço e sem aguaceiro à vista, deixa no ar uma espécie de euforia. Está quente? Tanto melhor. A cidade, excitada, se sente à vontade. E até feliz.

Dizer que o trabalho não rende é pura peta. Rende, sim. Com tanto sol e tanta luz, não dá pra ficar deprimido ou mal-humorado. Você nem precisa ir à praia. As almas e os corações se dilatam, comunicativos. A rua é um espetáculo. Sombra não está em falta. Qualquer sombrinha vira um oásis. E tem a brisa, que é preciso fazer por merecer. Tal qual carícia de amor. Então viva o verão. E o Carnaval que vem aí. Vem quente, como convém. E se Deus quiser, não vem molhado.

$$• • • • •$$

Entreato chuvoso
25/01/1992

Eu é que não vou falar mal do trópico. Todo clima tem vantagens e desvantagens. Tal e qual as quatro estações do ano em qualquer parte do mundo. Mas aqui, na nossa latitude, até os elementos da natureza de fato se ressentem de uma certa ordem. Dias e dias daquele calorão e, súbito, uma onda de frio. Tudo pode acontecer. Um temporal de todo tamanho, verdadeira calamidade pública. A enchente paralisa o trânsito, instala o caos.

Águas inimigas, até a lagoa fica malcomportada. Falo da lagoa Rodrigo de Freitas, minha vizinha. Você pode não morar na praia, nem ver o mar. Mas ele está aí, nervoso, impaciente como ele só. Sempre recomeçado, como diz o poeta, mas agora, com o mau tempo, está é a fim de acabar com tudo. Vem de lá, já encrespada pelas ondas, essa ventania histérica que à noite agarra o prédio pelas orelhas e o sacode sem dó nem piedade. Portas, janelas e vidraças, tudo estruge e estremece.

De uns tempos pra cá, dei pra ter medo de tempestade. Seu desvairado azorrague no encalço de um vento grosso e quente que nem sabe em que direção sopra. Desfolha a rosa dos ventos. Num minuto as gordas gotas da bátega inundam a rua, fecham o caminho. Não há céu em cima da minha cabeça, nem chão embaixo dos meus pés. É o dilúvio. Pouco importa se é dia. O Sol se retira, agastado, para não ver esse rude espetáculo. Tenha a santa paciência, mas isto aqui, se ainda é um trecho da cidade, já nenhum compromisso tem com a civilização. Aqui começa o sertão chamado bruto.

Tudo pode acontecer nesse anfiteatro em que a barbárie vai sendo encenada segundo um feroz improviso. Santo Deus, é o fim do mundo, penso eu, bicho da terra tão pequeno — e sem abrigo, ao léu. Sabe-se lá como, de repente mais uma vez estou salvo. *Deo gratias*. Daqui a pouco, dissipada a noite, sobrevém um dia novinho em folha. A luz cintila nas cicatrizes e as dissimula. Até o velho clichê da natureza indiferente traz um toque inaugural. A vida é bela, eia!

Sim, a vida é bela, mesmo com essa chuvinha manhosa, que convida à modorra e à vadiação. Chove chuva choveirando — quem escreveu esta bobagem? E cadê o verão? Gato comeu. Friozinho bom pra ficar no borralho. Ler, pensar no bezerro que morreu. Ou reler o que nunca li. Estou me lixando para o que vai pelo mundo. Pelo Brasil, então! Não houvesse favela nem morro, e essa chuvinha podia invernar dias e dias. Chegou com a intimidade de quem veio pra ficar. Seja bem-vinda, na doce e inquieta paz a que me recolho, entre livros e lembranças. Até que volte a zorra do verão, sua extroversão. Climazinho maluco, o deste alegre trópico.

· · · · ·

Turista, mas secreto   21/12/1991

O calor já está ardendo, há vários dias. Chegou tão forte que nem o ar-refrigerado dá conta de detê-lo à porta do quarto de dormir. O sol se retira, mas deixa à noite no ar parado o desalento do mormaço. Até as chuvas torrenciais já fizeram a sua sinistra aparição. Oficialmente, porém, só hoje o verão está abrindo a sua temporada. 21 de dezembro: solstício no hemisfério sul. Pelo que se vê, nem as estações do ano têm o bom hábito de ser pontuais nesta latitude.

Inicialmente, o verão era o tempo primaveril, como o diz a raiz etimológica da palavra. No Rio, o verão continua a ter de fato uma grande afinidade com a primavera. Festas e férias, não faltam motivos para uma euforia que se enquadra bem nesta paisagem exuberante. Mais do que em qualquer outra época do ano, a cidade é um balneário. Conta para isso com a ajuda dos turistas, que não têm razão para se assustar mais do que se assustam por esse violento mundo de Deus.

Falar nisso, gostei de saber que no Recife estão pondo em prática um tipo de turismo secreto. Era só o que faltava. Diz a notícia que um navio trouxe mil e duzentos alemães. Seiscentos outros vieram de avião. O desembarque foi sigiloso, como sigilosos foram os passeios que todos deram por Olinda e Recife. Na praia da Boa Viagem, dividiram-se em pequenos grupos para não chamar a atenção. Tudo isso para evitar que se repetissem os assaltos que aconteceram no princípio de dezembro. Vinte e cinco turistas perderam dez mil dólares, relógios e câmeras foto e cinematográficas.

Essa história de turista disfarçado está me cheirando a piada. Lembra aquela do espião fardado, com uma bruta condecoração da CIA plantada no peito. Pois me digam lá como é que mil e oitocentos alemães podem passar despercebidos no Recife e Olinda. Sim, em pequenos grupos. E daí? Digamos até que andem caladinhos, de bico fechado, para ninguém desconfiar de que são gringos. Discretíssimos, seguem à risca as instruções. Não olham para nada com espanto, ou exagerado interesse.

Em qualquer país do mundo, se há um cidadão que dá bandeira é o turista. Ninguém o confunde com o nativo. Os gestos, o olhar, o traje, tudo o denuncia. Está de passagem. Não adere à paisagem. Ainda mais alemão, procedente direto do inverno. Uns branquelas, ou vermelhões, tudo louro de olho azul. Essa, não. Turismo secreto! Imagine só um prussiano daquele tamanhão confundido com um gabiru. Estão é brincando com a gente.

· · · · ·

Carioca da gema

31/10/1992

Se um marciano descesse aqui e me perguntasse se o verão chegou, eu diria que sim. Diria que sim porque sei. E sei não porque fez quarenta e um graus à sombra. Ou o meu ar-refrigerado quebrou. E não adianta tentar descobrir hoje quem o conserte. Depois de meses de ócio, nem o aparelho resiste a essa brutal entrada do calor. Eu estava ali em Botafogo, numa rua de dentro, quando me dei conta. Nenhuma dúvida de que o verão tinha chegado.

Parei no sinal, trânsito lento, e vi. Vi no galho seco, estorricado, o bem-te-vi. Grande e bem nutrido, não cabia em si de surpresa. Também ele tinha sido apanhado desprevenido. Vi-o e vi que ele me viu. Não fosse um bem-te-vi. O peito amarelo fulgurava com lampejos de ouro. Parou ali para tomar fôlego. O bico aberto, língua de fora, resfolegava. E tinha as asas meio suspensas. Macho, vi logo. Nem precisava conferir a estria amarela no cocuruto.

Bastava o jeito impudente com que exibia à brisa as plúmeas axilas. Queria refrescar o sovaquinho, como o gari que um passo adiante por um momento interrompeu a sua faina. Braços levantados, cotovelos no ar, a vassoura ao léu. Mas o alerta inicial foi mesmo o bem-te-vi, que lá ficou, imóvel. Exposto à sanha do primeiro moleque. Nem precisava estilingue. Uma pedra e adeus.

Na parada seguinte, a certeza se impôs. Aí está o verão, me disse. O velho verão, carioca da gema. Quanto mais velho, mais carioca. Mais animado, mais quente. Chega assim, sem dar bola para o calendário. Nem toma conhecimento da rotação da Terra. Muito menos do horário de verão. Conheço uma senhora que tem a maior antipatia desse horário de verão. Absurdo, diz ela. Só faltava essa. O governo se meter no relógio da gente.

[85]

Tem toda razão, minha senhora. Se não protestamos, amanhã decretam que hoje é domingo. E pouco importam as clamorosas evidências de que hoje é sábado. O governo decrete o que quiser. Nós somos da oposição. Porque hoje é sábado. Mas vinha falando do bem-te-vi. Depois do bem-te-vi, vi, oh se vi, a mocinha de short. Ao sol, tomava um sorvete de casquinha. Aquela cor de pele, sabe? Epa, chegou o verão. E chegou pra valer. Quem quiser que saia de baixo. E vá pra Gstaad, Vail ou Chamonix.

· · · · ·

Mas dá pra curtir 12/12/1991

Está um calor de derreter os untos, como diria o Eça de Queiroz. Sem jamais ter estado no Brasil, sua experiência de calor era mesmo de Lisboa. Pois lá também faz calor, como faz em Nova York e em Paris. Bom, o Eça foi cônsul em Havana, Cuba, e lá o verão como aqui derrete os untos. Só que no Rio o calor é especial. Sendo escaldante e úmido, dura meses, mas traz à cidade uma espécie de euforia. Isso é o que pensa e sustenta o carioca da gema.

Neste ponto me vejo na obrigação de confessar que estou longe de ser um carioca cem por cento. Um calor de matar passarinho e de fritar ovo no asfalto não me seduz. É o que faz agora. O pior é que podem vir por aí aqueles temporais cada vez mais catastróficos, na medida em que a cidade cria obstáculos ao escoamento das águas. Pois também diante disso há cariocas que se sentem à vontade e até se divertem. Ignoram a calamidade que agride mortalmente os morros e a periferia da cidade.

Sim, há sempre o respiradouro da praia. Mas não é todo mundo que pode todo dia dar o seu mergulho ou lá permanecer na areia horas a fio (dental, ou não) no bem-bom da vadiagem. O fato é que nem a praia é alívio, sobretudo depois que, ainda cedo, o sol estende sobre tudo e sobre todos a sua chapa impiedosa de assar e de torrar. Aí, o jeito é procurar uma sombra, se o cara não tem o privilégio do ar-refrigerado (de preferência pago pelo governo). A brisa, ai de nós, foi praticamente expulsa da cidade.

Quando Pereira Passos abriu a avenida Central, hoje Rio Branco, teve o cuidado de deixar livre o caminho da brisa. Soprava da praça Mauá para a praia de Santa Luzia, depois aterrada. Ou vice-versa? O fato é que soprava, na mão e na contramão. A rua estreitinha, aprendida com os árabes, via Portugal, sempre foi também um recurso contra o calorão infernal, ou senegalesco. Uma injúria ao Senegal e quem sabe até ao inferno. Em Dacar não há avenida Presidente Vargas.

Dizia o Murilo Mendes que o inferno existe, mas não funciona. Deus me perdoe, mas há horas em que isso parece definição do Rio. Nada de pessimismo, porém. Se o carioca curte o verão, é porque há no verão o que curtir. O calor convida ao riso e à folga. Ao lazer, em suma, numa sociedade que cancelou a disponibilidade de espírito. Nada de bom se faz sem o lazer, dizia o Gide. Mas há gente que detesta citação, muito mais do que abomina o calor. Uf!

· · · · ·

Verão, capital Rio

28/11/1991

Aí está: o verão acendeu o seu forno crematório bem em cima do Rio de Janeiro. Ou embaixo, sei lá. O que sei é que todos os carvões extintos estão de novo acesos, como labaredas de maçarico. Com a língua de fora, a cidade exibe um ar de peru na véspera do Natal. Aflito, querendo se livrar das penas. O Rio, este, se livra das roupas. Até são Sebastião, o padroeiro, está nu, encostado no poste do martírio.

Mas os pagãos se divertem. Na boa escola indígena, buscam as águas e lá permanecem, com esticadas de jacaré na areia que escalda na sola dos pés. Promovidas a gatinhas, as cunhãs estão queimadas, com aquele dourado que vem encantando os poetas desde que em público apareceu o primeiro tornozelo. Daí, foi vapt-vupt, a roupa foi parar no sótão de um tempo remoto. Voltou a tanga, com as vergonhas expostas sem sombra de vergonha. Até porque na praia não existe sombra.

Podem ter tirado a capital federal do Rio. Dizem aliás que com as melhores intenções. Foi só mudar o Tesouro e os pensionistas foram atrás. O Lúcio Costa riscou no Quadrilátero Cruls a cruz que veio com as caravelas. Gênio é isto: retomou o símbolo sem desfigurá-lo. O sinal mais simples que traça a mão humana sugere agora um avião. Juntos, o velho e o novo, para sempre. *Nova et Vetera*.

Pela mão de harmonias do Oscar Niemeyer, lá pousou aquele mundo de formas novas. Curvas e retas, amigas, não agridem a natureza. Mal disfarçam na paisagem o ímpeto do voo. Há nelas uma saudade do céu, do azul, de uma clara e livre civilização. A Grécia, como a sonhamos. O Brasil, como pedimos. O leite e o mel do sonho de Dom Bosco. A *clarté* dos bulevares de Haussmann. No Planalto o horizonte começa e não acaba. A bacia infinita do céu reflete a utopia e o gênio do Oscar.

Traçada para ser feliz, concepção mais que secular, Brasília bem que podia ser a Cidade do Sol de Campanella. Mas o Brasil velho também foi atrás: burocratas, mandatários, mandões e mar-

ginais de todo gênero. Indiferente às nuvens negras, Brasília celebra o seu permanente Quarup. Atenção, onu: aqui somos todos
índios, a caminho da modernidade. Mas verão, verão mesmo,
fornalha de cálidas alegrias, isto não tem conversa: é no Rio. Podem pichar à vontade. No alto do Corcovado, o Cristo lá uma hora
boceja de tédio. Mas sempre de braços abertos, Cruz que a todos
acolhe. Na sombra. Ou ao sol.

· · · · ·

Chuva, chave, pastel 07/11/1992

Por mim, estava convencido de que o verão tinha chegado pra
ficar. Mas já não se pode confiar em mais ninguém. Nem no verão,
que é carioca por direito de nascença. E nunca se fez de rogado.
Se o Observatório Nacional e as autoridades competentes não to-
marem providência, por ele o verão fica aí banzando na praia o
ano inteiro. Que nem um vadio em férias. Ou um turista argentino,
desses que ainda não descobriram Maceió. Ou Porto de Galinhas.

Aquele calorão de derreter os untos e, eis senão quando, o frio
está de volta. Frio mesmo. Pior: inverno molhado, com umidade
até os ossos. Fui apanhado na serra e à traição. Nariz colado na
janela, lareira acesa, lá fora um postal suíço. Os cobertores mofa-
dos devem ter contribuído. Passei a noite em claro. Na medida em
que a tempestade alérgica me deixou ler, li adoidado. Foram sete-
centos e vinte espirros, daqueles de expulsar gambá do sótão.

Tudo começou com um vento desvairado. Contrário e favorável, indeciso entre o frio e o quente, veio feroz como o aquilão.
No Rio e por aí afora, a chuvinha manhosa está que está. Deus nos

[89]

livre e guarde, me lembrei da chuva do Negrão. Aquela dos anos 60, que derreteu os morros. Encharcados, barraco e até prédio pareciam de papelão. Pedra secular, ou milenar, que sei eu, rolou de seu eterno abrigo. Na televisão, a gente procurava alertar as vítimas da litofobia.

Medo, horror às pedras. Cunhei eu a palavra, para acentuar o ineditismo da tragédia. Com um tempo assim, só ficando em casa. Sobe o índice de televisores ligados. Encapotada, vem aí a gripe. O vírus é novo, pra tapear os antibióticos. Já tem bactéria da quinta geração viciada em penicilina. Que nem barata em naftalina. Quando estiou um pouco, saí pra rua. Pois a chuva saiu atrás de mim, naquela morrinha. Muita gente junta nessa hora, cheira a rato molhado.

Entrei no shopping, que remédio! E dei com o casal de velhos. Dois bravos, quem diria! Com a teimosia de quem dobrou as bodas de ouro, ele procurava um chaveiro. Fazer uma duplicata da chave. Já disse que não tem chaveiro aqui, ela teimava. Ele, empacado, se recusava a andar. Tem chaveiro, sei que tem. Mas quem entende de shopping é mulher. Aos quinze anos ou aos oitenta e cinco, pouco importa. Tá bom, ele entregou os pontos. Mas pastel tem, não tem? E os dois foram comer pastéis, deliciados. De queijo e de palmito.

· · · · ·

Mistério em Copacabana 17/07/1992

Era numa rua paralela à avenida Copacabana. Vinha impaciente com aquele trânsito amarrado. "Nunca me faltou uma vaga neste mundo", murmurei. "*Deo gratias*", disse alto. A moça me olhou, espantada. Queria saber por que Nossa Senhora de Copacabana. Coisa de índio, a invocação começou na Bolívia. As culturas sempre se misturando. A palavra é quíchua, veio do Peru. Raríssimo traço que nos chegou do Pacífico.

Vá lá, traço de união entre os dois oceanos. Calderón de la Barca tem uma peça — *La aurora en Copacabana*. Foi um índio, Yupanki, quem esculpiu a primeira imagem de Nossa Senhora de Copacabana. Como é que chegou aqui ninguém sabe. O nome indígena era Sacopenapã. Tem qualquer coisa de Copacabana, não tem? Sacopenapã, Copacabana, eu repetia sem titubear. A moça, boquiaberta, não passava da terceira sílaba. Quem mandou ser gringa?

Queria tomar nota e buscava na bolsa a agenda. Falou em índio, ela se ouriçou toda. Poucos dias antes, eu tinha reaquecido minha sabença no Gastão Cruls. Pretendia escrever sobre o centenário de Copacabana. "Copacabana Sacopenapã", cantarolei. Aí, foi só atravessar a rua, entrar e nos abancar. Embaixo ou em cima? Embaixo. Agenda aberta, caneta na mão, a moça não escrevia nada. Morando ali perto, não tinha a menor ideia daquela confeitaria. E já estava indo embora.

Tamanho era o seu assombro que ela se esqueceu de pedir o chá. E foi espiar a pâtisserie. "Já foi melhor", disse eu. "Estão dizendo que vai acabar. Também pudera. Anos e anos no mesmo lugar. Essas luzes, esses espelhos, esses cristais." Ao meu lado, o garçom esperava impassível. "Uma cerveja", disse eu. A moça desistiu de tomar nota. Dos índios passou à Gitta.

Gitta Mallasz, a húngara que dialogava com o Anjo. Fugiu de um campo de concentração nazista. Morreu agora, em Paris, mais de oitenta anos. Esotérica, a moça esbugalha seus grandes olhos azuis. O mistério dos encontros, já pensou? Ali fora, a um passo. Copacabana bramia. Canta a tua última canção, Copacabana! A moça fala, fala, fala. Na velha confeitaria, navio iluminado, o tempo recuou. E eu sou ontem, longe. Copacabana, Sacopenapã — tudo é mistério.

. . . . .

Mudamos e não mudamos

12/07/1992

Não sei se ainda tem, mas tinha. Ainda deve ter. Atração por Copacabana. Todo mineiro, se pensa no Rio, pensa em Copacabana. Antigamente era assim. Não só os mineiros. Todo mundo. Copacabana era a marca do Rio. E ainda é. O bairro síntese, como a ilha de Manhattan em Nova York. Ou os Champs-Elysées em Paris. Copacabana de fato tem a praia, o mar aberto. Os arranha-céus. E as moças. As gatas, como se diz hoje.

Gatas, gatinhas e onças de meter medo, que se desnudam e andam pelas ruas. Homens também, de todo tipo e gênero. Nos velhos tempos, pensou Rio, pensou Copacabana. Também o turista estrangeiro chegava aqui e tropeçava no nome que o carioca diz com naturalidade. Aliás, que é que o carioca não diz ou não faz com naturalidade? O carioca da gema é isto. Um ser natural. Íntimo da natureza. Bronzeado, entre o verde da mata e o azul do mar.

Copacabana daquele tempo, sim, me lembro bem, com uma pontada no peito. Vindos de Minas, o Paulo e eu, num domingo de sol, esperando o Vinicius no Bife de Ouro. No apartamento do Fernando, ao lado do cinema Metro, onde morava a menina Danuza, o sono chegava com o sol. E com o sol a rua fervilhava. O barulho infernal do rio de aço não deixava dormir o mineiro afeito à calada montanha. Também morei em Copacabana. Na avenida Atlântica. Depois no Posto Seis.

Depois na Praça Serzedelo Correia. Na esquina, domingo, no Bom Marché, o Rodrigo ia bebericar o seu uísque na roda de mineiros. Depois vim para a Gávea. É outra freguesia. Outra civilização. Mas a gente morava em Copacabana. Mais tarde passava por Copacabana. Hoje vou lá de vez em quando. Sem nada ter com o seu centenário, lá fui três vezes por estes dias. Uma zorra tremenda, mas gostei. Olhei o mar, nostálgico.

Diante do restaurante, me perguntava como é que arranjaram espaço pra tantas mesas. Ali era o Ariston, que deu o Nino's, que deu o Antonino's, que deu o Antonio's, que deu o Florentino do Leblon. E o de Brasília. Está aí todo um itinerário no tempo. Entrei no nº 36 e ouvi dizer que havia um assalto com refém no nº 50. Uma senhora estava assustada. Eu pensava comigo: "Puxa, como Copacabana está diferente!". Mas digam o que disserem, é Copacabana. Mudou, sim. Mas eu também mudei. É melhor parar por aqui.

· · · · ·

Manjedoura carioca

25/12/1991

A praça se chama Sagrada Família. Se está pensando que eu inventei, pode passar lá e ler a placa. Hélio Pellegrino e eu nos sentávamos num banco de manhã e tome conversa fiada. Ele gostava muito de distinguir os vários verdes das folhas. Um dia, mal nos levantamos, veio um carro enlouquecido, entrou pela pracinha adentro e se espatifou no banco aos nossos olhos. Fomos salvos por alguns segundos. "Práçassa Grada Família", brincou Hélio. E se persignou.

De manhãzinha, há tempos, eu ia passando quando ouvi um grito: "Ô gente boa!". Era uma menina enfezadinha, seus treze anos. "Vai um café na padaria?" Eu não podia negar, podia? Paguei o café para uns quatro ou cinco do bando. Trazia comigo jornais e revistas. Era domingo. "Você vai ler isso tudo?" — me perguntou um, mais taludo. Outro quis saber quanto custou. Sim, esbanjo dinheiro com bobagem.

Outro dia, vou indo distraído. Agora, pelo Natal. Na praça ouço um alarido festivo. O mesmo bando que já vi dormindo, o Sol de fora. Também com chuva. Neste caso, se abrigam debaixo da marquise da agência bancária. O grupo está mais numeroso. E sumiu a criançada de família com as babás. São meninos de rua, sim. Uns já adolescentes e até nutridos. Barulhentos, falantes, em movimento, como uma revoada de pombos disputando milho. Milho? Um baita bolo de chocolate. Apetitosíssimo, servido em prato de cristal.

Palavra de honra. Fui ver de perto. Uma linda moça de seus vinte e poucos anos. Vi depois o jovem marido à distância. Aprovava sorrindo a extravagância. Puxei conversa. Como é que é a resposta? São simpáticos, brincalhões. "Agora acabou", disse ela alto, com autoridade. Alguns ainda comiam escondido, se lambuzavam de chocolate. Uma garotinha tentava esconder o seu pedaço na sainha rasgada. À noite, me disse a moça: "Tenho medo. Nunca se sabe, né?".

A narrativa está em Lucas 2, 7.12. Não havia lugar para eles na estalagem. Maria enfaixou o seu filho e o reclinou em uma manjedoura. Manjedoura é um tabuleiro em que se dá comida aos animais. Por sinal, lá estavam o burro e o boi. Agora é de manhã e faz calor. Me lembrei do auto da Cecília Meirelles: "Levamos cocadas,/ Levamos cuscuz/ e bolo de milho/ pra dar a Jesus". Na esquina, antes de dar o braço ao marido, a moça acenou para o bando. E sorria, feliz.

· · · · ·

O primeiro tiro

25/10/1992

Contei outro dia a um grupo de jovens que morei seis anos numa rua que não tinha luz. Digamos que estou exagerando. Cinco anos. Ou quatro. Sem uma única lâmpada. Aqui no Rio de Janeiro. Sim, senhor. Na freguesia da Gávea, como rezava a escritura. Numa casa construída com argamassa e sacrifício. Tijolo a tijolo e determinação. Os papagaios e a hipoteca. No começo não tinha porta. Nisso, parecia a casa do poema do Vinicius.

Muito engraçada, não tinha porta. Não tinha nada. A minha só não tinha porta. Porta da rua. Meu compadre Nicolai Fikoff desenhou uma bela porta de entrada. E de saída, claro. Na hora de tirá-la do desenho, foi aquela trapalhada. O marceneiro meteu as mãos pelos pés. As ripas ficaram meio soltas. E lá se foi a porta de volta para a oficina. Enquanto isso, a casa sem porta. E a rua sem luz. Era um loteamento novo. Bairro só de casas.

Com a ajuda dos vizinhos que iam chegando, eu pedia daqui e dali. Outro pioneiro, o meu amigo Marcus Vasconcellos, homem de sete instrumentos, arquiteto, tinha a sua casa na mesma rua. Recém-nascida, a casa dele ia ficar uma beleza quando crescesse. E ficou mesmo. Só que o Marcus, um bravo, não ligava pra rua escura. Houve até um crime, uma noite. O namorado matou a

[95]

moça que namorava na escadinha. Namorava outro. O namorado errou na escolha da moça. Mas no escuro acertou o tiro. Um tiro só, no coraçãozinho dela.

Fora isso, foi a paz. Dois ou três meses e a nossa porta ficou pronta. Só faltava a luz. Eu me empenhava com a iluminação pública. Arranjava pistolão, insistia. Também sou brasileiro. Até que um dia, a rua já povoada, chegou um telegrama. Anunciava a instalação da luz. Postes já tínhamos. Quarenta e oito horas depois, fiz o cálculo e contei na televisão. O telégrafo era mais veloz do que a luz. Que só chegou muito depois. Com a iluminação, sumiram os macaquinhos.

Ou já não apareciam tantos, no poste, na árvore. Saguins, bem buliçosos. Isto está parecendo um trecho da carta de Pero Vaz de Caminha. Juro que é verdade. Os que me ouviam puseram em dúvida. No Rio? Acharam que pirei. Aí contei que uma noite eu ia chegando no carro do Pedro Gomes. Era um 12 de outubro, me lembro bem. Naquele exato momento começou a inana. Fomos assaltados por cinco rapazes que nos seguiam. Deram um único tiro, o segundo da rua. Daí pra frente, todo mundo sabe a história da megalópole.

· · · · ·

Os bons espíritos

15/11/1992

A birita está proibida, mas o voto é livre. Quem não suporta a sede e tem de matar o bicho, pode dar um pulo a Niterói. Lá não tem segundo turno. Tulipa ou pinga, é só pedir. E tem também, claro, a solução carioca. Ou brasileira, sejamos sinceros. Isto é, dá-se um jeito. Já existe know-how, acompanhado de um código. O freguês pisca o olho. Ou nem isso. Estica aquele olhar pidão e se faz entender. O garçom disfarça e serve logo.

Só que troca de copo. Ou troca o nome. Cerveja hoje se chama guaraná, por aí. Bar sem bebida alcoólica pode escancarar as portas, que não perde o ar fúnebre. A cara fechada, sobrecenho, está de luto. Pois há quem goste, me jura no Baixo Leblon um eleitor fanático. Fanático pelo copo, que elegeu há anos como seu companheiro inseparável. Lei seca, diz ele, é pra ser molhada. E por vinte e quatro horas, é uma alegria só. O prazer da transgressão também inebria.

Não julguem mal o meu interlocutor. Bebe e vota. Copo competente e voto consciente. Como eu, morre de admiração por quem deseja ser eleito. E ainda luta, compete, gasta dinheiro e energia. Uns heróis. E assim entramos pelo mistério da vocação política. O espírito público. Existe, sim. Vem de mistura com sentimentos e ambições menos nobres, mas é evidente que existe. A honra de servir. Verdadeira cachaça, disse eu. E logo me dei conta da gafe. Estava no ar o hálito inconfundível.

Gafe coisa nenhuma. É isso mesmo, me disse ele. Andam até juntos, com muita frequência. O espírito público e a pinga. Dê-lhe o nome que quiser. Uísque. Vodca. Poire. Chope. Vinho? Também. Pode acrescentar champanhe. O espírito público é inseparável dos espirituosos. Pra não falar de gente de casa, lembre-se do Churchill. Só uma boa piela o arrancava da cava depressão. Napoleão no fogo da batalha entornava um conhaque. Waterloo foi uma carraspana. Associados pra sempre, na mesma garrafa.

Daí, meu amigo me contou o teste a que submete a cozinheira da sua casa. Quem contrata é a patroa. Feita a escolha, ele chama a candidata à fala. Ou ao canto. Manda cantar "Cidade maravilhosa". E um samba do Noel. Se desafinar, rua. Toda empregada canta. Não tem essa. Voz de taquara rachada, esgoelando no seu ouvido, ah, isso não. Está convencido de que a prova devia ser estendida aos candidatos. O Rio reclama ouvido absoluto, não acha? Fica a ideia para a próxima eleição.

· · · · ·

Simples quebra-galho   09/12/1992

Foi uma noite de ventania no princípio de agosto. De manhã cedinho ela viu pela janela que a rua, meio desarrumada, tinha saído de sua pachorra. Um galho do ipê só não caiu de todo porque parou no muro. Mais que vergado, se despejava sobre a rua. Mas ainda podia ser salvo. Quando estava lá fora com a empregada, apareceu o vizinho. Mesmo antes da ventania e do acidente, a árvore já era uma ameaça, advertiu. Estava na hora de tomar providência.

Viúva, o filho viajando, a filha casada no Paraná, ia se sentindo uma desamparada quando o telefone tocou. Soninha, a namorada do filho. Queria notícia do pilantra ausente, que há dias não piava. Tinha tido um sonho atroz. Devia ter sido a ventania, sugeriu. E assim pulou para o galho do ipê. Vegetariana, chegada ao tarô e ecomaníaca, Soninha lhe implorou que telefonasse ao Departamento de Parques e Jardins. Cortar um galho assim sem mais nem menos, jamais!

Vencidas as dificuldades para falar com a repartição, conseguiu pegar na linha um funcionário disposto a ouvi-la. Mil dúvidas e esclarecimentos, uma coisa afinal ficou certa: tinha de pedir licença. Requerer autorização. Para remover, podar ou cortar o

[98]

galho. Nada complicado, minha senhora. Pegar o modelo de requerimento, preencher, dar entrada. O fiscal iria examinar in loco, encaminharia o laudo e viria o despacho. Deferido ou indeferido, depende.

O funcionário parecia de fato empenhado em ajudá-la. A casa é própria? Tem o IPTU em dia? Está em seu nome? Aqui é que a coisa se complicou. Nome do falecido, a transferência ainda não foi feita. Traga então a certidão de óbito. Por via das dúvidas, junte a certidão de casamento. Saiu do telefone suspirando e pela janela viu o galho que pendia sobre o muro. Agora mais triste, mais pesado e mais ameaçador. No mínimo quinze dias para vir o fiscal. E aquele papelório todo.

Foi quando se lembrou do sobrinho que trabalha na Light. Viva o nepotismo! Na mesma tarde, lá estava o caminhão. Os dois latagões entraram, saíram, conferenciaram à meia-voz. E veio o parecer técnico. O galho não tocava a fiação elétrica. Não era da competência da Light. Sugestão? Chamasse os bombeiros. Teve sorte, porque no quartel atenderam logo. Que tipo de ameaça, minha senhora? Sirene aberta, chegaram os bombeiros. Conclusão: é caso para a Comlurb. Bom, aqui começam as cenas do próximo capítulo.

·····

Vamos pela ordem
11/12/1992

Tenho de retificar alguns senões na história de anteontem. O galho que o vento derrubou. Um pecado, por exemplo, chamar de ipê uma amendoeira. Soninha, a ecológica, talvez nunca me perdoe. Tentei explicar que não faz muita diferença. Ipê ou amendoeira, o que importa é que é árvore. E o galho estava lá, em cima do muro. Como um braço quebrado, uma fratura exposta. Tudo por culpa da ventania que soprou no começo de agosto.

Já Maribel não deu bola pra minha confusão. Maribel é a dona da casa, da árvore e do galho. Que ela própria por engano chamou de pinheiro. Gosto da natureza e aprecio um trecho de paisagem. A natureza já me comoveu mais do que algumas obras de arte. Obras-primas de museu italiano me pareceram pouco eloquentes diante do deslumbramento que tive por exemplo na Costa Amalfitana. Era uma bela manhã de primavera. Parei o carro e saí pra estrada com um nó na garganta.

Presumo que tenha sido a tal epifania. Tenho um amigo que vive na Europa e a três por dois lhe vem a graça epifânica. Na Escócia então, é uma atrás da outra. Esclareço que é abstêmio. Mas voltemos ao nosso galho. Ou melhor, ao galho da Maribel. É uma pessoa exata. Gosta de precisão. Não é aproximativa, como todo brasileiro. Por isso me explica que não chamou os bombeiros antes da Comlurb. Os lixeiros vieram antes. Só depois chegou o pelotão dos bombeiros.

Sirene aberta, aos berros, o espetáculo deu vida à rua. Concluído o minucioso exame, o chefe da equipe achou que de fato havia ali um pequeno risco. E mandou cortar umas pontas da ramagem, para desobstruir a calçada. Para se ter ideia da estatura do galho, só esse sobejo daria uma árvore de Natal de bom tamanho. Um bombeiro empilhou tudo do outro lado da rua, em frente ao terreno baldio. E lá se foi ladeira abaixo, com todo o aparato, o carro dos bravos soldados do fogo.

Maribel devia agora se entender com a Comlurb, a que compete remover o entulho. Tratativas telefônicas efetivadas, lá compareceu o caminhão. A criançada adorou a festa que o galho de novo provocou. Nunca bombeiros e lixeiros tinham subido até aquelas paragens. E tão solenes. Aqui entram o preço do metro cúbico, a cubagem do caminhão etc. Melhor não mencionar. Já se passaram dois meses e só se falou em Unif, que é moeda fiscal. Quem sabe era melhor chamar um biscateiro e pôr fim à novela? Dito e feito.

· · · · ·

Galho de peripécias 12/12/1992

Desculpem se volto ao caso da Maribel. O Brasil tem problemas graves e urgentes, até nessa área de remoção de entulho. Mas o fato é que há também microproblemas que merecem atenção. Já se tinham passado vários dias e lá estava, visível, a ramagem podada pelos bombeiros. Como lixo atrai lixo, o monturo crescia a olhos vistos. Daí, o biscateiro pediu um preço mais alto do que o da Comlurb. Injuriada, Maribel ameaçou denunciá-lo às autoridades.

Agisse todo mundo assim e não haveria suborno no Brasil. E nem PC, ou Collorgate. Antes, porém, de qualquer providência, apresentou-se à porta um fiscal da Comlurb. Há quem diga que foi o biscateiro que dedurou Maribel. Uma contribuição anônima tinha aumentado de súbito o entulho. Para efeito da multa, o fiscal atribuiu-lhe cinquenta quilos. Galhadas e troncos depositados no passeio constituem infração. E ainda havia pedras, tijolos e caliça.

A partir daí, o roteiro de Maribel deu tantas voltas que virou um quebra-cabeça. A multa subia a mais de um milhão em moeda Unif, quando ela pediu anulação ou revisão. Deu entrada no requerimento no Parques e Jardins, no Campo de Santana. Onde aliás um pivete lhe anavalhou a bolsa e lhe furtou a carteira. De lá se dirigiu à Comlurb, na Tijuca. E tomou ciência de que, mesmo pagando, o entulho só poderia ser removido se estivesse em sacos azuis. Sacos pardos, nada feito.

A intimação oficial, com carimbos e assinaturas, além de várias siglas, advertia que o pagamento podia ser feito no Banerj. Ou pelo correio, através de Darf, já que não há cobradores domiciliares. Depois de andar da Tijuca, rua Major Ávila, para o Campo de Santana, a santa criatura conseguiu reunir a documentação. Tendo respeitosamente requerido, esperava deferimento. Com firma reconhecida e tudo, o despacho demorou um pouco e saiu sucinto: indeferido.

Maribel soube que cabia recurso administrativo. Bastava refazer o caminho burocrático, passo a passo. Reiterar os argumentos e juntar novas razões. No dia em que protocolou sua petição, agora vazada em novo formulário, fazia três meses que tinha soprado a tal ventania. Três meses de galho em cima do muro. Soninha participa de uma reunião ecológica na Bahia. Maribel aguarda, confiante. E tem cada vez mais fé em nosso serviço público, assim tão minuciosamente organizado.

· · · · ·

O amorável pequinês 24/07/1992

Falei aqui outro dia de passagem sobre a difícil arte de ser vizinho. Uns tantos leitores me interpelam. Primeiro, é arte? Se é, que arte é essa? Claro que é arte. De maneira genérica, ou sucinta,

[102]

tudo é arte. Desculpem, se pareço ou se estou sentencioso. Viver é uma arte. Como toda arte, difícil. Mais difícil, porque mais refinada, é a arte conexa de conviver. E aqui já tocamos na questão da contiguidade.

É daí, da proximidade, que nascem os atritos. Ninguém se atrita com quem está longe. Qualquer um de nós, por mais abespinhado que seja, se dá às mil maravilhas com um cidadão que habita Pequim. Esse pequinês também é nosso próximo. Amá-lo, até amá-lo, se tira de letra. Não lhe vemos o rosto, nem lhe ouvimos o espirro ou a tosse. Nada sabemos de seus cacoetes e de seus maus hábitos.

O mandamento cristão, o mais importante, senão o único, manda amar o próximo como a si mesmo. Já a lei mosaica falava da mulher do próximo. A que não se deve cobiçar. Assim como é fácil amar o longínquo antípoda de Pequim, é igualmente confortável não cobiçar a mulher. A coisa toda muda quando as distâncias se anulam. Quanto mais próxima, mais complexa a relação. Compartilhar uma casa pode ser um tormento. Uma cama, então, nem se fala.

Chega a ser uma guerra, a mais encarniçada. É a guerra conjugal, cujo teatro de operações aparece na ficção do Dalton Trevisan. E se é guerra, é guerra suja, essa guerra de dois vieticônjuges. Faces da mesma medalha, amor e ódio são vizinhos obrigatórios. Paredes-meias. E cada qual só se encarna pela vizinhança. Se não se encarnam, são meras abstrações. No máximo, platônicas. Não é difícil por exemplo sentir piedade por uma multidão de cem mil flagelados na Índia.

Já não é tão fácil a misericórdia para com o mendigo malcheiroso que na esquina estende a mão. Este comete a imprudência de ser nosso vizinho. Não guarda a sábia distância dos flagelados hindus. Vistos numa rápida notícia da televisão, os bons indianos somem num átimo sem nos tirar o conforto da nossa poltrona. Deus nos manda amar os nossos inimigos e os nossos próximos. Provavelmente porque são os mesmos, diz Chesterton. Tem graça, porque tem razão.

·····

Bons companheiros 13/12/1992

Aeroporto de Cumbica, *check-in*, tudo pronto para o embarque. No alto-falante, a voz macia. Voo com uma hora de atraso. Pegou a bagagem de mão e se dirigiu devagar para a sala VIP. Dois únicos passageiros. Com ele, três. Ainda bem. Cansaço ou tédio, nenhuma vontade de aceitar papo com desconhecido. Nem olhou as caras. Um, corpulento. O outro, fora do seu campo visual. Viu-o primeiro pelos pés. Fechou os olhos, indiferente.

De novo o alto-falante. Decolando o avião para Nova York. O grandalhão se levantou e saiu. O garçom veio dar uma volta pelo salão. Beber alguma coisa? Nada, obrigado. O outro idem. Nem agradeceu. Parecia marcação teatral. Peça de Beckett. Esse jeito impessoal de sala VIP. Todos os aeroportos se parecem. O mundo já não tem novidade. Viajar, só mesmo por obrigação. Um saco. Não percebeu quando o garçom ligou a televisão. Áudio baixo, ainda bem.

Quem teria pedido? Só podia ser o outro. Mas o outro parecia ainda menos interessado do que ele. Na tela, o debate entre Suplicy e Maluf. Com o rabo do olho, verificou se o outro estava interessado. A cara estupefata de marciano, era capaz de não distinguir o Maluf do Suplicy. Assistiu uns três minutos e se acomodou na poltrona. Tinha os pés tolhidos e uma engenhoca ortopédica. Via-se que o debate não passava pelo seu horizonte.

Enfim, o voo. Saiu apressado e mal percebeu que o outro se movimentava com dificuldade. Só se viram no avião. Primeira classe, duas poltronas adiante dele, o cara. Tinha um toque familiar, mas ele é que não ia dar a pala. Fosse quem fosse, um passageiro. Que dormiu a noite toda. Não bebeu, nem comeu. De manhã, o avião chegando, os olhares se encontraram por uma fração de segundo. Só foi revê-lo na fila emperrada diante do guichê. Polícia e alfândega.

Aeroporto de Milão e aquele atraso. Uma hora de espera. Quando a fila começou a andar, o outro se aproximou e sorriu. Podia entrar na sua frente? Claro, ia até oferecer. Só aí viu claro: Nelson Piquet. Bengala, pés, cara, o próprio tricampeão. Em pessoa. Parado, de pé, deve doer. Lembrou-se de sua paixão pela F-1. A crise de choro quando Jim Clark morreu. Estava em Paris. Tinha dezesseis anos. Agora via ali o tricampeão, sozinho. Quem diria? Nisso, a fila andou. Os dois passaram lado a lado pelo guichê. E cada qual seguiu o seu caminho.

· · · · ·

Morrer de mentirinha

01/02/1992

Uma vez escrevi a história de um sujeito que de manhã lê no jornal a notícia de sua própria morte. Dei-lhe o título de "O morto insepulto", que hoje me parece duplamente fúnebre. Moço, fugi da linha do humor. Optei pela sobrecarga sombria, o que me diz que há na mocidade às vezes mais sombra do que luz. Não caio na tentação de ler hoje essa história que escrevi ontem.

Era uma época em que o Kafka, mais do que na moda, estava no ar. Pois também eu entrei pelo caminho kafkiano, com os competentes toques de absurdo. Num clima opressivo, o morto-vivo deblatera contra uma burocracia indiferente ao seu drama. Não terá sido a primeira nem será a última vez que se terá escrito ou se escreverá uma história a partir de um morto que está vivo, ou de um vivo que passa por morto.

Aliás, a própria realidade está aí inventando esse tipo de quiproquó. Ainda agora o *Jornal do Brasil* noticiou a morte do pianista Marcos Resende, que está bem vivo nos seus quarenta e dois anos. O jornal se incumbiu no dia seguinte de glosar a história. Confundido com um xará, o falecido contou as agruras por que passou. Com a reconfortante certeza de que está vivo, não lhe foi difícil achar graça no engano. Nunca a falta de fundamento de uma notícia há de lhe ter parecido tão simpática. Na gíria de jornal, foi uma barriga. Então, viva a barriga!

Nascido em Cachoeiro de Itapemirim, ES, como Rubem Braga, Marcos Resende acaba de lançar um disco instrumental de onze canções de Roberto Carlos, que também é cachoeirense. Está lá no "Mexerico da Candinha", que significa boato, diz que diz. Os filhos da Candinha, maledicentes, só passam adiante notícia mentirosa. Lá está também "Jesus Cristo", cuja letra repete aquele refrão: "Jesus Cristo, eu estou aqui". Nada mais oportuno para o pianista Resende. Grite agora com Roberto Carlos, depois de ter saltado por cima da breguice do grande cantor.

A partir da falsa morte simulada pelo próprio morto, Pirandello escreveu *O falecido Matias Pascal*. O defunto queria era mudar de vida. Deixar para trás *"il fu Mattia"* e reinaugurar um novo homem, uma vida nova. Ser outro para ser feliz. Li esse livro há muitos anos e hoje suspeito de que o entendo melhor. Há momentos em que a gente se cansa de ser quem é. E vem essa vontade pirandelliana de ser outro. Partir para a aventura e realizar a fantasia com que um dia sonhamos.

· · · · ·

A morte e a morte do poeta
02/02/1992

Ao ler o seu necrológio no jornal outro dia, o pianista Marcos Resende primeiro tratou de verificar que estava vivo, bem vivo. Em seguida gravou uma mensagem na sua secretária eletrônica: "Hoje é 27 e eu não morri. Não posso atender porque estou na outra linha dando a mesma explicação". Quando li esta nota no Swann, do *Globo*, me lembrei de como tudo neste mundo caminha cada vez mais depressa. Em 1862, chegou aqui a notícia da morte de Gonçalves Dias.

O poeta estava a bordo do *Grand Condé* havia cinquenta e cinco dias. O brigue chegou a Marselha com um morto a bordo. À falta de lazareto, o navio estava obrigado à caceteação da quarentena. Gonçalves Dias tinha ido se tratar na Europa e logo se concluiu que era ele o morto. A notícia chegou ao Instituto Histórico durante uma sessão presidida por d. Pedro II. Suspensa a sessão, começaram as homenagens ao que era tido e havido como o maior poeta do Brasil.

Suspeitar que podia ser mentira? Impossível. O imperador, em pleno Instituto Histórico, só podia ser verdade. Ofícios fúnebres solenes foram celebrados na Corte e na província. Vinte e cinco nênias saíram publicadas de estalo. Joaquim Serra, Juvenal Galeno e Bernardo Guimarães debulharam lágrimas de esguicho, quentes e sinceras. O grande poeta! O grande amigo! Que trágica perda! As comunicações se arrastavam a passo de cágado. Mal se começava a aliviar o luto fechado, dois meses depois chegou o desmentido: morreu, uma vírgula! Vivinho da silva.

A carta vinha escrita pela mão do próprio poeta: "É mentira! Não morri, nem morro, nem hei de morrer nunca mais!". Entre exclamações, citou Horácio: "*Non omnis moriar*". Não morrerei de todo. Todavia morreu, claro. E morreu num naufrágio, vejam a coincidência. Em 1864, trancado na sua cabine do *Ville de Boulogne*, à vista da costa do Maranhão. Seu corpo não foi encontrado. Terá sido devorado pelos tubarões. Mas o poeta, este de fato não morreu.

"Li no seu acreditado jornal a infausta notícia do meu prematuro passamento" — assim começa a carta que Gonçalves Dias mandou ao diretor do *Jornal de Recife*. A carta, imensa, é menos espirituosa do que pretende. Diz o poeta que teve a graça especial de ler as suas necrologias e pôde assim admirar-se do grande homem que foi no século. Daí partiu para o humor negro. E censurou a parcimônia, a somiticaria, a inqualificável avareza com que o *Jornal de Recife* tratou de sua morte; enfim, um privilégio: ler o próprio necrológio.

. . . . .

A CHAVE DO MISTÉRIO

A chave do mistério

28/07/1991

Anos atrás andei com a mania de estudar o fenômeno da coincidência. O Carlos Lacerda também. Tanto que até traduziu, com Maria Thereza Correia de Mello, *As razões da coincidência*, de Arthur Koestler. (Desculpem, mas sou obrigado a abrir este parêntese. No momento em que escrevi estas primeiras linhas, desabou da minha estante um quadro e na queda arrastou o quê? O livro do Koestler.) Ninguém é, porém, mais obcecado com o tema do que o Luís Edgar de Andrade.

Obcecado e entendido. A partir daí, as coincidências com ele se sucedem. Ele documenta e põe tudo no computador. Outro dia, estava lendo a história de um trem que caiu na baía de Newark e, no dia seguinte, deu na loteria de Nova York o número do último vagão. Nesse exato instante, o Luís Edgar viu pela televisão uma locomotiva que bateu num ônibus no Rio. Anotou o número da locomotiva, que no dia seguinte saiu na foto do acidente. E bem visível: 3384.

Vejam a centena que deu na loteria federal: 384. O Luís Edgar não jogou no bicho, porque não sabe. Nem parece brasileiro. À tarde, na extração da Paratodos, deu o milhar 3384. Qual a relação entre desastre ferroviário e sorteio de loteria? A pergunta do Luís Edgar antigamente me tiraria o sono. O Jung estudou o mistério da coincidência a partir da sincronicidade. Matemáticos mergulham na análise combinatória e na serialidade. Filósofos especulam. A literatura é farta. O Luís Edgar está agora lendo os alemães.

Como muita gente, posso contar coincidências que aconteceram comigo. Andei com essa ideia fixa e passei à parapsicologia. Quase fui parar numa clínica de repouso. Nada como um eufemis-

[110]

mo. Até que um dia, aliás uma noite, descobri tudo. Parti da própria palavra coincidência, que quer dizer encontro de duas ou mais incidências. *Incidere* no latim é cair em ou sobre, acontecer, sobrevir.

Eis a chave do enigma: tudo é coincidência, desde a criação do mundo, qualquer que seja a sua teoria ou crença. A vida é isto: incidências simultâneas que obedecem a uma ordem. Também a morte. Chame essa ordem de primeiro motor, ou Providência. Ou Deus. Já não há mistério nem enigma. O Brasil é uma coincidência. Um dia explico. Mas você chegou até aqui por quê? Eu escrevi e você leu — que bruta coincidência!

$$\cdots\cdots$$

De ouro, de chumbo 30/07/1992

Nenhum de nós tocou no assunto. Até parecia um pacto de silêncio. Eu por mim gostei de ficar quieto. Meu amigo por sua vez tem sólidas razões para estar cansado. A conversa ia indo. Uma reminiscência aqui, um caso engraçado ali. De vez em quando, ameaçador, o silêncio. Soube que Fulano foi operado? Pergunta salvadora, lá nos debruçamos sobre a saúde do Fulano. Está agora são como um touro, felizmente.

"Saúde de vaca premiada", disse eu. E logo se sentou entre nós o Nelson Rodrigues. Não o seu fantasma. O próprio, tal a força de sua evocação. Rimos de algumas passagens que nem foi preciso recapitular. Parecia aquela história dos presidiários que já sabem as anedotas pelo número. Dava pra achar graça, ainda que com aquele travo de nostalgia. Mas convinha largar o passado. Voltar ao presente.

As Olimpíadas, por exemplo. Ele não tem tido tempo para acompanhar os jogos. Sim, também pode ser falta de interesse. Com o tempo a gente vai fechando o visor. No mesmo tom sereno, protestei. Quanto mais tempo, mais vivas as motivações. É por aí. Estar vivo é isto. "Nem tudo neste mundo é ouro", disse ele. Ouro — a palavra fatal. Depressinha ele chutou pra fora.

Claro que tenho razão. Também pensa assim. Mas nada de perder tempo atrás de medalhas de bronze. Ou até, quer saber de uma coisa?, de prata. Na forma de medalha, olímpica ou não, pouco importa, lá estava outra vez, o ouro. Obsessivo. "Já não temos divisas emocionais pra gastar com qualquer coisa", disse ele. Nossa experiência vem de longe. Bebemos nas mesmas fontes. Foi então que o olhei e me deu uma grande, uma imensa pena.

Dele? Dele, sim. De mim, de nós. E me veio a ideia de passar a borracha. Começar tudo de novo. Rebobinar o tempo. A que data você voltaria? De ano em ano, fomos recuando a um passado cada vez mais remoto. Se não aparecesse o garçom com a conta, chegaríamos a 1500. Difícil nos levantar com aquele peso nas costas. Um silêncio de chumbo no coração. "Raio de pátria ordinária!", disse ele. "Vamos voltar logo no barão de Munchausen", disse eu. Ora, pinhões!

· · · · ·

O que diz o mar   21/02/1992

Outro dia, era de noite, saí da Gávea, em plena zona sul do Rio de Janeiro, e de repente entrei em Londres. Ou numa São Paulo de antigamente que, presumo, não existe mais. A rua estava

[112]

embrulhada num denso nevoeiro que mal me deixava entrever um palmo além do meu nariz. Curioso, fui indo com toda a cautela até o Leblon. Quanto mais eu andava, mais o nevoeiro se espessava. Os faróis do carro, inibidos, já não ajudavam a minha visão. Atrapalhavam.

Em Ipanema, na praia, cadê a ciclovia, as árvores, os novos quiosques, os postos salva-vidas, até a areia? Tudo tinha sido escamoteado como num passe de mágica. E eu ali de carro, a passo de cágado, pisando sobre ovos. Quando vinha um carro do outro lado, era uma sombra fantasmagórica que de perto tentava em vão arregalar os olhos leitosos e cegos. Os postes mais próximos dependuravam no alto a mesma bola difusa que um dia foi luz.

Quem não viu o que vi pode ter visto na televisão, pois foi notícia. Afinal não é toda hora que o Rio aparece assim encapotado em pleno verão. Quem gosta de explicação ficou sabendo que o fenômeno resulta da baixa temperatura das águas do mar em contraste com o calorão das ruas, mesmo à noite. O sol se recolhe, sim, para dormir. E deixa aqui embaixo, ardente, o seu hálito de fornalha. Mas o mar, quando lhe dá na veneta, não aceita essa tirania do sol.

Também está longe de se conformar com a atitude negligente com que o tratamos. O carioca é muito folgado com o mar. Soberbos, os surfistas já nem pedem licença para cavalgá-lo. As moças vão lá exibir a sua nudez. Maré baixa, ele fecha os olhos, pudico. Fogem do sol e do sal, mas do mar não fogem. Mergulham nele os seus olhos displicentes e oceânicos de distância. O que lhes interessa é o lazer da praia. A patota, a zorra, o namorico. Voltam para casa tendo visto o sorvete e o cachorro-quente. Mas o mar não viram.

Dois dias depois, acordei de um sonho angustiado no meio da noite e cheguei à varanda. De novo a cidade estava londrinamente encapotada como num filme policial. Não dava pra ver do outro lado da rua. "Talassa!", gritei. O fog engoliu minha voz, sem eco. Meio talassofóbico, sei que a fúria do mar pode ser a bíblica manifestação da cólera divina. Gente, o mar não é um cãozinho doméstico que se põe no colo. Ninguém o tome por impotente. Ele está aí, vigilante, e adverte a cidade. Mais respeito, por favor. Foi o que li no nevoeiro.

· · · · ·

Degredo moderno

24/02/1992

As janelas fechadas, podia ser em Bangcoc, ou em Londres. Nem sei se de fato havia janelas. Paisagem, sei que não havia. As luzes acesas. Luzes? Não eram luzes, mesmo porque não se viam lâmpadas. A claridade inundava as salas climatizadas. Impessoal, mas agradável o ambiente. Tudo fabricado a propósito, até o ar que respirávamos. Os móveis sóbrios ali estavam desde sempre, para sempre. Tudo claro, claríssimo.

Podia ser em qualquer parte do mundo. E em qualquer estação. Lá fora podia nevar, ou fazer um calor de derreter os untos. Esperava-se uma palavra de Genebra e, enquanto não vinha, toda conversa era dispensável. De vez em quando, passava por mim, calça branca, blazer azul, um cavalheiro de cabelos grisalhos. Com isenta naturalidade, era mais um móvel, entre os móveis. O único que de fato se movia. Passava pela minha cabeça a ideia absurda de pedir uma folha de papel. Guardei o desejo estulto, como quem guarda uma caneta que acaba de furtar. Não pedi o papel. Não mugi, nem fugi. Mas o desejo recolhido me denuncia-

[114]

va. Devia ser culpa minha a demora do fax. Tudo era perfeito no triângulo da perfeita modernidade.

Podia ser também Nova York. Não sei identificar à primeira vista a marca de um computador. E eram vários ali os computadores. Pequenos, discretos, silenciosos. Devem ser da última geração, pensei baixinho. Por um momento me senti num berçário de informática. O cavalheiro grisalho passou por mim sem me ver. Se apertasse um invisível botão, ou tocasse numa tecla, meu pensamento idiota se tornava público. Eu era ali, via-se, um ridículo anacronismo.

No meio da mesa, o telefone era um objeto de arte. Pelo microfone, mínimo, uma joia, viria a voz para um eventual detalhe. Se fosse uma estação interplanetária, em que língua falaríamos? O fax ciciava a sua língua de papel. Fosse o que fosse, cumpria esperar. Era só dizer sim. Sem olhar para ninguém, como entrei, saí. Precisava ter certeza de que tinha sangue nas veias. No tumulto da rua, um camelô me ofereceu uma canetinha dessas bem vagabundas. Que alívio! Estava no Rio e achei a folha de papel que me faltava.

·····

Os casais hoje e ontem

17/11/1991

Não sei se vocês já ouviram falar no padre Carapuceiro. Seu nome era Manuel Sacramento Lopes Gama. Carapuceiro é alcunha. Distribuía carapuça pra todo mundo. Hoje em dia o que não ia lhe faltar era cabeça. Viveu de 1791 a 1852. Pernambucano, professor de retórica, deputado e jornalista. Liberal exaltadíssimo, teve sete jornais. Entre eles um chamado *O Carapuceiro*. Veio daí o apelido.

Mencionei outro dia aqui um livro americano que ensina a mentir com estatística. Se é assim nos Estados Unidos e até na Suécia, imaginem como é no Brasil. Somos o reino do aproximadamente. Que hora você vai sair? Cedo. Bem dizia meu pai: cedo não é hora. Uma coisa sem autor a gente diz que é de todo mundo. Todo mundo chega tarde. Tarde não é hora. E todo mundo é ninguém. Desculpem, mas é de novo o meu pai.

Ouvi dizer que os casais estão se separando menos por causa da crise. Hoje acho que o pessoal casa pra se separar. E tome casamento em cima de casamento. Casar uma vez só é careta. Viver com a própria mulher é brega. Não há mais pai nem mãe. Só padrasto e madrasta. Filho daquela senhora assim-assim agora é enteado da *p*. Com o casamento temporário, se o cara não tem dinheiro, tem que aguentar a mulherzinha debaixo do mesmo teto. Ou vice-versa.

Agora vejam. Está no livro do Waldemar Valente sobre o padre Carapuceiro. Quem me dá notícia é o Nilo Pereira, cronista do Recife. Lá por 1840, o Carapuceiro divulgou números pioneiros em matéria de estatística sobre o bem-estar das famílias. Em pleno século XIX! Dou exemplos. Mulheres que fugiram dos maridos: 1362. Separados de comum acordo: 5230. Casados que vivem em casa em constante guerra: 280 mil. Casais que vivem mal e aparentam harmonia: 240 mil. Indiferentes entre si: 880560.

Não me perguntem como é que o padre fez a pesquisa. Tem mais, muito mais. Casados felizes comparados com outros mais desgraçados: 346. Agora esta: casados verdadeiramente felizes: nove. (Sodoma não tinha nem um único justo.) Senhoras enganjentas de maridos ou amantes: 1 milhão e 670 mil. Vadias e deslei-

[116]

xadas: 55820. Tagarelas, teimosas e briguentas: 85538. Viúvas que choram o falecido e estão de olho no pretendente: 68330. Queixosas de gastrite e espartilhadas: 79400. Não me perguntem qual era o universo da pesquisa. Nesse ano do censo, o Carapuceiro devia ter uma estátua. Machista, é verdade. Mas e o Lampião? Só falta dizer que era feminista e cabeça aberta, moderninho.

· · · · ·

Na penumbra, a luz 27/02/1992

Sem mais aquela, no jantar simpático, a conversa fluindo, a frase caiu como um petardo: a família é uma instituição do século XIX. E acabou. Não existe mais. A pequena pausa tornou mais nítido o estremecimento dos talheres e dos cristais. Nenhum pasmo ou assombro, mas a voz, agora solitária, se sentiu no dever de esclarecer: pelo menos a família tal como a conhecemos, nós mais velhos. Foi aí que pousou na linda mesa uma nota de melancolia.

Essa mancha nostálgica na alvíssima toalha podia resultar do tom com que foi dita a frase. Podia estar na voz que a pronunciou. A senhora vinha calada até o momento em que abriu a boca e, convicta, disse o que disse. Via-se que não era uma frase improvisada, de efeito. Era antes densa, carregada de experiência e reflexão. A nota melancólica podia estar no apêndice que nos colhia a todos na mesma rede: pelo menos para nós mais velhos.

Nós mais velhos nos olhamos, perplexos. Ó Senhor, como é que deixamos que isso acontecesse? Nenhum de nós escapava daquela cilada. Ou daquela maldição. Ninguém podia recusar a sua parte com a polidez com que se recusa uma fruta. Uma senhora tossiu, discreta. O decano da mesa teve um engasgo imperceptível, que todavia se denunciou no esforço de contê-lo. Outra senhora iniciou o gesto de quem ia se retocar.

Bem-dotada e escolada, a hostess retomou sem emenda a história de sua neta. Está uma moça, a neta, e muito bonita. A historinha se iluminou com a beleza da moça e, sejamos justos, com a classe com que a avó dava os detalhes mais insignificantes. Na história, um casinho banal, a moça comia uma pera. Fosse maçã e seria símbolo ou metáfora. Mas era uma pera. E a avó, realista, se mantinha verazmente objetiva.

Já nem sei o que a menina fazia com a pera. Tão bonita a moça, e comeu uma pera. Digamos que comeu. Todos nós mais velhos um dia já comemos uma pera. E quem sabe até em família, essa instituição do século XIX. Mais um pouco e a conversa prosseguiu, sem pera, nem neta, nem moça bonita. Um jantar comme il faut. Como diríamos, nós mais velhos, a essa altura espectros perdidos nas entranhas velhíssimas do século XIX. Foi quando chegou a luz, perdão, a neta. Estávamos todos salvos. E felizmente devolvidos ao século XX.

· · · · ·

Apenas um casal

01/03/1992

Era uma sexta-feira como outra qualquer. De uns tempos pra cá, o sábado começa na sexta-feira. "O sábado é uma ilusão", disse o jardineiro português à mãe do Nelson Rodrigues. Pequenino e cabeçudo como um anão de Velásquez, o Nelson tinha cinco anos. Nunca mais esqueceu a frase iluminada por uma centelha de poesia. "Minha senhora, o sábado é uma ilusão." E o jardineiro empurrou o chapéu para trás.

Vejo o casal que vai partir para a noite de sexta-feira e ouço, inquieto, essa remota advertência. Um casal ajustado, vê-se. Terá dois filhos. Um menino e uma menina. A vida tranquila, apesar de tudo. Bonita, nos seus trinta e poucos anos, ela é arquiteta, imagino. Três ou quatro anos mais velho, ele deve ser engenheiro. Ou médico. Ou professor. Exala certeza. Um casal estável, diante da noite e suas promessas.

O melhor da festa é esperar por ela. É a expectativa que lhes dá esse halo de felicidade. O programa inclui dois casais amigos. Ela, produzida, elegante, os olhos e a boca em destaque. Ele tem o cabelo molhado, um toque de sua intimidade. E confia no que o espera. Depois da semana rotineira, o sábado já hasteia festiva a sua bandeira de concórdia e lazer. Vão ser felizes, ele e ela, e o merecem. Estão na hora exata de ser felizes.

Deixaram as crianças com a avó. Ou têm aquela babá ideal, que não existe mais. Gente de sorte, esses dois. O carro é novo. Vi quando desceram e pisaram no chão. Pisam firme e sem pressa. Daqui a algumas horas, estarão de volta em casa. Meio cansados, meio insatisfeitos. Ele terá bebido dois drinques a mais. Ela terá dito uma palavra que convinha silenciar. Também pode ser que a noite se tenha dissipado na frustração. Ela volta amarga; ele, impaciente.

Não, não foi isso que vi quando davam os primeiros passos para fruir os amigos e a noite. Iam calados, com o ar ausente da saciedade. Talvez levassem em segredo o germe da discórdia. Uma bonita moça, um sólido rapaz. Um casal unido e pronto para partilhar a mesma ventura. A mesma aventura. Afasto a hipótese sombria que me persegue. No fundo, sou eu que preciso dessa felicidade alheia. Dessa harmoniosa sexta-feira que não é minha. Deus vos acompanhe, em vossa trêfega disponibilidade.

.....

A moda de casar   21/07/1991

Na França, o casamento virou negócio. Hoje, o *marriage blanc* tem por lá outro sentido. Um monte de estrangeiros se casa só para conseguir os papéis que lhes permitam viver legalmente na França. Esse expediente há anos foi usado nos países da Europa do Leste, mas logo as autoridades puseram fim à maracutaia com a mão de ferro da ditadura. O noivo ou a noiva, que casava para fugir do paraíso socialista, podia até ser passado pelas armas. Ia direto para outro paraíso.

Como há hoje um milhão e duzentos e cinquenta mil brasileiros vivendo no exterior, não me admiro se souber que também estão procurando se casar para conseguir o *green card* ou *permis de séjour*. A gente nunca pensava que um dia iria exportar brasileiros em penca. O pior é que há muitos centros do mundo que se abastecem aqui de travestis e prostitutas. A tanto chegamos, valha-nos Nossa Senhora Aparecida!

Fui recentemente a três casamentos e concluí que casar está de novo na moda. Na igreja e na recepção, tudo comme il faut. Noivos de semifraque, ou peço-a-palavra. Também eu, há muito tempo, me casei assim. Só que a roupa era do Millôr. Sim, do Millôr Fernandes. Naquele tempo ele já tinha a mania de ser atleta, mas o traje me caiu bem. Em mim e no Yllen Kerr. Vários amigos casamos com essa indumentária do Millôr. Convém pedi-

-la emprestada, porque parece que dá sorte, até onde casamento dá sorte, porque não é máquina de felicidade.

Não só o traje, mas também o casamento depois saiu de moda. Até a liturgia católica mudou. O latim foi arquivado. Com o latim, também os requififes que tornavam a cerimônia meio pesada. Veio a moda dos casamentos temporários, ou rotativos. Uma filha passou a dar uma safra de vários genros. Todos sazonais. O jardim do divórcio e da separação bagunçou a árvore genealógica da família brasileira.

Hoje o verso do Manuel Bandeira é realista: "Joana, a Louca de Espanha, rainha e falsa demente, vem a ser contraparente da nora que eu nunca tive". Nos três casamentos a que fui ouvi três sermões. Gosteï. Conversei depois com um padre sobre a importância do rito. Até no civil, o papel passado não é só patrimonial. É matrimonial também. E tudo está de novo meio solene. A noiva não abre mão do vestido de cauda. E o noivo faz questão da etiqueta, que afinal é uma pequena ética.

$\cdots\cdots$

Vista cansada

23/02/1992

Acho que foi o Hemingway quem disse que olhava cada coisa à sua volta como se a visse pela última vez. Pela última ou pela primeira vez? Pela primeira vez foi outro escritor quem disse. Essa ideia de olhar pela última vez tem algo de deprimente. Olhar de despedida, de quem não crê que a vida continua, não admira que o Hemingway tenha acabado como acabou. Fugiu enquanto pôde do desespero que o roía — e daquele tiro brutal.

Se eu morrer, morre comigo um certo modo de ver, disse o poeta. Um poeta é só isto: um certo modo de ver. O diabo é que, de tanto ver, a gente banaliza o olhar. Vê não vendo. Experimente ver pela primeira vez o que você vê todo dia, sem ver. Parece fácil, mas não é. O que nos cerca, o que nos é familiar, já não desperta curiosidade. O campo visual da nossa rotina é como um vazio.

Você sai todo dia, por exemplo, pela mesma porta. Se alguém lhe perguntar o que é que você vê no seu caminho, você não sabe. De tanto ver, você não vê. Sei de um profissional que passou trinta e dois anos a fio pelo mesmo hall do prédio do seu escritório. Lá estava sempre, pontualíssimo, o mesmo porteiro. Dava-lhe bom-dia e às vezes lhe passava um recado ou uma correspondência. Um dia o porteiro cometeu a descortesia de falecer.

Como era ele? Sua cara? Sua voz? Como se vestia? Não fazia a mínima ideia. Em trinta e dois anos, nunca o viu. Para ser notado, o porteiro teve que morrer. Se um dia no seu lugar estivesse uma girafa, cumprido o rito, pode ser que também ninguém desse por sua ausência. O hábito suja os olhos e lhes baixa a voltagem. Mas há sempre o que ver. Gente, coisas, bichos. E vemos? Não, não vemos.

Uma criança vê o que o adulto não vê. Tem olhos atentos e limpos para o espetáculo do mundo. O poeta é capaz de ver pela primeira vez o que, de tão visto, ninguém vê. Há pai que nunca viu o próprio filho. Marido que nunca viu a própria mulher, isso existe às pampas. Nossos olhos se gastam no dia a dia, opacos. É por aí que se instala no coração o monstro da indiferença.

· · · · ·

Cinto, vara, açoite

13/08/1992

Esse pai que deu uma surra no filho retoma um debate que ainda não foi encerrado. Pai pode ou não pode bater no filho? Trata-se do caso de um homem de nível superior. Analista de sistemas, fala várias línguas. Invoca sua origem, árabe, para agir como agiu. O filho é adotivo, detalhe que toca o sentimento, mas não faz diferença diante da lei. A lei está contra o pai. Revoltados, os vizinhos chamaram a polícia.

A polícia chegou em meia hora. No ano passado, o menino foi atropelado, era o mesmo, e teve fratura exposta na perna. A polícia demorou três meses para fazer o exame do corpo de delito. Quem diz isso é o pai, que não foge à responsabilidade. Bateu, sim. E baterá mais, se for preciso. Ninguém melhor do que ele sabe se deve ou não castigar. Na segunda série, repetente, o menino continua mal na escola. É a hora em que o corretivo vai bem.

Corro o risco de escandalizar, mas vejo de saída um mérito nesse pai. A franqueza com que assume o seu ato. Numa hora em que o Brasil oficial é uma enfiada de mentiras descaradas, um cidadão aguenta a mão. Não mente. Disse ao repórter da *Folha*, Gilberto Nascimento. Disse à televisão. E disse à polícia que bateu e por que bateu. Pelo menos na sua casa não impera o reino da impunidade. Quem não anda na linha apanha. Ele faz a lei e ele a aplica.

Hoje isso soa absurdo — e é. Mas ontem a pedagogia entrou no Brasil em companhia da palmatória. Em Portugal, para não dizer na Europa toda, nunca foi diferente. Na Inglaterra, o castigo físico ainda tem defensores. O que aqui é surra de cinta, ou de cinto, lá é açoite. Ou era. No aristocrático Eton. Açoites públicos foram uma rotina na Índia. Era o civilizado método imperialista britânico. E ainda há quem diga que deu excelentes resultados. Muito ph.D. começou no rebenque.

O Corão, como a Bíblia, lastima o pai que poupa a vara a seu filho. Aí pelo interior do Brasil, a vara de marmelo continua em parte vigente. Uma minoria privilegiada pensamos diferente. Educar filhos é inundá-los de amor. Sinto ternura por esse menino que apanhou. E sinto pena do pai. Também nele a surra deve ter doído. Mas faz das tripas coração e afronta os que o denunciam. Num Brasil desossado, que cheira a sentina, é um tipo estranho. Ou não?

$$\cdots\cdots$$

Nênia para uma menina 17/08/1992

Já me aconteceu de escrever um texto e pôr de lado. Deixar amadurecer. Nem sempre amadurece. Vou ler e é uma decepção. Também já me aconteceu de escrever e achar que disse o que queria. Ou quase. Se chego perto, está bom. Umas poucas vezes, ainda assim li, reli e rasguei. Não tolerava ter chegado perto demais do que eu queria. Do que eu sentia.

Por que acrescentar à abjeção do mundo uma nota de trágica tristeza? É o que sempre me perguntei. Não estou aqui para tornar o mundo mais bonito. Não tenho esse dom. Nem posso impedir que o mundo seja tão feio quanto às vezes se mostra. É até o caso de denunciar essa feiura. Quem sabe inspire horror. Um único leitor que seja. E me basta. O que importa é isto: a sintonia. Essa reciprocidade, de peito a peito. A palpitação simultânea em dois corações. De longe ou de perto, tanto faz.

Essa dor eu já vi. Dela, graças a Deus, fui poupado. Essa dor que subverte a ordem natural das coisas. O próprio universo, lá na infinita distância, estremece de horror. Vêm daí os cataclismos. As calamidades que constituem um como protesto da natureza. Nada pode ser indiferente à dor. Há certas dores que irrompem de uma misteriosa nascente. Cega, a tragédia não tem compromisso com a lógica. O raio cai onde quer. E às vezes cai do céu azul.

Todos estamos fartos de saber que a violência anda à solta. Poucos não a têm visto de cara. Ou sofrido na própria carne. Dores são dores e cada um sabe da sua. Essa é, porém, uma dor que dói na pauta do absurdo. A viúva tem lágrimas bastantes. E têmpera. Os parentes próximos, todos têm ainda no peito esse coice de um susto. Nem parece que aconteceu. Pesadelo dentro de um pesadelo, não dá para acreditar. Todos pedem, ansiosos, para acordar.

Mas você, por que você? Seu pai que até ontem era eterno. Seu herói onipotente, que dispensava heroísmo e prova de força. Nos seus seis anos, você sabia, você sabe que ele era, que ele é o paraíso. Até no nome. Na constelação familiar, era ele o protagonista. Há muitos jeitos de amar. Mas amor assim, só o dele. Esse mútuo entendimento. Esse carinho que dispensa palavras. Que palavra eu agora lhe posso dizer? Viva, menina. Viva e seja feliz. Por amor ao seu pai. Seu paizinho, nos desculpe a todos, que os bandidos mataram.

· · · · ·

Está tudo gravado

11/03/1992

Palavra que foi antes dessa fita do Magri. Era uma conversa vadia, para descansar o espírito. Como ponto vago, em exame oral de antigamente. E se tudo que acontece permanece? A pergunta soou meio enigmática e ninguém na roda mordeu a isca. Aí fiquei eu com essa caraminhola na cabeça. Não chegava a ser uma ideia fixa, como o emplasto Brás Cubas. Ideia assim é que faz os varões fortes e os doidos.

Pelo menos é o que diz o Machado. Sendo uma ideia gratuita, meio sem pé nem cabeça, eu estava mais para doido do que para varão forte. Doido manso, desses que ficam horas pensando em bobagem. O poeta é um pouco isso. Como o é o escritor de ficção. Um inventador de moda, que passa dia e noite bolando uma mentira pra botar no papel. Só que essa ficção-mentira ilumina a realidade. E nos faz ver melhor a verdade da vida.

Volto à pergunta: e se tudo que acontece permanece? Vim para casa com as cabriolas dessa ideia. Imaginei o mundo como um imenso estúdio. O mundo, isto é, o universo. Nós somos o elenco. Como a peça é longa, o elenco vai se renovando à medida que caminha o espetáculo. Nenhum intérprete conhece o momento do *exit*. Há sempre o risco de um *exeunt*, como numa peça de Shakespeare. Saem todos de cena. O que a gente diz está no script, mas a direção aceita cacos.

Sim, há uma pequena margem para o improviso, ou livre-arbítrio. Mas uma vez que você disse, está dito. Fica gravado para sempre. É isso mesmo: o mundo é um vastíssimo estúdio, que tem acoplado um museu da imagem e do som. Ou um arquivo morto. Nada que se fala some no espaço. Dito pelo outro lado: tudo que

[126]

falamos vai para esse armazém. Assim como a memória de um computador. Está tudo lá, inteirinho, na infinita fita. Sem uma vírgula a menos.

Só o que a gente diz, não. O que a gente diz e o que a gente cala. E também o que a gente só pensa, sem sequer articular. Tudo, tudinho se recolhe, sem tirar nem pôr. Discurso, cochicho, grito. Confidências d'amigo e juras d'amor. O que o Napoleão pensou em Santa Helena e o que eu disse aos sete anos de idade em São João del Rei. Nada se perde. Tudo permanece. Um dia vai ser ouvido de fio a pavio. E aí: será que só o Magri é que está frito?

$$\cdots\cdots$$

Nossa alada segurança

10/05/1992

Está aqui uma coisa com que eu não contava. O brasileiro acredita no anjo da guarda. A gente anda tão descrente de tudo, num astral tão baixo, que me veio um alento quando li a pesquisa. Não tenho ideia de como se chegou a essa curiosidade. Mas, ao lado de Deus, a Saldiva perguntou pelos anjos. Noventa e três por cento dos brasileiros têm fé em Deus. Noventa e um por cento acreditam nos anjos. Em particular no anjo da guarda. E a tal ponto que até o conhecem pessoalmente.

Sim, alguns já o viram. Juram que o viram. Tal qual Murilo Mendes viu Mozart, no quarto do casarão das russas em que morava em Botafogo. Essas testemunhas de vista garantem que o anjo da guarda parece um homem de carne e osso. Parece e não parece. Primeiro, é alto, louro e forte. Medidas exatas, bem-proporcionado como um atleta, mas com uma luz que o nimba de espiritualidade. Ah, ia esquecendo: e tem asas. Não está dito se as asas estão abertas ou fechadas.

Presumo que em estado de repouso, como foi visto, não apareçam as asas. Como um pássaro de asas elegantemente recolhidas. O brasileiro pode ser feio, pobre e doente. Pode até morar longe. Mas tem um anjo só para ele. Mendigo ou empresário. Branco ou negro. Gabiru que seja, pequetito, mal alimentado, tem direito ao seu anjo exclusivo. Alto, louro e forte. Sempre gostei dessa ideia de um anjo da guarda que nos livra da solidão. Um homem só é um homem mal acompanhado, dizia o Gide.

Pessimamente acompanhado estará o brasileiro sozinho hoje em dia. Carente, sonhador, ansioso, seria de fato um risco deixá-lo só. Juntos, dois brasileiros seriam na certa má companhia um para o outro. E vice-versa. Só lhes viriam caraminholas à cabeça. E acabavam fazendo bobagem. O anjo da guarda não só faz companhia e conforta, como assiste e aconselha. Por isso é que esse pessoal que saqueia os supermercados opera de madrugada. Enganam os próprios anjos. Saem à socapa.

Sem entrar na controvérsia teológica, há todo um folclore sobre o anjo da guarda. Diz o povo que o anjo vai embora se você dorme pelado. Se dorme com sede, o pobre do anjinho chega a morrer afogado, ao tentar beber água. Contrariado ou até distraído, pode se afastar por um momento. E lá se vai a nossa segurança. Guarda-costas, capanguinha do bem, no anjo da guarda está a nossa garantia. Alto, louro e forte, como o viram. Ou como o projetamos. Amém.

·····

Anjo: precisa-se

02/08/1992

O carro parou na minha frente e vi, meio distraído, o plástico. Discreto, bem desenhadinho. Eu acredito em anjo. Será uma nova onda? Outro dia mesmo os plásticos acreditavam em duendes. Mas os duendes, assim como vieram, se foram. Não os vejo mais em lugar nenhum. Nem cheguei a iniciar a minha pesquisa, para identificar a origem dessa volta fugaz aos duendes. Ouvi dizer que tinha a ver com a ecologia. O duende seria florestal.

Mas assim como apareceu, sumiu. Os duendes cariocas devem ter se recolhido à floresta da Tijuca. Ou à reserva dos Macacos. Combinam mais com os macacos. O duende é um bicho brincalhão, dado a travessuras. Eu disse bicho? Que bicho coisa nenhuma. É uma entidade. Um ser que, por não existir, tem uma existência real. Imagine um mundo que não fosse povoado por esse tipo de gente. Já que escrevi, não vou cortar a palavra.

Pois é gente mesmo. Na realidade ou na imaginação, existem. São seres. Sem eles, o mundo seria como uma cidade sem pássaros. Ou um campo sem flores. São eles que, em casos extremos, nos ligam à vida. Mesmo no dia a dia, nos dizem ao ouvido este pequeno grande segredo: que a vida vale a pena e a dor de ser vivida. Só sabemos o que é alegria porque conhecemos o vale de lágrimas. Mas onde é que eu estava? Meu anjo largou a minha mão e me perdi.

Eu fiz questão de ver quem estava na direção do carro. Pelo carro se conhece o dono, ou a dona. Aquele carro do plástico, ou melhor, do anjo, estava na cara que era carro de moça. A marca, o jeitão, a cor. E era. Acertei. No primeiro sinal, banquei o brasileiro e olhei com descaro. A moça ia tão arrumadinha e consciente do que vale que só podia ser um anjo. Era ela o anjo. Via-se que o carro lhe era acessório. E lá se foi, silente, etérea, com o seu sinal de paz e beleza.

Logo adiante, outro plástico. Anjo da guarda: eu acredito. Já não era agora só um anjo. Um qualquer. Mas o que cada um de nós traz consigo. O anjo custódio, não só mensageiro, mas guardião. Amigo, aponta o caminho e nos sopra a boa palavra. Nem a Igreja o impõe, dogmático. Acredita quem quer. Ou quem precisa. Esse bom companheiro nos segue passo a passo desde o berço. É o que restou da fé. O que vem da infância e vai para lá da realidade. Ar puro. Sim, eu acredito.

· · · · ·

Quem chora o quê

16/05/1991

Falar é fôlego, diz o provérbio. Em tempos bicudos, lágrima é água. As lágrimas da imagem de Nossa Senhora da Rosa Mística têm a mesma composição química da água do poço artesiano da igreja de Louveira. O precioso líquido, legítimo H_2O. Se a equipe da Unicamp se surpreendeu com o resultado, é porque entende de química, mas, perdão, não entende de choro e ranger de dentes.

Imaginem só: procurar albumina, globulina e lisozina. Está na cara, ou melhor, na face, que Nossa Senhora está chorando pelo povo. É o povo que vai lá chorar a seus pés e pedir paciência para suportar as dores de cada dia. Ora, albumina é proteína, o que quer dizer ovo, carne, legumes. Globulina e lisozina são também coisa de muito luxo.

Se os pesquisadores querem encontrar esses elementos químicos, devem colher as lágrimas do pessoal da FIESP, se é que ainda há gente chorando por lá. Ou na FEBRABAN. Quem sabe no Harmonia, ou no São Paulo. Aqui no Rio, já nem sei se encontrariam tão rica composição de proteínas no Country Club.

Nelson Rodrigues vivia impressionado com as lágrimas de Portinari. Lágrimas portinarescas, repetia ele volta e meia. Era um tempo em que no Brasil, no México, em todo o mundo, a pintura tinha um compromisso com a denúncia social. As lágrimas de esguicho do Portinari retratavam a miséria do Brasil. Os famigerados bolsões.

Fui amigo do Portinari e filei muito almoço na sua casa do Cosme Velho. Certa vez lhe perguntei se aquelas lágrimas não encerravam uma contradição. Os retirantes fugiam da seca. Na terra estorricada, não choram o Fabiano do Graciliano, nem o Severino, do João Cabral. Homem não chora, sustenta o machismo. Mas na prática até general chora. Chora o refém e chora o sequestrador.

Dizem que com a violência o brasileiro está deixando de ser sentimental. Mas o Brasil continua um vale de lágrimas. Em círculos palacianos quem não chora não mama. São lágrimas de outro gênero. Teatrais. Na recente mudança ministerial, houve também muitas lágrimas. Algumas de crocodilo. Já Nossa Senhora de Louveira em nome do povão chora de verdade. Lágrima de água de cisterna. Um privilégio que pouca gente tem, nestes tempos de cólera e desidratação.

• • • • •

O futuro pelas costas

26/12/1992

Ia eu outro dia pela rua carregando livros, jornais e revistas quando tudo me escapou das mãos e se espalhou na calçada. Coisa rara: surgiu não sei de onde um rapaz que me ajudou a apanhar a papelada. Parecia um anjo. Nesta época do ano, os anjos estão ocupados, mas de vez em quando um ou outro faz um biscate para quem não tem nenhum merecimento. Vi que não era anjo quando agradeci e ele me perguntou qual era o meu signo.

Imagina só, um anjo preocupado com signo. Noutros tempos, eu teria estranhado a pergunta. Hoje, nem tanto. Disse que sou de Touro. Corre por aí a crença de que nos mínimos atos somos governados pelos astros. Ou *astres*, que é a forma arcaica dos astros. E quer dizer também fado, destino. O rapaz entendia que o papelório espalhado na calçada denunciava às escâncaras o meu horóscopo. Achou que somos do mesmo signo, igualmente trapalhões.

Não somos. Ele é Virgem, me disse. Já eu não sou trapalhão, nem chegado à astrologia. Mas não disse nada, para não o decepcionar. Afinal, não é todo dia que você encontra um rapaz gentil no Rio. Quando se afastou, por via das dúvidas conferi o dinheiro no bolso. Estava o.k. Fiquei com vergonha de tamanha desconfiança. Mas hoje é assim. Confiar, só nos astros. Para quem acredita. O que você faz de bom ou de mau, tudo é decidido lá em cima, no zodíaco. Hora, minuto e segundo, nada lhe escapa, porque os astros são minuciosos.

Astrologia ou astrosofia. Também astromancia. Os iniciados entram pelos arcanos das influências planetárias. Alegrias e desastres, está tudo escrito. Desastre, aliás, quer dizer fora da rota

[132]

dos astros. Má estrela, infortúnio. A moda astrológica dura há anos e se espalha como chuchu. Fantástica reserva de fé tem o ser humano. Quer acreditar e acredita. Ser agnóstico não é para qualquer um. Só com muita soberba intelectual.

Não sei se você sabe que o Brasil também tem o seu mapa astrológico. Pois tem. Está no livro do advogado Danton de Souza — *Predições astrológicas*. São cinquenta anos de pesquisa e estudo na linha de André Barbault, Volguine e Jean Hieroz. Danton desvenda o futuro do Brasil até o ano de 2182. Que tal? O livro foi publicado em 1983. Estava prevista uma data fatídica: 3 de julho de 1991. Iria acontecer aqui um troço tão terrível que o astrólogo preferiu calar. Agora que passou, que é que foi mesmo?

·····

Sombras de agosto   01/08/1992

Você não precisa ficar apavorado porque virou hoje o mês. Antes de mais nada, lá se vai o ano, veloz. Velocíssimo. Pode entrar na F-1 que ganha disparado. Ninguém de fato corre mais depressa do que o tempo. E quanto mais o tempo passa, mais depressa corre. No começo, se você se lembra, o tempo pingava como gota de óleo. Eu sou um que cansei de ser criança. E todo mundo ainda fazia questão de me dizer toda hora que eu não passava de uma criança.

É um longo aprendizado, a infância. O resto da vida, por mais que você viva, vai apenas conferir. A cada passo, tratamos de verificar se é mesmo como a gente, criança, já sabia. Não há curso de graduação ou pós-graduação, na melhor universidade do mundo, que consiga ensinar o que uma criança aprende. Aprende e apreende. Tudo sozinha. Talvez por isso, porque é só, porque está disponível, a criança absorve os milhentos saberes de que precisa para viver. Sobreviver.

Pois é. Enfim, está aí agosto. Impossível não pensar na rima. Agosto, desgosto. Eu mesmo mais de uma vez já andei especulando sobre isso. Primeiro, é culpa da rima. A paremiologia é uma parnasiana. Pode versejar de pé quebrado, mas não se esquece da rima. Rima pobre, pouco importa. Toante, ou assoante. Mas tem de rimar. Rima e é verdade, se diz. Daí, agosto, mês do desgosto. Como um decreto de superiores potestades. Ninguém escapa.

Por mal dos pecados, tem havido coincidências funestas aqui entre nós. Para não falar de outros exemplos, bastam os dois clássicos. E recentes. Dois coices no meu peito. Eu ia dizer que trago as feridas até hoje. Mas não vou exagerar. Digo então que trago no peito as cicatrizes. Cívicas, emocionais, 24 de agosto, o suicídio. Fato único na história do mundo. O tiro de Getúlio deixou um eco que assusta. É como um grito no escuro. Grito de dor numa gruta sem saída. E para sempre. Foi em 1954. Sete anos depois, 1961, a renúncia, em 25 de agosto. O Jânio agora está morto. Nada mais vivo, porém, do que a sua renúncia. Meia morte, a renúncia no caso trouxe também o selo de uma incógnita. O que me intriga, mais que o gesto de um e de outro, é o Brasil. O destino deste país em que, dizem, nada acontece. Não sou de agosto, nem sou supersticioso. Mas escrevo com alguma dificuldade. Bater à máquina fazendo figa não é fácil.

· · · · ·

Agosto recomposto

02/08/1991

Deixei de propósito passar o dia 1º ontem para só hoje mencionar a velha parêmia "agosto, mês do desgosto". Digamos que é culpa da rima, como é o caso em tantos provérbios da sabedoria popular. Mas agosto tem má fama também fora da língua portuguesa, onde a rima, se existe, não é tão evidente. Digamos que seja só superstição. Quem não é ao menos um pouquinho supersticioso? O visconde de Santo Tirso dizia que só um asno é isento de superstição.

Os exemplos ilustres são numerosos, e o mais notório talvez seja o de Napoleão. Nunca promoveu um oficial para o seu estado maior sem antes verificar qual a sua aura de sorte. Bismarck por sua vez consultava os astros e a numerologia, como qualquer cantor de churrascaria. A dama de ferro, Margaret Thatcher, bateu na madeira e fez exorcismos na hora de mandar a esquadra inglesa dar nos argentinos a lição que deu.

Diz a tradição que o pior dia de agosto é o 13, sobretudo se cai numa sexta-feira. Disso estamos livres este ano, porque cai na terça. E ainda bem que o Collor nasceu no dia 12, véspera de 13. Vamos esquecer o que diz o Leonardo Mota: toda segunda-feira é um dia azarado. Doze cai numa segunda-feira. Exagero do folclorista. Ou superstição de preguiçoso, que começa a semana de ressaca. Numa coisa estão de acordo os entendidos: o dia mais agourento do ano é 24 de agosto, dia de são Bartolomeu.

Eis uma crendice que é secular, segundo Pereira da Costa. *La Nuit de Saint Barthélémy*, a 24 de agosto de 1572, caiu numa quinta-feira. Ainda assim, foi uma noite de carnificina na França. Essa história de dias de sorte ou não vem de longe. Os romanos tinham os dias faustos e os infaustos. No castelhano, a *hora menguada* ou *mala hora* é de amargar. Em Portugal e no Brasil, *hora aberta* é o contrário — hora favorável.

Entre nós, a carga de agosto ficou mais pesada a partir do suicídio do Getúlio, a 24, em 1954. Por mal dos pecados, Jânio renunciou a 25 de agosto de 1961 e desabou sobre a nação o que se sabe, com o desfecho de 1964. Uma última historinha: a 13 de agosto de 1965, Gláucio Gil abriu um programa de TV dizendo "até agora tudo bem". E caiu morto, fulminado por um infarto. Mas não se impressionem. Agosto este ano está a gosto. Vêm aí de volta os cruzados novos. Boa sorte, Brasil!

· · · · ·

Abusão e palpite

21/08/1991

Quem sofre de triscaldecofobia deve ter se sentido aliviado, quando viu passar o último dia 13 sem que nenhuma catástrofe desabasse sobre o mundo. A palavra é complicada mesmo na sua variante: tricaldecofobia. Cai o *s*, mas não cai o horror que ela sugere. Triscaldecófobo, ou tricaldecófobo, sem o *s*, à sua escolha, é o sujeito que tem pavor do número 13. Trata-se de uma fobia muito comum e nem se diga que é crendice de gente atrasada.

Nos Estados Unidos o 13 chega a ser eliminado da numeração dos apartamentos em hotéis de classe. Muitos prédios passam do décimo segundo pavimento para o décimo quarto, para evitar que o elevador corra o risco de parar no décimo terceiro. Nos aviões não há poltrona 13. A triscaldecofobia está hoje em grandes cida-

[136]

des como Nova York e Paris, mas deita raízes num passado remoto, que se perde na noite dos tempos.

Já na Índia antiga, ninguém queria se sentar à mesa com treze convivas. Na civilização cristã, a aversão ao 13 está associada à Última Ceia, que reuniu os doze apóstolos em torno de Jesus Cristo. Até hoje, a mesa de treze é vista com desconfiança. Pelo menos duas vezes fui testemunha de acessos de triscaldecofobia, em jantar de certa cerimônia. Numa delas o homenageado era Gilberto Amado, o que levou a abusão às raias do pânico. O anfitrião implorou a um convidado que, pelo amor de Deus e da superstição, desse o fora.

Pois um numerólogo me disse que a queda de Gorbatchev está ligada ao número 13. Como, se ele caiu no dia 19? A numerologia no caso dá umas tantas voltas e chega fatal à culpa do treze. Há todo um jogo que passa pelos vários calendários, o juliano, o gregoriano e até o cósmico. No cálculo, leva-se em consideração que a Rússia só adotou o calendário gregoriano em 1918.

Se essa numerologia de araque é difícil de entender, mais difícil é entender o que acontece hoje na União Soviética. Tudo não passa de palpite. E, aqui entre nós, tudo à nossa volta de repente se amesquinhou. A brincadeira de passar o anel, como a das argolinhas, deixou de ser assunto até no jardim de infância. Agosto mais uma vez está de cara fechada. Por via das dúvidas, esqueçamos Getúlio e Jânio. Suicídio e renúncia. Vamos brasileiramente lembrar que no jogo do bicho 13 é um número afortunado, que canta: é galo. E desgosto não é a única rima para agosto.

· · · · ·

Quem é o doido

29/05/1992

Um dia encontrei uma conhecida num hospital. Eu colhia dados para o que ia escrever e ela vestia um uniforme branco, toda elegante. Tinha que atender um cliente. Coisinha rápida. E me perguntou se eu não queria assistir. Vinha a calhar. Sentadinho no meu canto, acompanhei atento o exame. Além de um teste tipo Rorschach, o paciente tinha de responder a algumas perguntas.

Meio encolhido, magrinho, a cabeça quase raspada a zero, o rapaz não deu um fora. Eu já estava pronto para lhe dar nota dez, quando a psiquiatra (sim, era uma psiquiatra) ia assinar o laudo. E parou, caneta no ar. Enfiou os olhos no teto, baixou-os e me encarou, num esforço mental que lhe dava um ar vago, distante. Numa fração de minuto, voltou à realidade e me perguntou: que dia é hoje?

Essa, agora! Seis, ou sete? Talvez cinco. Podia também ser oito. Assim de chofre! Não uso relógio, nem vivo fixado no calendário. Além do mais, amnésia é contagiosa, todo mundo sabe. Era de manhã e eu ainda não tinha me situado nos fusos da minha rotina. Perplexa a psiquiatra, eu perplexo, ouvimos a voz do paciente. Nove, disse ele, firme. Nove, escreveu a doutora. Imagine o mesmo roteiro de pouco antes, com igual marcação. Olhos no teto, uma coçadinha no pescoço, olhos nos meus olhos.

De que mês? Má hora, péssima inspiração eu ter vindo bater ali naquele sufocante consultório. Hospício. Hospício público, crivado de indigentes. Tudo doido varrido. O mês? A moça, os olhos eram redondos e pretos, esperava a minha resposta. Mês, que mês? Setembro. De novo a voz seca do paciente. E antes que

[138]

nos assaltasse a terceira dúvida, deu logo o ano: 1974. Nove de setembro de 1974, escreveu a doutora. Em seguida assinou o laudo. E saímos para uma caminhada e o bate-papo.

"Um certo grau de alienação", me disse ela. Você viu a dificuldade que teve para se lembrar do nome do pai. Sinceramente, eu não tinha visto, nem ouvido. E fomos ao que me interessava. De volta, no carro, me lembrei do Guimarães Rosa: "Ninguém é doido. Ou, então, todos". Claro, pensei também no dr. Simão Bacamarte, o alienista do Machado de Assis. Em seguida passei numa papelaria e comprei um calendário. Desse não me separo nunca mais, jurei. Eu, hein!

· · · · ·

Siga a seta
03/08/1992

Ela me disse que tinha se decidido e estava tão satisfeitinha que me contagiou. Esqueci por um momento que ia embora e fiquei alegre. Bobo alegre. Ou alegre de bobo. Uma gafe, me alegrar com a sua ausência. Até por uma questão de cortesia, tinha o dever de lastimar. Vá lá, é para o seu bem. Você vai embora, a gente talvez nunca mais se veja. Mas é para o seu bem. Tudo bem. Bem, bem, bem.

Bonita essa conversa, que toma a linha da nobreza de sentimentos. Pensar primeiro no outro, no seu interesse. No que é melhor para ele. Ou para ela. E só depois pensar em mim. Se é bom para ele, para ela, é ótimo para mim. Muito bonito tamanho desprendimento. É o que passava no cineminha da minha cabeça. Só que a cabeça da gente projeta ao mesmo tempo dois filmes. Ou três. Às vezes quatro. Um se mistura com o outro e acaba aquela barafunda. Verdadeiro ninho de guaxo.

O caso é o seguinte. A moça está apaixonada por um forasteiro. Não conheço o felizardo. Esse príncipe que, mais que encantado, há de ser encantador. Ou talvez nem seja. Mulher bonita, toda perfeição, às vezes tem o dedo podre. Pouco importa que a beleza seja a mais alta forma de inteligência. De cima da minha idade provecta, ou de baixo, sei lá, não sou parte na questão. Adianto que ela é charmosa. Abro o jogo: um avião. Sabe esse tipo top model, que onde entra faz luz?

Pois é a própria. Está recusando dois convites milionários, depois que passou num teste internacional. Assim tesouro, é inteligente e sensível. Nem precisava, não é mesmo? Eu caí na bobagem de dizer isso e ela me fulminou. Machismo! Só porque é bonita, tem de ser burra? Não, mil vezes não. É uma gênia. Mas não tenho culpa se a deslumbrante beleza está na vitrine. Qualquer idiota passa e vê logo. Olha, baba e fica infeliz pro resto da vida.

O Brasil na situação em que está e essa moça vai embora. Não me pede conselho, nem opinião. Mas está na cara que espera, perdão, o meu veredicto. Pois vá. Vá, siga o seu coração. Não está apaixonada? Aí ela demora aquele milionésimo de segundo pra responder. Sim, está. Quem sou eu pra dar palpite. Mas se ela pergunta, não terá dúvida? Afinal prometo: vou lhe escrever o que acho. Foi aí que senti o vazio da felicidade. Mas isso é um verso do Dante Milano. Apenas um verso.

· · · · ·

O teste da rosa

14/08/1992

Digamos que você tem uma rosa. Uma só. Antes que eu continue, ela me interrompe: de que cor? Pensei na rosa, mas não pensei na cor. Cor-de-rosa, digo. Ela faz uma carinha de quem não aprova. Rosa cor-de-rosa, que falta de imaginação! Branca, me corrijo. Branca, não, ela corta. Vermelha. Tá bem. Uma rosa vermelha. Vermelhinha? Sim, vermelhíssima. Da cor de sangue vivo.

Digamos que você tem uma rosa, recomeço. É a única rosa que existe no mundo. A última? Não interessa. No caso é a única. E é sua. Digamos que você quer dar essa rosa a alguém. E se eu não quiser dar? Aí a história acaba. Continuo? Continua. Você tem que dar essa rosa a alguém. Uma pessoa só? Sim, uma só. Fui dar corda, a menina não para de falar. Verdadeira matraca. Já quer saber por que tem de dar a rosa. Se é dela e é a única, não vai dar a ninguém. Vai vender.

Mas a história é assim: é a única, a última rosa do mundo. E você tem que passar pra frente. Se não der, ela explode e queima a sua mão. Carinha de nojo, ela resmunga: rosa que explode e pega fogo, essa não. Finjo que não ouço e vou adiante. Você vai entregar essa rosa a quem mais a merece. A faladeira quer saber se a rosa é bonita. Lindíssima, já disse. Fresquinha. A última e mais bela rosa do mundo. Não, não pode guardar. Nem pode vender.

Novas tentativas de sair do script, mas eu fecho todas as portas. Não pode mudar. Não interessa quem inventou. É o teste da rosa. Existe desde o princípio do mundo, digo, convicto. E cale a boca, por favor. Mais um minuto e a rosa estoura na sua mão. Não é bomba, mas estoura. História inventada é assim. Rosa estoura e pronto. Você tem que dar a rosa pra alguém que a merece. A pessoa que você mais ama. Dona do seu coração. Vale, vale tudo. Gente grande, ou criança. Quem você quiser.

Não, não podem ser duas pessoas. Mesmo casadas, morando na mesma casa, não pode. Também não vale. Pétala por pétala, não. É a rosa inteira, perfumada. Uma beleza. Já disse que é a mais bonita do mundo. Nunca mais vai existir outra igual. E depressa, senão explode. Na sua mão, não no vaso. Fresquinha, com gotas de orvalho que brilham como pequenos sóis. Vamos logo, quem? A quem você dá essa rosa? Ela sorri, zombeteira, e me faz a pergunta fatal: você está crente que eu dou pra você, não está?

·····

Solução onírica

04/10/1992

Falávamos de sonhos. Primeiro, os mais curiosos. Os que não têm lógica, nem relação com a realidade. Ah, isto é que não. Nesse ponto, a conversa enviesou pela interpretose. No sonho tudo tem a ver com quem sonha. Aliás, na vida real também. Ou não? Mas a controvérsia teórica não vem ao caso. Hoje todo mundo sabe o seu lance de psicologia. Freud e Jung dão pé para qualquer palpiteiro.

Pra botar ordem na conversa, cada um na roda podia contar um sonho, de preferência que tenha tido consequência prática. Uma premonição, por exemplo. Você sonhar com um número, jogar e ganhar. Sonhar que recebeu um telefonema assim-assim, que resultou numa viagem maravilhosa. E no dia seguinte vem o telefonema e a viagem sai. Antecipação, inexplicável sorte, mas que acontece. Ouvir em sonho um aviso, um conselho, e dar certo. Coisas da parapsicologia.

Sonhos recorrentes, que acompanham a gente a vida toda. Alguns, obsessivos, estão presos a reminiscências antiquíssimas, que mal se vislumbram na vigília. A memória afetiva nos arma ciladas, desencava peças de arqueologia, dá vida ao que está morto. Abre um verdadeiro cemitério. Às vezes, é bom, amável. Outras vezes, é mau, amargo. O sonho persecutório, por exemplo. Ouvi o enredo de um que Deus me livre. Verdadeira condenação, coisa do maligno.

O meu, o desta conversa, posso contar. Foi há anos. O Rio ainda era a capital. Um amigo me pediu para fazer um pedido ao presidente da Câmara dos Deputados. Pedido constrangedor, eu dizia que não, que não. Mas o cara insistia. Me cercava de atenções, me apontava os lugares a que o presidente iria. Tinha de cor a agenda do homem. Nada de indecoroso, mas por que eu? Não tinha por que pedir, me meter num negócio que eu desconhecia.

Estou omitindo algumas circunstâncias que impediam que me livrasse do importuno. Uma noite fui dormir com aquela maçada. E então sonhei. Pesadelo? Coisa nenhuma. O presidente da Câmara tinha embarcado para a Europa. Ia passar uma longa temporada no exterior. Compareci ao embarque, conversamos, nos despedimos. Deu no jornal e eu li. Acordo e me telefona o postulante. O chato! Conto com pormenores a viagem, o embarque. Enfim, livre. Só depois vim a me dar conta de que tinha sido um sonho. Mas que alívio!

·····

[143]

Nova, com licença

10/09/1992

Está difícil encontrar quem se interesse pela lua. Não pela sua conquista, coisa de astronauta. Tampouco interesse utilitário, ainda que legítimo. Tipo lavoura, se está na hora de plantar. Ou só para saber se vai dar praia amanhã. Mas lua. Simplesmente lua. Vagabunda, patética, indefesa, como a chamou o poeta. Minha branca e pequenina lua. Lua ociosa, sem préstimo.

Foi essa lua que a moça me mandou espiar. Cabeça antiga, a dessa moça. Ou aluada. Numa hora dessa, sorrindo manso, em paz. Parece boba. Lunática. O Brasil empolado nessa catapora e ela me convidando a olhar pro céu. Mesmo sem lua, vale a pena. Por uma nesga que seja, na área de serviço. De dia ou de noite. Até sem uma única estrela.

E falo do céu firmamento. Limpa os olhos, que nem colírio. O prazer de esticar na grama em boa parte vem daí. Os olhos pregados no céu. A lua estava linda, naquela noite. E era lua nova. Novinha em folha, como escrevi. Lua nova, Brasil velho. Essa inapetência que nos segura a vontade de olhar lá fora. Cumpre vencê-la. Tirar o olhar do chão. Da lama. Olhos altos. Mais altos que os faróis do carro. Nem que só por um minuto.

Pois se alarga mesmo o horizonte. Até o horizonte cultural. De São Paulo, me vem, com uma palavra amável, a revista *Lua Nova*. De cultura e política. Título tão bonito, pode ser também de poesia. A poesia fica bem em qualquer lugar. Sobre a cultura e a política, será como o luar. De Belo Horizonte, recebi um puxão de orelha. E uma palavra irônica. Como eu, a moça anda no mundo da lua, diz o meu catão. Onde é que já se viu ver lua nova?

Entre o sol e a terra, em conjunção, ela é invisível. É o que

[144]

confirma o astrônomo Ronaldo Rogério de Freitas Mourão. Diz--se que a lua se acha aí na sizígia inferior. Nasce às seis da manhã, passa pelo meridiano ao meio-dia. Às seis da tarde, some. É o novilúnio. Com este bonito nome e invisível. Sim, para quem não merece. Para o Brasil velho. Não para a moça dos olhos novos. E da lua sempre nova. Poética ou não, tem essa licença. De nascença. E a conserva por merecimento.

· · · · ·

Aventura na serra

17/07/1992

A julgar pelos meus dois entrevistados, foi o maior barato. Ela, oito anos, mais falante. Meio penumbroso, ele faz um certo silêncio no caminho adolescente. Lindos. Sou suspeito, e daí? Vieram almoçar comigo e, entre agrados e afagos, banco o saca--rolha. Ele saiu de São Paulo, ela, do Rio. Uma surpresa, esse encontro dos primos na serra. Cada qual com a sua turma. Dois ônibus paulistas e um carioca.

Na fazenda, tipo acampamento, eram mais de duzentos garotos. Meninos e meninas, de sete aos doze anos. Uma garotinha chegou chorando. Soluçou, engoliu fôlego e foi embora. Incidentes, só irrelevantes. Uma menina torceu a perna. À noite o frio chegava a dois graus. A Caetana saiu daqui com febre. A expectativa da felicidade adoeceu-a. Como o Pedro, lá ia pela primeira vez. Mas sabiam que valia a pena.

Ora, se valeu! Melhor do que viagem ao exterior. Melhor do que a Disney World. Cerco por todos os lados, para descobrir o mel secreto dessa plenitude que trazem estampada na cara. Essa bem-aventurança. Mas não é próprio da felicidade indagar suas causas. A camaradagem, sem pai nem mãe, um fator que talvez conte. Cada chalé, vinte, trinta crianças, tinha os seus monitores. Rapazes e moças. Tento um paralelo com o colégio interno. Quatro refeições por dia. Mais consentida que imposta, a disciplina.

Levaram na mochila a roupa de cama e banho. Arrumar a própria cama, dos pequenos deveres o chato era lavar o banheiro. Mas quem não quer varrer o chão do céu? Com a piscina e os jogos, não se lembraram de montar. Tinha cavalo, ovelha, vaca. Televisão? Está doido, nem pensar! Que video game que nada. Violão e flauta. Uma cantoria geral. Música de rádio ou cassete, não. À mesa, entoavam com entusiasmo "Abençoai, Senhor".

Biblioteca? Só revistinha, na hora de dormir. Cama de beliche. A garota paulista pedia à Caetana pra dizer *porta*, *carne* e *cachorro*. "Você é carioca, não é?" "Paulista fala esquisito", diz ela, chiando os *ss*. Nem por isso a menina de Ribeirão Preto deixa de ser uma graça. O Pedro que o diga. Sereno, admite que fez sucesso. "Muito", garante a Caetana, olhos acesos. O Brasil está salvo, penso comigo. Ainda há infância. Livre, espontânea, solta no campo, entregue à mãe Natureza. E a Deus.

· · · · ·

Uma pesquisa científica 27/06/1991

A noite tinha descido, quando tocou a campainha. Escurece cedo nesta época. Espiei cauteloso pelo olho mágico. No hall escuro como breu, ninguém. De novo a campainha. Abri. A visita não podia ser mais bem-vinda. Baixinha, não alcança a minuteria.

Por isso não tinha acendido a luz. Ela não se abala com o espalha-fato com que a recebo. Abraços, beijos, mil afagos que mais a contrariam do que a deleitam.

Mergulhado há horas no silêncio, naquele momento eu trava-va mais uma batalha de antemão perdida com um texto que há meses me desafia e me derrota. Exausto, dei graças a Deus de ter uma visita ilustre para me desviar do dever amaríssimo. Familia-rizada com o ambiente, ela se livra do meu atropelo e vai se sentar diante da televisão. Estava ligada na TVE, canal 2, sem som. Eu tinha acabado de ver a bela cascata da Liliana Rodrigues.

Para se distinguir como apresentadora, nem precisava ser tão simpática. Basta aquela cabeleira de asa de graúna, com direito a luz própria. A visitante cruza as pernas e dirige à TV um olhar de tédio. Ofereço-lhe balas, bombons, biscoitos. Está com um início de cárie. Nada de açúcar. Aceita um cream-cracker, que rói cuida-dosa, aparando num pratinho os farelos. Já vi que não está para conversa hoje. Dou-lhe uma almofada, para que se ajeite melhor.

Tinha se sentado em cima da revista da USP nº 9. Que aliás re-comendo. Está muito bom esse número. Afasta a revista, os livros e se recosta. Pega o controle remoto e, sem chamar o som, dá uma geral pelos vários canais. Nada lhe interessa. Só tem jornal. "E você não gosta de jornal?", pergunto. Sem receio de bancar a alienada, me diz que jornal só fala de coisa chata. Ou de coisa triste. Quero saber o que é que ela considera triste e chato.

Ela sabe que eu sei. Pergunto por perguntar. Para não bancar o chato, me calo. Sentadinha, mais um biscoito, ela afinal liga com imagem e som a televisão. Começou o *Carrossel*. Aquela dubla-gem artificial. Horrível. Olhos pregados na tela, já não está aqui a visitante. É uma telespectadora hipnotizada. No intervalo, per-gunto por que não gosta de jornal. "Jornal não tem criança", diz

[147]

ela. Mas tem, sim, penso comigo. "*Aqui e agora.*" "Mas é criança triste e chata", me responde. Uma sábia, a minha neta Caetana, sete anos.

·····

Jogando sério

17/09/1992

Digo perereca e ela ri. Não sei o que fiz todo esse tempo para só agora perceber que perereca, a simples palavra, é engraçada. Estive distraído. Deixei de lado o essencial, para me entreter com o transitório. Contingente. Malbaratei meu tempo atrás de bagatelas. Nonada. Quantas vezes alvejei o vazio. Brigas de homem, tempestade em copo d'água. Ainda há pouco, dia-hoje, olhava longe o difuso horizonte.

Essa remota linha de circunstâncias que me ignoram. Agora, não. Estou aqui, determinado. Digo tatu. Tatu é uma palavra triste. Fechada em copas. Repito devagarinho, como se fossem quatro e não duas sílabas. Tatu. E ela não ri. Volto à perereca. É a nossa palavra de passe, hoje. Será o *e* aberto? Três vezes o mesmo som. A palavra pula. Pula e pulula. Salta a perereca no brejo. Anterior à palavra, estou de volta ao princípio. Liberto, enfim.

Olho fixo os seus olhos. Jogamos sério. Se tusso, ela pisca. Então tusso. E ela pisca, incontinente. Estou todo aqui, mas vem de longe um eco de outra infância. Tatu, digo e repito. Tatu, tatu, tatu. Como um casaco, a palavra vira pelo avesso. Tuta. O antiquíssimo menino, a quem não dei a mão. Mas nada de me dissipar. Reminiscências, remorsos. Um só e mesmo sentimento que morde. Retorno inteiro para dentro de seus olhos de gato. Sua luz.

Tem cor, essa luz. A oitava cor do arco-íris. Uma aliança com a inocência. Por isso está agora tão séria. Perereca. E ela não ouve. Já não tem a mãozinha nervosa de outro dia. Coordena as duas mãos. Afinal, são seis meses, hoje. Olhos e mãos, concatenada, se concentra no alvo. Deitadinha no moisés, já não me vê. Vê os óculos. Sabe pegar, puxar, segurar. Um pedaço da cara que sai. Está pensativa. Súbito, me flagra a um palmo de seus olhos. E ri, conivente.

Cúmplices de um jogo, é ela quem impõe a regra. Até vir a fome ou o sono, não vai enjoar da perereca que inventei. Que inventamos. Ela comanda nesse à-vontade de total confiança. A serena certeza de que tem o mundo a seu favor. Tudo no universo foi disposto para servi-la. E se entrega, inteira. Sua majestade reina, entre harmonias. Cercada de afeições, desenhada em paz, mais que fisionomia, já tem perfil. E sorri. Está na minha hora de voltar a ser sério. Perereca, digo, convicto.

· · · · ·

Cristina, cadê você?
20/12/1992

Lá no fundo dos anos 40, já há memória dela. Magrinha, escurinha, sempre por ali. Não dá pra lembrar se veio de Minas, ou do estado do Rio. Talvez carioca. Esperta, sabia brincar. Todos a queriam como parceira. A mocinha ativa aparecia de tarde, até à noite. Também podia sumir. Adolescente, estudava naquela escola pública de Copacabana. Levava sua vida, ou a vida a levava. De repente, a encruzilhada, caminhos abertos, o futuro.

Foi trabalhar. Não dá pra fazer os cálculos, mas devia ser menor de idade. De menor, como ela própria dizia. Encaminhada pela mãe, pegou um biscate aqui, outro ali. Entrou no comércio. Balconista, se dizia, importante. Tinha sua independência, seu porte. Os olhos vivos e a fala pronta. Nasceu assim, comunicativa. Nenhuma dúvida de que devia ser carioca. Da gema, várias gerações. Uma boa prosa era mesmo com ela. Ponto vago, o que pintava.

A linha biográfica tem vários vazios. Ninguém sabe dizer, por exemplo, quantos anos se passaram até que ela apareceu manicure. Habilidosa, de mão-cheia, falando pelos cotovelos. E de confiança. Freguesa é que não faltava. Terá sido o padrasto? Foi o padrasto. Deu-lhe na sapituca de se mandar pra Los Angeles. Numa época assim de fim de ano, não se chamasse Cristina, veio rever o Rio. Maravilhas contou, alegre. E pontuava a conversa com *so nice, don't say it.*

Não, casar não casou. Sempre só. Prestativa, refez os laços com as velhas amigas. Ou freguesas. O círculo que vinha da infância na rua Anita Garibaldi. Andeja, faltava a Europa. Pois se mudou pra Suíça. *Green card, permis de séjour*, tudo certinho. Já andava pelos quarenta anos, ou mais, quando se instalou de novo aqui. Afinal, massagista. Não precisava lhe puxar pela língua. Pioneira, exaltava a ginástica. Fisioterapeuta, ou quase, com noções de anatomia.

Nos últimos tempos, aparecia aqui cedinho. Eu, lendo os jornais. Nunca lhe perguntei sobre Los Angeles. Não me perdoo. A familiaridade quase que cega a presença. E a gente adia a palavra de simpatia. Que de sua parte nunca faltou. Deve ser uma câimbra desta nossa sociedade escravagista. Sumiu oito dias. Afinal, morta no apartamento de uma das antigas meninas da Anita Garibaldi. Ali pertinho, tomava conta do imóvel. Cristina, cadê você? Seu silêncio me desafia e me dói. Em vão indago: Cristina, quem é você?

Olá, iniludível

02/11/1992

Há um poeta inglês que diz que nunca pensou noutra coisa. Não passou um só minuto de sua vida que não lhe viesse à consciência a obsessiva presença. Os poetas são mais sensíveis à sua sombra. Ou à sua luz. Do ponto de vista religioso, é mais luz do que sombra. Os convidados para sempre se iluminam. Ou enfim a eternidade os fixa. Ou os muda, tanto faz. Na verdade, ninguém sabe de nada, a menos que recorra à fé.

A própria fé no que não se vê, nem se prova, no que não é racional, virá daí, dizem céticos e agnósticos. Então é o medo que inventa esse para lá do real, que o transcende. Se há mistério, há pelo menos temor. No escuro a criança se sente insegura. A criança de sete anos, como a de dezessete. Não se pode ser sério aos dezessete anos. Também aos setenta. E aos setenta vezes sete. Tudo é a mesma incógnita. Se não se tem o teorema metafísico, melhor é não pisar o primeiro degrau.

Essa escada não tem fim. O velho silogismo soa mentiroso. Todo homem é mortal. Sócrates é homem. Logo, Sócrates é mortal. Sócrates, tudo bem. Nada a opor. Não eu, que não me chamo Sócrates, nem sou grego. Menino, pensava cá comigo. Virá como um ladrão, quando menos se espera. Esperto, vou esperar o tempo todo. Nem um milionésimo de segundo vou deixar de esperar. Não durmo no ponto. Quero ver se ela vem. Eu de luz acesa, nunca que vai bater na minha porta.

Já na infância, a gente nem saiu do berço, e essa ameaça. Coisa cruel, dizia minha mãe. Nem dá pra acreditar que Nosso Senhor inventou uma coisa dessas. O padre, paciente, lhe explicou. Minha senhora, é o salário do pecado. Ela sorriu e aceitou.

[151]

Entrou em casa rezando. Rezando ou praguejando, já nem sei. Cruz-credo! Coisa mais sem graça. Será que dói? Se é tão ruim, deve doer. O padre foi ao Evangelho e à teologia. Citou santo Tomás, doutor angélico.

Minha mãe, pobrezinha, ficou esmagada debaixo daquela erudição. Olhou o manto de Nossa Senhora da Conceição e quase pediu socorro. Contei esse lance ao Pedro Nava e ele espiou fundo nos meus olhos. Ergueu o olhar pro alto. Uns olhos tristíssimos, que só o Nava sabia fazer. Tem gente, dizia também minha mãe, que nasce com um véu de melancolia no coração. Pode estar alegre, que não adianta. Tudo por culpa da Iniludível. Que tudo absolve, disse a minha mãe contra o axioma dos teólogos.

· · · · ·

EPIDEMIA POLISSILÁBICA

Colisão poética

02/06/1991

Estava lendo a reportagem sobre a briga de socos que aconteceu na Câmara, em Brasília, quando levei um choque. Ou tive um sobressalto ao ler os nomes do ex-marido e da ex-sogra da deputada que entrou na rixa. Se eu tivesse a graça de ser poeta, tinha acontecido comigo alguma coisa parecida com o que aconteceu com Manuel Bandeira.

Havia no tempo dele, na rua Larga, hoje avenida Marechal Floriano, um Hotel Península Fernandes. Toda vez que o poeta passava ali sentia um pequenino alvoroço. Alvoroço que era a asa da poesia. Manuel vivia intrigadíssimo. Por que um hotel se chama Península Fernandes? Uma tarde, Antônio Bandeira, primo do poeta, invocado com o estranho nome, subiu as escadas e foi falar com o proprietário.

O dono do hotel era um português terra-a-terra e sem nenhuma fumaça de literatura. Por que é que o seu hotel se chama Península Fernandes? "Muito simples", respondeu o portuga. "F'rnandes porque é o meu nome. P'nínsula porque é bonito." O nome, diz Bandeira, estava explicado. Mas a emoção poética, não. Atuava de maneira inapreendida. É assim que fatos corriqueiros da rua mexem com a sensibilidade de um poeta. O poeta está sempre a seu modo suscitando uma colisão de palavras.

Nelson Rodrigues ficou fascinado com o nome Varanda. Nome de família. E há também Varandas, no plural. Há vários na lista telefônica do Rio. Para o sufocante verão carioca, dizia o Nelson, não pode haver nome mais conveniente. É um nome ventilado. E traz a nostalgia das velhas casas. Dos sobrados brasileiros. De tudo que demolimos e de que temos saudade.

Agora, vejam: o ex-marido da deputada de Rondônia se chama Valfrido Oceano. Valfrido vem do alemão. Pode significar "o que protege". "O que governa." Então Valfrido Oceano é um protetor, ou governador do oceano. Mas Oceano por si só já me basta. E a ex-sogra da deputada — mãe de Valfrido — se chama Maria Oceano. De origem semítica, Maria significa "senhora". Não é fantástico?

Pirâmides, nome de família, se chama o brasileiro acusado nos Estados Unidos. Que as pirâmides do Egito o favoreçam. Imaginei os Varandas encontrando os Oceanos. Os Pirâmides presentes. D. Maria Oceano ofereceria uns pasteizinhos. O sr. Varanda tomaria um café. E a sra. Pirâmide diria que não anda bem do fígado. Em sociedade tudo se sabe.

· · · · ·

A Taís de ontem e de hoje 14/07/1991

Não sei se o Gilberto Braga pensou no Anatole France. Ele conhece bem a literatura francesa. Ao seu lado, no *Dono do mundo*, está a Ângela Carneiro, que é até professora de francês. O Anatole está fora de moda. Ninguém mais o lê. Vai nisso uma lição de humildade para quem pensa que a glória literária tem compromisso com a posteridade. Perpétua, só sepultura. E assim mesmo, olhe lá. Hoje, nem cemitério tem segurança. Mas o assunto é tão desagradável que convém mudar de parágrafo.

Na geração do Carlos Drummond de Andrade e do Milton Campos, lá pelos anos 20, todo mundo lia o Anatole. Era obrigatório, numa época em que ler fazia parte da boa educação. O

Kundera de hoje em dia, ou a Yourcenar de outro dia, nem chegam aos pés do prestígio do sorridente e corrosivo Anatole. Quando esteve no Rio, foi incensado como um deus. Morreu em 1924, no auge do sucesso. Três anos antes, foi Prêmio Nobel. Ele sozinho era a França, que aliás incorporou ao seu pseudônimo.

Seu nome verdadeiro era Jacques Anatole François Thibault. Quando morreu o Anatole, o jovem Drummond escreveu em Minas um artigo laudatório. O Mário de Andrade em carta passou-lhe um pito, que foi decisivo para mudar a cabeça do poeta. Deixasse de ser bem pensante. Botasse de lado aquela mobília francesa de luxo. Nada de posar de cético e irônico. Tinha era de encarar a nossa realidade. "Carlos, devote-se ao Brasil junto comigo" — clamava o Mário, profético.

Volto à Taís, ou *Thaïs*, título do romance do Anatole. Taís hoje é a beleza novata da Letícia Sabatella. Uma gracinha. A verdadeira Taís foi uma santa do século IV, no Egito. E foi também uma cortesã lindíssima, que Alexandre Magno arrastou até a Ásia. No grego, Taís quer dizer "contemplar com admiração". Popularíssimo a seu tempo, o romance do Anatole povoou o Brasil com meninas batizadas de Taís.

Dou essa volta toda para mostrar que sempre fica alguma coisa da criação literária. O nome do Oswald de Andrade também saiu de um romance, da Madame de Staël. Vinicius saiu do *Quo vadis?*, do Sienkiewicz. Há tempos fui ler o Anatole, que não chegou à minha geração. Escreve num francês gostoso, que passou de moda, mas tem lá o seu encanto. Mas a Taís da televisão tem mais charme, ah, isso tem.

· · · · ·

Privilégio de carteirinha 22/08/1991

O deputado Jabes jura que não é sua a assinatura que aparece na carteira de seu irmão Abidiel. Antes de cogitar do jamegão, o que me intrigou foram os nomes. Jabes e Abidiel. Podiam ser bíblicos. Há um sem-número de nomes assim no Velho Testamento e a gente não se lembra de todos. Fui verificar e não encontrei nem Jabes nem Abidiel. Não é de hoje que tenho essa preocupação com os nomes próprios de pessoas.

Há alguns anos vem se acentuando a tendência para dar ao recém-nascido um nome inventado. Ou falso. Até a República, quando não havia o registro civil e o catolicismo era religião oficial, o padre, se fosse o caso, impunha no batistério um nome cristão. E vernáculo. Assim era a tradição. Se não houvesse uma preferência familiar específica, o bebê recebia o nome do santo ou da santa do dia, segundo o hagiológio cristão.

Em Portugal esse costume chegou a ser lei. No Brasil fomos sempre mais tolerantes. Daí o aparecimento de nomes indígenas, reflexo de um sentimento nativista. Com o indianismo, entraram na moda nomes de personagens dos romances populares. No Ceará, terra de José de Alencar, como em todo o Brasil, pipocaram as Iracemas. No extremo oposto, estão os nomes estrangeiros, como Lincoln, Wilson, Roosevelt. O pior é quando a admiração paterna recaiu sobre Hitler, Mussolini ou Stalin.

Um costume cada vez mais frequente é formar um nome a partir dos nomes materno e paterno. Uma ou duas sílabas de cada um, uma espécie de síntese simbólica. O resultado pode ser esdrúxulo, mas a intenção é repetir no inocente pimpolho a união conjugal do pai e da mãe. Assim aumenta a cada dia por estas bandas o rol de nomes estrambóticos ou esquisitos. Não sei se é o caso de Jabes, ou de seu irmão Abidiel.

O que está em jogo não é a origem do nome, mas da assinatura de Jabes. Falsa, diz ele. Verdadeira, diz a polícia. A técnica para comprovar a falsificação é apurada, mas sempre cabe a dúvida. Por que o irmão do deputado, ainda que fosse seu assessor, teria direito a uma carteira da Câmara? No fundo, aí está bem clara a nossa invencível vocação para o privilégio. O brasileiro não se contenta com o documento de identidade. E multiplica ao infinito o número das carteirinhas especiais. Todo mundo espera o momento da pergunta clássica: sabe com quem está falando?

· · · · ·

Onomatomancia, talvez 1/09/1991

Outro dia me referi ao Oscar Pedroso Horta e escrevi d'Horta. Foi distração. Estou cansado de saber que quem se assinava d'Horta era o Arnaldo, irmão dele. Não sabia, porém, que o Oscar deixou cair a preposição e o apóstrofo em consequência de um conselho esotérico. Questão de numerologia. Quem me contou foi o Luís Edgar de Andrade, que escreveu um perfil do Oscar a partir de uma conversa com o próprio. Não sei se lhe veio a sorte prometida, na política ou no amor.

Está em Shakespeare, no *Romeu e Julieta*: "*What's in a name?*". O que chamamos rosa teria o mesmo perfume com outro nome, diz o poeta. Nem todo mundo pensa assim. Muita gente acredita que o nome é meio caminho andado para dar notícia do seu titular. A onomatomancia pretende adivinhar um destino a

[158]

partir do nome. Dize-me o teu nome e dir-te-ei quem és. Daí a importância do onomástico. Lá diz o povo: bata no homem, mas não lhe troque o nome.

Se eu não me chamasse como me chamo, não seria eu. Seria outro. Por via das dúvidas, como nasci com dois *tt*, não gosto que me cassem um *t*. Um prenome tão pequenininho, quem me corta um *t* é bem capaz de me cortar um *o*, que também são só dois. Ao contrário do que supõem alguns, Otto não é alemão. É frequente na Alemanha, como André é comum na França. Antes de ser alemão, é latino, como André é grego. Vernáculos um e outro. Nem por isso soa claro ao telefone. Simples, confunde o interlocutor. Scrymgeour às vezes me parece mais fácil.

Pelo Carlos e pelo Moacyr, Scliar é hoje um nome famoso. Pois ninguém o entende sem soletrar, diz o Moacyr. Uma vez ele reservou um hotel pelo telefone. Como não o entendiam, o jeito foi ditar: *S* de Sílvio, *c* de Carlos, *l* de Luís etc. Quando chegou, não havia reserva. Mas como? Tinha telefonado de Porto Alegre. Ah, sim; de Porto Alegre havia reserva para um grupo — o Sílvio, o Carlos, o Luís...

Imaginem se o Scliar fosse Moische Chaim, como manda a tradição judaica. Chaim virou Jaime. Curiosa e feliz mistura, Moacyr é o toque brasileiro. Indígena até. Pelos vinte anos, pensei em me assinar Otto Lara. Só para simplificar (mais). Oito letras apenas. Manuel Bandeira discordou, veemente. Gostava de como me assino. Onomatomancia? Não sei. É um nome que anda sozinho, disse o poeta. Há de ser por isso que cá estou eu em São Paulo e por aí afora.

· · · · ·

Silvas, os ilustríssimos

22/01/1992

Estava pensando outro dia no caso de escritores que um dia decidem sair de cena e param de escrever, numa versão do silêncio do Rimbaud. Conquistam um espaço nas letras, cativam o público e, de repente, adeus. Como dizia um doido lá em Minas, recolhem-se à biblioteca do seu ser. Há os que, não tão bem-sucedidos, o que não é critério de valor, se calam meio amargos, meio desdenhosos.

Aos dezessete anos, ainda no Recife, Aguinaldo Silva foi uma revelação de ficcionista. Marques Rebelo o indicou ao Fernando Sabino, que, com o Rubem Braga, lançou o seu livro de estreia na Editora do Autor. Repercutiu, bem acolhido, e no sexto volume de *A literatura do Brasil*, seu nome é arrolado por Assis Brasil entre os novos autores pelo seu "grande desembaraço narrativo".

Depois de uma passagem vitoriosa pelo jornalismo, em particular pela reportagem policial, Aguinaldo se distinguiu na dramaturgia da televisão. Acusado de plagiário, assina *Pedra sobre pedra*, que na Rede Globo alcança altíssimos índices de audiência. Com bom humor, declara ele agora que, com sessenta milhões de espectadores, só aceita crítica de Deus. Aureolado entre os deuses da mídia eletrônica, tem o dom de bolar a trama que o povão consome e adora.

Então, por que falam mal dele? Dirá um que é porque faz sucesso. Dirá outro que é porque ganha dinheiro. Ele próprio diz que a situação do escritor no Brasil não é nada estimulante. Então, desistiu da alta literatura e optou por ser um telenoveleiro. Escreve para isso mesmo — para entreter e fazer sucesso. Seu carma, porém, diz ele, é o sobrenome Silva, o destino plebeu dos Silvas.

Mas aqui o Aguinaldo está plagiando o Rubem Braga da crônica "Luto da família Silva", de 1935. Lá diz o Rubem: "Os Silva somos nós. Não temos a mínima importância. Saímos da vala comum da vida para o mesmo local da morte. Até as mulheres que não são de família pertencem à família Silva". Sucede que contei no *Dicionário histórico-biográfico* cento e dezoito Silvas ilustríssimos, do patriarca José Bonifácio a três presidentes da República: Bernardes, Jânio e Costa e Silva. Só gente importante e poderosa. No *Dicionário literário brasileiro*, contei também setenta e um Silvas. Lá só não figura, omissão a corrigir, o próprio Aguinaldo. Ou seja: carma do sobrenome não é. Silva é como Smith. Comum, mas ilustríssimo.

· · · · ·

Ilhas ou avenidas

26/09/1992

Quando é que eu podia imaginar uma coisa dessas. Na minha infância, a despeito do chorrilho de homenagens puxa-saquista, nome de rua vinha de longe. E era simples. Rua Direita, em geral torta. Rua do Comércio. Rua Municipal (como se as outras também não o fossem). Adolescente, lendo o Rio antigo, tomei conhecimento da rua do Cano. Rua de Matacavalos. O Rio de Machado de Assis. A rua do Piolho. A dos Latoeiros, onde o Tiradentes foi preso.

Uma boa lei proibiu que se dessem nomes de gente viva aos logradouros. De passagem, diga-se que logradouro é como erário. Só pode ser público. Se tentam privatizá-lo, dá em CPI. Ainda bem. Esses antigos nomes têm lá o seu bem. Esses antigos no-

[161]

mes têm lá o seu sabor. Não foram batizados por decreto. Nem sugeridos no calor da hora de emoção. Ou na sôfrega reverência aos poderosos do dia. Mas a tal lei parece que não pegou. Mais uma. O Brasil aí por dentro está cheio de figurões vivíssimos e emplacados.

Aqui no Rio, a principal avenida do Leblon tem o nome de Ataulfo do Leblon. Ninguém mais sabe quem é. Ou quem foi. Pois foi membro da Academia Brasileira. Era escritor? Que é que escreveu? Não seja impertinente. Não escreveu nada — e daí? Sucedeu-o em compensação o José Lins do Rego. Em vez de fazer o elogio do Ataulfo, desceu-lhe a ronca. Mas não se meta com questões acadêmicas. Voltemos às ruas. Em Ipanema, fervilhando de garotas, está a rua Vinicius de Moraes.

Meus amigos foram às ilhas, queixava-se o poeta. Só agora entendo. Dos meus, muitos cometeram a descortesia de se ausentar. Não sei se foram às ilhas de arquipélagos ignotos. Silenciosos, vão virando rua. Ruas, avenidas, escolas. Quem vive no Rio sabe que temos telefone (péssimo), mas não temos catálogo. Não posso por isso procurar a rua Rubem Braga. Se existe e onde está. Sei que lá na Barra da Tijuca há uma rua da Borboleta Amarela. Homenagem ao sabiá da crônica. Sutil e lírica, tal qual o Rubem.

Agora, São Paulo se adianta. Entre Pinheiros e Vila Mariana, na altura do nº 1600 da avenida Uberaba, está sendo nomeada hoje a avenida Hélio Pellegrino. Vocês já têm aí e no caso serve de referência a avenida Juscelino Kubitschek. Se ainda não têm, arranjem uma avenida Mário Pedrosa. Tenho razão de me lembrar dele quando a prefeita Luiza Erundina inaugura a avenida Hélio Pellegrino. Justa homenagem ao amigo fundamental. Desculpem, mas eu gostava mais do Hélio quando não era avenida...

Catacisco e Ciscorina

28/03/1992

É pouco provável que hoje um pai, a menos que seja desnaturado, ponha na filha o nome de Urraca. No entanto, Urraca foi um belo nome em Portugal e de lá vieram várias Urracas para o Brasil. Quem está aqui há muito tempo procure na sua árvore genealógica e na certa achará uma Urraca instalada num dos seus primeiros galhos. Mãe nenhuma dará hoje à filhinha o nome de pia de Tareja.

Como Urraca, Balbina, Briolanja, Ximena, Berengária, Sancha, ou Lindarifa, Tareja já foi mais que aceitável. Foi nobre e bonito. Depois da santa de Ávila, virou Teresa. Outra santa, a *petite Therese* do Menino Jesus, popularizou entre nós o diminutivo Teresinha. Teresinha foi musa de Manuel Bandeira e inspirou um livro a Ribeiro Couto. Aliás, as numerosas Teresinhas têm hoje a tendência para reverter a Teresas. Amanhã quem sabe poderão de novo ser Tarejas.

Como tudo neste mundo, nome é moda. Nomes seculares e pesados, que calham em avós remotos, de repente voltam à circulação. Uma moça bonita ilumina qualquer onomástico. Até Aldonsinda. Ou Geloira. Mas enquanto não cresce e não se impõe, o nome pode ser um entrave. Há nomes de trânsito internacional. Alguns, cosmopolitas, foram criação de poetas, como Beatriz e Laura, as amadas do Dante e do Petrarca.

No Brasil, cresce a tendência de agredir as criancinhas com nomes ridículos. Formam-se às vezes de sílabas dos nomes paterno e materno e dão um resultado de matar. E até azar. Alceni será fusão de Álvaro com Cenira? Quando a criança chega aos dezoito anos, pode requerer a mudança. Basta demonstrar que a toleima dos pais lhe traz problema. Há tempos, soube de um Catacisco, filho de Catarina com Francisco. Era o primogênito. Se vier agora uma menina, já tem nome. Mas Ciscorina se recusa a nascer.

Um modismo simpático é passar para o feminino nomes masculinos. Mariana, por exemplo, anda bastante frequente. Já soou o seu tanto antigo. Mas sempre achei e acho cada vez mais lindo, por causa de uma certa Mariana de quinze anos. Caetana no castelhano não causa estranheza. No Brasil é raro, mas é uma beleza. E Luísa? Há duas semanas visito uma Luísa recém-chegada a este mundo. Uma joia. Quem diria que Luís veio de Chlodwig? Daí virou Clóvis, Ludwig, Lotichius, Ludovicus, Aluísio e finalmente Luís. Mariana, Caetana e Luísa: três nomes que assentam em três graças. E juro que não é papo de avô.

· · · · ·

Criança e Colombo

12/10/1992

Uma gênia. Posso falar porque não é do meu sangue. Um pingo de gente e esperta como ela só. Observadora, com essa aí ninguém tira farinha. Você é muito perspicaz, digo. Ela cai na gargalhada. Dedo em riste, me aponta à execração pública. Me sinto um idiota, tal a exuberância com que ri e gargalha. O jeito é achar graça. E rolamos de rir. Perspicaz. Eta palavrinha difícil!

Cessado o frouxo de riso, quer saber o que é perspicaz. A rima se intromete e me sai a palavra sagaz. Perspicaz sagaz. Sagaz perspicaz. Agora é que destroncou mesmo a língua. Por ela eu tenho que repetir mil vezes. Incansável. Sagaz perspicaz. Perspicaz sagaz. Por que é que você está falando tão complicado? Insiste.

[164]

Quer mesmo saber. Estou falando como falo todo dia. Não, senhor. Você hoje está muito perspicaz.

É uma gozadora, essa capetinha. Tomo horror a tudo que cheire a perspicácia. A mim também a palavra já me soa esquisita. Por que é que logo agora fui usá-la? Você é uma menina muito esperta. Inteligente. Eu sei, diz ela. Depois recua e me olha de esguelha. Você podia ter dito só isso, não podia? Não precisava inventar esse tal de perspicaz. E esconde sílaba por sílaba, sarcástica. Mas o melhor é enxotar essa palavra. Vai ser vaia na certa. Sarcástica, não.

Menina irônica, Deus me livre. Não, não é. Reconheço que é engraçada. Tem esse pique ágil. Pega no ar o que digo. Adivinha o que vou dizer. Me desafia: você pensou, não pensou? Entrego os pontos, pensei. Não disse, mas pensei. Vitoriosa, ela dá um salto e some. Reaparece sisuda por um momento e se senta, os bracinhos cruzados. Mais brejeira do que nunca. Mas não sou doido de dar o braço a torcer. Brejeira não sai da minha boca. Chega por hoje a perspicácia.

Aqui pra nós, que ninguém nos ouça, estou exausto. E a peralvilha aí, zero quilômetro. Mergulho na leitura, desencorajo qualquer aproximação. Ela me cutuca, sem cerimônia. Sabia que foi o Cristóvão Colombo que descobriu a América? Escola adiantada, digo eu. Escola, não. Sou eu que sou adiantada. Nada convencida. E me cutuca de novo. Sei cantar o Hino Nacional, me diz. Eu na minha, nem te ligo. Ela: inteirinho. E aí canta! Desafina um pouco, mas canta. De cabo a rabo, a pátria mãe gentil. É a futura Fafá de Belém.

· · · · ·

Dever de casa

13/09/1992

Um fiapo de gente e um feixe de problemas. Agora é uma perguntação que não tem mais fim. Papai, o plural de segunda-feira? Tira os óculos, para de ler a revista. Daqui a pouco é hora do telejornal. Dia cansativo, mas pai é pai. Segunda-feira, segunda-feira. Murmurinha, como se procurasse na memória algo que não sabe o que é. Segunda-feira, pai. Ah, sim. O plural dos nomes compostos. Ao menos isso não terá mudado.

Mudam tudo neste país. Depois querem ter jurisprudência. Ainda hoje andou lendo um acórdão. Ementa malfeita. Segunda-feira no plural. Não tem mais o que inventar. Segundas-feiras. Variam os dois elementos. Fácil, óbvio. Entendeu?

Nem tinha retomado a leitura e lá vem outra perguntinha. Quarta-feira é abstrato ou concreto? Essa, agora. Primeiro vamos saber se é mesmo substantivo. Nenhuma dúvida. É substantivo. Abstrato?

Concreto. A professora disse que é concreto. Pai é pai. Põe tudo de lado e sai sem bater a porta. Concreto, está lá no Celso Cunha, é o substantivo que designa um ser propriamente dito. Nomes de pessoas, de lugares, de instituições. Etc. Quarta-feira. Vamos raciocinar. Nome de um dia. Abstrato designa noção, ação, estado e qualidade. Desde que considerados como seres. Quarta-feira é um ser? Se é um dia, é um ser. Mas concreto? Abstrato. Deve ser abstrato.

Um dia de matar, o trânsito engarrafado. A dorzinha de cabeça já se instalou. Quarta-feira, papai. Afinal? Outro dia era o aliás. Até que teve sua graça. Que é aliás? Bom, como categoria gramatical, me parece que. Pausa. Mudaram a nomenclatura gramatical toda. A educação tem de ser mesmo um desastre. País de analfabetos. Doutores analfabetos. Aliás, advérbio não é. Ou melhor, é controvertido. Vem do latim. Quer dizer quer dizer, como disse o outro. Será advérbio?

Esses meninos de hoje, francamente. Gramática ninguém estuda mais. A língua andrajosa, um monte de solecismos. Mas quarta-feira é substantivo abstrato? Concreto, disse a professora. Ora, pinoia. Está começando o telejornal. Mais um fantasma. Mandado de segurança. Mandado e não mandato. Preste atenção, meu filho. Aliás, só faltava essa. Meter o Supremo nessa enrascada. Querem atear fogo no país. Fantasma é concreto? Eta Brasil complicado! Aliás, hoje é quarta-feira. Abstrata? Uma vergonha!

· · · · ·

A princesa e o padeiro   12/04/1992

Outro dia falei de nomes de gente que soam estranhos. Onomásticos escalafobéticos. Inventados, ou formados com sílabas dos nomes materno e paterno. Como Catacisco e Ciscorina. Nome também é questão de moda. Tareja, por influência de Teresa de Ávila, virou Teresa. Veio Teresinha do Menino Jesus, a carmelita de Lisieux, e uma onda de Teresinhas pipocou por aí. Hoje, a tendência é Teresinha voltar a Teresa. Amanhã poderá regredir a Tareja, por que não?

Entre nomes que já foram nobres e bonitos, citei Urraca. Cem por cento português. Quem está no Brasil há várias gerações e vem do tronco lusitano pode procurar na sua árvore genealógica e logo acha uma remota Urraca. Parece arroto, me telegrafou um leitor. O mau gosto corre por sua conta. Por sinal ele tem um nome que, além de inglês, é *family name* no mundo anglo-saxão.

Coincidência aconteceu com uma senhora paulista que também nunca tinha ouvido falar em Urraca. Parece pigarro, disse ela, assim que me leu. E foi passar o fim de semana na sua bela fazenda, entre convidados brasileiros e estrangeiros. Uma amiga ficou de levar uma princesa. Italiana, mas encontro de várias casas reais. Na hora da apresentação, como se chama Sua Alteza Sereníssima? Urraca. Há vinte anos não vinha ao Brasil. Titulada e brasonada, setenta e nove anos, Urraca a todos cativou. Mais bonitos do que o dia, só os seus olhos.

Uma Urraca na minha coluna e uma Urraca na vida real. É muita coincidência. Pois não é tanta assim. Coincidências, dezenas, centenas, posso contar. Não só eu, mas muita gente. Há quem estude o fenômeno, como o Luís Edgar de Andrade (que é também genealogista). Nos Estados Unidos, scholars estão atentos à relação entre a sincronicidade e a coincidência. É o caso do prof. Carl Alfred Meier, suíço, oitenta e três anos. Editor da revista *Psychological Perspectives*, ele conta aí uma coincidência que testemunhou e pesquisou.

Teve um cliente, padeiro de profissão. Homem bronco. Tomando conhecimento de que sonhava muito, o prof. Meier lhe pediu que escrevesse os seus sonhos. Com dificuldade, o cliente botou no papel cinco números. Durante cinco meses, o sonho se repetiu. Cinco números diferentes de cada vez. Mais nada. Um belo dia, a revelação: eram os números sorteados na loteria nacional suíça. Sonhados sempre de véspera. Era só jogar e ganhar. Uma barbada. Mas, a partir daí, o padeiro nunca mais sonhou com números. Fenômeno parapsicológico você não controla, diz o prof. Meier.

A graça de Aninha 11/07/1992

Pode o Marcito dizer que é mania de velho, essa de buscar a origem de uma palavra. Marcito é o Márcio Moreira Alves. Mas ele próprio pede a entrada nos dicionários do neologismo *cleptocracia*. Quer dizer "governo dos ladrões". O fato é que a etimologia ilumina uma palavra. Vejam *secretária*, por exemplo. Fica transparente, uma vez ligada à sua fonte latina. É a mesma de *segredo*. A que guarda segredos. A confidente, que merece confiança.

Sei que há empresas especializadas em selecionar uma boa secretária. É mais ou menos como agência que acha noiva e promove casamento. O critério pode ser objetivo e dar certo. Mas há na escolha um elemento pessoal que é intransferível. O noivo bate o olho na escolhida e a intuição é que lhe diz se é essa mesmo. Corro o risco de ser mal interpretado, mas *secretária* tem algo de conjugal. De novo a etimologia: conjuga. Une.

E une às vezes como unha e carne. Daí um empresário dizer, como disse Lawrence Pih, que a secretária é a extensão do seu ego. Está de tal maneira jungida, conjugada, que é como se fosse uma só pessoa. Confiança é como autoridade. Tem-se ou não se tem. Não sei até onde é o caso de responsabilizar as secretárias. Isto é lá com a CPI. A Rose, que é Rosinete e tem procuração com plenos poderes. A Elizabeth, que se demitiu.

E a Ana, que é Ana Acioly e Maria Gomes. Tem um nome quilométrico, segundo o nosso costume. Herança ibérica. Mas é Aninha. No diminutivo está o toque brasileiro. Nome pequeno e simpático, Ana. Além do mais, palíndromo. Pode ser lido de trás pra diante. Dizem que dá sorte. Como o meu nome de pia também

[169]

é palindrômico, acredito que dá mesmo. Desculpem a mania, mas Ana vem do hebraico. Daí a grafia Hannah, como a personagem de Woody Allen.

No hebraico quer dizer "cheia de graça". Santa Ana, mãe de Nossa Senhora, é uma devoção popularíssima. No entanto, não está na Bíblia. Só aparece num evangelho apócrifo. Sua festa é no dia 26 de julho. Lá pelo século XIII a santa entrou na Inglaterra e o nome virou nobre. Houve seis rainhas Ana. Hoje há a princesa Anne, a primogênita. A nossa Aninha, essa do PC, acaba de ser mãe. Por aí, está cheia de graça. Cheia de segredos estará a Maria Gomes. Ou qualquer outro de seus heterônimos.

· · · · ·

Nome de pia e outros 03/09/1992

Não deixa de ser engraçado a *Folha* chamar o nosso dr. Barbosa de sr. Lima Sobrinho. Ou pior: dizer num título que Sobrinho cumprirá o seu dever de cidadão. Sobrinho é por extenso Alexandre Barbosa Lima Sobrinho. Em casa, para d. Maria José, é o Alexandre. Na ABI e na Academia Brasileira, é o dr. Barbosa. Político, quando foi deputado e governador de Pernambuco, era Barbosa Lima.

Como seu tio, que o antecedeu na vida pública. Daí o apêndice Sobrinho. Já foi mais comum essa moda. O Afonso Arinos começou também se assinando Sobrinho. Antes dele, houve o tio xará, de *Pelo sertão*. Ambos escritores, o moço depois deixou de lado o Sobrinho. E passou a se assinar por extenso Afonso Arinos de Melo Franco. Podia ter adotado o Moço. Como José Bonifácio, o Moço, que assim se distinguia do tio, o Patriarca da Independência.

No Brasil temos a mania dos nomes escalafobéticos. Ou estrangeiros. Alguns nem são prenomes. Ibsen em norueguês é filho de Ib. Ou Wilson, também nome de família. A notoriedade do presidente Wilson encheu o Brasil de Wilsons. Popularmente, virou Ílson. E já vi um registrado como Oílson. Depois, há os inventados. Uma sílaba do nome paterno, outra do nome materno. A partir daí, o besteirol está solto. Vale tudo. Tem pra todos os gostos. E desgostos.

Há também a moda narcisista de Filho e Júnior. Às vezes precedidos só do prenome. O Mário Filho nos Estados Unidos era o Mr. Filho. Dito assim: Fíl-rô. Já o José Machado é o Mr. Mc--Rádô. Virou escocês. Mas aqui mesmo no Brasil Ana Acioly pode virar Maria Gomes. É no que dá o legado ibérico de nomes quilométricos. Qualquer plebeu carrega um monte de onomásticos. E a partícula. O próprio titular às vezes fica na dúvida. Que nome pôr em curso?

O Collor, por exemplo. Colloriu o Brasil. Se tivesse optado pelo Mello, era melhor dizer que mellou. Uma pequena mexida pode baratinar a identidade. Dizer, por exemplo, que o sr. Neto recebeu o prêmio Neustadt. É o João Cabral, também de Melo. E Neto. Amanhã digamos que tome posse o sr. de Franco. É o Itamar. Mas aqui gostamos de complicar as coisas. Haja vista o impedimento. Decretado pelo juiz, como no futebol. No botequim do Lili é *impiche*. E haja piche pra tanta pichação!

· · · · ·

Asioc ed odiod

16/06/1991

Encontrei o Jô Soares tão depressa que não tive tempo de lhe dizer que não é só o Serra que é capaz de falar de trás pra diante. O prof. Serra e seus alunos deram uma demonstração convincente. Vi e fiquei pasmo. No meu tempo de professor de ginásio, tive um aluno que lia com o livro de cabeça para baixo. Lia também de trás pra diante. E falava palavra por palavra, sílaba por sílaba e até letra por letra. Tudo ao contrário.

Mais do que um dislate, pode ser uma dislexia. Pelo avesso. Diga a neurologia. Conheci um sujeito que era capaz de fazer anagrama sem pestanejar. De uma palavra, ou de várias.

É o mecanismo do palíndromo, que pode ser lido pelas duas pontas, sem alteração. Exemplo: "ROMA ME TEM AMOR". Outro: "SOCORRAM MARROCOS". Um terceiro: "ATAI A GAIOLA, SALOIA GAIATA". Osman Lins fez um romance, *Avalovara*, que entra por aí.

E há romance palindrômico, da última letra à primeira, sem que se altere o sentido. Há um pelo menos em castelhano. O castelhano se presta melhor ao truque do que o português. Há anos, o Millôr, que adora desafio, se meteu a escrever um texto assim. Conseguiu, mas teve de parar. Fomos os amigos em comissão lhe pedir pelo amor de Deus que parasse. Eu, que tenho nome palindrômico (Otto), já não dormia um minuto. Minha cabeça fervia. Estava a um passo de enlouquecer. Quase chamaram a aicnalubma.

O mais famoso palíndromo universal é em latim: "*SATOR AREPO TENET OPERA ROTAS*". Escrita cada palavra em uma linha, pode ser lido em qualquer sentido. Na vertical ou na horizontal. Coisa curiosa: ninguém tem certeza da tradução exata. Há várias versões. Ou palpites.

[172]

Tudo na vida é mais ou menos, não é verdade? Certeza, certeza mesmo, só tem o Napoleão do hospício. Doido é aquele que perdeu tudo, menos a razão. *Chesterton dixit.*

Sim, o Murilo Mendes tinha o mesmo dom do prof. Serra. Nos últimos anos de sua vida, não gostava de se exibir. A rogo, a última demonstração a que assisti foi no Rossio, em Lisboa. Estava presente o João Cabral. Tínhamos jantado no Gambrinus. O Murilo estava Muriléssimo, um fenômeno! Na televisão hoje, com o Jô Soares, iria abafar. Poeta, mágico, prestigiador, nigromante, profeta. É tudo a mesma coisa.

· · · · ·

Hora do anagrama 06/10/1991

Preocupado com a situação nacional, dei tratos à bola para descobrir uma sugestão que esteja ao meu alcance e ajude a afastar a ameaça do caos. Sem sair do meu ramo, que é o da palavra escrita, concluí que a solução é anagramática. Já, já me explico. Anagrama vem do grego e quer dizer "transposição de letras". Serve para criar pseudônimos, como Soares Guiamar, do Guimarães Rosa. Também se usa na cabala, entre iniciados. Mas isso é ocultismo.

É sobretudo um divertimento que consiste em formar outra palavra com as mesmas letras. Convém que a nova palavra traga uma chispa de espírito. Há tempos falei aqui de palíndromo, que pode ser lido de trás para diante. O mais conhecido é "ROMA ME TEM AMOR". Foi uma surpresa o interesse dos leitores, que me mandaram várias contribuições. O Antônio Carlos de Oliveira me

[173]

enviou de São Paulo um texto em francês com mais de cinco mil palíndromos!

Não me foi difícil transformar o *caos* em *caso*, *saco*, *asco*, *ocas*. E *soca* — sabe o que é? Levar uma soca, ir na soca. Resolvi partir então para um palíndromo, juntando ao *caos* algumas palavras em evidência. E uns poucos nomes próprios da atual cena política. Nisso, abro a revista *Domingo* do *Jornal do Brasil* e dou com o Luis Fernando Verissimo. Um craque, que além de escrever, desenha. Estava lá a cara do Brasil e o caos decomposto assim: "Cá só/ asco, caos... saco!". Desisti do meu palíndromo e passo à sugestão adiante.

Quem gosta de palavras cruzadas, charadas e enigmas pode se divertir com o anagramatismo. Já foi verdadeira mania na Inglaterra, na França, na Alemanha. O latim e o grego se prestam muito a esse jogo e ostentam exemplos antológicos. No castelhano, um doido chegou a escrever uma novela capicua, que pode ser lida de trás para diante da primeira à última palavra. Convém não exagerar. Comece por desmanchar palavras como *crise* e *catástrofe*, sozinhas ou acompanhadas.

Repito que não basta trocar as letras de lugar até que se forme outra palavra. O toque de humor é fundamental. Assim como o *caos* vira *saco*, certos nomes de figurões, feito o anagrama, desvendam o seu segredo e até o seu ridículo. Quem quiser tente também o verso anacíclico, de maior sabor lúdico. Deixo aqui a sugestão. Pode não resolver a crise, mas não vai agravá-la. Um simples anagrama transforma o Brasil em *libras*. Não é fantástico? Um pequeno esforço e você encontra dólares, ouro e tudo mais.

•••••

[174]

Epidemia polissilábica

22/07/1991

Já se disse que a crise é de dicionário. Paulo Rónai denunciou a existência de uma geração sem palavras. Uma só, não, digo eu. Várias. A crise é semântica, disse um professor na Sorbonne, que convocou um seminário. Pode ser, diz o Pedro Gomes. Mas é também polissilábica. E me expõe a sua tese: nenhum país aguenta tantos palavrões como os que circulam agora por aí. Palavrão no sentido estrito de palavra grande.

A maior delas, como aprendemos na remota infância, tem até governado o Brasil. É essa mesmo: inconstitucionalissimamente. Depois desse advérbio, no seu hoje modesto pioneirismo, apareceram verdadeiros bondes vocabulares. Autênticos minhocões. São cada vez mais numerosos e compridos, como a composição ferroviária que transporta minérios. A perder de vista, todos têm de cinco sílabas para cima. São centopeias de tirar o fôlego e de destroncar a língua.

Na porta do Jockey, depois do almoço, um sujeito conversava outro dia, sereno, sobre a atratividade do investimento superavitário. Temi pela sua digestão, se é que não foi vítima de uma congestão. Ou de um insulto cerebral. Mas há pessoas insuscetíveis de insulto, sobretudo cerebral. É o caso do cidadão que discorreu sobre o obstaculizado caminho que o Brasil tem de percorrer, se quiser alcançar um nível de competitividade num cenário de internacionalização do livre-cambismo.

Até a carta-testamento do Getúlio, *obstaculizar* não tinha feito a sua aparição triunfal. Dizem que foi ideia do Maciel Filho, que tinha este vezo nacionalista da palavra complicada. Na verdade, é difícil inovar o jargão político. Para atacar José Américo de

[175]

Almeida, história antiga, Benedito Valladares lançou no mercado a palavra *boquirroto*. Logo os adversários disseram que era soprado pelo Orozimbo Nonato, um íntimo do Vieira e do Bernardes. Arrazoava com um cunho seiscentista.

Enfim, tudo hoje em dia gera distorções. *Gerar* é um verbo-ônibus. Serve para tudo. Confiemos, porém, que a seu tempo, a nível de país, na expressão abominável que hoje é corrente, a solução seja equacionada. A desestabilização extrapola de qualquer colocação. Longe de mim o catastrofismo, mas no caminho polissilábico em que vamos, a ingovernabilidade é fatal. E talvez passemos antes pela platino-dolarização contingencial.

• • • • •

A gracinha dos graffitti
23/07/1991

A palavra que ganhou o mundo é italiana: *graffitti*, plural de *graffito*. Em Paris e em Nova York, em Londres e em Roma, é uma garatuja que suja mais do que enfeita a parede. No Egito antigo, em Pompeia, já havia *graffitti*. Só não havia spray e tanta parede para sujar. A paleografia e a epigrafia há muito estudam as inscrições que começaram na caverna com os trogloditas. Nenhuma dúvida: o homem sente a compulsão de escrever.

Escrever ou deixar qualquer sinal, compreensível ou não, que dê notícia de sua passagem. Os namorados que desenham tosco um coração na árvore e o atravessam com uma flecha querem perpetuar um instante fugaz. Pode ser de alegria, ou de sofrimento. Ou de alegre sofrimento, que é a mais frequente remuneração do amor. O resto no Camões: "É um contentamento descontente, é dor que desatina sem doer".

Os grafiteiros sujam em Paris as estações do metrô e dão pesado prejuízo ao tesouro público. Jack Lang, ministro da Cultura, chamou-os de artistas maravilhosos. Deixou-se fotografar, *bouche bée*, diante dos gatafunhos. A bajulação pode dar rendimento eleitoral. O povão, porém, não é assim tão compreensivo. Oitenta e cinco por cento dos passageiros do metrô gostariam de ver os grafiteiros no xilindró. Na civilizada Suécia, muita gente acha que era preciso tirar o spray e botar uma enxada na mão desses novos bárbaros.

A moda se espalhou a partir de Paris em 1968. Eu, que lá estava no famoso maio, trouxe um álbum recheado de gracinhas. Era a época do "é proibido proibir". Já nos anos 70, virou uma praga nos Estados Unidos. E, claro, chegou ao Brasil. Meio pensativo, meio vago, Rubem Braga gostava de murmurar: "Celacanto provoca maremoto ". O nonsense lhe dava certo conforto. É bom dizer de vez em quando alguma coisa que não quer dizer nada.

É por aí que escritores e artistas tentam penetrar o enigma da vida. Entre quatro paredes do sanitário, o adolescente crava na dureza do muro o seu protesto e a sua solidão. Mas hoje, equipados, o que lhes custa dinheiro, os garotos sobem na Candelária e até arriscam a própria vida nesse afã vanguardista. Ou troglodita. Entendê-los? Puni-los? Depois que picharam a parede do meu escritório, estou esperando o primeiro engraçadinho para atirá-lo de volta ao chão. Vá grafitar na casa da vovozinha.

· · · · ·

Problemão sem solução

29/08/1991

Como rima, é paupérrima. Só mesmo usada com propósito caricato. Até os repentistas populares fogem dela, para não dar prova de uma facilidade que é falta de imaginação. Cá está: *ão*. Sempre aparece e, por mal dos pecados, só existe em português. Existe numa outra linguazinha clandestina, mas não soa igual. Por isso é que é tão difícil para qualquer estrangeiro pronunciar direito as palavras com a desinência *ão*.

Já há brasilianista que desistiu de observar o Brasil, de estudá-lo e entendê-lo, diante da avalancha de *ãos* que avassala a nossa atual vida pública. Depois de esperar tantos anos pela Constituição, assim que foi promulgada, começou a grita pela reforma. Entre tantas iniciativas que felizmente esquecemos, surgiu o projetão. Mal tinha começado a lê-lo, mudou o rumo do debate.

Que aliás muda mais do que o vento. Nem se chegou a saber direito o que é o projetão e aí está o emendão. Você leu? Eu passei os olhos e estou aguardando para ver no que dá. Além de arrastar a frase para o feio eco em *ão*, o emendão tem uma fatal conotação grotesca. É como um nome ridículo em cima de um sujeito sério. O sujeito não muda o nome, mas o nome muda o sujeito. Quando vi e ouvi o Marcílio, com a sua frígida fleuma, falar em emendão pra cá e emendão pra lá, fiquei bastante confuso.

O conteúdo da fala era dramático, como dramático foi o que disse na televisão o Fernando Henrique Cardoso. Mas dá vontade de rir, como em aula chata de professor durão. Se eu tivesse companhia, acabava tendo um frouxo de riso. O emendão à Constituição, ora bolas! A coitadinha da Constituição, tão feminina, ainda

[178]

no berçário, e já lhe botam em cima esse palavrão *emendão*. É estupro a frio e premeditado.

Quando é que começou essa moda do aumentativo? Desculpem os paulistas, mas acho que foi aí em São Paulo, com o tal de quatrocentão. Até o povo virou povão. Ou população, palavra que saiu da estatística e hoje está na boca dos políticos e dos repórteres. Muito mais expressivo da nossa índole é o diminutivo, com a sua carga afetiva. Manuel Bandeira chegou a invocar Jesus Cristinho. Influência do Ovalle, que botou o Vinicius falando tudo em *inho*. Esse Brasilzinho onde é que foi parar? Hoje, está aí o Brasilzão, meninão bobão sem solução. E com emendão! Arre!

· · · · ·

O palavrão do general

02/12/1991

Tenho lido com atenção as entrevistas e os pronunciamentos do Collor. Isto ele tem de bom: fala, é loquaz. Presumo que na fase atual, ansioso, esteja sendo empurrado por uma compulsão de se comunicar. Melhor do que se fechar num silêncio frio, que passa hostilidade ou indiferença. No amor ou no governo, nada é pior do que a indiferença. No regime democrático, quem é autoridade tem que falar. Tem que dar satisfação e se explicar até dizer chega.

Ao lado dos discursos de circunstância, naquele estilo engomado, na base do chavão, o presidente fala de público também como qualquer mortal. Sem sair da norma culta, ou até aqui e ali saindo, para lhe dar um certo pico, a linguagem há de ser adequada. Coloquial, mas decorosa. A gente sabe que aqui nesta latitude todo mundo é descontraído. Vá que uma vez ou outra até o presidente perca as estribeiras. Afinal não é só o general Cambronne que tem direito de entrar na história com um palavrão.

Truman ficou uma fera quando um crítico musical malhou o recital de piano de sua filha Margaret. Não teve conversa: chamou o crítico de *son of a bitch*. "Filho de uma cadela." Aqui corresponde a xingar a mãe. Foi um escândalo. Nessa época, anos 50, o general Góis Monteiro era senador. Por onde? Alagoas. Góis era inimigo de morte do pai do Collor, Arnon de Mello. Mas seu xingatório ultrapassava o âmbito alagoano. Era canhão de envergadura nacional.

O general gostava de um chazinho escocês. Sim, uísque, tomado puro numa xícara de chá. Digo porque vi. Era um tônico para o coração. Um cordial, como dizem os franceses. Mas soltava a língua ao senador, que já de natural era tagarela. Dizer alto e bom som um palavrão no Senado da República era inadmissível. Góis pegou o exemplo do Truman e adaptou-o. Dizia as iniciais: fulano é um *S.O.B.* Daí inventou o neologismo *sobita*, misturando a expressão americana com o sufixo português. Simples arbítrio.

Os repórteres ouviam e reproduziam no dia seguinte de maneira cifrada. Os ouvidos são mais castos do que os olhos, disse Mário de Andrade. Quer dizer: lê-se um palavrão com mais facilidade do que o escutamos. A imprensa naquele tempo era castíssima. Góis brigava com os jornais. Entrava de sola e um dia chamou o diretor de um diário de *S.O.B.* Até eu entrei na dança. O injuriado, também nordestino, queria reagir. Xingou ou não xingou a mãe? Em código, sim, testemunhei. Houve réplica dura, mas elevada. E a briga morreu aí. Nada como um neologismo.

· · · · ·

A universal banana

20/07/1991

Epa, tudo indica que o Collor afinal se decidiu em Guadalajara a internacionalizar a banana de outro dia na descida da rampa. Aliás, não foi banana. Segundo o Carlos Castello Branco, foi o que no Piauí se chama *guede*, com o *e* aberto. E me fez uma demonstração prática de como é o gesto obsceno. Nosso encontro foi na Academia Brasileira, local muito apropriado para enriquecer o meu vocabulário.

Lembrei ao Castellinho que em Minas não se usa esse tal de *guede*. De fato. Quando ele, rapazinho, lá chegou a Belo Horizonte, fez uma única vez e nunca mais. Ninguém entendeu. Eu só vim a aprender essa variedade de banana (segundo o Cascudo é banana, sim) aqui no Rio, na redação do *Diário Carioca*, quando eu tinha vinte e três anos. O Pompeu de Souza fazia-o com alegre dinamismo, seguido quase sempre da palavra *baitola*, que eu também ignorava.

O Castello se lembra, claro, do nosso mestre Pompeu, mas me revelou que ele fazia o gesto incompleto. Tem de esticar o dedo médio, recolhendo o indicador e o anular. O Pompeu não fremia o dedo polegar e o mínimo, como duas asas que vibram. Vê-se que se trata de coisa muito requintada. Não achei a palavra *guede* em nenhum dicionário, nem mesmo no de calão. O regionalismo ainda não ganhou universalidade. Típico do Nordeste.

Gesto ofensivo, a banana consiste em flexionar o braço direito com o punho cerrado e segurando-o pelo meio, com o braço esquerdo. A definição é do acadêmico R. Magalhães Júnior. Em Portugal, diz-se "fazer manguito". No Alentejo, "fazer borrego". Borrego é um cordeirinho. Também se diz "fazer as armas de

[181]

santo Antônio", porque na Ordem Terceira de São Francisco figuram dois braços cruzados que sugerem o gesto. Até santo Antônio!

Na Itália, diz-se *farmanichetto* e na Espanha é *hacer un corte de mangas*. Na França, não me lembro agora, mas o sentido é também itifálico, ou seja, lembra o itífalo da Grécia Antiga. Quem não sabe procure saber o que é. Pois bem. O Collor mandou o FMI reformar a casa dele. Se vier a banana, está na ordem natural das coisas. Santo Antônio o proteja. Com patente de coronel e soldo, o santo ubíquo nunca falhou quando invocado. O FMI que se cuide. Collor não é um banana, nem o Brasil uma *banana republic*. Não vai se embananar, nem ficar na bananosa.

• • • • •

Facada e tiro   16/09/1992

Já tínhamos nos esquecido até das palavras, quando na roda alguém contou um caso. A imaginosa graça com que o mordedor abordava a sua vítima. E só abordava gente conhecida, ou que tivesse relação com algum de seus amigos. Dava referência. Tinha nome e identidade. Às vezes, até endereço. Um código de ética, que respeitava. Entre aflições e sustos, vivia de expedientes. Do suor do seu próprio rosto, em suma.

Mas ninguém superava o Sousinha. Chorava lágrimas sinceras sobre a repetida morte de seus entes queridos. Vocabulário convencional, mas convincente. O olhar quebrado, anunciava o passamento. Sempre apanhado de surpresa, sabia duas ou três circunstâncias de cortar o coração. Cavalheiro de fino trato, se não

[182]

terminou a faculdade, andou perto. Todos o conhecíamos. Apesar disso, ou por isso mesmo, caíamos como patinhos.

Uma vez foi a Lucy Teixeira. Tirou-lhe tudo, até o anel de grau. Esclarecido o conto do vigário, a vítima hesitava entre rir e chorar. Indignado, desejei encontrá-lo. Mas ele, claro, mudou de praça. Meses depois, voltou à cena de modo espetacular. Em plena Cinelândia, levou dois tiros de um oficial da Aeronáutica. O alvo era mesmo a nalga, que sangrava. Abundantemente, óbvio.

Pouca sorte daquela vez teve o Sousinha. Tinha ido visitar a amiga e achou em sossego a sogra. À tardinha, em casa, partilhou com ela em paz o chá. Deliciosos sequilhos e torradas feitas na hora. A pobre senhora ainda chorou, antes de perder as joias. Na falta de dinheiro vivo, entregou-lhe um cheque. O diabo é que a velha era mãe do tal ferrabrás dos tiros. Que não descansou enquanto não pegou o Sousinha pelo gasnete. Pegou, mas Sousinha conseguiu fugir. Aí surgiu o Colt 45.

Facadista histórico, deixou documentos perenes. Cívico, aparece ao lado do brigadeiro Lacerda tiroteado, em 1954, lá está ele, solidário. Em seguida chorou na morte do Getúlio, abraçado a uma velhinha. Espio hoje a sua cara compungida e me dou conta de como era bisonho esse tempo. Não havia palavra de acesso. Nem esquema. Nem computador. Bom e saudoso Sousinha!

. . . . .

Uma letra e suas voltas

28/10/1991

Há anos, ouvi dizer que a letra de "Parabéns pra você" era do Manuel Bandeira. Falo dessa música que foi muito cantada para o papa, quando passou aqui o dia do décimo terceiro aniversário do seu pontificado. Manuel foi, com Augusto Meyer, um dos poetas mais cultos do Brasil. Mas não perdeu a inocência. A letra singela de "Parabéns" podia figurar, por exemplo, entre os poemas do seu *Mafuá do malungo*, que reúne jogos onomásticos e outras brincadeiras de sua lavra.

Por mal dos pecados, encontrei alguns desavisados que me confirmaram: sim, a letra de "Parabéns pra você" é do Manuel Bandeira. Tem gente que ensina errado e a gente cai. Americana, a musiquinha a princípio era cantada em inglês. O poeta ouviu-a numa festa e não teve dúvida: sentou-se e produziu na hora a singela tradução. Eu, bobo, acreditei nessa história um tempão. E nunca perguntei ao poeta.

Bandeira foi um dos mais, senão o mais musical dos nossos poetas, com licença do Vinicius, que é outro departamento. Por que não podia fazer uma letrinha mixuruca? Podia e era capaz até de achar graça. Já contei como é que o Manuel gostou do violão, da batida e da voz do João Gilberto, assim que o João apareceu, mestre absoluto. O Armando Nogueira, que também estava lá nessa noite, se lembra de uma observação do Manuel. É samba de câmera, disse ele, para ser cantado ao ouvido da amada, já que o arranha-céu não permite mais a serenata. O poeta tinha convivido com os grandes seresteiros da Velha Guarda. Conheceu o Sinhô, no Rio antigo.

Amigo e parceiro do Villa-Lobos e do Ovalle, do Mignone e do Camargo Guarnieri, Bandeira podia. Que diabo, ter se dado ao luxo de escrever os versinhos de "Parabéns", por que não? Que não foi ele, estou ciente há anos. Só agora, porém, o Sérgio Cabral me ensinou toda a lição. "*Happy birthday to you*" é da professora Mildred J. Hill, que morreu em 1914. Era a princípio "*Good morning to all*". Um canto cordial para começar o dia na escola.

No aniversário de um aluno, surgiu a paródia do *"happy birthday"*, com o nome do aniversariante. Assim chegou ao Brasil. Almirante resolveu fazer um concurso para premiar a melhor letra brasileira. Ganhou a farmacêutica Berta Celeste Homem de Melo, de Pindamonhangaba (sp). A primeira frase era "Parabéns, parabéns". O povo mudou para "Parabéns pra você". E assim ficou. Bom parceiro, o povo.

· · · · ·

Boatólogos e boateiros

20/02/1992

Ouvi pelo rádio do carro que o Tuma recebeu ordem de identificar os boatos e prender os boateiros. A notícia é verdadeira ou é mais um boato? No sinal, parou um carro na minha frente. Trazia no vidro um adesivo: "Duende: eu acredito". Placa de carro de São Paulo. Onde terá começado essa mania dos duendes — no Rio ou em São Paulo? Duende, como se sabe, é boato. Difícil identificar a origem de uma onda assim.

Não sei até onde o Tuma entende de boato. Pode ser um fino psicólogo e ter altos conhecimentos sociológicos. Será então um boatólogo. Mas deve ter um largo tempo ocioso para pôr de lado tantos crimes e tamanhas bandalheiras para correr atrás do boato. É uma tarefa ingrata, como amarrar o vento ao pé da árvore. Ou encaixotar nuvem. Útil nesta época também é medir as sombras, dobrá-las e armazená-las. Sabe-se lá se um dia não vai faltar sombra!

Se o Tuma aceitou a missão, convoque o Instituto Histórico. Pode começar pela história do boato. Estando para a notícia assim como a erva-de-passarinho está para a árvore, o boato consegue

[185]

se infiltrar na história. Até hoje se discute se o descobrimento do Brasil foi por acaso ou não. Outro exemplo? Está aí pertinho de nós a renúncia do Jânio: nela, o que é verdade e o que é boato? A memória humana falha. Falha a nossa visão de testemunha ocular. Somos objetivos ou subjetivos?

Entre o fato e a versão, há um vácuo. No vácuo se aninha o boato. Quem, entre os mortais, não é um pouco mitomaníaco? Vamos analisar a propaganda oficial e separar o joio do trigo. O que é boato pra cá, o que é verdade, pra lá. Epa, olhe a montanha dos boatos! Boato é subproduto da verdade ou véspera da verdade? Não vai haver confisco dos ativos financeiros! No dia seguinte, há. Boato será a antecipação da mentira oficial?

Amanhã falarei sobre a mentira, disse o vigário. Os fiéis leiam em casa o capítulo 17 de São Marcos. Virão assim bem preparados. No dia seguinte: quem leu? Todos leram, mão no ar. E o vigário: não existe o capítulo 17 de São Marcos. Então, caríssimos irmãos, vamos falar do que vocês entendem e praticam. Dito isso, Pilatos ousou perguntar, mas não ousou responder: "*Quid veritas?*". Hoje, a arrogância sabe o que é a verdade e ainda vai dar ordem de prisão ao boato. Assim morremos todos sufocados. Vou impetrar habeas corpus. Como podemos viver no Brasil de hoje sem uma dose de mentira?

· · · · ·

Arcaísmo e esparadrapo 06/03/1992

Os ecos do Carnaval perturbam o silêncio da Quaresma. Já na Quarta-Feira de Cinzas Joãosinho Trinta ampliava o barulho e o

[186]

debate. Escola de samba também é cultura. Sugiro que se discuta primeiro a palavra *genitália*. Era até há pouco um arcaísmo. Em desuso, recolheu-se aos cronistas antigos. Estava arquivada num quinhentista como Fernão Cardim. De repente, olhe aí *genitália* na boca do povo. E desfilando, vivíssima, pela televisão.

O vocábulo velhusco pode ter entrado pela porta da psicanálise, de sua vulgarização. Mas ganhou o mundo através da linguagem oficial. Sendo muito pudica, na hora de dizer o que pode e o que não pode ser mostrado, a autoridade policial embatucou. Foi aí, presumo, que apareceu a salvadora *genitália*. Entrou com ar solene, debaixo do manto científico. Já chegou, pois, travestida.

Vamos imaginar a reunião burocrática em que se redigia o regulamento destinado a preservar o pudor público. Dizer "aquilo" como? O pronome demonstrativo quebra o galho na hora de rir com o Chico Anysio. Ou até na explosão de ira retórica do Collor. Mas um regulamento policial pede mais formalidade. Terá sido aí que um gênio teve o estalo. Para dar a volta por cima do tabu linguístico, por que não *genitália*? *Gênio* e *genitália* têm aliás a mesma raiz. Tendo ingressado de penetra no regulamento, alcançou fácil o sambódromo. E foi dançar e pular na Marquês de Sapucaí.

Como é uma palavra de sentido abrangente, serve para os dois sexos. Ou para os três, quatro ou cinco. Quantos são mesmo? E é também uma palavra unissexual. Poucos modismos serão mais fortes agora do que o unissexo. A ecologia, talvez. Pois o Joãosinho podia ter dito que, além de eruditamente sexológica, *genitália* é também oportunamente ecológica. Andou perto, quando invocou a nudez genesíaca. Ou adâmica. O que não foi muito coerente foi botar depois a culpa no esparadrapo americano.

A perícia dirá a seu tempo, se possível antes do próximo Car-

[187]

naval, se o esparadrapo tem ou não culpa no cartório. Terão recolhido o material? A Interpol poderá cooperar no que respeita aos
Estados Unidos. De minha parte, sei que há aí um *band-aid* que
não cola nem segura. Não aguenta samba nem marcha. Saindo do
samba no pé para o pé da letra, é o caso de indagar se há esparadrapo capaz de tapar todos os órgãos que compõem a genitália.
Masculina e sobretudo feminina.

· · · · ·

Boca, nariz e tabu

07/03/1992

Depois da tanga e do fio dental, está na ordem do dia o esparadrapo. No caso dos nus da Beija-Flor, se houve crime, foi culposo.
Nem dolo, nem má-fé. A moça e o rapaz começaram o desfile
vestidos — com o tal esparadrapo. De resto, não há razão para
esse bafafá todo. Genitália é como boca ou nariz. Apenas uma
parte do corpo.

São palavras do Joãosinho Trinta, que vai se dedicar agora aos
meninos de rua. Não podia escolher missão mais meritória. Sobretudo por isso, porque vai daqui por diante operar no quadro (ou
na quadra) da educação, convenhamos que ele exagerou. Primeiro, genitália não é um órgão. É um conjunto de órgãos, externos e
internos. E que o fosse. Não seria como a boca e o nariz, que ele
exibia em close na tela no exato momento da sua declaração.

Já a genitália... Nem seria exibível na sua complexa integridade. O que o regulamento da Liga chama de genitália é o que até
outro dia se conhecia como as partes pudendas. Ou seja, os órgãos
sexuais externos, que o pudor manda recatar. Quem sabe porque é

de 1940, o Código Penal ainda capitula como crime o atentado ao pudor. Ou será puro tabu? Aliás, tabu, tabu linguístico, é genitália. A palavra apenas esconde outras que não se dizem em público.

Já nem me refiro à linguagem de sarjeta, ao calão. Palavras há, e muitas. Para nomear um certo algo masculino, por exemplo, há cento e vinte e seis sinônimos. Acabo de contar um por um num modesto vocabulário do ramo. Já o correspondente feminino dispõe de uma generosa sinonímia, que ultrapassa a marca dos duzentos vocábulos. Todos são dessas insolências de monturo em fermentação, como diria o Rui.

Será então o pudor simples problema cultural? Ou tão só preconceito imposto pela coação social? Os nossos índios ainda não têm esparadrapo americano. Mas cada tribo tem lá a sua maneira de resguardar a própria pudicícia. Distingue a boca e o nariz da genitália. Instinto ou virtude, o pudor tem uma dimensão ontológica. Onde há convívio, há código. Se continuar professando o mesmo credo antropológico, o Joãosinho Trinta corre o risco de meter o nariz onde não deve. Ou verá que nem só peixe morre pela boca.

• • • • •

Palavras que ofendem 16/05/1992

O racismo é, de fato, uma praga. A consciência de que é preciso combatê-la está hoje por toda parte. Exagero por exagero, é melhor exagerar o contrário. A boa convivência de raças e etnias com a aceitação da diferença. Parece uma coisa simples e no entanto joga os homens uns contra os outros, na guerra declarada, ou na encoberta discriminação. Ainda agora renascente na França com Le Pen. E por aí afora.

Mas no afã antirrascista, acontecem coisas curiosas e até engraçadas. Seja nos Estados Unidos, onde o racismo é explícito, seja em qualquer outro país, a começar pelo Brasil. Em Washington, hoje com uma população de maioria negra, querem mudar o nome dos campeões de futebol americano, os *Redskins*. A iniciativa parte dos que advogam a causa dos índios. Para eles, chamar de "peles-vermelhas" jogadores de futebol é puro deboche.

Se a moda pega, daqui a pouco se levanta uma voz contra chamar de rubro-negro a um torcedor do Flamengo. A palavra composta pode ofender ao mesmo tempo índios e negros. Pra esse caminho, não demora e a China se queixa ao protocolo do Itamaraty. E protesta contra o nome da febre amarela. Sem falar no perigo amarelo, que é japonês. Com argumentos assim, o vocabulário vai sofrer um expurgo de todo tamanho. Muitas palavras vão ser cassadas.

Já houve a denúncia de *judiar*. Como *judiação* e *judiaria*, o verbo traz um ressaibo antissemita. E o antissemitismo lembra o que há de pior neste mundo. Mas não é só o judeu que está escondido na raiz etimológica de certas palavras. Volto ao chinês e lembro chinesice. *Chinoiserie* em francês. Aliás, francesia ou francesismo pode ser objeto de protesto da França. Como "sair à francesa".

Ninguém escapa. Palavras e expressões em todas as línguas escondem silenciosos rancores ao que é diferente. O calor senegalesco pelo menos aqui no Rio não é culpa do Senegal. Nem é só para inglês ver. Os ingleses, por terem sido donos do mundo, não escapam do enfoque pejorativo. Nem Deus. O feminismo ainda agora protesta contra o gênero masculino de Deus. Parece humor negro. Se é que essa expressão já não entrou na lista negra, como racista. Lista negra? Ih, piorou!

• • • • •

Questão de traje

03/04/1992

Dois espetáculos não cabem ao mesmo tempo num só palco. Ou numa única sala. Dividido entre um e outro, o público não dá atenção a nenhum dos dois. Estava aí em cartaz até segunda-feira a novela da corrupção. A derrubada do ministério impôs a mudança do cartaz. Duas palavras tinham entrado no vocabulário político (e policial) com disposição de ficar. Vão ficar, mas por um momento se recolheram.

Falo de *lobismo* e *lobista*. É mais um estrangeirismo, culpa da anglomania que invadiu todas as línguas. O purista dirá que é um enriquecimento ilícito do vernáculo. Mas se não havia palavras para designar a profissão e o profissional respectivo, que fazer? Não adianta chiar. A língua é um organismo vivo. Corre atrás da necessidade e obedece à lei do menor esforço. *Lobista* já está dicionarizada. E figura no *Manual da redação* da *Folha* sem aspas.

Está mal-formada? Pouco importa. *Lobbyist* nos Estados Unidos é o cara que frequenta o *lobby* do Congresso. Na hora de fazer a lei ou de votar uma providência, ele está lá, firme, na defesa do interesse que o remunera. O primeiro grande lobby americano foi o das estradas de ferro, lá por 1870. Na Inglaterra, a prática lobista não pegou com a força que tem nos Estados Unidos. Sabem por quê? Porque a Inglaterra é parlamentarista. O primeiro-ministro

[191]

tem autoridade e poder. Se sair do sério, dança. E a Câmara pode ser dissolvida.

Para se tornar visível e fiscalizável, o *lobbyism* na América foi legalizado. Aqui entre nós, o lobismo é um traje novo para a velha advocacia administrativa. Essa expressão, aliás, caiu em desuso. É moralmente feia. Verdadeiro estigma. O mesmo se pode dizer de *tráfico de influência*. A conotação pejorativa é evidente. Já *grupo de pressão* se tornou corriqueiro, sobretudo na defesa de interesse corporativista.

Lobismo e *lobista* trazem a vantagem do neologismo que remete para a instituição americana. Nos Estados Unidos é legítimo e legal, dizem os milhares de lobistas no paraíso de Brasília. Maquiada, a prática ostenta até um certo charme. Moças loiras, presentes finos. Em sociedade tudo se cochicha. Só o moralismo brega ousaria condenar um profissional que come bem e bebe bem. Todo mesuras, é o petimetre da corte. O ameno pintalegrete, bom de papo e mão-aberta. Resistir, quem há de?

· · · · ·

Palavras inventadas 05/04/1992

Se fosse no tempo do prof. Castro Lopes e se dependesse de sua vontade, *lobismo* e *lobista* jamais teriam licença de entrar na nossa língua. E muito menos no dicionário. Castro Lopes combatia sem trégua os partidários dos barbarismos. Em particular os galiciparlas recorriam ao francês, língua da moda. Caricaturado na peça *O carioca*, em 1886, o professor morreu em 1901.

História antiga, do tempo em que Adão jogava pião. Mas

Castro Lopes testemunhou a chegada do automóvel ao Brasil. Com a novidade, veio a palavra *chauffeur*. O professor trepou nas tamancas e parou o trânsito, o que na época era fácil. Abaixo o galicismo! Patriota que nem um Policarpo Quaresma *avant la lettre*, atirou-se à luta.

Hoje, *chauffeur* virou *chofer*. Todo mundo já esqueceu que vem de *chauffer*, "esquentar". E também se diz *motorista*, brasileirismo que se deve a Medeiros e Albuquerque. Mas o prof. Castro Lopes deu tratos à bola e criou a palavra *cinesíforo*, a partir do grego. Não pegou, mas ficou no ar, envolta na aura de pilhéria que até hoje cerca o nome do seu criador. Melhor sorte teve com outros neologismos também saídos da caturrice de seu bestunto. *Menu*, por exemplo, virou *cardápio*.

Em Portugal e em parte aqui também, se diz *lista*. Mas *cardápio* fez carreira. Já *convescote*, para substituir *pic-nic*, depois aportuguesado em *piquenique*, é um preciosismo que traz uma nota galhofeira. Cyro dos Anjos o emprega no *Abdias* com intenção humorística. Mas o fato é que o prof. Castro Lopes entrou no dicionário e no dia a dia da conversa. É o obscuro herói do vitorioso cardápio. Hoje, se se metesse a combater os angliciparlas, acabaria louco.

Outro inventor de palavras foi o prof. Ramiz Galvão. Quando foi construído o edifício do Cais da Lapa, o governo entendeu que devia lhe dar um nome nobre. Sede de instituições culturais, até da Academia, Cais da Lapa soava mal. O governo apelou para o professor. Ele veio com uma lista de palavras rebarbativas. Vejam só: *polilógico, logotério, sinergatério, polimátio, panetário, logossinédrio* e *quejandos*. Todos com adequado sentido etimológico a partir do grego. Afinal, o nome que pegou foi Silogeu. Uma gracinha, não? Ali onde é hoje o Instituto Histórico, o prédio foi há alguns anos demolido. Mas a palavra sobrevive.

Doidos são os outros

25/06/1991

Há palavras desagradáveis, a despeito do que significam. E há palavras desagradáveis também pelo que significam. Exemplo: manicômio. Ser doido, ou meio doido, ou doidinho, pode até ter charme. Mas ser discriminado como doido e ser trancado numa casa de doidos não é nada agradável. Manicômio é isto: reunião de doidos. A palavra vem do grego e já nasceu antipática. Tal qual nosocômio.

A ideia de discriminar é tão velha quanto o homem. A ovelha negra, o fruto podre. O doente, mais do que uma ameaça, é o incômodo lembrete de que todos podemos adoecer. Melhor, pois, considerá-lo contagioso e afastá-lo. Séculos e séculos foi assim com a lepra. Mas nem é preciso que seja doença. O racismo elege um bode expiatório e o fecha no campo de concentração. Ou o massacra, em nome da saúde social. O manicômio é também um universo concentracionário.

Mas quem sabe definir o que é a higidez mental? Lá diz o Guimarães Rosa: "Ninguém é doido. Ou, então, todos". Há sujeitos cheios de certezas. Não hesitam, não duvidam, não perguntam. Fariseus, decretam que o mal está nos outros. E os condenam. À morte ou ao manicômio. O manicômio é a morte no conta-gotas. Ou o inferno em vida. Chesterton disse uma vez que conhecia muitos homens cheios de certezas. Estavam todos em Hanwell. Hanwell é o manicômio de Londres. Ou era.

Porque a nova psiquiatria, como a antipsiquiatria, decidiu acabar com os manicômios. A ciência concluiu que hospício é uma loucura. Como toda sentença irrecorrível, o manicômio leva a irreparáveis erros trágicos. Vejam a história da pobre Camille

Claudel, que era genial. Deu um belo filme. A família católica, o irmão poeta, todos permitiram que Camille apodrecesse mais de trinta anos no fundo do hospício. E Charcot já tinha passado pela Salpêtrière.

Por essa e por outras é que Basaglia acabou com os hospícios na Itália. No Brasil, discute-se agora um projeto de desospitalização dos doentes mentais. Há quem entenda que basta acabar com a palavra manicômio. Com a vantagem de ser risonho e bem escrito, o debate já está em "O alienista", de Machado de Assis. O dr. Simão Bacamarte sem dúvida foi um pioneiro. E não era proprietário de manicômio. Ou, como queiram, de clínica de repouso. Todos eram loucos em Itaguaí. Ou só o dr. Bacamarte, que se internou a si mesmo. Um sábio.

· · · · ·

Nós, os poluidores

08/06/1992

Numa dessas conversas na televisão madrugada adentro, ouvi um sujeito dizer que a pior poluição no mundo de hoje é moral. Reclamava contra a pouca atenção que a Eco-92 deu a esse aspecto essencial. Essencialíssimo, dizia no superlativo. À noite, tudo assume um ar grave. Ou gravíssimo. Sobretudo se se deita na sua cama essa indesejada das gentes, a insônia. A mim a poluição moral me furtou umas três horas de sono.

Trata-se de tema complexo. Aliás, complexíssimo, como também diria o José Dias. Chegou a passar pela minha cabeça a ideia de escrever a respeito. Depois li um pouco a Bíblia e desisti. Nossa pobre natureza humana sempre teve essa queda para o pior.

E também o melhor, no que não há nenhuma espécie de contradição. Comecei a tomar umas notas que depois, à luz do dia, me pareceram meio disparatadas. Anotei, por exemplo, que as virtudes teologais são três.

Já os pecados capitais são sete. Até aritmeticamente o mal ganha do bem. Aliás, no plano físico também é assim. É muito mais fácil sujar do que limpar. A mais refinada festa, cheia de alegria, deixa um monte de lixo. Já a faxina não digo que seja triste. Mas pesa e só se faz com sacrifício. No fundo, no fundo, todos somos poluidores. Sem o saber, como Monsieur Jourdain. E era também o caso do cidadão que no vídeo invectivava a poluição moral.

Como tanta gente que fala para o grande público, tinha a boca cheia de cacoetes e modismos. Comecei então a pensar na poluição da língua. Com o fardo tão pesado como já é o seu, não vou pedir à Eco-92 que promova a limpeza do nosso instrumento de comunicação. Até porque a língua oficial dos ecomaníacos é mais o inglês. No inglês também se cometem barbaridades. Nem o Bush escapa. Mas isso é lá com os americanos.

Aqui o que me dá nos nervos é essa mania de incorporar à fala o primeiro bestialógico que aparece. *Colocar*, por exemplo. Hoje ninguém *diz*, *sugere* ou *opina*. Todo mundo *coloca*. O pronome *cujo* por sua vez sumiu do mapa. No seu lugar entrou *onde*. Um governador diz: "O programa onde o objetivo é... ". Outro retruca: "Mas o governador não interviu". Assim mesmo: "interviu". E esse tal de *a nível de*? Outro dia um cara se saiu com esta: "A nível de estatura, tenho um metro e setenta". Como está na moda dizer, esse extrapolou. A nível de exagero, pelo menos.

· · · · ·

Antiguidade, só nova

06/11/1992

Comecei a contar o número de vezes em que aparece a palavra *novo*, mas desisti. A propósito da eleição do Clinton. O neopresidente, como diz a Joyce Pascowitch. O fascínio que exerce o adjetivo *novo* não está no gibi. Nem no novo gibi. Antecede o Novo Testamento. Coincidência ou não, o próprio presidente é novo. Bush tem sessenta e oito anos. Perot, sessenta e dois. Clinton, quarenta e seis. É o novo Kennedy. Eleito aos quarenta e três anos, Kennedy tinha o ar de garotão. *The New Guy.*

Foi o primeiro presidente americano nascido no século XX. Vinha denso de futuro. E tome novo isso, novo aquilo. Era a *New Frontier*, que se espalhou pelo mundo. O Carlos Lacerda fundou aqui a Nova Fronteira. Antes lançou no governo o Novo Rio, que hoje é o nome da velha rodoviária carioca. Quem não gosta do que é novo? Por menos novidadeiro que seja, todo mundo tem sua queda pela novidade. O mais recente. O *new-fashioned*. Vassoura nova varre sempre bem.

Quando a novidade era o francês, o era *"dernier cri"*. Agora entre novas aspas. *New face*, o Clinton, ou *New* Bill, é o *new look*. Vai fundar os Estados Re-Unidos, ou seja, os Novos Estados Unidos. Situada no Novo Mundo, a nova superpotência americana começou na Nova Inglaterra. York? Não, Nova York. Séculos depois, ainda corre atrás da novidade. Como Roosevelt, Clinton é democrata. Pode invocar o *New Deal*. O neoliberalismo. Ou o neoestatismo. Escolha.

Vai começar o Novo Patriotismo, jura o Clinton. Hillary, a nova primeira-dama, aplaude. Essa neomania, convenhamos, não é só americana. Hitler fundou a Nova Ordem. Mussolini, o Novo

[197]

Império. Salazar, o Estado Novo, que Getúlio copiou aqui. De outro dia mesmo, quem se lembra?, é a "Nova República". Velha que seja, a Bossa Nova viajou o mundo. Já o Cinema Novo chora novas lágrimas de renovada nostalgia. Que nem a *Nouvelle Vague*. O *Roman Nouveau*, coitado, morreu sem dizer ao que veio. Hoje é velharia. Que nem a Nova Classe.

Com a velocidade com que aparecem computadores e moças da nova geração, os menos novos estamos fritos. É a neofritura. Estou pensando em lançar o Novo Velho. Já há o novo-rico e até o novo pobre. Agora temos o Novo PC, que pede a volta do Novo Collor, com um terceiro *l* — de que será? Ataca de neolinguística. Por mim já decidi. O passado me cansa. Vou tratar de me reinaugurar. Também sou neorrealista. Vou abrir o Novo Antiquário, só com novidades. Novinhas em folha.

· · · · ·

A mulher do sapateiro   18/06/1992

Num pequeno espaço de tempo, encontrei cinco vezes a citação. Cinco vezes e cinco formas diferentes. Algumas passam por perto do original, mas até o ritmo está errado. Uma delas diz: ou todos se locupletam, ou restabeleça-se a moral pública. Outra é assim: instaure-se a moralidade no país, ou nos locupletamos todos. Só uma constante: o verbo *locupletar*, que acentua na frase o efeito caricato.

Quanto à autoria, nenhuma dúvida. Todo o crédito para o Stanislaw Ponte Preta, pseudônimo com que o Sérgio Porto se tornou conhecido. Sabem de onde tirou? Do Oswald de Andrade. Ou melhor:

[198]

do Serafim Ponte Grande. Como seu irmão Flávio, o Fifuca, Sérgio era amigo do Oswald. Foi o Oswald quem lhe abriu a porta para um coloquial irreverente, que inaugurou o desbocado Stanislaw.

Começou aí o risonho festival de besteira que assola o país, o *FEBEAPÁ*. Quem duvidar que leia *O homem ao lado*. Foi o livro de estreia do Sérgio. Está hoje esquecido, porque lhe falta o sal do Ponte Preta, irmão ou primo do Ponte Grande. O cronista Sérgio Porto nesse primeiro livro buscava um lirismo à Rubem Braga. Não funcionou. Já o Stanislaw tomou o rumo oswaldiano e resiste. Achou o seu próprio caminho. O que envelheceu foram certas circunstâncias. Mas não perdeu a graça.

Aliás, atualíssima está a anedota que deu origem à máxima da tia Zulmira. A tal sentença que de várias maneiras hoje se repete a três por dois. Não quero bancar o Brício de Abreu, que o Sérgio chamava de testemunha ocular da história. Mas vi como surgiu na Câmara a piada. Selado o acordo, de repente o deputado se achou em desvantagem. Gravíssimo, voz solene, contou então a história do sapateiro e sua bela mulher. Um dia lhe apareceu um sócio capitalista e o sapateiro fez fortuna.

Vapt-vupt, ei-lo um próspero empresário. Mas abriu os olhos e se deu conta de que o sócio ia assumindo o monopólio da parceria. O sapateiro não teve dúvida. Alto lá! Ou todos nos locupletamos, ou restaura-se a moralidade. Foi o Stanislaw que pegou o dito e o popularizou. Agora volta e meia reaparece. Virou apólogo e máxima. Vamos ficar de olho no desfecho. Se houver conchavo, lá entre eles todos se locupletam. Fica tudo por isso mesmo e adeus moralidade.

. . . . .

Homero e eu

10/07/1992

Pode ter passado de moda, mas um dia volta. Estou pensando naquelas frases em latim. Têm lá o seu lugar e são confortáveis. O Pedro Nava nunca as dispensou. Tinha à mão o livro do meu parente Arthur Rezende — *Frases e curiosidades latinas*. A primeira edição, quando ainda se escrevia *phrases*, é de 1918. Três mil exemplares logo se esgotaram.

Para quem quer dar agora uma de bacana, tipo *old-fashioned*, existe o livro do Paulo Rónai — *Não perca o seu latim*. Aí se encontra o latinório adequado, por exemplo, aos "bocas de foro". Quando se enganam, e se enganam com frequência, porque *"errare humanum est"*, os jornais e as revistas hoje em dia confessam os próprios erros numa coluna intitulada "Erramos". É o estilo pão-pão, queijo-queijo, bem diferente do circunlóquio que se usava antigamente, ao se dar a mão à palmatória.

Uma vez, no *Correio da Manhã*, ousei chamar a atenção do Costa Rego para um errinho de nada. Desse que por influência do inglês hoje se diz que é factual. O Senador (era assim que o chamávamos), meio aborrecido, escreveu a retificação. No dia seguinte, lá estava o "erramos" à velha moda: *"Quandoque bonus dormitat Homerus"*. É um verso de Horácio, na *Arte poética*. Até o bom Homero às vezes cochila. Trocando em miúdos: também os grandes erram.

O Costa Rego foi senador e governador de Alagoas. Quem sabe pode servir de exemplo ao Collor. Sugiro que inclua um latinzinho no seu próximo bilhete. Por exemplo: *"Roma omnia venalia esse"*. Segundo Salústio, foi o que disseram os aristocratas romanos a Jugurta, príncipe númida, sobre a corrupção reinante em Roma. Tudo estava lá à venda. Mais ou menos como em Londres, ou em Nova York hoje. Mais um pouco e os japoneses compram tudo.

Dito isso, outro dia, na coluna "O passarinho do diabo", escrevi que "a História", já dizia Heródoto, "é a mestra da vida". Pois vejam só. Estou careca de saber que a História, "*magistra vitae*", é de Cícero*. Lugar-comum danado. Sei disso desde criancinha. E me saio com Heródoto! Heródoto, o pai da História, só narrava. Genial contador de casos, não foi um pensador. Nunca escreveu sentença nenhuma. É o que me diz, num amável puxão de orelhas, meu amigo e meu mestre Francisco Iglésias. Em vez de cochilar, eu bem que podia dormir sem esta.

• • • • •

Escanção e luas

09/09/1992

Se fosse no botequim do Lili, a palavra *sommelier* já tinha encontrado tradução. Ou se adaptava ao coloquial. Como *impeachment*. Virou *impedimento*, entre os mais finos. Ou é *impiche*. Mais fácil de pronunciar, lembra *piche*, *pichação*. Negro e pegajoso, o piche vem a calhar. Tem a cor do luto. Mas *sommelier*, diz o dr. Memphis, não tem tradução. Regada a espirituosos no restaurante, uma discussão assim não leva a nada.

Tradução tem, sim. Em bom português, é "escanção". Etimologicamente, vem do frâncico, para uns; para outros, do gótico.

---

* Ver crônica p. 418. (N. E.)

[201]

Por aí se vê como é antiga a arte de beber. Até a palavra já estava na boca dos francos e dos godos. Era *skankja*. Pátria por excelência do vinho, o francês universalizou o *sommelier*. Entende de vinho e o serve. Ainda agora, a palavra apareceu no VII Concurso Mundial de Sommeliers, realizado no Rio.

Se fosse em Lisboa, *escanção* na certa viria à baila. No seu *Dicionário contrastivo luso-brasileiro*, Mauro Villar diz que *escanção* não tem qualquer curso no Brasil. Acha um absurdo que aqui só se utilize o francês *sommelier*. Brasileiro, Villar viveu nove anos em Lisboa. Terá ouvido com frequência *escanção*. Já aqui a palavra é desconhecida nos restaurantes. E do dr. Memphis, que se crê um intraduzível connaisseur.

Nem por isso se dirá que não exista. Não só existe, como está no Vinicius de Moraes. Em *Poemas, sonetos e baladas*. Lá está na "Balada de Pedro Nava", devidamente ilustrada por Carlos Leão. Popular ao seu tempo, hoje parecerá o seu tanto hermética aos não iniciados em Vinicius e Nava. Até mesmo na quinta estrofe, quando o poeta exclama ao garçom: "Escanção! Uma pedra a Pedro Nava!".

A balada tem três partes. Na segunda, uma moça diz à lua que é jovem e formosa. E continua: "Minhas maminhas — a moça/ À lua mostrava as luas —/ têm a brancura da louça". Desse tempo, pouco antes, é a "Balada do Mangue", que a censura proibiu. Ontem, a bailarina Caroline estava na primeira página da *Folha*, com o seu topless de protesto, em Brasília. "Cai fora, Fernandinho" — escreveu ela não na balada, mas entre suas duas luas novas, bem à mostra. A propósito, como é topless em português?

· · · · ·

Belo nome de sábio

05/12/1992

Um grupo de colegiais me pergunta qual é a palavra mais bonita da língua portuguesa. Velha e corriqueira curiosidade, que vai e volta. Em todos os países e em todas as épocas esta pergunta se repete, digo eu. Há quarenta anos, em 1952, a revista *Vie et Langage* realizou um meticuloso concurso para indicar as dez palavras mais bonitas da língua francesa. Trabalho sério, começou por uma pesquisa que durou mais de um ano.

Escritores, artistas e professores foram convocados para relacionar as trezentas favoritas. Nenhuma repetição. Preparada a cédula, cada eleitor votou nas dez de sua preferência. Mil e quatrocentos eleitores participaram da competição. O processo se desdobrou com a participação dos leitores da revista. O critério de escolha se fez também na linha de certas regras básicas, por consenso. Nenhuma palavra exótica, por exemplo. Tampouco esotérica. Fosse hoje, o esoterismo estaria com a corda toda.

Palavras estranhas, ou estapafúrdias, também foram afastadas de plano. Nada de sentido cifrado, tipo *chélidoine*, *myroblan*, *omphax*. A elaborada disputa, em ordem decrescente, chegou ao seguinte resultado: *cristal*, *marjolaine*, *amour*, *maman*, *aurore*, *murmure*, *libellule*, *azur*, *émeraude*, *gazelle*. Como se vê, nenhuma palavra rara ou difusa. E um leque variado, do poético *azur* (Mallarmé) ao afetivo *maman*. Plantas, bichos graciosos e um ruído agradável — *murmure*.

A sonoridade não prevaleceu sobre o sentido. E foi posta à margem a sombra do que é triste e feio, grotesco e esquisito. Entre as trezentas candidatas, não se incluíram palavras desagradáveis, como *misère* ou *boue* (lama). Das dez escolhidas, a consoante

[203]

mais frequente foi o *r*. Vogal, o *a*. Duas de origem grega, duas orientais, uma infantil e cinco latinas. Nem uma única palavra de Paul Valéry chegou à final. Eram estas as do poeta: *pur, jour, or, lac, pic, seul, onde, feuille, mouille, flûte*.

Dito isso, seria o caso de indagar quais as nossas dez palavras mais bonitas. Para onde se inclinaria a preferência brasileira? Na certa apareceriam palavras sentimentais. Quem sabe uma que outra indígena. Modismos, talvez. Muito bem. Até aqui não faço mais do que repetir o que li no Paulo Rónai. Humanista, poliglota, húngaro de nascimento, acaba de morrer aos oitenta e cinco anos. Nenhuma dúvida de que é um dos dez melhores nomes da cultura brasileira. E dos mais bonitos. Poeta e missionário. Um sábio.

· · · · ·

Uma letra maldita
18/12/1992

Coincidência é o que não falta neste mundo. Eu estava aqui em casa procurando aquela edição fac-similar da revista *Klaxon*, quando me entra qual pé de vento o meu hermeneuta. Para tudo que acontece ele tem uma explicação. Sua interpretose mal lhe deixa tempo pra respirar. Da minha parte, queria era lastimar aqui, e ora lastimo, minha involuntária ausência ontem no Encontro de Escritores 92, aperitivo para o centenário de Mário de Andrade no ano que vem.

Não sei quantos somos hoje os que tivemos o privilégio de conhecer o Mário em pessoa. Sei que estou entre os que podem se gabar dessa fortuna. Dá até um certo desconforto, como se, mais que veteranos, fôssemos uma espécie de sobreviventes. Não terá sido outra a razão por que Miguel de Almeida me convidou pra ir ao tal Encontro aí em São Paulo. Uma pena que não tivesse podido ir. Perdi eu, que deixei de ver gente que gostaria de ver — e todos nós voltados para a mariolatria, ou mariologia.

Logo nessa hora, eu às voltas com o *K* de *Klaxon*, a revista de 1922, me aparece o importuno hermeneuta, por sua vez às voltas com outro *K*. Acredite se quiser, eu lia uma crônica que saiu no domingo, 8 de dezembro de 1929. Sim, do Mário. É sobre ortografia. Há anos e anos costumo dizer que no Brasil só há uma reforma que nos empolga — a ortográfica. Aliás, já se fez mais de uma. E outras se farão. Quanto mais acadêmica e perfunctória, mais se impõe.

Pouco importa escrever *cavalo*, *Kavhallo* ou *KKK-cahwa-hlo*, dizia o Mário. O importante é ter uma ortografia, o importante é adquirir o direito de errar. E vai por aí afora: não existe ortografia mais boba que a inglesa. Mas é uma ortografia. Num certo sentido, não deixa de haver afinidade entre este mote e a preocupação hermenêutica do meu visitante. Só que ele estava mergulhado na notícia do dia, que eu, alienado, ignorava — a demissão do ministro Krause.

Uma pena que eu não possa expor aqui a torrencial explicação que me deu para a queda do Krause. Tudo, culpa do *K*. Não há força que consiga entre nós cassar o velho kapa grego, diz ele. Sendo uma abreviatura, trata-se também de um estranho em nosso ninho. Integra o nosso *karma*. País kafkiano, o Brasil vive neste momento a mais profunda crise da história republicana. Disse-o o próprio Krause, em sua carta de demissão. Kaos, Krase, Krise, aí está ainda o Collor. Cujo avô se escrevia Kollor. Já pensou que perigo?

· · · · ·

O susto de volta

04/09/1991

Gostei dessa ideia do kaos com *k*. Escrito assim, por um lado parece mais terrível, mais abissal, e por outro é novidade. O caos com *c* já está monótono e repetitivo. Se me permitem usar a linguagem presidencial, já encheu. Precisamos de renovação, de modernidade. E é bom começar pelas palavras, ou ao menos por sua grafia. Se o caos tivesse barbas, estariam branquinhas. Já pode por isso mesmo ser promovido a *kaos* por antiguidade.

Na sua forma primitiva, o caos é grego. Depois latino. Antes, é hebraico e existe desde o princípio dos tempos. Ou até antes. "*Tohu va bohu*", no hebraico, quer dizer "vazio, anterior à criação do mundo". Quando ainda não havia o que destruir, mas só desolação, já existia o caos. Está em Jeremias e Isaías. Tanto pode significar qualquer coisa anterior à forma, como a última etapa no caminho da demência.

Quem como eu estudou pela velha ortografia aprendeu a escrever *chaos* com este *h* intermediário. Caiu o *h* com a reforma ortográfica, única reforma que conseguimos levar a cabo. E assim mesmo não é definitiva. Volta e meia se fala de outra reforma. Quem sabe o caos agora venha a ser escrito com *k*, para assim se tornar mais ameaçador. Com *c* e sem *h* não impressiona muito. Há anos e anos ele troveja no horizonte brasileiro.

Quando Jânio renunciou e se fez ao largo, o país ficou sem rumo. Houve farta emissão de notas oficiais. Jango era o vice eleito e empossado. Estava na China. Mas os ministros militares avisaram que ele não podia voltar ao Brasil. E assinaram os três a frase fatal: "O país caminha para o caos". Governador do Rio Grande do Sul, Brizola pagou para ver. A cadeia da legalidade

[206]

eletrizou o país, com a expectativa da guerra civil. De lá para cá, são trinta anos de caos. Tenham a santa paciência!

A coragem de dizer "não" abriu caminho para a posse do Jango. No Rio, com o Josué Guimarães, a gente entrava pela noite adentro. Depois o Aparecido me arrastou a Belo Horizonte. Para descansar o espírito, lá redigi o "manifesto" com a chave de ouro que ficou famosa: "Minas está onde sempre esteve". Minas de fato nunca perdeu a cabeça, desde os tempos em que o *chaos* se escrevia com *h*, como é em inglês e francês, no mundo civilizado. O caos caminha para o país, dizem agora vozes apocalípticas. Mas, para assustar mesmo, só escrevendo com *k*: o kaos!

• • • • •

AMIGOS ESCRITOS

Chegamos juntos ao mundo

03/07/1991

Apesar da minha aversão a relógio de madrugada, assim que acordei olhei as horas. Eram quatro e dez, como eu adivinhava. Cansado, e essa crueldade de me acordar tão cedo. Escuro lá fora, passei os olhos pela pilha de livros. Ia pegando a Bíblia quando vi no chão o tabloide aberto: "O bêbado". O poema é antigo: por que republicado logo agora? Um erro de impressão pôs uma bomba onde há uma pomba: "Do mais alto beiral nasce uma bomba".

Como o sono também levanta voo, passo ao escritório. Um, dois, três livros do Paulo Mendes Campos, atrás de "O bêbado". Vou repassando dedicatórias, crônicas, versos e saudades. Recortes amarelecidos de jornal. Paro na entrevista feita por Maria Julieta Drummond de Andrade: "Quem é você, Paulinho?". PMC estava chegando aos sessenta e dois anos de idade: "Sou um sujeito familiar, que gosta das pessoas do seu sangue e do time de amigos que foi formando pela vida afora".

Afinal, cá está o bêbado. No *A palavra escrita*. Está republicado sem uma única modificação. Falta, porém, o espaço em branco que separa a fala dos que andamos certos e orgulhosos na manhã, diante desse ser obscuro. Releio a orelha que escrevi para *Poemas*, 1979: "Chegamos juntos ao mundo, ele e eu. Dezesseis anos depois, ele e eu concluíamos em São João del Rei o que então se chamava, e era, o curso de humanidades. É bem provável que nos tivéssemos por preparados. Para quê? Para a vida. E logo para as letras".

Há quarenta e oito horas, em Belo Horizonte, me dei conta de que me encontrava no que hoje lá se chama o Savassi. Meu irmão Márcio parou o carro e descemos. A pé, passo a passo, fui recons-

[210]

tituindo o que era no nosso tempo o Abrigo Pernambuco. Onde está a casa do Paulo? Desorientado, eu confundia Paraúna com Cristóvão Colombo, ou Contorno. Até os nomes desapareceram. Como se chama esta praça?

Bem visível, lá está a placa: praça Diogo de Vasconcelos. Ainda bem que nas crônicas e nos poemas do Paulo reencontro a nossa Belo Horizonte. E o adro da igreja de São Francisco de Assis, em São João del Rei. O nosso primeiro universo. Nossa pátria pequena, Minas. Daí a pouco, Joan telefona: o Paulo morreu. Não, não estamos preparados. Confuso sentimento de que era preciso ter feito alguma coisa. Sim, era previsível. Mas não precisava ser irreparável.

·····

O jovem poeta setentão 28/02/1992

Até onde me lembro, o Carnaval não o empolgava. Em São João del Rei, onde estudou, e depois em Belo Horizonte, não guardo reminiscência carnavalesca do nosso convívio. Nos primeiros tempos do Rio, a gente corria para Minas, serra acima, toda vez que se podia escapar da rotina. Data dessa época o diário em que registrou sua experiência de jovem mineiro em trânsito para virar carioca. Não deixou de ser mineiro. Minas, sua pequena pátria.

Mas entendeu o Rio como perfeito carioca. O tal diário era escrito em forma de carta que me destinava. Fez aí o seu aprendizado para a prosa de jornal que viria depois a assumir. Alternativa profissional, a que lhe restava. Terá sido escolha, opção? Eu en-

[211]

tendia que era melhor mergulhar na redação e preservar, íntegra, a paixão literária. Mas a poesia perturbava o seu entendimento com o jornal. Era fundamentalmente poeta.

Logo se viu que, cronista, e dos melhores, não deixou de ser poeta. Continuou a escrever poesia. Foi fiel à sua vocação. Também na crônica está visível o seu corte lírico, inquieto, metafísico. Em prosa ou em verso, só foi poeta. Por isso sonhou com profissões impossíveis. Por que não aviador? Lá fomos nós estudar inglês na avenida Brasil, ali pertinho da praça da Liberdade, para o concurso que nos levaria a ser pilotos. Quem sabe pilotos de guerra.

Ideia mais doida, mas que achei viável. O futuro estava aberto à nossa frente. E comportava todas as hipóteses. Todos os sonhos. Ele se divertia contando que, aos quinze anos, me revelou a existência do uísque. Ainda agora me pergunto se vi mesmo aquela garrafa de White Horse. Sim, claro que vi. E fomos tomar o café com leite do café Java. Mais um ano e seguiu para Porto Alegre. Trouxe de lá o descobrimento de Mário Quintana.

Sua simplicidade, lição para toda a vida. Líamos os poetas para encontrar a nossa própria definição. De dia e de noite, a conversa interminável. A gente ia puxar angústia, que ele definiu assim: descer ao fundo do poço escuro, onde se acham as máscaras abomináveis da solidão, do amor e da morte. Pois é, Paulo Mendes Campos. Num dia assim, em pleno domingo de Carnaval, é que você nasceu. Hoje, quem pode crer?, você estaria chegando aos setenta anos!

· · · · ·

Conte tudo, Jorge

09/07/1991

Compreendo que o Jorge Amado não queira escrever memórias. Aliás, no Jorge compreendo tudo. No que depender de mim, se precisar, tem indulgência plenária e ainda leva o troco. Como bom baiano, ou melhor, bom brasileiro, o Jorge não se faz de rogado para falar. É o tipo do sujeito que dá pé. Não bota banca de importante nem que deseje. Não está na sua natureza. Mas apesar da Zélia, que é sua escrivã e tem fé pública, o Jorge devia escrever memórias.

Ainda agora li a entrevista de Marilene Felinto e Alcino Leite Neto. Está cheia de fios que é só puxar e a meada vem atrás. O Ilya Erenburg dizia ao Jorge que eles dois não podiam escrever memórias. As coisas que eles sabiam não podiam contar. Depois do Kruschev, o Erenburg escreveu sete livros de memórias. Respeito a reserva do Jorge, que não acha direito sair hoje contando o que aconteceu na sua época de militante do Partido.

Para a Rachel de Queiroz, memórias e mentira são a mesma coisa. Vá lá. O que importa é que o memorialismo é fundamental para a cultura. Se for mentira tudo o que o Pedro Nava escreveu, e daí? Estou me lixando para a verdade documental. Aquilo é obra de arte. Igualzinho a ficção. Se não coincide com os fatos, pior para os fatos. No caso do Jorge, por maior que seja a sua obra, e é imensa, ele tinha é que expectorar logo esse *Boris, o Vermelho,* que o engasga e botar pra quebrar no oceano de suas memórias. Nadar de braçada.

Lembro-me do Jorge deputado na Constituinte de 1946. Sentadinho na irosa bancada do Partidão, só ele riu (escondido) quando imitei a letra do Prestes e fiz passar como do Capitão um texto com alguns palavrões. O Jorge já era a glória, o que não espanta. O que espanta é que ele já era também a perestroika. Não

[213]

tinha coração fechado de sectário. Falava com todo mundo. Gostava da vida e a vida gostava dele.

Na entrevista ao *Letras*, o Jorge dá uma versão pessoal da edição de *Caetés* pelo Schmidt. A versão corrente é a do telegrama que o Schmidt, com o seu faro, passou ao Graciliano: "Mande o romance". Está assim em muitas fontes. Só não acho agora no próprio Schmidt. Está no livro da Clarita, filha do Graciliano. O Jorge conta diferente, com o Zé Américo. Está certo? Pouco importa. É a versão do Jorge e tem de ser contada. Escreva as memórias, Jorge. Enriqueça (mais) o Brasil!

• • • • •

Nelson: hoje, ontem

12/08/1991

Levantei-me outro dia como um só homem, tomei coragem e decidi enfrentar o desafio. Quando dei por mim, estava na porta do teatro Gláucio Gil. Comprei o ingresso e fui me sentar na fila F. Excelente lugar. Deve ter sido uma deferência especial. Como cheguei cedo, tive tempo para ver, ler e ouvir uma parte do que se juntou sobre o autor e a peça, na exposição que está no hall. Num instante me vi transportado a outros tempos.

O mergulho no passado acentuou o tumulto na minha cabeça. E as emoções, cujo galope é preciso conter. Quando vi na tela um sujeito parecidíssimo comigo, tive vontade de sair correndo. A minha cara. Mais gordo e com mais cabelo. E falava, falava, falava. Bons tempos de fluência e improvisação. Até onde ouvi, até onde suportei me ver, o assunto era o Nelson Rodrigues. Em seguida, o próprio Nelson apareceu, tal e qual.

[214]

Não entendo como é que se pode não gostar de teatro. A magia está também na plateia. A sala estava cheia. O Nelson havia de gostar. Ou talvez não. Ele preferia provocar o público. Agredi-lo. Fazia questão de dizer que o seu teatro era desagradável. Lá estava no palco o universo rodriguiano. Se um grande artista é o que é capaz de criar o seu universo personalíssimo, ninguém ganha do Nelson.

O grotesco e o abjeto, o trágico e o engraçado, o pobre-diabo que de repente explode num rasgo de grandeza. O canalha com a nostalgia da virtude. Mas quem deve falar sobre isso é o Sábato Magaldi, que está de volta da França, onde foi ensinar Nelson Rodrigues. O Sábato é doutor na matéria. Como simples espectador atravessado pelas emoções e pelas reminiscências, ouso dizer que o Nelson gostaria, sim, de se ver ali, dirigido pelo Eduardo Wotzik.

Numa nova perspectiva, reinterpretado, o Nelson vai crescendo a cada dia que passa. O elenco se sai à altura. Só uma coisa. Não é nada contra o Heleno Prestes, que aliás assumia o papel naquela noite. Quem viu o Fregolente encarnando o dr. Werneck é como quem viu o Nijinski dançar. Nunca mais o esquece: "O brasileiro é cínico pra burro". Ah, sim, a peça: *Bonitinha, mas ordinária*. E eu saí como se tivessem me pregado um rabo de papel...

· · · · ·

A república e o golfo

13/10/1991

Muito se tem falado da república das Alagoas, que está de novo na berlinda com a morte trágica do delegado Ricardo Lessa. É uma afronta, esse homicídio. É muito descaramento. Do ponto de vista da jurisdição e de outras tecnicalidades, o episódio é alagoano. Na verdade, é o Brasil. É uma ignomínia da nossa República, que começou aliás com dois marechais alagoanos. Mesmo porque a república das Alagoas é só um artifício.

Um grande escritor, que sozinho honra qualquer estado ou qualquer nação, Graciliano Ramos, deixou uma legenda meio folclórica de seu radical pessimismo. Era alagoano. Foi prefeito de Palmeira dos Índios. Não matou ninguém, a não ser no romance *Angústia*. A violência que está numa obra-prima como *São Bernardo* pode ter uma raiz local, alagoana. Mas a violência não é entre nós privilégio de Alagoas. Quem puder atire a primeira pedra.

Anda aí um movimento separatista. Podia ser em Alagoas, em consequência do aborrecimento que lhe dá o excesso de exposição pejorativa no palco nacional. O palco nacional pede vítimas, pouco importa se inocentes ou culpadas. Pelo menos um bode expiatório. Bodes e cabras é o que não falta em Alagoas, como em todo o Nordeste. Há alguns anos que lá não piso, mas dizem que está cada vez mais pobre. Cada vez mais saqueado pelas lideranças oligárquicas, pensionistas da miséria que pretendem representar.

Há várias histórias do Graciliano sobre o seu pessimismo, com testemunhas oculares e auditivas que ainda estão por aí. No *Correio da Manhã*, o mestre Graça penteava os textos que mereciam melhor tratamento. Na sala ao lado do Costa Rego, também alagoano, ele pitava e trabalhava em silêncio. Digo porque vi. Num dia de especial mau humor, parou diante do mapa do Brasil dependurado na parede, enfiou o dedo em Alagoas e murmurou, sarcástico: "Bom lugar para fazer um golfo!".

Depois da prisão que sofreu, de suas memórias do cárcere, o Velho Graça tinha razões para lhe agravar o temperamento pessimista. Com a situação como está, hoje há muita gente que gostaria de, no lugar do Brasil, abrir um golfo para a América do Sul. E há

[216]

quem queira deixar de ser brasileiro, como esse pessoal que deseja criar uma república do pampa, lá no Sul. Separatismo a esta altura, tenham a santa paciência, é piada. Melhor ficar só com a república das Alagoas. Ou não chega?

. . . . .

Coitada da onça

27/07/1992

Não podia ser mais oportuno esse centenário que vem aí, no dia 27 de outubro. Faz cem anos que nasceu o Graciliano Ramos. O Congresso votou uma lei, que o presidente sancionou, criando o Ano Graciliano Ramos da Cultura. Nada mais justo. Graciliano é hoje um clássico. A sua obra sozinha é capaz de dar uma boa notícia do Brasil, em particular do Nordeste. E de Alagoas, em particularíssimo lugar.

A terra do Graciliano, do Jorge de Lima, do Aurélio Buarque de Holanda Ferreira. E de tanta gente mais, glória da cultura brasileira. Da cultura e da vida pública também. Graciliano, por exemplo. Foi prefeito de Palmeira dos Índios. Severíssimo. O seu famoso relatório denunciou no Rio a existência de um escritor de raça. Intuitivo, o Schmidt telegrafou pedindo o romance engavetado. Era *Cahetés*, assim mesmo com *h*. Saiu com capa de Santa Rosa e dedicado ao Jorge Amado, ao lado de Alberto Passos Guimarães.

Jorge de Lima, por sua vez, só não conseguiu se eleger para a Academia Brasileira. De Letras! Ficou mal para o grande poeta? Claro que não. Candidato seis vezes, seis vezes foi derrotado. O poeta de "O acendedor de lampiões", de "Essa nega fulô" e de *Invenção de Orfeu*! Médico, Jorge tinha consultório ali na Cine-

[217]

lândia, em cima do café Amarelinho. Mal saía o sol, lá estava atendendo os clientes. Cobrava uma ninharia, ou não cobrava.

Não espanta que, médico dos taxistas, tenha sido eleito vereador à Câmara Municipal do Rio. Seu jeito lhano elevou-o à presidência da Casa. Era um expoente da poesia, naquela paisagem nem sempre poética. Sua carreira de homem público não foi além de vereador. Nem por isso deixou de legar um exemplo de dignidade. Como exemplo de estrita honradez legou o Graciliano, com a sua passagem pela prefeitura e pelo Departamento de Instrução de Alagoas. Sobrevindo a caça às bruxas, o Velho Graça enfrentou com bravura a adversidade. Foi preso, trazido para a Ilha Grande, como contou nas *Memórias do cárcere*. Nunca que se rebaixaria ao papel daquela onça que aparece num dos seus contos. Misturou-se com o gado no curral, a onça. E entristeceu, perdeu o apetite. Ninguém tinha medo dela. Andava pelo pátio, banzeira, com o rabo entre as pernas, o focinho no chão. E finou-se no chiqueiro, junto com o bode velho. Viveu pouco, coitada.

• • • • •

Começo de uma fortuna

26/08/1991

Ao contrário do que se pensa, ou do que pensam os desavisados, a carreira de Clarice Lispector não foi uma sucessão de facilidades e vitórias. Muito pelo contrário. Já o seu livro de estreia, *Perto do coração selvagem*, esbarrou na incompreensão de alguns críticos. Andou de porta em porta, em busca de editor, e acabou saindo numa edição modesta, com pequena tiragem. Nem por isso deixou de ser saudado como uma revelação.

A voz nova e solitária em seguida iria encontrar obstáculos na publicação de seus outros livros. *O lustre* levou anos até aparecer. Clarice se encontrava no exterior, como mulher de diplomata, e os amigos aqui no Rio tentavam encontrar um editor de boa vontade. Fernando Sabino, que costuma ser invencível nessa matéria, ainda não tinha a experiência que só depois viria a ter, e fazia as vezes de agente literário da amiga, nem sempre bem-sucedido.

O nome de Clarice, prejudicado pela sua ausência, tinha aqui pequena repercussão. Por incrível que pareça, foi nos *Cadernos Cultura* editados por José Simeão Leal que Clarice começou a conquistar um público fiel, mas restrito, que nunca mais a abandonou. Os *Cadernos* eram uma publicação do Serviço de Documentação do Ministério da Educação. Com circulação fora do comércio, foi aí, com *Laços de família*, que Clarice consolidou o seu nome de ficcionista.

Outras vezes teve de enfrentar maus momentos, seja como colaboradora de jornais e revistas, seja como escritora em busca de editor. Álvaro Pacheco, a certa altura, deu-lhe não só acolhida, como estímulo e até sugestão para se animar a escrever algumas das histórias que vieram a estar entre as mais conhecidas de sua obra. É o caso de *A hora da estrela*, que virou filme.

Vejo hoje com alegria a irradiação de Clarice Lispector pelo mundo lá fora. Justíssima. Ainda agora dou uma ajudinha ao seu tradutor em Londres, Giovanni Pontiero. No Canadá, minha amiga Claire Varin é uma fervorosa devota de Clarice. Aprendeu português para lê-la no original. E descobriu a certidão de idade da escritora, que nasceu em 1920 e não em 1925, como está dito por toda parte. Se foi Clarice que mudou a data, já não faz sentido manter o erro por simples respeito a uma faceirice momentânea.

Claricevidência   27/03/1992

Quando esteve no Brasil, John Updike demonstrou interesse por Clarice Lispector. Dela só leu um livro, e traduzido. Mas sua curiosidade não foi simples cortesia. Longe de testemunhas, pediu detalhes sobre a vida de Clarice e fontes sobre a sua obra. Perguntou se não há uma biografia de Clarice. Há o livro de Olga Borelli. Esboço de um possível retrato, como está no subtítulo.

Aos poucos, Clarice vai sendo conhecida e reconhecida. "Não me interessa o número de leitores, mas a sua qualidade", disse ela. No Brasil ou lá fora, para aceitá-la e amá-la, é indispensável um forte grau de sintonia. Uma confraternidade. O segredo de seu texto está numa nota pessoal que tem de bater com a emoção do leitor. Coincidir, respirar junto no que pode ser uma claricevidência.

Personalíssima na dicção brasileira, a universalidade de sua obra vai ampliando o clube de seus devotos. No Canadá, Claire Varin tem com Clarice uma afinidade que começa na claridade dos respectivos nomes. Aprendeu português para lê-la. Veio ao Brasil quatro vezes. A propósito, na sua tese acadêmica está documentado o ano do nascimento de Clarice: 1920. E não 1925, como sai sempre, por uma espécie de faceirice brasileira que esconde a idade das mulheres.

Quem sabe das dificuldades que Clarice enfrentou vê com alegria o reconhecimento que seu nome alcança aqui e no exterior. Seu livro de estreia foi recusado por mais de uma editora, com o parecer contrário de críticos. Mesmo depois de famosa, não lhe faltaram obstáculos. Sua colaboração na imprensa sofreu contestação, ou teve acolhida abaixo do que merecia. "Talvez nem escrevesse em jornal, se não tivesse necessidade", disse ela. Sete

[220]

anos depois de sua morte, em 1984, o que publicou na imprensa foi reunido num volumoso livro — *A descoberta do mundo*.

Numa bonita edição de seiscentas e cinquenta e duas páginas, *Discovering the world* saiu agora na Inglaterra. Tradução de Giovanni Pontiero, a quem dei uma ajudinha por indicação de Lya Luft. Pontiero traduziu antes *The hour of the star*. Generoso, o tradutor menciona o meu nome nos "*Acknowledgments*". Em compensação, na recente edição brasileira de *Legião estrangeira*, fui expulso do *Fundo de gaveta*, título que Clarice, na primeira edição, de 1964, atribuiu a uma sugestão do "nunca assaz citado" OLR. Pouco importa. O que importa é que o mundo vai descobrindo Clarice Lispector.

· · · · ·

Astúcia, sorte e blefe

27/07/1991

Não estou interessado no jogo em que se empenham o Collor e o Quércia. Já vi esse filme. Chamem-me quando chegar a hora do tiroteio no *saloon*. Li que o Collor joga *War* nas horas de lazer. Já o Quércia joga truco. Há pouco tempo, houve aí em São Paulo um torneio de truco que juntou três mil jogadores. Suponho que não seja diferente do truco mineiro, que aprendi menino. Jogo plebeu, mas ilustre, está no Jorge Luis Borges.

Na literatura brasileira, aparece no Monteiro Lobato e no Valdomiro Silveira, no Godofredo Rangel e no Mário Palmério. Divertido, o jogo se baseia tanto na sorte como na esperteza, ou seja, no blefe. Até parece coisa de político mineiro... Para blefar com sucesso é preciso mais do que a *pocker-face*. O silêncio é dispensável. Conforme o caso, convém falar e até gritar. O desafio pode ser aos berros. Lá em São João del Rei aparecia na minha casa às vezes para jogar o jovem promotor público.

Não me lembro se jogava bem, mas levava jeito. Chamava-se Tancredo de Almeida Neves. A vida nunca mais nos juntou numa mesa de truco. Uma pena. O jogo é de dupla. Quando são seis parceiros em vez de quatro, é a douradinha. Com oito, é o douradão. O zápete, quatro de paus, é a carta de maior valor. Vêm depois o sete de copas e a espadilha. Um sete de ouros e um três já fazem uma boa mão, desde que o jogador não seja como o defunto Elias: cego, surdo, mudo e já tenha morrido.

No Rio há anos tivemos uma roda afiada. O Cyro dos Anjos, seu irmão Antonico, o Fernando Sabino, o Autran Dourado, o Paulo Mendes Campos, o João Pádua. Entre os não mineiros, o Millôr e o Carlos Alberto Tenório. Os ânimos ferviam. Uma noite o Paulo me atirou um cinzeiro, que passou longe da minha cara. Devia ser blefe. Quando eu dava as cartas, reconheço que era irritante. Tinha uma sorte danada. Que nem o Houdini.

Há muitos anos jogamos em Araxá com o Magalhães Pinto. O Rubem Braga, o José Aparecido, o Fernando Sabino e eu. O Rubem quase sempre ficava de fora. O jogador precisa ser calmo e dissimulado. O furto é aceitável, desde que imperceptível. E que o jogo não seja a dinheiro. O contrário do que acontece hoje por aí. Há todo um folclore e muita bravata no truco, que antigamente ajudava a empurrar a noite e o fim de semana. Não sei como é o jogo do Quércia, mas aposto que por enquanto ele só está blefando.

· · · · ·

[222]

Seus amigos e seus bichos 20/09/1991

Sim, a gente custa a crer. Mas passa como uma sombra. Apenas um sopro. Outro dia, há cinquenta anos, em novembro de 1941, estávamos reunidos num jantar no cassino da Pampulha, em Belo Horizonte. Ainda agora achei o menu e, junto, o discurso do orador que saudou o homenageado. O orador: Murilo Rubião. O homenageado: Fernando Tavares Sabino, que é a assinatura do seu livro de estreia, aos dezessete anos. Achei também o discurso de agradecimento do Benjamim.

Benjamim era como o Murilo chamava o Fernando desde aquela época. Não sei de onde vinha essa mania de apelidos. O Hélio Pellegrino era um que curtia os apelidos. Curtia e inventava, às vezes dois ou três para a mesma pessoa. O Murilo, por exemplo, sempre foi o *Rubionem*. Ou o *Ecce*. Ou o *Ecce Iterum*. Tudo por causa de um artigo do Benone Guimarães. Tinha este título: "*Ecce Iterum Rubionem*". Só que o Rubião no caso era o do Machado de Assis.

Bom para apelido, o Hélio era também muito bom para a imitação. Eu dizia que imitava as imitações do Hélio. Imitando o Murilo, não me saía mal. Ele próprio achava graça. Em 1946, veio para o Rio. Eu alugava um apartamento de dois quartos no Posto Seis. Quando o senhorio foi eleito governador de Minas em 1950, levou-o de volta. Sim, o JK. Eu tinha tido ao lado a confortadora presença de um anjo que às vezes pigarreava. Cacoete de tímido, Murilo passava a mão pela calva. Careca desde mocinho, nos retratos está sempre de chapéu.

No *Folha de Minas*, nos botequins e na noite, nosso irmão mais velho era atento e atencioso. Vigiava e orava. Leitor contu-

[223]

maz da Bíblia, era ateu, mas acreditava em Nossa Senhora. Organizadíssimo desde que nasceu, seu arquivo deve se lembrar de tudo. A notícia de sua doença motivou nossa última excursão coletiva a Belo Horizonte. Almoçamos, passeamos na praça da Liberdade e pegamos o avião de volta. Paulo, Hélio, Fernando e eu. Ninguém disse nada, mas no ar pesava aquele opressivo adeus. Murilo tossiu, discreto.

Só do tempo do Posto Seis, são muitas as histórias. O Paulo divulgou numa crônica a do convidado. Dias e noites, o Murilo calado diante da folha de papel. Até que arrisquei uma olhadela. Uma única frase: o convidado não existe. Era mais um conto. Vi nascer Teleco, o coelhinho. Dromedários, dragões e outros bichos podem ser fantásticos, vá lá. Para nós eram a doce fauna do nosso doce Murilo. *Ecce!*

· · · · ·

Rapazes ontem e hoje

23/12/1991

O caso desse garoto Albino Carreira Feijó, dezesseis anos, que fez vestibular aí em São Paulo, demonstra que não há incompatibilidade entre os vários saberes. Craque em matemática e cobra em biologia, leu o *Dom Casmurro* e disse: "Aprendi muito com este livro". A matemática ajuda o Machado e o Machado ajuda a matemática. Me lembrei do que ouvi quando era mais moço do que o Albino. Era o tempo em que se estudava latim.

Posto em dúvida o interesse dos estudos desinteressados, ignoravam que o latim é uma ginástica para a inteligência. O que importa não é o que o menino fará com o latim, mas, sim, o que o latim fará com o menino. O caso desse garoto paulista me deu vontade de telefonar para o Marco Aurélio. Ele sempre soube ligar tudo a tudo, da ema ao beija-flor.

Encontrei o Marco Aurélio aos dezesseis anos, em 1939. Era o ano do centenário de nascimento do Machado de Assis. O pai dele, Mário Matos, tinha acabado de publicar na Brasiliana um livro sobre o Machado. Inseparável do Amílcar de Castro e do Sette Camara, logo descobrimos nossas afinidades. Eu estava deslumbrado com o *Quincas Borba*, lido dois anos antes. Era também o livro favorito do Marco Aurélio. Não. Para ele, era todo o Machado. De ponta a ponta, na ponta da língua. Era Deus no céu e o Machado na terra. E o Shakespeare.

Podem dizer que sou um homem de sorte. Neste caso, sou. Encontrar no limiar da vida um Marco Aurélio de Moura Matos. Um prêmio. Direito, literatura, história, tinha fome de tudo. E estudava filosofia com o peruano Wagner de Reyna. Línguas, sabia as banais (inglês, francês, italiano, espanhol). Lia e falava russo. Traçava um alemão desenvolto. Tirava o Goethe de letra. Em nossa última conversa lhe falei da tradução do Schiller pelo Márcio Suzuki. Por favor, não imaginem um cidadão enfarpelado e convencional.

Caráter sem jaça, mais que um humorista, um genial showman, o nosso Marco. Perguntem ao Millôr. Imitava o Chaplin, o Hitler. O Getúlio, nem se fala. Nascido entre livros, louco pela música, tinha tudo ao seu alcance. Íamos fazer o curso de direito, mas fizemos muito mais. Fizemos o percurso inteiro de uma vida. Convidado para sempre, depois de dez anos de estoico sofrimento, Marco Aurélio partiu outro dia em silêncio, na maior polidez. Como viveu. Estava sereno e jovem, sem as injúrias do tempo. 17 de dezembro, dia de são Lázaro. Nesta quadra do Natal, me pareceu que de fato ressuscitou.

· · · · ·

Eu sou mais o Rodrigo 26/10/1991

Quando Milton Campos era governador de Minas, os ferroviários da Rede Mineira de Viação entraram em greve. E nada de acabar a "parede" (era sinônimo de paralisação do trabalho). O Estado Novo ditatorial tinha imposto um jejum rigoroso aos operários em matéria de greve. Getúlio era o "pai dos pobres", mas greve, não. Dias, semanas se passavam e o pessoal lá em Minas firme na greve. Ninguém aguentava mais a tolerância do governador. E o prejuízo comendo solto.

Numa reunião do secretariado, Milton ouviu os seus auxiliares. Cada qual deu a sua sugestão. Irritados, ou, como se diz hoje em bom vernáculo, de saco cheio, todos só pensavam em pôr fim àquela greve que dava nos nervos. O consenso estava formado: mandar a polícia acabar com a greve e restabelecer o tráfego dos trens. Foi quando o governador docemente perguntou: "Ô gente, não seria melhor mandar o trem pagador?".

Vocês já entenderam: o pagamento dos salários estava quase tão atrasado quanto o das professoras. Essa história dá ideia do homem Milton Campos. Nos anos 20, Milton foi amigo "daqueles rapazes da rua da Bahia" a quem se refere o Pedro Nava. Ou seja, o próprio Nava, o Carlos Drummond de Andrade, o Orlando M. Carvalho, o Abgar Renault, o Emílio Moura, o Cyro dos Anjos. E outros, e outros. Gente do melhor quilate. Entre eles, objeto do

[226]

culto universal, Rodrigo M. F. de Andrade, considerado "o amigo perfeito".

Acrescento por minha conta: cidadão perfeito. Apóstolo do patrimônio histórico e artístico, escritor, grande figura humana, Rodrigo encantou todo mundo que dele se aproximou. Eu sou seu devoto fervoroso. Todos, sem exceção, de todas as áreas, do Lúcio Costa ao Gilberto Freyre, do Manuel Bandeira ao Vinicius de Moraes. "A pessoa que mais influiu na minha formação foi o Rodrigo" — disse outro dia o Oscar Niemeyer. E acrescentou: "Foi o contato mais importante que tive na minha vida".

Vejam agora o que é a política, a sem entranhas. Milton indicou à Assembleia o nome do Rodrigo para ser ministro (hoje se diz conselheiro) do Tribunal de Contas. Pura mesquinharia, parte da Assembleia se opôs, mas Rodrigo foi aprovado com dois votos de maioria. Que fez? Altivamente, recusou o lugar, a vitaliciedade, as mordomias. Se tinha tanto voto contra, não podia ser juiz. E ficou quieto no seu canto. Agora vejo esse Clarence Thomas assentado na Suprema Corte americana. Tem direito, vá lá. Mas vá ser cara de pau assim na baixa da égua.

· · · · · ·

O amigo perfeito
09/10/1991

Numa entrevista a *Leia*, Jurandir Freire Costa menciona a modernização absolutamente selvagem que se deu entre nós. Aqui em trinta anos ruíram padrões e valores que na Europa foram sendo modificados ao longo de cento e cinquenta anos. Esta é mais uma razão para estimular estudos que procurem mostrar as reações psíquicas individuais em face das causas históricas e sociais. Já se fez isso no Brasil? Acho que não.

Ainda agora passei uns dias mergulhado na atmosfera dos anos 20, a propósito do centenário de nascimento de Jackson de Figueiredo. Digo depressinha e a propósito que o nacionalismo do Jackson e do Bernardes está aí de volta, se é que chegou a se ausentar. Morto tragicamente a 4 de novembro de 1928, aos trinta e sete anos, Jackson nasceu com um sinal de contradição. Sempre foi e será sempre um feixe de controvérsias.

Sua filha Cléa Alves Figueiredo Fernandes publicou em 1989 um livro que pede mais atenção — *Jackson de Figueiredo, uma trajetória apaixonada*. Sai agora pela Academia Brasileira o primeiro volume das cartas de Jackson a Alceu e de Alceu a Jackson. Poderia ser um belo capítulo da história das nossas grandes amizades, que Homero Senna pensa em escrever e com que sonhou Afonso Arinos. Jackson teve em Mário de Alencar o seu melhor amigo. E Mário foi por sua vez um anjo de bondade para Machado de Assis. Entre tantos, aqui está apenas um exemplo.

Esse mundo riquíssimo das afeições me interessa muito mais do que a luta política miúda em que Jackson se engajou. A obra do panfletário e do jornalista envelheceu, mas a personalidade de Jackson mantém o seu extraordinário poder de fascínio e sedução. Desde o *In memoriam*, de 1929, a até antes dele, são muitos os depoimentos sobre Jackson. O ensaio de Barreto Filho sobre esse boêmio convertido à fé católica é um testemunho de 1938 que se lê ainda hoje com o mesmo encanto.

Em 1971, Francisco Iglésias estudou o pensamento de Jackson em seu clássico *História e ideologia*. Vista de hoje, a atuação de Jackson exibe evidentes equívocos, na esteira do arrebatamento com que, reagindo a 1922, tomou o partido da ordem contra a anarquia e o caos (já era o próprio!). O Jackson que chegou até mim, através de meu pai, seu amigo, foi o ser tocado pela sagrada vocação da amizade. Nisso foi perfeito — a opinião é unânime. E só isso justifica um estudo de quem saiba ligar a história dos homens ao coração de um homem.

· · · · ·

Confidência e indiscrição

09/12/1991

Se há uma coisa boa de ler, é carta. A correspondência do Flaubert é bem capaz de ter mais leitores do que os seus romances, mesmo obras-primas como *Madame Bovary* e *L'éducation sentimentale*. Ou, menor só no tamanho, *Un coeur simple*, que é páreo para *A morte de Ivan Ilitch*, do Tolstói. Quem escreve um texto assim pode morrer feliz no ponto final. Claro, o interesse das cartas do Flaubert está ligado à sua ficção.

Não é de hoje essa mania de publicar a correspondência ativa e passiva dos escritores. Você já viu o volume de cartas do Shaw? Gide deixou uma infinidade de cartas. O ficcionista anda meio esquecido. Seu livro mais lido hoje é o *Journal*, que tem, como as cartas, ou mais do que elas, o irresistível sabor da fofoca. Claudel escreveu cartas torrenciais. Retóricas embora, às vezes antipáticas ou egocêntricas, são lisíveis ainda hoje.

Entre nós, o grande epistológrafo foi Mário de Andrade. Mário morreu de cansaço. Trabalhou como um louco num país que tem fama de preguiçoso. Quem no mundo escreveu mais e melhor do que Machado de Assis? Pois apareceu aí um brasilianista pra dizer que por causa do clima o intelectual no Rio é pouco dado ao

[229]

trabalho. Apanhado de surpresa pela morte, Mário deixou instruções sobre a divulgação de sua correspondência. "Ao sol, carta é farol" — escreveu ao Guilherme Figueiredo, que foi dos últimos a divulgar as cartas que recebeu do Mário.

O primeiro infiel foi o Manuel Bandeira. Explicou-se bem e, a partir daí, veio o caudal epistolar que se sabe. Agora está na moda divulgar tudo que seja manuscrito de escritor. Carlos Drummond de Andrade ficava uma fera quando alguém dava à publicidade uma carta sua, às vezes com uma simples eutrapelia. Chegou a cortar relações com um poeta por causa do que considerou imperdoável indiscrição. Se a lei não mudou, o destinatário pode divulgar a carta, mas com prévia licença do autor ou de seus herdeiros.

Capistrano de Abreu deixou uma volumosa correspondência, que José Honório Rodrigues anotou. Em 1928, Vianna do Castelo era ministro da Justiça e sabiamente mandou excluir da consulta pública as cartas do Capistrano, que na intimidade se abria com irreverência mordaz. Não poupava ninguém. Era muito cedo para divulgá-las. O que me pergunto é se é lícito permitir o acesso imediato e generalizado à correspondência íntima de mortos que em vida foram pudicos e recatados. Eu acho que não. É falta de respeito e de educação.

· · · · ·

Cartear é bem melhor

12/01/1992

Passei diante de uma agência do correio e vi uma fila bem grandinha. Já não devia ser pra carta ou cartão-postal, porque foi depois das festas. Seria pra pagar conta, pra mandar ou receber dinheiro. Vê-se que o correio está elevando o seu nível de eficiência. O brasileiro é tagarela. Fala como matraca. Mas é pouco postal, o que pode ser interpretado como índice negativo da nossa cultura. Milhões nascem, vivem e morrem sem saber o que é uma carta. Ou um selo. Até gente de bom nível social desconhece o próprio CEP. Ou nem sabe o que é isso.

Há pessoas, até doutores, que têm horror de escrever. Parecem aquele eleitor que descalçava as botas e mordia a língua na hora de votar no "bico de pena". No passado, temos exemplos de excelentes carteadores. Um Capistrano de Abreu. Um Mário de Andrade, que nunca deixou carta sem resposta. Dava razão ao Vieira que, na sua formosa língua, dizia que até os rochedos, por não terem voz, têm eco, para não deixar de responder aos que lhe falam. Ou lhe gritam.

Na véspera de completar oitenta anos, Jorge Amado também é um exemplo. Atualíssimo, sempre pontual na sua imensa correspondência. Conversando outro dia com Hermes Rodrigues Nery, do *Jornal da Tarde*, contou que foi na Europa, de 1948 a 52, exilado, que aprendeu o que o brasileiro sabe pouco: responder cartas. Pouco? Pouquíssimo! Hoje o pessoal tem a desculpa do fax. Conversa. Poucos têm fax. E o fax não substitui a carta.

Com a droga que andam os telefones, é um sufoco receber uma chamada que pede retorno. E sem dizer o assunto, ó ansiedade! A gente que se vire pra contestar até telefonema interurbano ou internacional. Se não é caso de urgência urgentíssima, por que não escrever? Claro, isso não vale para os amigos do convívio rotineiro. Quem tem secretária ou telefonista empurra pras pobres coitadas essa chatice. Sujeito importante entre nós tem horror de escrever. Medo de deixar prova? Sei lá. Deve sofrer de agrafia mental. Mas o brasileiro em geral é ágrafo, quando não é analfabeto.

Em país civilizado, todo mundo tem sua hora para a correspondência. Não é grafomania. É civilidade. "O leitor que me escreve, falando bem, falando mal, gostando ou não, recebe resposta", diz o exemplar Jorge Amado. "É fundamental", sublinha. O leitor participa assim da criação literária. Carta de leitor é diálogo. Dá trabalho responder, ah isso dá, mas compensa. É como um termômetro que nos diz a temperatura emocional de quem nos lê.

·····

Amigos escritos
02/11/1991

Há quem diga que o telefone matou a carta. No Brasil pelo menos, com os telefones na petição de miséria em que andam, a afirmativa não é verdadeira. E agora existe o fax, que é instantâneo (e também depende do telefone). O brasileiro nunca foi muito de escrever carta, em parte por causa da tradicional ruindade dos correios. Nem por isso deixamos de ter alguns notáveis epistológrafos (eta palavrão!).

O mais notório deles é Mário de Andrade. Suas cartas constituem uma obra à parte, importante para a cultura brasileira. Outro carteador emérito foi Monteiro Lobato. Durante mais de quarenta anos trocou um sem-número de cartas com Godofredo Rangel. "Isto de cartas é sapato de defunto — depois que o autor morre é que elas aparecem", escreveu Lobato, quando resolveu publicar *A barca de Gleyre*, com as suas cartas. O que é uma pena é que até hoje não tenham aparecido as cartas de Godofredo Rangel para Monteiro Lobato.

O paulista e o mineiro tinham temperamentos diferentes, quase opostos. Lobato, empreendedor, cosmopolita, tagarela.

Rangel, um bicho de concha, tímido, taciturno. Enéas Athanázio lembrou-o em *O amigo escrito*, título da biografia que publicou e que tem a ver com a epígrafe de Monteiro Lobato: "Não somos amigos falados, somos amigos escritos". Lobato saiu de Taubaté e andou pelo mundo. Rangel viveu e morreu em Minas. Só se viram quando estudantes em São Paulo.

A paixão das letras manteve acesa a chama da amizade entre os dois escritores. Fenômeno parecido e até mais curioso é o de Jackson de Figueiredo e Alceu Amoroso Lima. Cartearam de 1919 a 1928. Jackson morreu num 4 de novembro, afogado, em 1928. Tinha trinta e sete anos. Era um rapaz. Teria feito cem anos em outubro deste ano. Alceu (Tristão de Athayde) quase chegou aos noventa anos. Morreu em 1983.

Temperamentos também opostos, João Etienne Filho deu à recém-publicada correspondência entre ambos o título de *Harmonia dos contrastes*. A expressão é do próprio Alceu. Saiu agora o primeiro volume das cartas de um e de outro. As de Alceu são inéditas. Vivendo no Rio os dois amigos, poucas vezes se viram. Jackson era um espírito boêmio e noturno. Estava ligado a Alceu pela inquietação religiosa. Ambos se converteram ao catolicismo. Como no caso de Lobato, bastaria a correspondência para os manter vivos, no quadro da nossa cultura.

· · · · ·

Cartinha de amor brasílico 16/03/1992

Gosto de lembrar que o Brasil começou com uma carta. Sim, a nossa certidão de idade é a carta de Pero Vaz de Caminha a Sua

Majestade d. Manuel, o Venturoso. Tudo azul com bolinhas brancas, a felicidade era tal que começou aí o ufanismo. *Avant la lettre*, digamos. Era aqui o Eldorado, o paraíso terrestre. Canaã, onde corre leite e mel. Meio puxa-saco, Pero Vaz deitou e rolou. Era uma alma superlativa, o escrivão da armada. Caprichou na cartinha de amor.

E dançava conforme a música. No fundo, o primeiro ghost--writer que pisou em nossas plagas. Pedro Álvares Cabral, se não era analfabeto, era quase. Tudo de acordo com os costumes da época. Parte do otimismo de Caminha pode ser debitado, ou creditado, ao mês de maio. Maio até hoje, com poluição e tudo, tem uma vibração e um encanto que nos põem em paz com a vida. Veja lá a data da carta: 1º de maio de 1500. Não podia ser diferente, podia?

Quem já foi a Porto Seguro, que está na moda, pode imaginar aquele pedaço de céu na terra há quatrocentos e noventa e dois anos. Virginal, virgiliano, virente. Tudo verde, ou verdejante, sob o céu azul. Dá pra ser pessimista? Além do mais, o signo é Touro. Alto-astral. Expedida a carta por via de caravela, não sei em que dia d. Manuel a leu. Ou até se leu. Deve ter lido. O homem era venturoso. Tinha uma sorte danada. O fato é que depois a carta sumiu. Só apareceu em 1817, na *Corografia brasílica*, de Ayres Cazal.

Eu já vi essa carta que assinalou o nosso destino com o cristal sem jaça da felicidade. Está lá na Torre do Tombo, em Lisboa. Não quero contar vantagem, mas até já peguei nela. Uma emoção, pegar naquela relíquia. Único país que começou com uma epístola, devíamos ser um povo que adora cartear. Emblemático, não acha? Ou simbólico, sei lá. Mas o que parece ter ficado nas dobras da nossa alma é o fato de a carta ter se extraviado. Por trezentos e dezessete anos!

Era nisso que eu pensava, na fila do correio de uma agência da zona sul. O correio hoje tem mil atribuições. Recebe conta de luz e telefone, manda dinheiro, importa artigo estrangeiro. Vende até raspadinha. A fila atulhava a agência e coleava pela rua, imensa. Sabe quantos funcionários estavam na tal agência? Uma única funcionária! E trabalhando, coitada, daquela forma artesanal. Juro que se o Caminha previsse isso, tinha sido menos otimista.

· · · · ·

Perigo do símbolo

12/06/1992

Muito antes da moda ecológica, mais de uma vez também eu escrevi que o Brasil é um país com esta particularidade simpática: tem nome de árvore. Agora se diz que somos o único país do mundo a ter nome de árvore. A afirmativa é controvertida. O nome Brasil já estava nos mapas da cartografia muito anterior a 1500. De qualquer forma, o pau-brasil é, sim, uma árvore.

Por causa de sua tinta vermelha como brasa, essa árvore despertou a cobiça dos conquistadores. A gente enche a boca para dizer que nossa pátria tem nome de árvore, mas convém parar por aí. Se a palavra resistiu ao tempo, a árvore, coitada, foi abaixo em pouco tempo. A derrubada das florestas chegou a tal ponto que o pau-brasil desapareceu. Virou raridade. Se hoje existe, já não é planta nativa, mas cultivada quase que em estufa. Uma joia. Tanto basta para não contar vantagem a partir do nome com que o Brasil foi batizado.

Se é questão de orgulho, devíamos ter feito para a Eco-92 uma bonita edição da carta de Pero Vaz de Caminha. Certidão de idade

[235]

de uma pátria nascida em 1500, ela é também o primeiro texto da nossa literatura. A exuberância da terra, associada ao desejo cortesão de agradar ao rei, levou o escrivão a inaugurar nesta latitude o gênero ecológico. Sua carta é de fato um hino de amor à natureza. Nem os índios escapam de seu encantamento virgiliano.

Não haveria exagero em dizer que, literariamente falando, nunca nos afastamos dessa linha nativista, distinta da literatura portuguesa. Antes e depois do indianismo, a natureza nunca esteve ausente das nossas letras. Na Semana de 1922, no ciclo romanesco do Nordeste, em Guimarães Rosa, a nota dominante teve sempre esse acento telúrico. Telúrico é o grande Euclides da Cunha, como é o irreverente Oswald de Andrade. Trazem todos a marca da terra.

Quanto ao Brasil, foi antes oficialmente Vera Cruz e Santa Cruz. A Cruz durou pouco mais de um decênio. Nem por isso deixa de ser árvore — o Santo Madeiro dos místicos. Segundo os primeiros cronistas, os dois primitivos nomes foram afastados por influência diabólica. No lugar da *crux immissa*, o diabo fez prevalecer o nome que lembra o comércio, a cupidez e a primeira investida contra a floresta. E tudo por dinheiro. Vejam só que perigo. Bem diz o povo: falar é fôlego.

· · · · ·

Mozart está tristíssimo
08/12/1991

Em 1938, já a caminho da Segunda Guerra, que iria rebentar no ano seguinte, Hitler invadiu a Áustria. Também em 1938, o poeta Murilo Mendes concluía o seu livro *As metamorfoses*. A página de rosto traz esta insólita dedicatória: "À memória de

Wolfgang Amadeus Mozart". No dia que lhe chegou a notícia de que as tropas nazistas tinham entrado em Salzburgo, Murilo dirigiu-se à praça Quinze, no Rio, sede dos correios, e passou um telegrama de protesto a Hitler.

Não sei se os anais da Segunda Guerra registram esse despacho em defesa do solo sagrado da cidade de Mozart. Poucos anos depois conheci Murilo e me tornei seu amigo para o resto da vida. Nos primeiros anos 40, ele morava na casa de duas senhoras russas, na rua Marquês de Abrantes, 64. Aos sábados à tarde, o poeta reunia lá uns amigos para conversar e ouvir música, sobretudo seu adorado Mozart. Era mais que um sarau. Era um culto religioso.

Ainda me lembro do cuidado com que o poeta pegava o disco, daqueles antigos, anterior ao long-play, e o punha na vitrola. Além de sua obra já nacionalmente reconhecida, Murilo era um grande personagem. Uma figura legendária, com histórias que marcavam a linha de seu temperamento original. Por exemplo: em sinal de protesto contra uma execução musical medíocre, abriu o guarda-chuva no Teatro Municipal. Uma vez deitou-se na avenida Rio Branco para contemplar o céu. Lindíssimo!

Como o José Dias do Machado de Assis, o poeta adorava um superlativo. E não perdia ocasião de fazer uma piada. Mocinho, em Juiz de Fora, sua cidade, o poeta Carlos de Aguiar quis bancar o futurista e começou assim uma crônica: "O céu estava belíssimo de agosto". No dia seguinte, Murilo retrucou: "O Carlos estava burríssimo de Aguiar". Quando Pio XII veio ao Rio em 1934, ainda cardeal, Murilo abençoou-o na porta da Candelária.

Por quê? O cardeal legado abençoava todo o mundo e o poeta achou que era preciso retribuir. Nesse ano de 1934, Murilo se converteu ao catolicismo, com a morte de seu grande amigo Ismael Nery. À obra do poeta, está incorporada uma biografia cheia de

[237]

lances excêntricos. Ele não precisava jurar que tinha visto Mozart uma tarde no seu quarto de Botafogo. Descrevia esse encontro com todos os detalhes. Eu nunca duvidei. Mozart no céu deve estar hoje tristíssimo por não terem associado o seu nome ao do seu amigo Murilo Monteiro Mendes.

• • • • •

Um escritor, uma paixão

29/12/1991

O Hélio Pellegrino tinha um jeito especial de brincar com as palavras. *Jubileu*, por exemplo. Assim que topou com *jubileu*, num texto do ginásio, cismou que não podia ter o sentido que está no dicionário. Se a gente para diante de uma palavra e diz sílaba por sílaba, como se a visse pela primeira vez, ela fica logo esquisita. *Jubileu* então, nem se fala. É nome de gente, garantia o Hélio. E daí apareceu o Jubileu de Almeida.

Mas esta é outra história, que conto outro dia. Hoje quero falar é de um jubileu mesmo. A palavra vem do hebraico e a princípio designava uma trombeta que só tocava de cinquenta em cinquenta anos. Daí, jubileu é um período de cinquenta anos. Uma data redonda e festiva. Bastaria o decurso do tempo para lhe dar valor. Afinal, é meio século. Antes que acabe 1991, quero recuar a 1941. Não tenho arquivo. Tenho um papelório amontoado numa canastra.

Verdadeiro cafarnaum. Mas assim como há um anjo das bibliotecas, que indica o livro que a gente está procurando, assim também há um anjo que, entre mil papéis, põe o dedo no papel que interessa. Outro dia dei com os documentos de uma festa de 1941. Depois tudo sumiu de novo. Lá estava o cardápio do jantar

[238]

na Pampulha. O discurso do Murilo Rubião, chamando o homenageado de Benjamim. Sim, era um garoto de dezessete anos que tinha publicado o seu livro de estreia: *Os grilos não cantam mais*. Cento e trinta e três páginas para treze contos. Bonitos números. Título da primeira história: "Anos verdes".

Remotos, dramáticos, presentíssimos anos verdes. Edição Pongetti. Foi paga, claro. "A meus pais" — diz a dedicatória. É até bom eu não ter à mão o papelório grampeado. E as fotos. Assim não cito esta ou aquela palavra. Nem releio os dois artigos adolescentes que escrevi. Louvei o jovem estreante com um severo distanciamento. Estava fingindo de crítico de verdade. Era um artigo só, que o João Etienne Filho publicou de duas vezes. O Etienne nos botava pra frente com aquele entusiasmo meio irresponsável.

Cinquenta anos! Volvido este tempão, sou insuspeitíssimo para enaltecer, agora bem de perto, o escritor de 1941. Ninguém o supera na consciência literária. Os mais velhos logo reconheceram o recém-chegado. Teve sempre a amizade e a admiração dos melhores. Merecida. Hoje toco a minha trombeta cinquentenária com o orgulho de continuar ao seu lado. Sou testemunha, ontem e hoje. Ninguém foi mais fiel à sua vocação do que Fernando Sabino. E à sua paixão realizada: a literatura.

· · · · ·

Não traiam o Machado 08/01/1992

Mais uma vez Machado de Assis no vestibular. Dois capítulos de *Dom Casmurro*, na prova de português aí em São Paulo. Ao menos assim Machado vai sendo conhecido, ou imposto, entre a

[239]

meninada. Se entendi bem, a prova não apenas opta pela versão do ciúme, como nela insiste de maneira tão enfática que nem admite sombra de controvérsia. A hipótese aí encampada, de que Capitu não traiu Bentinho, um Bentinho paranoicamente ciumento qual Otelo, está fundamentada em *O enigma de Capitu*. Apareceu de fato no ensaio de interpretação de Eugênio Gomes, publicado em 1967. Muitas vozes discordaram da hipótese gratuita e absurda, que terá sido levantada como simples quebra-cabeça, um joguinho enigmático pra descansar o espírito numa hora de folga e tédio. Quem fica tiririca, e com toda razão, com essa história mal contada, e tão mal contada que desmente o próprio Machado, é o Dalton Trevisan, machadiano de mão-cheia e olho agudíssimo. Pois nessa prova do vestibular, o drama do Bentinho se apresenta como "centrado no ciúme doentio e na suposta traição de sua esposa". Suposta? De onde os senhores professores tiraram esse despropósito e o passam aos imberbes e indefesos vestibulandos? *Dom Casmurro* saiu em 1900. Machado morreu em 1908. Nenhum crítico nesses oito anos jamais ousou negar o adultério de Capitu. Leiam a carta do Graça Aranha, amigo pessoal do Machado: "Casada, teve por amante o maior amigo do marido". Voltem ao artigo do Medeiros e Albuquerque. Dar o Bentinho como "o nosso Otelo" é pura fantasia. Bestialógico mesmo. Um disparate indigno de pisar no vestíbulo da universidade. Refinadíssimo escritor, mestre do subentendido, virtuose da meia palavra, do *understatement*, Machado jamais desabaria numa grosseira cena de alcova, como num flagrante policial de adultério. Mas, se querem, o flagrante está no capítulo 113, "Embargos de terceiros". No anterior capítulo 106, "Dez libras esterlinas", Capitu revela os escondidos encontros com Escobar. Bentinho era estéril — precisa prova maior? De onde então essa ideia pateta de um Bentinho ingênuo e ciumento?

Não é uma simples suspeita que está no capítulo 99, "O filho é a cara do pai". D. Glória, avó amantíssima, rejeita o neto putativo. Está na cara que nenhuma razão justifica virar o romance e o Machado pelo avesso. Ensinar errado é pecado capital. Ouçam o Dalton. Quem insistir na tese do "enigma" não lhe dirija a palavra. E de lambujem não me cumprimente. Machado merece respeito!

· · · · ·

Inocente ou culpada
13/01/1992

"Eu sei que tu sabes o que eu nem sei se tu sabes." Isto é a epígrafe de uma novela que começa assim: "Ultimamente ando de novo intrigado com o enigma de Capitu. Teria ela traído mesmo o marido, ou tudo não passou de inspiração dele, como narrador? Reli mais uma vez o romance e não cheguei a nenhuma conclusão. Um mistério que o autor deixou para a posteridade". É o primeiro parágrafo de *O bom ladrão*, de Fernando Sabino.

Se não se trata de simples truque do narrador, por aí se pode concluir que o Fernando talvez esteja entre os que entendem que existe mesmo o tal enigma de Capitu. Nem por isso o Dalton Trevisan e eu vamos deixar de cumprimentá-lo. Antes, se diverge de nós, é mais um motivo para mantermos o diálogo. Trocar uma gravata vermelha por uma gravata vermelha não tem a menor graça. Até o escambo pede mercadorias distintas.

Eugênio Gomes era um machadiano de verdade. Em 1939, ano do centenário do Machado, publicou um livro pioneiro sobre as influências inglesas em Machado de Assis. *O enigma de Capitu*, que pouca gente leu, apareceu em 1967. Capitu era inocente ou culpada? A pergunta está na orelha do livro. Em 1958, o criminalista Aloysio de Carvalho Filho tentou o processo de Capitu. Conheci-o senador e guardo boa lembrança dos nossos bate-papos sobre esse "julgamento".

Dizem que da discussão nasce a luz. Moço, escrevi que da discussão nascem os perdigotos. Depois passei a ver a polêmica no quadro do humorismo. Sem fair play, é uma chatice. Desaforo não tem graça. Carlos de Laet, Camilo Castelo Branco, Oswald de Andrade, Nelson Rodrigues — todos os bons polemistas são humoristas. Até o Antônio Torres da lusofobia tem piada. O José Guilherme Merquior, que adorava uma polêmica e que póstumo continua polêmico, gostou da minha tese. Um dia conto essa história, de que faz parte o Hélio Pellegrino.

Data de 1933 o ensaio de Mário Casassanta sobre "Machado de Assis e o tédio à controvérsia". Machado nunca respondeu ao Sílvio Romero ou a quem quer que seja. Tinha horror aos chatos. Nem precisa lê-lo para saber disso. Basta ler o Eugênio Gomes no *Enigma*. A obra machadiana é toda repassada de finura, de espírito. De *wit*. O Dalton Trevisan e eu recusamos o cinto de castidade que impuseram à Capitu. Só ela tem de ser fiel nesta época de permissividade. Dá pra discutir com quem leu o Machado. Ou discretear, mas com estilo e graça. Machadianamente.

·····

Capitu e o meu ônfalo 15/01/1992

Acredite, se quiser. Sem qualquer associação com o *Dom Casmurro*, há dias venho lendo o Livro de Ezequiel. Ontem cedinho abri a Bíblia na página em que a tinha deixado na véspera, capítulo 16. Jerusalém é aí comparada numa alegoria à esposa infiel que dá título ao capítulo. Começa assim: "A palavra do Senhor foi-me dirigida nestes termos: Filho do homem, descobre a Jerusalém os seus crimes abomináveis".

Bastaram dois versículos, 1 e 2, para me remeter ao capítulo 116 do *Dom Casmurro*, cujo título é "Filho do homem". Este é um dos capítulos que, a meu ver, denunciam a infidelidade da Capitu. José Dias chama o filho de Capitu de "o nosso profetazinho". Explica-se: o nome do garoto era Ezequiel, o que leva o agregado a esta outra fala: "Diz-me, filho do homem, onde estão os teus brinquedos?".

O leitor Rogério Belda acha que a polêmica sobre a traição da Capitu vai contribuir para que mais gente leia ou releia *Dom Casmurro*. Assim seja. Já o prof. Fernando Teixeira de Andrade discorda do meu ponto de vista, me acha algo desatualizado e relaciona uma competente bibliografia, que, mera coincidência, também conheço. Quanto ao paralelo entre Bentinho e Otelo, está, sim, desde 1960 em Helen Caldwell. Entendo, porém, que foi o livro de Eugênio Gomes que em 1967 fundamentou e vulgarizou a tese do ciúme do Bentinho para inocentar a Capitu.

Se na coluna "Não traiam o Machado" fui insatisfatório nesse ponto, reconheço também que recorri a certa rudeza de expressão. Há no meu texto um claro convite ao debate. Daí a ideia pateta, o despropósito, o disparate e o bestialógico, palavras que usei e elevaram a temperatura da polêmica. Na verdade, eu trouxe para o jornal uns restos de uma velha discussão calorosa, mas cordial, com um amigo que insiste em me contrariar. Público, o tom ficou inadequado.

Nesse tom é que o prof. Antonio Medina Rodrigues viu os meus desmandos. Daí denunciou o meu problema moral da escri-

[243]

ta, a minha frase narcísica e concupiscente e a minha contemplação do meu próprio umbigo. Uf, que baita egolatria! Tento pôr de lado o *haissable moi* e volto a Ezequiel, ao mesmo capítulo 16, versículo 4: "No dia do teu nascimento, teu cordão umbilical não foi cortado". Outra coincidência, cá está o meu ego. Ou o meu umbigo. Posso garantir, porém, que ele foi cortado e enterrado ao pé de uma roseira em São João del Rei, para me dar sorte. Deu? Lá deviam ter enterrado também o meu ímpeto polêmico.

. . . . .

Se mais houvesse   15/03/1992

Como tudo neste mundo, a pedagogia tem mudado muito. No Brasil, pouco apegado à tradição, muda toda hora. Ou de ano para ano. Já não existe hoje, por exemplo, antologia, como no meu tempo. Não sei se é pior ou melhor. Pode ser melhor, por que não? *Antologia* é uma palavra da botânica. Vem do grego e significa qualquer coisa como "colher flores". Também se pode dizer *florilégio*. No sentido figurado, antologia ou florilégio é uma coleção de excertos.

Se está complicado, desculpe. Mas é assim que está na *Antologia nacional* do Fausto Barreto e do Carlos de Laet. Em Minas, tínhamos, posterior, a do Cláudio Brandão. Também se pode dizer *crestomatia*. São palavras que saíram de moda. Já não destroncam a língua dos colegiais. Antologia ou crestomatia é uma compilação de trechos escolhidos em prosa e verso. Brasileiros e portugueses. A gente beliscava de tudo um pouco. Era uma degustação de muitos pratos. De cada um se tirava uma provinha.

Autor que nunca faltava nessa mesa fornida era o padre Antônio Vieira. Sua arte parenética, crivada de antíteses, reboa no século XVII e repercute até hoje. Um de seus ecos está, por exemplo, no *Boca do Inferno*, de Ana Miranda. Está o barroquíssimo orador, está o personagem assombroso, junto de Gregório de Matos, outro que tinha lugar assegurado nas antologias. Um e outro fazem prodígios com a nossa última flor do Lácio.

Mas, se me permitem, o Vieira é o maior espanto desde que se inventou a língua portuguesa. Profeta, viu pra diante e pra trás. Esotérico, lia nos astros e sobretudo nos cometas. Nas antologias, um trecho infalível de sua lavra era o que conjuga o verbo *rapio*. No latim, é "furtar, roubar, saquear". Dizia o Vieira que o verbo se conjuga por todos os modos. Furtam pelo modo imperativo, como pelo mandativo. Pelo optativo conjuntivo.

Também pelo modo permissivo, porque permitem que outros furtem. Igualmente pelo modo infinitivo, porque não tem fim o furtar com o fim do governo. Esses modos conjugam por todas as pessoas, como juntamente por todos os tempos. Não lhes escapam os imperfeitos, perfeitos e *plus-quam* perfeitos. Furtam, furtaram, furtavam, furtariam e haveriam de furtar mais, se mais houvesse. Até aqui, o Vieira. Perseguido pela Inquisição, defendeu os índios. Implacável, pregou contra a escravidão e o roubo. Será que passou de moda?

· · · · ·

A defunta, como vai?   22/03/1992

A crônica morreu ou está morrendo? Essa pergunta foi feita exatamente há vinte anos, em março de 1972, a Paulo Mendes

Campos, Rachel de Queiroz, Fernando Sabino, Clarice Lispector, Nelson Rodrigues e Carlos Drummond de Andrade.

Leitura fácil, o leitor hoje prefere a televisão e outros meios de comunicação, declarou Paulo Mendes Campos.

A crônica não é bem um gênero literário, disse Fernando Sabino. É uma coisa simples, amena. Hoje vivemos uma época de comunicação agressiva. O leitor se concentra menos em amenidades. Não há mais lugar nem para o romance tradicional, a obra de pura ficção. Pessoalmente, nunca quis ser cronista. Sempre quis ser ficcionista. Me sinto como o atleta que treinou para um recorde e, quando chega o momento, a competição foi suspensa.

Eu nunca tinha pensado na morte da crônica, disse Rachel de Queiroz. Pode ser uma questão de maré alta e maré baixa. É como o soneto. Há vinte anos, era uma heresia. Agora está voltando à moda. O fato é que nós, cronistas, não tivemos sucessores. É um gênero que se esgota, começa a se repetir e cansa. Hoje, lê-se menos e pior. Ninguém tem tempo para as chamadas amenidades.

Drummond, pessimista por natureza, esquivou-se de responder à pergunta. Fazia prosa de jornal para ganhar a vida, disse. Já a Clarice Lispector foi taxativa: quando comecei, não sabia fazer crônica. E ainda não sei. Pelo menos como é feita no Brasil. Não sou cronista, mas acho que a televisão prejudicou muito a crônica. Escrevo no jornal porque preciso trabalhar.

Agora o Nelson Rodrigues: de vez em quando, chega um e mata um gênero literário. Anunciaram até a morte da palavra. A verdade é que ninguém morreu. Nem o romance, nem a poesia, nem o teatro, nem a crônica. Se o público abandonou certos cronistas, é porque nada tinham a dizer. O silêncio lhes assenta muito bem.

Agora uma curiosidade: todos citaram o Rubem Braga, menos o Nelson. Existem o Rubem e os imitadores do Rubem, disse o Fernando Sabino. Crônica é um gênero que o Rubem Braga criou, disse a Clarice. Bom, e o Rubem? O Rubem resmungou qualquer coisa que ninguém entendeu.

· · · · ·

Azuis, verdes, castanhos 13/07/1992

Já uma vez escrevi aqui que todos temos a vista cansada. A gente vê sem ver. Não repara. Ou não presta atenção. Na hora de dizer como é, ou como foi, é uma dúvida cruel. Daí a controvérsia em torno de qualquer testemunho. A coisa mais simples, mais evidente, nos põe hesitantes. Um bom exemplo: a cor dos olhos do Carlos Drummond de Andrade. A editora pediu à Rachel Braga pra fazer um retrato do poeta.

Na hora de colorir, ai meu Deus, e os olhos? Do seu ateliê ligou para um e para outro. Todo mundo na dúvida. Um foi à bibliografia. Completa omissão. Outro foi à iconografia. Fotos em branco e preto não dizem a cor dos olhos. Um terceiro lembrou-se do retrato a óleo feito pelo Portinari. Mas a reprodução desbotada mostra uma cor indecisa. Um amarelo gateado. A indagação veio afinal bater aqui. Eu sapequei logo: azuis.

Eram azuis os olhos do poeta, escrevi com mão firme. Azuis eram também os olhos de sua filha Maria Julieta. Os óculos do poeta míope é que não deixavam ver o límpido azul. Olhos pequenos, têm nas fotos uma expressão melancólica. E eram mesmo olhos tristes, como aparecem no desenho da nota de cinquenta cruzeiros. Homenagear um poeta com essa porcaria de dinheiro

[247]

que não vale nada. Mas vamos adiante. Olhos azuis? Que nada! Verdes, garante o Abgar Renault.

O Abgar é também grande poeta e conheceu o Carlos menino. Amigos da vida toda, jura que eram verdes. A Clara Diament, que me pede um texto sobre o Drummond, agora põe em dúvida o meu conhecimento do poeta. Se não sei nem a cor dos seus olhos! Pois aqui está: azuis. Disse e repito. O Abgar que me perdoe. Mas eram azuis. Azulíssimos. Pedi ajuda ao Cyro dos Anjos, amigo e compadre do Carlos. Duvidou um pouco, mas afinal produziu a verdade: azuis.

No desenho da Rachel Braga, ficou o azul. Aceitou o meu palpite e ainda me deu de presente o desenho. Muito bem bolado. Verdes, Abgar, eram os olhos do Vinicius. Pode algum leitor mal-humorado dizer que estamos discutindo o sexo dos anjos. *Lana-caprina*. Nada disso. Lúcio Cardoso uma vez me disse que só escrevia porque não tinha olhos verdes. Uma boa resposta à clássica pergunta: por que escreve? O Vinicius e o Carlos podiam dizer que escreviam porque não tinham olhos castanhos. Como os do Lúcio. Resposta igualmente válida.

· · · · ·

O poeta e os seus olhos 25/09/1992

Outro dia a Rachel, sobrinha do Rubem Braga, tinha de fazer um retrato do Carlos Drummond de Andrade. Desenhista, lhe pediram que retratasse o poeta quando jovem. O trabalho ia indo quando ela empacou numa dúvida. De que cor eram os olhos do Carlos? Imediatamente telefonou à sua tia Yeda. Yeda pensou,

[248]

pensou e mergulhou em profunda perplexidade. Como a resposta era urgente, ela telefonou ao Moacir.

Ouvida a pergunta, o Moacir por sua vez entrou numa dúvida hamletiana. Conheceu o Carlos Drummond de Andrade anos a fio. Conviveu com ele. E essa agora? Pediu um tempinho para se lembrar, como se cor dos olhos fosse coisa de se lembrar com o tempo. Habituado à pesquisa enciclopédica, o Moacir foi às fontes, isto é, aos livros. Nenhum texto compulsado fazia referência aos olhos do poeta. Como é falha a nossa bibliografia!

Lembrou-se do João e dos seus arquivos implacáveis. Ele na certa devia ter arquivada a cor dos olhos do poeta, com as irisações e os revérberos segundo a hora e a luz do dia. Mas o João não estava. Ligou então para o Antônio. Vago, mergulhado na história que está escrevendo, o Antônio só faltou perguntar quem era esse tal de Carlos Drummond de Andrade. Em matéria de olhos, tinha lido recentemente um estudo sobre a visão de Joyce. A Yeda esperando e a Rachel aflita, os telefonemas andaram ceca e meca.

Até que a chamada deu aqui em casa. Azuis. Claro que eram azuis. Respondi na bucha. Me lembro muito bem. Várias vezes brinquei com o Carlos sobre a cor dos seus olhos. Dizia-lhe que, velho, fazia sucesso com as meninas por causa dos seus olhinhos. Aliás, sua filha Maria Julieta também tinha olhos azuis. Celestialmente azuis. O Moacir foi procurar e achou o retrato do poeta feito pelo Portinari, em 1936. Podia ser defeito da reprodução, mas não pareciam azuis. Gateados talvez, com um pálido fio amarelo. Quem sabe verdes. Claros, em suma.

Azuis, insisti. Dias antes, na fila do banco, alguém me mostrou o retrato do poeta na nota de cinquenta cruzeiros e me perguntou se eu o achava fiel. Primeiro, a nota não vale nada. Não compra nem um pãozinho. Um escárnio. Mas o retrato é bem-feito.

E me intriga. O poeta aparece ali muito triste. Ele tinha, sim, os olhos azulmente tristes. Mas há no retrato um rictus que me desagrada. A cédula traz um verso que se refere ao "secreto semblante da verdade". Secreto? Secretíssimo, a começar pelos olhos.

·····

Sina de poeta

19/04/1992

Há por aí poetas jovens bastante aflitos com a falta de espaço que o mundo de hoje reserva à poesia. Terá sido diferente no passado? Ao chegar aos oitenta anos, idade até há pouco proibida aos poetas, Carlos Drummond de Andrade disse que não tinha ilusão. Quinze dias depois de sua morte, estaria esquecido. Como tantos escritores, viveu de escrever na imprensa e de um lugarzinho público. Sua aposentadoria raiava o ridículo.

Ainda agora foi sancionada a lei que concede pensão à viúva Drummond, sua musa Dolores, companheira fiel de uma longa vida. Em valor atualizado, a pensão é de Cr$ 612 483,56. Pena que o poeta não esteja aí para glosar a pensão, o número e em particular o quebradinho de cinquenta e seis centavos. Podia fazer com isso uma crônica, ou uns versos para a sua *Viola de bolso*. Quando se fala em pensão, a gente pensa logo na tença que foi dada ao Camões.

Além de épico, que cantou as glórias pátrias, o Camões perdeu um olho em combate. Duplamente herói. Mas a tal tença, atualizada, não iria além, se tanto, dos Cr$ 612 483,56 da viúva Drummond. Pelo mesmo padrão andaria a pensão com que se aposentou o Manuel Bandeira, outro que chegou aos oitenta anos.

[250]

Professor de literatura hispano-americana, o poeta não tinha sequer o direito de se aposentar. Foi preciso votar uma lei especial, iniciativa do deputado Carlos Lacerda.

João Cabral de Melo Neto ganhou agora o prêmio Neustadt. São quarenta mil dólares, nada mau. O Neustadt já contemplou Octavio Paz, Ungaretti, Francis Ponge e Elizabeth Bishop. Dizem que esse prêmio é o aperitivo do Nobel. Assim seja. O João Cabral o merece, como o merecem outros poetas brasileiros. Abgar Renault, por exemplo, altíssimo poeta, que acaba de completar noventa e um anos. Mesmo entre intelectuais, quem lê o Abgar? JCMN diz que a sua editora tem mais funcionários do que ele tem leitores.

Cercado por curiosos e repórteres, no auge octogenário de sua notoriedade, Drummond suspirou: "Ah, tivesse eu tantos leitores!". A poesia no Brasil não vive do público, porque ninguém lê, diz o João Cabral. Nem por isso os poetas entre nós deixam de alcançar o que bombasticamente se chama de o panteão da glória. Homero e Shakespeare talvez não tenham existido. É o que dizem a sério os entendidos. Existe, porém, a poesia de um e outro. Hoje, com a mídia, sabe-se da existência do poeta. Mas a poesia é uma incógnita. Ou apenas silêncio.

· · · · ·

Há dez, vinte anos   30/10/1992

A trama começou bem antes do dia 30. Setenta anos, tenha a paciência, é uma idade redonda. Provecta e rara. Como diz o Aloízio de Salles, antigamente só uns poucos varões faziam sessenta anos. Quanto mais setenta. Privilégio apontado como exemplo. Hoje, qualquer beldroega faz sessenta, setenta. Até oitenta. Mas, há vinte anos, o poeta setentão pedia badalação nacional.

Vizinho de sala da condessa Pereira Carneiro, fiquei de conversar com o Carlos. Conversá-lo e praticá-lo. Tempo perdido, eu sabia de antemão. A gente sempre se falava ao telefone. Entrei de mansinho. Assim que se tornou explícito, evidente que nem que a vaca malhada tossisse lá em Itabira. E começou a galhofa. Todo dia eu lhe dava notícia. A programação engordava, farfalhante.

O jantar de setenta talheres passou a cento e quarenta. Duzentos e dez, duzentos e oitenta! Um sem-número de adesões. Espontâneas, inarredáveis. O Copacabana Palace, não. Só o Maracanãzinho. Fogo de artifício, regata. Alvorada de sete bandas. Viriam de Minas. Sete? Já eram setenta. A página inicial se ampliou. Virou um número especial do *Jornal do Brasil*. Um só? Sete números. A fachada do prédio ia se engalanar. Também fazia setenta anos. Cara a cara, era um rir sem conta. Tudo fechado, verdade, eu jurava.

Está me tomando por santo padroeiro? Isso mesmo. Padroeiro, unanimidade nacional. Poeta maior, não, pelo amor de Deus. O título lhe dava nos nervos. Idiota, idiota, ciciava, célere. Brincadeira à parte, mandou a Maria Julieta me sondar. Está bem, não podia proibir. Fizesse uma coisa discreta. Na carta que me mandou, uma curiosidade. Não indicava ninguém pra escrever. Mas proibia uns tantos de participar. Não queria homenagem de fulano, sicrano, beltrano.

Dez anos depois, a Maria Julieta cooperou. E saiu até a entrevista pra televisão, gravada na Nova Fronteira. Ficou impressionado com o bando de gente. Equipe de umas vinte pessoas. Dos setenta anos já tinha me feito a síntese. Impublicável, ai de nós!

Oitenta, imaginem. Glória, glória, cantavam até os pardais. E ele ao meu ouvido: fora a pedra e agora José, ninguém aqui sabe um verso meu. Uma hora da manhã, o telefone toca na minha casa. Indignado, cancelava tudo. Tinham magoado a filha Juju. Desfeito o mal-entendido, celebramos afinal os oitenta anos do poeta Carlos Drummond de Andrade.

· · · · ·

Quanto vale o poeta

22/02/1992

Sim, ele tinha de fato um olhar triste. Os olhos azuis, de um azul profundo, que vinha do fundo dos séculos. Da ancestral Escócia, ou de um afluente celta que passava pelo Portugal nortenho. Naquele remotíssimo ano, ali na avenida Afonso Pena, em Belo Horizonte, a gente via pela primeira vez, em carne e osso, o poeta. Seus versos entravam na conversa e dela saíam sem aspas. Palavras de passe, o código.

Perdi o bonde e a esperança, dizia um, enquanto passava o bonde. Havia bondes e havia esperança. Pouco importava o que diziam os jornais. Havia jardins, havia manhãs naquele tempo. Volto pálido para casa, dizia o outro. A tragédia lá fora, a guerra. Nossos ombros suportavam o mundo e ele não pesava mais do que a mão de uma criança. O amor não tem importância. Que é a velhice?

A cidade ainda cheirava a roça. E cheirava a tinta, novinha em folha. Todavia, velha cidade! Era ali mesmo, naquele cenário, que se situavam os versos tão repetidos. As árvores tão repetidas. Debaixo de cada árvore faço minha cama. Eu via a árvore, por que não veria a cama? Em cada ramo dependuro meu paletó. A avenida tinha muitas árvores, muitos ramos. E ali estava o poeta, com o seu paletó. Escovadíssimo, nos trinques. E os tristes olhos azuis.

Ao Paulo o que impressionou foram os sapatos de camurça. Volta e meia, anos a fio, os sapatos voltavam à conversa. O poeta achava graça e ria. Um simples detalhe, desses que ficam para sempre. Como um cisco que se recusa a sair. Há três anos, desde março de 1989, a efígie do poeta está numa cédula que começou sendo de cinquenta cruzados novos. Hoje é de cinquenta cruzeiros. Não vale um caracol.

O raio dessa nota me persegue. Vira e mexe, tenho duas, três no bolso. Nem de óculos consigo ler os quatro versos da "Prece de mineiro no Rio". Fujo da "Canção amiga", que está inteira na cédula. Quanta coisa no anverso e no reverso de um papelucho que não vale nada. Está fiel o desenho. É a sua cara. Mas fechada demais. E ele ria, sabia rir. Aqui está tristíssimo, como nunca o vi. Deve ser o diabo dessa inflação. Fujo da efígie e reencontro, remoto, em Minas, o poeta Carlos Drummond de Andrade.

· · · · ·

Este ambiente hoje

10/07/1991

Quando escrevi outro dia sobre a morte de Pompeu de Souza, lembrei uma espécie de saudação que ele empregava a três por dois: "Monstro de escuridão e rutilância". Não disse, porque não calhou, que se trata de um verso do soneto "Psicologia de um vencido", de Augusto dos Anjos. É o soneto que começa com o decassílabo "Eu, filho do carbono e do amoníaco" e abre o segundo quarteto com o famoso verso "Profundissimamente hipo-condríaco".

A beleza do soneto em boa parte vem de sua estranheza voca-bular, ou seja, da busca propositada da palavra difícil e em princí-pio nada poética. Esse recurso deu ao poeta, alheio ao modernis-mo, uma nota de singular modernidade. Talvez seja o caso de dizer que Augusto dos Anjos também refletiu com fidelidade uma inclinação pessimista que há na alma brasileira. E refletiu-a com o gosto igualmente brasileiro de complicar a expressão, com mani-festa preferência pelas palavras difíceis e raras.

O poeta situou-se no polo oposto ao romantismo que tudo idealiza, a começar pelo índio, que só no indianismo de Gonçal-ves Dias e de José de Alencar teve o lugar de honra que merece, ou que lhe devemos. A realidade passa muito abaixo desse alto--astral poético, feito de nobres e heroicos sentimentos. O indianis-mo de hoje, do dia a dia, tende muito mais para o realismo, o que implica ingressar no reino do mais deslavado pessimismo. O pior é que há razões para isso.

Mas voltando a Augusto dos Anjos. Todo brasileiro, filho do carbono e do amoníaco, sofre, desde a epigênese da infância, a influência má dos signos do zodíaco. Com licença para quebrar os versos do poeta, pode-se dizer que é raro o brasileiro que, profun-dissimamente hipocondríaco, não sinta hoje vontade de recitar: "Este ambiente me causa repugnância... Sobe-me à boca uma ân-sia análoga à ânsia que se escapa da boca de um cardíaco".

Numa hora em que tanto se fala de marketing político, e não só se fala como se pratica, seria oportuno buscar o antídoto para a síndrome de Augusto dos Anjos — a cava depressão do brasileiro. Onde está, porém, esse antídoto? Na F-1? Na Fórmula Indy? Na *Escolinha do Professor Raimundo*? No *Carrossel*? No *Cara a cara* do Lula com a Gabi? No Brasil oficial é que não está. Porque este está é de lascar.

·····

Deixem o tigre em paz 31/08/1991

Dizem que o Getúlio era partidário de deixar como está para ver como é que fica. Para ter passado tanto tempo no poder, quinze anos de uma estirada, e ainda voltar pelas urnas, devia entender do riscado. Mais: entendia e no fundo interpretava o sentimento popular. O brasileiro traz de longe, de várias raízes culturais, uma inclinação que não está longe do fatalismo. O que é irremediável remediado está. O que tem de ser tem força. Nada de murro em faca de ponta.

No caso da inflação, desconfio que vamos chegando à filosofia getulista. Estamos condenados a não ter moeda estável. Então é ir levando. Deixar correr frouxo. Digamos que é o nosso destino. O nosso carma. São anos e anos, decênios, de convívio com a inflação. O próprio governo, esse que aí está, até disse que é um fenômeno da nossa cultura. Incorporado ao nosso jeito de ser e de viver.

Quando já tinha mais idade e mais peso do que gostaria, Rubem Braga foi a um médico que lhe examinou a coluna vertebral. Cismou o doutor que era preciso bisbilhotá-la de alto a baixo. Radiante, identificou e contou nada mais nada menos do que quinze bicos-de-papagaio! Quinze osteófitos. O cronista devia estar sofrendo de uma tremenda ostealgia. Mas o Rubem não era de se assustar à toa. Não seriam dois palavrões que iriam botá-lo em pânico e obrigá-lo a um longo e complicado tratamento.

[256]

O diagnóstico podia estar certo. O homem era um especialista e um especialista dá de cara sempre com a sua especialidade. Quinze osteófitos. Sim, senhor. Quinze bicos-de-papagaio. Mas todos caladinhos. Nenhum até aquele momento tinha dado sinal de vida. Não falavam, nem cantavam. Dor, nenhuma. Lá ficaram intocáveis e conviveram muito bem com o sabiá da crônica. Quando contava a história, sentia-se que o Rubem tinha um certo orgulho ornitológico de seus quinze taciturnos psitacídeos.

No caso do Brasil, o famigerado tigre da inflação, se foi atingido pelo único tiro, vai passando bem, obrigado. Agora anda aí o rumor de um novo pacote. O tigre duvido que se assuste. Cochila tranquilo como um gato no borralho. Já pertence à família e não há de ser mais um pacote ou mais um choque que vai assustá-lo. Ou um tiro, ou um *ippon*. O povo, este morre de medo. Ou de tédio. Vai começar tudo de novo, haja paciência. O melhor seria não fazer marola. Mas os especialistas querem é cutucar o tigre. E a gente que engula e aguente.

· · · · ·

O pastel e a crise
22/09/1991

Quando a crise convida ao pessimismo ou ameaça descambar na depressão, está na hora de ler. Poesia ou prosa, tanto faz. A partir de certa altura, bom mesmo é reler. Reler sobretudo o que nunca se leu, como repeti outro dia a um amigo que não é chegado à leitura. Ele mergulhou no Proust sem escafandro e se sente mal quando vem à tona e respira o ar poluído aqui de fora.

[257]

Verdadeiro sábio era o Rubem Braga. Tinha com a vida uma relação direta, sem intermediação intelectual. Houvesse o que houvesse, trazia no coração uma medida de equilíbrio que era um dom de nascença, mas era também fruto do aprendizado que só a experiência dá. No pequeno mundo do cotidiano, sabia como ninguém identificar as boas coisas da vida. E assim viveu até o último instante.

Certa vez, no auge de uma crise, crivada de discursos e de diagnósticos, o Rubem estava de olho nas frutas da estação. Madrugador, cedinho já sabia das coisas. Quando o largo horizonte nacional andava borrascoso, ele se punha a par das nuvens negras, mas não mantinha o olhar fixo no pé-direito alto da crise. Baixava o olhar ao rodapé, pois o sabor do Brasil está também no rés do chão. Num dia de greve geral, inquietações no ar, tudo fechado, o Rubem me telefonou: "Vamos ao bar Luís, na rua da Carioca? Vamos ver a crise de perto".

E lá fomos. O bar estava aberto e o chope, esplêndido. Começamos por um preto duplo, que a sede era forte. Depois mais um, agora louro. E outro. Claro que não faltou o salsichão com bastante mostarda. Calados, mas vorazes, cumpríamos um rito. Alguém por perto disse que a Vila Militar tinha descido com os tanques. Saímos dali e fomos a um sebo. O Rubem comprou *Xanã*, do Carlos Lacerda, com dedicatória. Depois pegamos o carro e voltamos pelo aterro, onde se pode exercer o direito da livre eructação. Tinha sido um perfeito programa cultural. E sem nenhum incentivo do governo.

Vi agora na televisão que o maracujá está em baixa e me lembrei do velho Braga. Nem tudo está perdido. Fui à feira e comprei também dois suculentos abacaxis. Caem bem nesta hora de atribulação nacional. Só falta agora descobrir um bom pastel de palmito na zona norte. Se o Rubem estivesse aí, lá iríamos nós atrás da deleitosa descoberta. Depois, de cabeça erguida, enfrentaríamos a crise e até o caos.

. . . . .

Um ano de ausência

19/12/1991

A porta aberta, você dava logo de cara com um azulejo na parede: "Aqui mora um solteiro feliz". Uma pitada de humor com um toque popular. Essa graça espontânea que a tudo dá gosto. Do contrário, a vida é só enfado e mormaço. Era de fato um solitário. Precisava de ser só. Nisso, sua personalidade era feita de uma peça só. Incapaz de simulação, ou até, em certos casos, de uma ponta de hipocrisia que se debita à polidez social.

Nunca vi solitário de porta tão aberta. Nesse sentido, falando de Minas, do tempo em que lá viveu, observava o recato, a quase avareza com que os mineiros tratam o forasteiro. Talvez por isso nunca se esqueceu de um almoço em Caeté, que lhe deu uma página antológica do ponto de vista das duas artes — a culinária e a literária. Sendo um temperamento encolhido, sobretudo na mocidade, gostava desse clima de intimidade que cria laços de confiança e amizade para sempre.

À primeira vista, ou de longe, parecia, sim, isto que os franceses chamam de *ours*. Um urso. Sempre metido consigo mesmo, fabricava o seu próprio mel. Espécie de ruminante, que se alimenta da matula que traz de nascença. Fugia da cilada sentimental, ou da emoção, pelo atalho do *sense of humour*. Se sabia manejar a lâmina da ironia, nunca a usava a seco. Sempre compensada por

[259]

uma tirada de forte teor humano. Horror ao pedantismo, à afetação. Não impostava a voz, nem a pena.

Talvez tivesse qualquer coisa de bicho, esse homem sensível à beleza fugaz deste mundo. Na sua relação com a natureza, não havia intermediação de ordem intelectual. O coração da vida pulsava no seu coração. Alerta nos cinco sentidos, ser instintivo, sólido bom senso, era capaz de estranhar. No sentido em que se pergunta de um cão se ele estranha. Guardava distância do poder, mas não julgava o poderoso pela aparência. Independente diante do grande e do pequeno.

Era um ser livre e lírico. Seu claro olhar de sabedoria espiava o Brasil com algum tédio. Paisão sem jeito, que trata mal as crianças e os pobres. O sentimento de justiça sem apelo ideológico. Muito antes do modismo conservacionista, pleiteou a causa do macaco carvoeiro e de todo e qualquer ser ameaçado. Tinha uma disponibilidade fundamental para ver e escrever. Um senhor poeta, o cronista Rubem Braga.

· · · · ·

Sangue de jabuticaba

09/02/1992

Foi um choque tão violento que ninguém esquece. Lembra o suicídio do Getúlio, a 24 de agosto de 1954. Eu estava fazendo a barba e juro que achava que faltava um desfecho qualquer, talvez de sangue. Não, nunca passou pela minha cabeça que o Getúlio pudesse se matar. O telefone tocou, era o Pedro Gomes com a notícia. Eu não tinha pregado olho naquela noite. Saí com a barba meio por fazer e me toquei pra cidade.

Na tarde de 22 de novembro de 1963, vejam a minha insensibilidade. Minha, não. Nossa, do Rubem Braga e minha. O Rubem era doido por fruta brasileira. Sabia direitinho a estação de cada fruta. Era capaz de viajar quilômetros atrás de um maracujá. Pois o Juca Chaves, o nosso amigo do Juca's, mandou lá do seu sítio litros e litros de jabuticaba. Pretinhas, lisinhas, uma delícia. O Rubem era guloso e impunha um rito para aquela degustação.

Devíamos ser três em torno da bacia. Sim, bacia, e das grandes. Mas o terceiro, graças a Deus, falhou. Aí ficamos o Rubem e eu, dois bichos a chupar jabuticaba. A gente mal se olhava e um controlava o ritmo do outro. Eu era mais rápido. O Rubem era mais voluptuoso e de vez em quando se dava ao luxo de se deitar na rede. Era ali em Ipanema, na antiga coberturinha perto do Veloso, hoje Garota de Ipanema. De repente, telefonaram. O Kennedy tiroteado.

Logo veio a confirmação: morreu. Telefonou o Carlinhos Oliveira e eu disse que quem puxou o gatilho foi o ressentimento. O mundo não aguentava um sujeito moço, bonito, poderoso e ainda por cima casado com a Jacqueline. Jack & Jackie. O Carlinhos pegou o mote e escreveu um bonito texto. Em vez de vir se juntar aos bons e chupar jabuticaba, foi pro jornal, coitado. O Rubem e eu ficamos ali entre a televisão, o rádio e o telefone. Desceu sobre nós uma sombra de culpa.

Às jabuticabas, disse o Braga, destemido. Mas ficou foi espiando uma nesga de mar lá longe, nas Cagarras. Não vou dizer que jabuticaba pra mim tem gosto de sangue, porque é mentira. Mas a morte do Kennedy está associada àquele saboroso momento. Ó contrastes! Ainda agora eu fui ver o filme do Stone e me deu um sono! A voz do Costner é chatinha. Nunca senti tanta saudade do cinema mudo. Desculpem: e de jabuticaba. Se tirar o áudio, o filme some com aquela falação interminável, cruz-credo!

A força do contraste

13/04/1992

Uma vez Rubem Braga foi a um velório e ficou impressionado com o número de moças bonitas que viu por lá. Todas choravam copiosamente. O sabiá da crônica era amigo da falecida e de seus parentes. Triste, fazia questão de mostrar a sua dor. Entrou na capela, espiou de longe o esquife, mas se retirou logo. Estava encabulado de não saber chorar daquela forma tão comovente. Patética mesmo. Fora da capela, viu mais lágrimas. E outras faces de luto e mágoa.

Está bem que chorassem. Ou arrancassem os cabelos, com esgares de carpideira. Mas por que tanta mulher bonita? Não pertenciam à família, que aliás nem era das mais bem-dotadas. Um comício de moças bonitas num velório! Durma-se com um barulho desses. A princípio intrigado, o Rubem passou depois a uma espécie de irritação. A sua sobriedade sentimental estava ficando mal diante daquela choradeira. Moças lindas fungando, se assoando, soluçando.

O cronista afinal se retirou e foi almoçar com dois amigos. Só então se deu conta de que não tinha conseguido manifestar o mínimo sentimento de pesar pela morte de sua querida amiga. No restaurante, todo mundo percebeu que o Rubem estava num dia favorável. Quase sempre macambúzio, trazia um semblante de tal júbilo que até o garçom ousou lhe perguntar se tinha visto passarinho verde. Se no aperitivo já estava alegre, no primeiro prato se abriu em jovial exuberância.

Foi um dia inesquecível. O almoço se prolongou como uma regata dominical. Despidos de cuidados e preocupação, os corações se alvoroçaram. Nenhuma sombra de inquietação. Só se

[262]

falou de assunto frívolo. Miudezas do dia, que ao contentamento da mesa acrescentava uma pitada de bem-vinda malícia. Mais um pouco e a mesa já não comportava tanta gente risonha e feliz. Foi quando um recém-chegado se lembrou de citar Machado de Assis.

Um repelão de horror correu a roda. Logo Machado! Mas a citação até que calhava. A última palavra do Bruxo, ao morrer: "A vida é boa". Boa? Ótima, esplêndida, magnífica! Estes e outros adjetivos nem precisavam ser articulados. Estavam no ar. E alimentavam a fornalha da euforia geral. Seja a citação machadiana, ou seja o que for, o fato é que Rubem só então se lembrou de resmungar de onde vinha. De um velório? De um velório, sim, senhor. Agora é que a patuscada redobrou de entusiasmo. E era um rir sem conta. Imaginem só: de um velório! O próprio Rubem engasgou de tanto rir.

· · · · ·

Lição de liberdade

04/04/1992

A 30 de abril de 1942, há cinquenta anos, Mário de Andrade fez no Rio a famosa conferência sobre a Semana de 1922. Foi no salão da Biblioteca do Ministério das Relações Exteriores, dirigida por Luís Camilo de Oliveira Neto. No ano seguinte, Luís Camilo assinaria o Manifesto dos Mineiros e seria exonerado. O manifesto pedia o fim da ditadura. A conferência de Mário de Andrade estava associada à causa da democracia e dos aliados.

A guerra se inclinava então a favor do nazifascismo. No Brasil, o Estado Novo impunha o silêncio e a censura. Saudado por

Augusto de Almeida Filho, em nome da Casa do Estudante do Brasil, Mário pregava o "amilhoramento político-social do homem". Carlos Drummond de Andrade, chefe de gabinete do ministro Gustavo Capanema, presidia a mesa. O ministro do Exterior, Oswaldo Aranha, era simpático à causa aliada.

"Os abstencionismos e os valores eternos podem ficar para depois", disse Mário. Aos quarenta e oito anos de idade, já figura histórica, era o papa do modernismo. Patético, sua conferência mobilizava pelo país afora jovens de todas as idades. Tendo na circunstância optado pelo engajamento, pediu em versos a abertura da Segunda Frente. Sem a invasão da Europa, Hitler arriscava ganhar a guerra. Ninguém podia "se sentar na beira do caminho, espiando a multidão passar".

Sua palavra final soava como uma clarinada: "Marchem com as multidões. Aos espiões nunca foi necessária essa 'liberdade' pela qual tanto se grita. Nos períodos de maior escravização do indivíduo, Grécia, Egito, artes e ciências não deixaram de florescer. Será que a liberdade é uma bobagem? Será que o direito é uma bobagem? A vida humana é que é alguma coisa mais que ciências, artes e profissões. E é nessa vida que a liberdade tem um sentido, e o direito dos homens. A liberdade não é um prêmio, é uma sanção. Que há de vir".

Vinte anos antes, uma eternidade aos nossos olhos da época, o jovem Mário, vinte e oito anos, tinha dito versos debaixo de uma vaia bulhenta, no Teatro Municipal de São Paulo. Sentado na escadaria, entre ofensas e caçoadas, falou depois sobre artes plásticas. Um ano antes Mário tinha conhecido Manuel Bandeira em casa de Ronald de Carvalho, no Rio. Leu ali, ainda inédita, *Pauliceia desvairada*. 1922 e 1942. Bons tempos. Merecem ser lembrados e exaltados.

[264]

A mestra e o menino

25/03/1992

Nascida a 25 de março de 1892, há cem anos, em Grodno, Rússia, Helena Antipoff veio para o Brasil em 1929. Morreu em 1974, aos oitenta e dois anos. Aluna de Bergson, de Pierre Janet, de Alfred Binet em Paris, depois assistente em Genebra de Edouard Claparède, veio passar dois anos no Brasil e nunca mais voltou. Sua vida é um largo trecho da nossa história da educação. Subdotados e superdotados, crianças excepcionais, meninos de todo gênero: sua obsessão.

Eu ia pelos onze anos quando a vi pela primeira vez. Em que rua, em que bairro, onde morava em Belo Horizonte? Revejo o grupo em que me encontro. Estamos numa sala e madame Antipoff vai entrar. Ela ainda não era mineira e familiarmente a dona Helena. Tarde fria. Eu vinha de São João del Rei e de uma noite maldormida, com asma. Nosso infantil temor reverencial acentuava o silêncio da expectativa.

Não havia na sala assento para todos. Dona Helena jogou uma almofada no chão e ali me sentei. De que é que se falou? Emissária de outro mundo, guardo o eco de seu sotaque peculiar. Sua voz delicada, seus vivazes olhos. Seu delicado à-vontade no falar com todos e com cada um. A gente se sentia gente, não dissolvida anônima no grupo, mas cada qual como cada qual. De tensa, a atmosfera num segundo passou a confortável.

À mesa, na hora do chá, destramelei a língua. A aureolada senhora, a pedagoga, a professora das professoras sabia ouvir. De que falava aquele menino meio insone no sufoco ciclotímico da infância? Dona Helena parecia curiosa, na sua suave circunspecção. Súbito, ouço hoje, inopinado, o meu próprio silên-

[265]

cio. Terei falado além de suas perguntas? Calei e ela passou adiante. Mas o foco de seu afável interesse continuava a me aquecer.

Espigada, seca, ascética, perseguida por uma dor de cabeça que nunca a deixou um só instante, vim a reencontrá-la anos depois. Sem jamais ter planejado nada, como ela própria disse, seu destino estava, definitivo, no Brasil. Seu reformador pioneirismo. Aquele empenho sério, aquela inteira doação de si mesma, assustava um pouco. Mas sabíamos o que ela era, o que valia. Na fazenda do Rosário em Minas ou na Sociedade Pestalozzi no Rio, onde estivesse, estava a paz da vida plena. O exemplo posto na ação generosa. Apostolar.

· · · · ·

De barro ou de ouro

23/11/1992

Quando o Mário de Andrade morreu, criaram a expressão "viúvas do Mário". Gozação em todos os que inconsoláveis chorávamos a morte do amigo. Visava de preferência os que posavam de donos ou herdeiros do seu espólio intelectual. Melhor isto do que o esquecimento, que grita uma dor surda. Faz vinte e cinco anos agora que morreu o Guimarães Rosa. Vivia obcecado pela premonição da morte.

Um Nobel para o Rosa, diziam seus fãs. Pelo amor de Deus, Nobel é a minha morte certa, me jurava ele. Tinha também pavor da posse na Academia. Ia adiando. Empurrava com a barriga. Pressionado, se decidiu. Novembro, calorão. E aquele fardão horroroso. Só aquilo mata um Magic Johnson. Na época eu trabalhava no jornal e na televisão. O Rosa me deu um esquema pra anunciar a posse e driblar a morte.

Cumpri à risca, mas a morte é traiçoeira. Foi com ele à Academia. Reparem na foto. A fatiota acentua o seu ar esquálido. E a Parca montada na sua cacunda. Antes de estourar com *Sagarana*, publicou uns contos entroviscados. E concorreu a um prêmio de poesia. Onde? Na Academia. *Magma*, era o título, foi premiado. Hygia Ferreira desencavou agora o livro e o inseriu na sua tese de doutorado. Desavindos, os herdeiros mantêm inédito *Magma*, que eu li graças à Hygia.

Nessa controvérsia não dou palpite. Quero falar é da propriedade direito autoral. E falo em tese. O copyright na sucessão quase sempre dá bode. Há herdeiros, até filhos, que têm olho gordo com cifrão na retina. O pobre do escritor suou a camisa e, se ganhou, foi umas quireras que não deram pro leite das crianças. Por esta e por outras, o Fernando Sabino é radical. É contra o direito autoral. Morreu o autor, o livro que caia em domínio público.

Presumo que haja por aí escritores enterrados na querela sucessória. Não sou dono, nem viúva de nenhum espólio. Apenas me honro de amizades que nem mereço. Contemporâneos que admirei, e pratiquei. A Clarice Lispector, por exemplo, cujo décimo quinto aniversário de morte celebramos agora. E sua obra cresce a cada dia. Da Clarice o Fernando Sabino guarda umas cartas que são como uma chave da sua obra. O que me espanta é que até hoje não as tenha podido publicar. Dito isso, adiro à tese. Direito autoral livre!

· · · · ·

Uma estação catalã

17/12/1992

Abro ao acaso um livro e encontro uma nota de câmbio, data-da de 1968. Bom guardar e de repente dar com este fiapo de documento. Uns dólares que troquei em Barcelona. Eu lá estava com meu filho Bruno, que tinha ido tratar dos olhos. Por que Barcelona? Sobretudo por causa do cônsul-geral do Brasil. Sim, ninguém menos naquele momento do que João Cabral de Melo Neto. O papelucho escapa da minha mão e ganha vida própria.

Foge de mim, ou corre para mim, esse miúdo rio de lembranças que não convoquei, mas se impõem. Tento me trazer pra mais perto. Me deter na viagem que não fiz este ano, para as Olimpíadas. Tudo combinado com a *Folha*, na última hora frustrou-se. E a cidade está linda, dizem. Renovada, fiel a si mesma. Mas é o passado que me persegue. Noite alta, o melhor é ler o poeta. Começo pelo "Pregão turístico do Recife", que me é dedicado.

Cá está na letra manuscrita do João. Essa clara caligrafia, seu traço limpo. É o corte de toda uma linhagem de poetas. Devia saber de cor estes versos, e não os sei. Passo para lá e para cá vezes sem conta, distraído. A medida do homem não é a morte mas a vida, me murmura o poema. A casa, a rua, o bairro, o mundo todo está calado. O poema impõe silêncio ao universo, enquanto o papelzinho do câmbio me puxa para 1968.

Tinha acabado de sair pela Sabiá o volume das *Poesias completas*. Pra baixo e pra cima com o livro, cá está o registro manuscrito de nossa velha amizade de dois mil anos. Se o poeta o diz, está dito. E o disse naqueles dias de intenso convívio. Já tínhamos, ai de nós, um bom estoque de passado. E falávamos, e falávamos. Sangrávamos na veia da conversa. E ríamos. Sem as Ramblas,

Gaudí, o flamenco ou os touros, ressoa em mim essa doce temporada catalã. Toda cabralina.

Ah, sim, comprei um impenetrável dicionário catalão. Nem uma só de suas palavras me vem à memória neste instante. Caprichosa, a memória é tão só afetiva. Onde se escondia essa catadupa que sobre mim desaba? Guardado por um frágil papel de seda, toco, ileso, meu rico tesouro. Posso estar só e longe, pouco importa. Estou provido para sempre. Daí a pouco, é dia. Com a poesia de Marly ainda nas mãos, me chega a notícia de que o poeta teve alta no hospital. Sim, a perfeição, o desconhecido, o nunca visto: João Cabral.

•••••

Cordiais, mas cruéis   22/08/1992

Não, pelo amor de Deus, não me compreenda por esse caminho errado. Se tenho sido o meu tanto cruel com as crianças, é só na ficção. Longe de mim propor, ou sequer sugerir, tamanhos e tais castigos. Se me leu, tresleu. Sei como foi na Inglaterra vitoriana. Haja vista o David Copperfield. Sim, podia ser autobiográfico. Uma forma do Dickens contar os maus-tratos que sofreu. Eram usos e costumes.

O cruel padrasto de David é páreo para qualquer monstro que esteja na retaguarda de um dos nossos meninos de rua. A crueldade não foi inventada agora. Tampouco é monopólio do Brasil, que todavia se orgulha de ser uma nação cordial. Outro dia, por exemplo, fecharam aqui no Rio uma escola para excepcionais. Trezentas crianças atiradas à rua. A verba oficial está suspensa desde janeiro. Dá-se um doce a quem adivinhar onde foi parar esse dinheiro.

Aí, sim, se a gente deixa correr a emoção, dá vontade de aplaudir qualquer castigo. Tudo, menos a impunidade. Mas não terão sido os castigos vitorianos que sanearam a vida pública inglesa. Estimularam, isto sim, a hipocrisia. E lá também há escândalos e abusos. Até na família real. De resto, se lá havia açoites, aqui não ficávamos longe desse tipo de escaldadela. Na ficção e na realidade, numerosos depoimentos desmentem a nossa cordialidade.

Veja o que conta o Graciliano Ramos. Está no seu magistral *Infância*. Leia o capítulo "Um cinturão". O menino tinha quatro ou cinco anos e já era réu. "As minhas primeiras relações com a justiça foram dolorosas e deixaram-me funda impressão", diz o Velho Graça. Onde estava o cinturão? A pergunta ecoou na sensibilidade do escritor para o resto da vida. Até o David Copperfield diante disso é capaz de ficar no chinelo.

Leia o que diz a Clara Ramos sobre a "bárbara educação" que era corriqueira nas Alagoas de seu pai. Nos colégios ingleses, a cada malfeito correspondia um castigo. Dos crimes, o roubo era o mais grave. Significava palmatória ou vara na certa. Uma boa sova de inchar as mãos. Ou de lanhar as costas. Não sei até onde castigos assim contribuíram para fazer do Graciliano o severo prefeito que foi em Palmeira dos Índios. Sei que foi um exemplo moral. Roubar? Nunca! Nanja! E renunciou dois anos antes de completar o seu mandato. Era um caráter, o Velho Graça. E um exemplo. Quem sabe oportuno.

· · · · ·

Versão e intuição

07/09/1992

Típico escritório comercial, era depois da rua Visconde de Inhaúma. Ia comigo o Jacques do Prado Brandão, que ainda morava em Minas. No meio daquela desordem prosaica, lá estava o Schmidt. O poeta Augusto Frederico Schmidt. Abria uma pausa na sua faina pra conversar fiado. Voz solene e autoritária, cismou que o Jacques tinha um poema no bolso. Vamos, me dê o poema. Impassível, o Jacques apenas sorria. Resistiu. Não tenho poema nenhum. E pronto.

A voz redonda, dizendo por extenso o nome do interlocutor, o poeta voltava à carga. Passe pra cá. E estendia a mão. Ao final, de lá saímos como entramos. O Jacques, vitorioso. E eu, satisfeito. Ninguém leu poema de ninguém. Cinco anos depois, dou com o Schmidt na rua México. Sai o nome do Jacques. Veio a pergunta aflita: ele tinha o poema, não tinha? Tinha, sim. De fato tinha.

O Schmidt respirou, aliviado. Sua intuição estava salva. Orgulhava-se do seu sexto sentido, com lances famosos. O mais celebrado era o telegrama que passou ao Graciliano Ramos. Mande o romance que tem na gaveta. Tinha lido o relatório do prefeito de Palmeira dos Índios e nenhuma dúvida. O homem era romancista. Assim vieram os originais de *Caetés*. Segundo o Lêdo Ivo, o Schmidt recebeu-os em 1930 e só publicou em 1933. Era o tempo do Schmidt Editor.

O Jorge Amado disse ao Alcino Leite Neto, da *Folha*, que foi o José Américo quem trouxe o relatório do Graciliano. O Schmidt telegrafou porque sabia do romance. Nenhuma adivinhação. E levou dois anos e tanto pra editar. A versão do Jorge retifica o lance schmidtiano. O Schmidt nem leu os originais. Quem leu foi o Tristão da Cunha. E os originais andaram perdidos. Até que o Jorge, dezoito anos, os leu. E saiu correndo pra Maceió. Foi conhecer o Graciliano.

Conheceu e se incluiu na dedicatória. Como o Graciliano não protestou e jamais a cortou, tudo bem. Ficou dedicado ao Jorge. Agora, cem anos do Velho Graça, o Antônio Carlos Villaça repete a história do telegrama divinatório do Schmidt. É a versão que corre. Também eu lhe dei curso. E outros. No livro sobre seu pai, a Clara Ramos diz que houve, sim, o telegrama. Mas foi o Rômulo de Castro, secretário do Schmidt, quem o sugeriu. Então foi o Rômulo quem descobriu o Graciliano. Não foi?

· · · · ·

Tudo é e não é verdade 05/02/1992

Num encontro de rua outro dia, um amigo me falou da ideia que trazia na cabeça. Uma história a partir da morte do Lima Barreto e do Glauber Rocha. Como não trazia a câmera na mão, sugeri, cético, que escrevesse um romance. Isso dá samba, a gente diz de qualquer coisa. Tudo também dá um roteiro. Na hora de saltar o abismo e cair na realidade é que são elas. O ideal de fazer Cinema é um sonho que se paga caro.

Esta última frase foi escrita em 1941 pelo Vinicius de Moraes. Pode contar doze palavras. Duas abstratas: sonho e ideal. E Cinema vem grafado, reverencial com *C* maiúsculo. Na poesia bastam lápis e papel, dizia o poeta. Mas Cinema custa um dinheiro surdo, continuava. Membro do Chaplin Club, sonhava com um destino de cineasta. Quem neste século não se deixou arrebatar pela vertigem do cinema?

Sim, é por causa do Mário Peixoto que estou dizendo isso. Está aí o Oliver Stone, tropeçando em milhões de dólares com o vigor de um touro e a saúde de vaca premiada. *JFK*, que acabo de ver, é um tumulto que sacode as multidões do mundo todo. Não estou insinuando que o Mário Peixoto morreu em sinal de protesto. Mas ninguém melhor do que ele encarna a quimera (e a realidade) do cinema nacional. Era ou não era do Eisenstein o famoso artigo?

Isto não tem, para mim, a mínima importância. Onde acaba o terra-a-terra e começa a fantasia? Nascido em Bruxelas, educado na Grã-Bretanha, recolhido à Ilha Grande, um excêntrico ilhéu, o Mário Peixoto. Desconcertante, irmão de Pierre Menard, "*autor del Quijote*". Mito e mistério, sua biografia é uma obra de arte. Num tempo de vidas escancaradas, mariposas que buscam a luz, Mário se escondia na sua concha diante do mar. O náufrago ilhado.

Nos anos 40, Paulo Emílio Salles Gomes descobriu em Belo Horizonte uma cópia de *Limite*. Que alívio eu senti, quando no Rio o Otávio de Faria me perguntou se eu tinha visto "o" filme! O Orson Welles tinha acabado de encalhar nas nossas praias. Aqui tudo é verdade. E tudo é mentira. Somos todos náufragos. Não há saída. Verdade? Mentira? Mentira e verdade. Ficção e realidade. Penso no Humberto Mauro, no Lúcio Cardoso — sua longínqua *A mulher de longe*. Bela metáfora, o Mário Peixoto. Acusa e absolve.

· · · · ·

Brasileiro? Só com fiador

10/02/1992

Impostura, me disse um leitor que encontrei na rua. Como é que você defende uma grosseira falsificação dessa? O cara entrou assim, sem limpar os pés nem me dar a ementa. Custei a entender que falava do Mário Peixoto. Aquela história de que o Eisenstein adorou o *Limite* e botou o filme nas nuvens assim que apareceu, em 1931. Com várias semanas em cartaz em Londres e Paris, as críticas foram uma enfiada de elogios.

Palavra que não sei direito se é tudo invenção do Mário Peixoto, ou se de fato o Eisenstein escreveu o tal panegírico. Também pode ser que tenha mandado uma carta: "Querido Mário, ai que inveja! Nunca vi nada mais bonito!". Em que língua? Pouco importa: a língua geral do agrado e da lisonja. Aí, a carta não chegou ao destinatário. Ou o Mário, esquisitão, meteu-a no fundo de uma canastra. Não é todo mundo que arquiva as massagens no próprio ego.

Quem escreve em jornal está sujeito a isso. O leitor vem e cobra. Diverge, discute. Ouvi caladinho e saí pensando comigo mesmo. No Brasil é assim: para uma obra ter valor, tem que ter fiador no Primeiro Mundo. Sem aval, pode ser uma beleza, mas não passa de arte exótica, fruto do talento caboclo. Um gênio como o Machado, por exemplo. Morreu em 1908. Em 1953, setenta e três anos depois de publicado no Brasil, sai o *Brás Cubas* em inglês, traduzido por William L. Grossman: *Epitaph of a small winner*. Uma obra-prima.

Aí vem a Susan Sontag, no ano passado, e escreve no *The New Yorker*: "*a masterpiece*". Machado? Nada menos que um "*genius*", pra ser posto ao lado dos maiores do mundo. Falo do Machado, mas podia falar do Guimarães Rosa. Ou de outros.

[274]

Como posso falar do Villa-Lobos. Podia falar de gente que está aí viva, graças a Deus. Mas é a tal coisa: é brasileiro? Então tem que ter o aval do FMI.

Esse FMI é uma invenção minha, um Fundo de Merecimento Internacional, que dá passaporte ao talento brasileiro. E exige fiador. Se o Darius Milhaud não disse que o Villa é maravilhoso, e o Milhaud nem chega aos pés do Villa, então o Villa não presta. Daí, o Mário Peixoto foi logo ao melhor aval, que era o Eisenstein de *O couraçado Potemkin*. Mas o que interessa é a sua opinião, leitor. E não a do fiador. É ou não é um gênio o Mário Peixoto? Se o Eisenstein não achou, pior pra ele.

· · · · ·

Como seria, se não fosse 04/03/1992

Vamos imaginar, por exemplo, que a opinião negativa do Gide tivesse calado para sempre o Proust. Podia, não podia? O Gide era uma opinião de peso. Nome feito, ninguém ousaria contestá-lo. E o Proust, quem era? Um grã-fino ocioso, meio sofisticado. Um diletante, fechado com sua asma entre sufocantes lembranças de gente frívola. Podia ter desistido, quando se viu recusado pelo Gallimard. Podia não ter pago do seu bolso a edição Grasset de *Du côté de chez Swann*.

Na literatura francesa, ou em qualquer outra, não é difícil encontrar exemplos assim. Escritores que no momento decisivo da partida podiam ter sustado o desejo de se publicarem. Também no Brasil, claro, não faltam hipóteses. A Academia em 1936 premiou *Magma*. Poemas de quem mesmo? De João Guimarães Rosa. O

[275]

autor escondeu o livro premiado. Não teve ânimo de prosseguir. Desistiu da poesia.

No finalzinho de 1937, já diplomata, Rosa concorre ao Prêmio Humberto de Campos com um volume de contos. Não conhecia ninguém no meio literário. A comissão julgadora era atraente: Graciliano Ramos, Marques Rebelo, Prudente de Morais, neto, Dias da Costa e Peregrino Júnior. Estava na hora de testar a receptividade de sua ficção. Com o pseudônimo de Viator, Rosa perde o prêmio com *Sagarana*, que reescreve e só publica em 1946. Edição modesta, de amador. Podia ter desanimado, não podia? Dez anos depois, em 1956, não teríamos então *Grande sertão: veredas*.

Há livros que esperaram anos e anos até ser descobertos. Originais há que nunca saíram da gaveta do autor. Ou não convenceram um editor que não lê mas tem faro. E erra. Quantos erraram! Erraram muitos críticos. Alguns de boa-fé; outros, nem tanto. A vida que podia ter sido e que não foi. O verso do Manuel Bandeira sugere um mundo de possibilidades, que todavia não se tornaram reais.

O próprio Bandeira pagou a edição do seu livro de estreia. Duzentos exemplares de *A cinza das horas*. O poeta está condenado a não fugir do seu destino? Independe de estímulo? Sim, há uma compulsão de escrever, mas não de publicar. Um escritor pode também não escrever. Um direito seu. Por que não? Ah, quem escreverá a história do que poderia ter sido? O verso de Fernando Pessoa tem lógica. Será essa, diz ele, se alguém a escrever, a verdadeira história da humanidade.

· · · · ·

Dona Chiquinha

12/05/1991

Mãe é um tema duro de roer. Muito convencional, o melhor é evitar. Mas enquanto a ciência e as novelas da televisão não inventam um sucedâneo, mãe é assunto obrigatório. Em todas as línguas, os piores xingamentos acertam direto no alvo materno. No outro extremo, está o polo romântico. Não há poeta que não tenha tomado a própria mãe por tema e inspiração. Pelo menos no tempo em que os poetas não escreviam, mas tangiam a lira.

Mãe e Academia, eis aqui dois assuntos ultraconvencionais. Aliás, que é que não é convencional neste mundo? Até ser anticonvencional, funk, punk, seja lá o que for, acaba em convencionalismo. Pensando em presentes excêntricos para o Dia das Mães, me lembrei de João Guimarães Rosa. Como bom mineiro, ele era pão-duro. Não chegava a ser avaro, como Gide. Dinheiro, dizia ele, é para juntar. Não é pra gastar.

Rosa não era ainda o autor de *Grande sertão: veredas*, mas já tinha estourado com o *Sagarana*, que é de 1946. Dez anos antes, em 1936, tinha ganhado o Prêmio de Poesia da Academia Brasileira com *Magma*, um livro que ele nunca publicou. Naqueles anos 30, a Academia vivia ainda na chacota dos modernistas. Augusto Frederico Schmidt era editor. A Academia premiou um livro de sua editora. Ele não teve dúvida. Passou uma cinta no volume: "Premiando este livro, a ABL confirmou o parecer dos entendidos".

Pois eu fui almoçar com o Rosa no Itamaraty. Eu também sou mineiro e no Itamaraty era baratinho. Interpelei-o acerca da notícia nos jornais: com que então ele era candidato à Academia? Olhinhos fechados, Rosa riu e me deu um monte de razões. Dona Chiquinha, sua mãe, toda semana fazia a feira na avenida Paraú-

[277]

na, em Belo Horizonte, onde hoje é o Savassi. Se ela dissesse que era a mãe do JGR, ninguém ligava. Mas se dissesse que o seu filho era da Academia, seria um sucesso.

Bom filho, ele não podia negar essa alegria a dona Chiquinha. Queria tomar posse no dia do aniversário dela. Mas não foi dessa vez que o Rosa se candidatou. Candidatou-se mesmo anos depois e custou a tomar posse, em 1967. Temia morrer na posse. Pois não deu outra: morreu horas depois. Ou ficou encantado, como ele dizia. Tudo para agradar à mãe.

· · · · ·

O galo, o João e o Manuel

11/06/1991

Levei um susto quando li que João Gilberto ia completar sessenta anos. Ninguém escapa dessa vertigem do tempo. Ou dessa cilada. E é de repente. Os antigos diziam que a velhice começava aos sessenta. E lá dizia o latim: *senectus morbus*. Velhice é doença. Até que enfim os antigos já não têm razão. Brincando, se diz que há três sexos. Ou se dizia, porque hoje o terceiro é outro. Antes eram o sexo masculino, o sexo feminino e o sexagenário.

Como já se passaram vários anos da bossa nova, está na hora de olhar para trás. Essa viagem nostálgica está no livro de Ruy Castro, *Chega de saudade*. Como a terra aos olhos de Gagarin, o passado é azul. O passado de que a gente se lembra é ainda mais azul. Dói deliciosamente. Foi assim, cheio de rumores que estavam caladinhos, que atravessei de um fôlego o livro de Ruy Castro.

Muita gente daquele tempo, hoje azul, está citada. Está lá o poeta Schmidt, por exemplo. Fazia comparações entre a bossa nova e um galo branco de louça que tinha na sala. Que isto? Eu ouvi a Nara Leão, mocinha, no apartamento do Schmidt, já na rua Paula Freitas. Mas espere aí, Ruy. O poeta tinha um lindo galo branco de verdade, na varanda, engaiolado. Esse galo foi até título de um livro, de 1948: *O galo branco*. Anos e anos lá estava firme, cantando garboso para a aurora.

Grande noite, porém, foi com o Manuel Bandeira. Musical, o poeta tinha o convívio do Villa-Lobos, do Mignone, do Ovalle. E do Mário de Andrade, professor do Conservatório paulista. Ficou encantado com o João Gilberto. Pois claro: o João estava lá e mostrou a sua recente batida, que ia fazer bater o coração do mundo. Era na rua Bolívar. Ano? 1960, creio. Rindo à toa, Manuel pôs para fora o piano da sua dentuça. E também tocou violão.

Doente profissional, tuberculoso, dormia cedo, pontual. Pois João Gilberto o hipnotizou até as duas da manhã. Só então fui levá-lo ao edifício São Miguel, avenida Beira-Mar. Estava comigo o Armando Nogueira. O assunto obsessivo era o violão do João Gilberto. O Manuel impressionadíssimo com aquele rapaz. Não era um joão-ninguém. Era alguém. Um gênio, de ouvido absoluto. Um fio de voz, que até os anjos ouvem em silêncio.

· · · · ·

Galo, pomba e poetas 17/06/1991

Ainda bem que há várias testemunhas de vista e de ouvido. Mas sempre restam dúvidas. Disse eu que não era de louça o galo do Schmidt. O poeta ficaria indignado com esse engano. Na recuperação de uma época, façanha tão rara no Brasil, um deslize como esse não diminui o livro de Ruy Castro. Há senões em *Chega de saudade*, mas ali está, viva, rediviva, a bossa nova, seus protagonistas e figurantes. Até os pingentes e caronas.

Com a sua bela voz redonda, o poeta Augusto Frederico Schmidt se exaltava com facilidade. Personalidade contraditória, era isto e aquilo. Uma coisa e o seu avesso. Sabia que precisava de amar. Ser amado, porém, não era o seu destino. Quem o diz é ele próprio, na página em que conta como, moço em 1931, na companhia de Jayme Ovalle, encontrou debaixo dos Arcos da Lapa, de madrugada, um bicho branco, limpo e viril. Estava de pé, entre feirantes deitados que esperavam acabar de nascer o sol.

Era o galo. O famoso Galo Branco, que nunca mais o abandonou. Teve, claro, várias encarnações. Íntimo de Deus e dos anjos, Ovalle andava nessa época apaixonado por uma pomba. Infelicíssimo naquela noite, porque tinha sido traído e enganado. Sim, por um pombo. Ovalle morava no Palace Hotel, na avenida Rio Branco. A pomba chegava cedo e, se Ovalle ainda dormia, bicava a vidraça até que o namorado acordasse e a recebesse para o idílico arrulho.

Anos rolando, Schmidt ficou importante. Como poeta e como homem de ação. A mais forte influência junto ao JK. Está por ser feita a sua trajetória. O capítulo do Galo é longo e complexo. Na seleta em prosa e verso, edição José Olympio, de 1975, há dois retratos do Galo Branco. Ao seu lado, o Schmidt. Não estava engaiolado, como eu disse aqui outro dia. Me enganei. Imagine só: prender aquele símbolo de tantos sortilégios e poderes! Schmidt de pé na varanda, embevecido, aprecia o seu aprumo guerreiro.

Na outra foto, o poeta sentado, de pé na mesa, dá-lhe as costas, majestosa, a sentinela, a candeia no escuro. Sim, o Galo Branco, cuja voz atravessa a noite como uma espada. Gente estranha, esses poetas. Galo, pombo. Não de tinta, mas de penas. Uma vez

Schmidt e eu viramos a noite num bate-papo de amorosas confidências, até que o Galo cantou. Raiava o dia. Mas é bom parar aqui, antes que me tomem por doido.

· · · · ·

Poeta do encontro

28/11/1992

Se nunca foi fácil traçar a linha divisória entre arte erudita e arte popular, agora é mais difícil levar a cabo essa tarefa ociosa. Indiferente à palha seca da controvérsia, a arte segue o seu caminho. A vertente é uma só e é nela que se dá o encontro das águas. Pouco importam as fontes de onde procedem. Purificadoras e purificadas, seu caráter lustral as universaliza. Caetano Veloso, por exemplo. Quem ousaria classificá-lo?

Ficou para trás o tempo em que se podiam espetar os artistas como insetos. O poder público detinha também a autoridade entomológica. Em princípio, a arte devia permanecer ao relento. Maldito, o poeta não era aceito. Na escala de valores, popular, mais que um adjetivo, era um estigma. Daí o escândalo do sarau de d. Nair de Tefé. Primeira-dama, ela própria artista, afrontou as barbas de seu marido Hermes da Fonseca. E toda a conspícua Velha República.

Em pleno palácio do Catete, ouviu-se por sua iniciativa o "Corta-jaca", de Chiquinha Gonzaga. Se duvidar, também se dançou. Delirante sucesso na rua, a música era aplaudida em cena aberta e assobiada nos botequins. Viajou a Portugal e lá arrebatou o público. Tudo muito bem. Mas no Catete só podia ser obra diabólica. Insânia. Por muito menos, quase sessenta anos depois, ao

Vinicius apontaram o caminho da rua. Por sinal que o AI-5 o surpreendeu num show em Lisboa.

A maturidade de Caetano coincide com o amadurecimento cultural que lhe proporciona o reconhecimento nacional. Caducas as classificações, sua arte aniquila toda e qualquer discriminação. Exaltada aqui dentro, repercute lá fora. A música lhe dá dimensão internacional. O que ele é, porém, é universal. A poesia de fato nunca esteve divorciada da expressão popular. Manuel Bandeira tirava o chapéu, respeitoso, para Sinhô, Pixinguinha, Noel.

Dos poetas, foi dos mais musicais, Manuel. E musicado. Arranhava o seu violão. Amigo do Ovalle, do Villa-Lobos, do Mignone, do Guarnieri. Letrista do Ari Barroso. Saiu extasiado da casa em que ouviu João Gilberto e sua recente batida bossa-novista. Fui testemunha ocular e auditiva. Tudo isso e muito mais vem a propósito da fusão que Caetano Veloso hoje encarna. Seu irresistível abre-alas. Metabolizada, a grande arte canta nesse legítimo poeta do Brasil.

· · · · ·

Fim da alucinação

19/12/1992

Falta pouco para o Itamar remover o Rebeco que continua dependurado na parede do palácio. Foi o próprio presidente quem se lembrou de *Rebeca, a mulher inesquecível*. Primeiro romance, depois filme. Contei a propósito o que na época foi denunciado por Álvaro Lins e outros. *Rebeca* era plágio de *A sucessora*, romance de Carolina Nabuco. Carolina verteu-o pro inglês e mandou-o a Londres.

[282]

Lá, Daphne du Maurier, quatro anos depois, em 1938, em noventa dias alinhavou a sua Rebeca. São muitas as coincidências entre a Marina brasileira e a britânica Rebeca. No seu *Oito décadas*, Carolina conta como tudo aconteceu. Até o *New York Book Review* apontou as coincidências clamorosas. Rebeca vendia aos milhões e virou o filme com Joan Fontaine e Laurence Olivier. Uma mina de dólares.

Quando o filme chegou aqui, a United Artists mandou um advogado conversar com Carolina Nabuco. Ia lhe dar uma boa quantia, a título de ordem patrimonial. Bastava ela assinar um documento reconhecendo que não era plágio. Carolina recusou--se. Desistiu do processo e entregou pra Deus. Seria complicado. Já era o tempo da guerra. A denúncia do plágio inclui, porém, mais um romance brasileiro.

Quem suscitou o assunto foi Arnon de Mello, no suplemento literário do *O Jornal*. O meu velho amigo e professor Benone Guimarães me escreve e me refresca a memória. Arnon, vocês sabem, é o pai do afastado. Coube-lhe a iniciativa de cotejar *Rebeca* e *Encarnação*, romance de José de Alencar. Um romance de tese, contra as segundas núpcias. Tema aliás recorrente também no romantismo brasileiro.

Quem diz isso é Augusto Meyer, que traçou a linhagem ficcional que foi dar no perfil feminino de Amália, a heroína de *Encarnação*. Tratei de reler Alencar. Não é nenhuma obra-prima, esse romance. Creio, porém, que Arnon de Mello acertou no alvo. Fez bem de chamar Amália à colação. Ela é de fato antecessora da sucessora Marina e da plagiada Rebeca.

E há uns traços curiosos. Por ter perdido sua Julieta, isto é, Amália, Hermano, o viúvo, fica sofrendo da cabeça. A parte da casa que a primeira mulher ocupou permanece intacta. Uma relíquia, que um incêndio acaba devorando. Só assim, pelo fogo e pela doideira, o viúvo se livra da obsessão. Ele aceita afinal Amália. O que, convenhamos, nos dá esperança de que o nosso Rebeco presidencial se cure de sua alucinação. E caia na real.

· · · · ·

Eu sou o vagabundo

02/10/1991

Eu tenho contas a acertar com Antero de Quental. Velhas contas, que vêm do meu tempo de menino. Nem por isso vou dizer que não são justas e oportunas as homenagens que estão sendo prestadas ao poeta. Lembrado pela passagem do centenário de sua morte a 11 de setembro, vejo que tem no Brasil mais admiradores do que eu presumia. Em Portugal, é natural. Não só pela sua condição de português, como pela sua atuação como filósofo, como socialista e como desencadeador da Questão Coimbrã.

No Brasil em que se formou a minha geração, Antero era uma forte presença. Bastaria a popularidade do Eça entre nós para que não ficasse esquecido o Santo Antero. A partir de certa altura, porém, os poetas portugueses desapareceram de nosso horizonte. Todo o espaço poético reservado a Portugal foi maciçamente ocupado por Fernando Pessoa. Mais do que um modismo, Pessoa virou um vício, com seus heterônimos e seu desassossego.

Disse que desapareceram os poetas, mas desapareceram mesmo foram as antologias. A nova pedagogia mudou as regras do jogo. Nada de ler os clássicos. Muito menos decorá-los. Pois aqui é que aconteceu o meu desastre. Não só peguei o tempo das antologias, como fui vítima do que hoje se chama com desdém de de-

[284]

coreba. Desde cedo aprendi que a memória era a ancila da inteligência. Uma boa memória era motivo de admiração.

Lá pelos doze, treze anos, mais do que as batalhas de Napoleão ou os cabos e ilhas da costa brasileira, cismei de decorar alguns poetas. Na *Antologia nacional* do Fausto Barreto e do Carlos de Laet, que já era adotada no ginásio, figurava o Antero: "Na mão de Deus, na sua mão direita,/ Descansou afinal meu coração". Noutra antologia, a do Cláudio Brandão, estava "O palácio da Ventura".

Eu sabia na ponta da língua esse belo soneto — tanto mais belo quanto menos eu o entendia. O simples galope das palavras me comovia: "Paladino do amor, busco anelante/ O palácio encantado da Ventura!". O pai dos burros me ensinou o que era *paladino*. E nem era preciso. Bastava este verso: "Eu sou o Vagabundo, o Deserdado...". Maiúsculas, exclamações, reticências — tudo uma beleza. Mas eu embatuquei logo aí, quando recitava o soneto numa festinha escolar. Estou engasgado até hoje. E ainda sonho e suo frio por causa do Antero...

· · · · ·

Os dez mais lá e cá   16/11/1992

O *Jornal de Letras* de Lisboa vem fazendo um inquérito sobre "os livros de uma vida". Pergunta ao entrevistado quais são as dez obras de autores portugueses e as dez de escritores estrangeiros que selecionariam para uma biblioteca ideal. "As escolhas", diz o jornal, "confirmam gostos, opções, percursos, mas são também a marca do afecto que liga quem escreve ao objecto de prazer e descoberta que é o livro".

Fora o *c* metido no afeto e no objeto, a língua de lá é a mesma que aqui se escreve. Esperamos que por causa de um *c*, que além-Atlântico está também na palavra *facto*, não se afastem um do outro Portugal e o Brasil. O traço de união, título do Miguel Torga, vem se enfraquecendo de uns tempos pra cá. Portugal se europeíza com o Mercado Comum. O forte contágio da prosperidade europeia, que agora começa ali na Espanha, é uma fatalidade. Aqui bate mais forte o sol americano.

Mas brasileiros e portugueses não precisam ser iguaizinhos pra se entenderem. A aproximação cultural se fundamenta também nas diferenças. Intercâmbio não é só afinidade. Pelo contrário. Ninguém troca uma gravata de seda preta por uma gravata de seda preta. Entre os que respondem ao tal inquérito, está o José Saramago. Nos dez estrangeiros de sua escolha figura um brasileiro. *Os sertões*, do Euclides da Cunha. Ninguém dirá que é um gosto duvidoso. Pelo contrário.

O *Jornal de Letras* ouve não só escritores, como outros profissionais da vida cultural. Arquitetos, artistas, cineastas. Venho observando uma coisa curiosa. Pouquíssimos são os inquiridos que citam livros brasileiros. Machado de Assis vive lá numa penumbra. Não é um escritor que arrebate os portugueses. Natural que as escolhas e os julgamentos lá e cá não coincidam. O Raul Brandão, por exemplo, é lá uma glória. Merecidíssima. Entre nós quem o lê?

Se um jornal fizesse aqui um inquérito assim, Portugal teria na certa maior presença do que temos lá. Basta pensar no Eça. É um deus no Brasil. *Caetés* do Graciliano lembra o Eça. O Eça está presentíssimo na obra do Nelson Rodrigues. Basta ler o *Anjo pornográfico*, do Ruy Castro. Ainda agora, o Dário Castro Alves publica em Lisboa um dicionário gastronômico do Eça.

João da Ega e Jacinto de Tormes são nossos íntimos. E outros, outros. Mas a Capitu é lá uma vaga moreninha que passou o marido pra trás.

• • • • •

A maldição da poesia   08/09/1991

Escrevi certa vez, e fui mal compreendido, que tenho pena dos poetas. Quando me aparece um moço escrevendo poesia, meu coração aperta. O Manuel Bandeira chamava os novos poetas de pardais. Uma vez o encontrei com um pardalzinho, por sinal fracote. O Manuel lhe disse duas palavras amáveis, que estranhei. Eu tinha visto a amostra, pouco estimulante. E daí? Escrever versos já é em si uma homenagem à poesia. Melhor poetando do que cheirando, por exemplo.

Era o que pensava o Manuel Bandeira. Já a Clarice Lispector, visitada por um moço poeta, leu-lhe os versos com resignação e ao fim saiu-se com este conselho: "Olhe, faça prosa também, viu?". A grande Clarice sabia de coração o preço que paga um poeta. Então fizesse prosa para se sentir menos isolado. Atirando nos dois alvos, na prosa e no verso, é maior a chance de quebrar o ineditismo. E as cadeias da solidão.

Você pode não gostar do Paul Claudel, dito o Dante do século xx. Mas sucesso teve como ninguém. Presumo que no ano que vem, no quinto centenário da América, se lembrem do seu *Le livre de Christophe Colomb*. Deviam levá-lo também aqui no Brasil, onde Claudel serviu como diplomata. Para cá trouxe Darius Milhaud. Aqui conheceu o Nijinski. O Colombo de Claudel é perse-

[287]

guido pelos credores, que lhe gritam: "Paga tuas dívidas! Paga tuas dívidas!". Igualzinho ao Brasil e à América Latina.

Agora vejam: a propósito da trágica vida de sua irmã Camille, artista genial que ficou trinta anos internada como louca, diz o poeta que foram inúteis os seus dons soberbos. Só serviram para fazer a sua desgraça. Diante disso, Claudel encarava com horror a hipótese de um dos seus filhos vir a ser artista. É uma vocação que mete medo, muito perigosa. Poucos resistem. A maioria acaba numa vida frustrada. De perto, ainda assim a vida desses poucos se ressente de um profundo desequilíbrio.

Sobre homens de letras e poetas, em particular poetas, Claudel chora lágrimas de esguicho, qual Jeremias. Mesmo os que não são malditos a seu ver se inscrevem num martirológio que é o oposto da felicidade. E textual: não se pode desejar a ninguém o dom da poesia. Que pai desejaria na família um Verlaine ou um Rimbaud? Ah, não é uma bênção! Até aqui, falou Claudel. Agora falo eu: que vocação é mais nobre que a poesia? Sim, o preço é alto. Mais alta, porém, é a poesia.

·····

Adolescência revisitada 10/11/1991

Jean Arthur Joseph Nicholas Rimbaud — era assim por extenso que o chamávamos. Que gritávamos por ele. Podia até não estar na ordem correta o nome com que o batizou a severa Vitalie. Mas era como um grito de guerra. Uma palavra de passe. Um código. O grande poeta coincidia com o maravilhoso personagem, na invenção dos próprios versos como na transgressão das regras

[288]

alheias. O rebelde, o desassombrado revolucionário que saiu de Charleville e foi espiar de perto, nas ruas de Paris, a grande convulsão social.

O visionário voltado para o futuro coincidia com o menino-prodígio que fazia versos em latim. O terno irmãozinho de Isabelle. Nasceu assinalado e muito cedo teve consciência de sua singularidade. O gênio precoce tinha pressa. Quem tivesse um mínimo de sensibilidade logo percebia o fogo sagrado que ardia dentro dele. Simples colegial, desperta a admiração e a amizade do professor Izambard, cujo nome será perpetuado como o de um nume tutelar.

Profeta, Rimbaud está aberto a todas as tentações. Todos os caminhos passam por ele. O bom menino católico, bem-comportado, precisa afirmar a inquietação que o consome. *"Mort à Dieu"* — escreve pelas paredes, para se libertar do peso de uma educação que o sufoca. Não lhe basta a poesia que logo o denuncia como um eleito. Precisa desafiar a vida e correr todos os riscos. Místico e mistificador, do reino do sagrado passa ao campo do esotérico.

Em Paris, com Verlaine, toma forma o mito. Ninguém suporta a companhia do vidente que assentou a beleza nos seus joelhos e a injuriou, amarga. Londres, Bruxelas, de novo Charleville e Paris de novo. Por onde passa esse barco bêbado, passa um rastro de loucura. Até onde o poeta tem de ser esse maldito que leva o *"pauvre Lélian"* ao desespero e à perdição? O iluminado prossegue o seu estranho itinerário, com sua obrigatória estação no inferno. Até o silêncio na África.

O escândalo feito gente, Rimbaud encerra toda sorte de contradição. Ímpio, Claudel o lê e se converte de estalo. "Foi a influência capital que sofri", escreve Foucauld depois de ter optado

[289]

pela santidade. E Bréton! E tantos, tantos, até chegar a nós em Minas. A toda a maçonaria brasileira dos amigos de Rimbaud. Cem anos após a sua morte, o poeta ainda nos desafia e nos dói. Seus versos o trazem de volta, inteiro. Mas sinto falta do adolescente que fui um dia e o descobriu, deslumbrado. Saudade. Quem sabe remorso.

· · · · ·

Arte de inquietar 26/03/1992

Não foi pra nenhum trabalho que lhe pedi emprestado o livro. Vontade talvez de voltar a velhas leituras. Quem nos dias de hoje teria o Bloy? Você. E veio o volume certo. A seleção prefaciada pelo casal Raissa e Jacques Maritain. Gente antiga, meu Deus! Raissa hoje é Gorbatchev. Bonito nome, que lembra raiz. Ou Racine, no francês. Em russo ouvi dizer que tem a ver com "razão". E também significa "crente".

Veja só o mistério de um nome. Junta à razão a fé. A nova Raissa trouxe de volta, elegante, a imagem da mulher russa. E num casal igualmente harmonioso. A outra, Maritain, é autora de *As grandes amizades*. Um livro encantador. Se você o tem, por favor, não o ponha à minha disposição. Esse tipo de revisita dói muito antigamente agora.

Que homem, que escritor, que vida! A frase é sua. A exclamação também. E você continua: "A gente fica sem saber por onde definir a coisa. Aliás, não é para definir. Mas eu gostaria de saber o que você pensa desse fenômeno". Está se vendo que você pegou o volume e não resistiu. Andou lendo aqui e ali. A coisa. O fenômeno. Da minha parte, comecei pelo prefácio vazado naquele estilo sereno. A forma clássica de descrever um leão. Ou de exibir um vulcão.

Violento e infeliz, trágico, o mendigo ingrato passou a vida em permanente ebulição. Já me intriga aquele primeiro encontro. O casalzinho Maritain sobe a escada e abre o coração. Coração está no singular de propósito. Ou a fé, ou o suicídio. Era em 1905. Para o peregrino do absoluto, o dilema soava absolutamente natural. Ou sobrenatural, isto é, naturalíssimo. Ali, naquela sala escura, começava a estrada de Damasco.

Gentilmente, você me diz que manda o livro de volta na hora que eu sentir falta. Muito obrigado. Assim que o abri, dele saltou o bafo quente das inquietações. O rugido de tantas imprecações me ficou nas oiças. Ou já lá estava, adormecido, desde o tempo do Onça. Sim, é o tempo da nossa mocidade. Agora é que não sei mesmo explicar esse, esse fenômeno, como diz você. Será que o próprio Bloy sabia? Acho que não. Só escreveu para saber quem era. Morreu em 1917 e passou adiante a pergunta. Por que logo eu teria a resposta? Seria pretensão demais, Deus me livre.

· · · · ·

Quem vê cara

29/03/1992

Há coisa de um ano, Lygia Fagundes Telles disse que o primeiríssimo livro que leu em sua vida foi o *Coração*, de Edmondo de Amicis. Na mesma época, o cantor lírico Paulo Fortes revelou que lê sempre esse livro mágico. E até o sabe de cor, o que quer dizer que o tem guardado no coração. Numa entrevista ao *Jornal de Letras* de Lisboa, José Saramago contou que o *Coração*, ou *Il cuore*, como ele disse, lhe deixou um eco para sempre no espírito.

Não sei se a tradução do João Ribeiro, adotada aqui nos colégios, com dezenas de edições, é a que circulou em Portugal. Edição do Francisco Alves, que era português, é possível que sim. Tenho comigo a quadragésima sexta edição, de 1954. É difícil traduzir melhor. João Ribeiro contribuiu assim para a glória desse escritor hoje esquecido. Muito lido até certa época, deixou marca profunda também em vários escritores brasileiros.

José Lins do Rego o cita no *Doidinho*, romance que tem muito de autobiográfico. Odylo Costa, filho, pensou em fundar um clube dos amigos do *Coração*. Nunca esqueceu as torrentes de lágrimas e emoções que, em classe ou em casa, a leitura nos despertava. De Amicis escreveu outros livros, mas só *Il cuore*, aparecido em 1886, correu o mundo. Por Paulo Rónai sabemos que foi lido também na Hungria. Na Itália, nem se fala. Fez a cabeça de pelo menos três gerações.

Nascido em 1846, De Amicis morreu em 1908. Educador, e ensaísta, escreveu sempre com uma nota sentimental e moral. Exaltou as virtudes cívicas e os bons sentimentos, o que para André Gide é a melhor forma de fazer má literatura. Oficial do exército, De Amicis fez a guerra de 1866 e abandonou a vida militar. Ensinou italiano na escola pública e se dedicou à formação pedagógica da juventude.

Sabendo do meu interesse por De Amicis, Marina Colasanti me mandou um recorte que dá notícia de um livro de Teresa Bianchini. Teresa foi mulher de De Amicis. Sabem o que diz dele? Velhaco, sádico, libertino. Sua vida familiar era um inferno. O filho suicidou-se aos vinte e dois anos. De Amicis trocou a vida militar pelo jornalismo e pela boemia. Aventureiro e socialista, foi sobretudo um mau-caráter. Mas quem sabe também um bom coração?

· · · · ·

A farsa do sequestro 17/07/1991

Você conhece algum sequestro simulado, de mentirinha, que tenha tapeado a imprensa e a polícia? Conheço, respondi para espanto do meu interlocutor. E tenho de começar a história pela avenida Paraúna, Belo Horizonte, no começo dos anos 40. Através do dr. Mário Mendes Campos, pai do Paulo, tomei conhecimento da existência de um poeta chileno, Vicente Huidobro. Foi aí, aliás, que o Paulo começou a sua carreira de tradutor.

Rico, Huidobro foi um cosmopolita. Viveu em Paris a primeira infância, andou ceca e meca, conheceu todo mundo que valeu a pena. Fundou o criacionismo, um dos muitos movimentos de vanguarda do início do século. E fundou também uma sociedade secreta. Em 1922, fez em Paris uma ruidosa exposição de poemas. Reivindicou a primazia dos caligramas, que escreveu antes de Apollinaire, seu amigo, como os grandes da sua época. Picasso fez-lhe o retrato. Em NY, privou com Chaplin e Gloria Swanson.

A lista de celebridades é um catálogo: Marinetti, Erik Satie, Max Jacob, Buñuel, Unamuno, Malraux. Inconformista, Huidobro lutou na Guerra Civil da Espanha. Com o pseudônimo de Victor Haldan, mesmas iniciais VH, foi agitador político e profeta. Escreveu um panfleto contra o imperialismo britânico — *"Finis Britannia"*, por sinal que com um erro de latim (no genitivo é

Britanniae). Isso foi em 1923. A 11 de março de 1924, sua mulher Manolita recebeu a notícia do seu sequestro.

Foi um deus nos acuda: "*Chilean attaché disappears from Paris home and story of political vengeance starts*" — mancheteou o *Herald*. Os repórteres de Paris saíram a campo: "*Un home de letters chilien vient de disparaitre mysterieusement à Paris*". A notícia correu o mundo e chegou ao Brasil: "Desapareceu o fundador do criacionismo". Nenhuma pista e a suspeita pesava sobre agentes ingleses.

O mundo diplomático se mobilizou, de toda parte choviam telegramas e especulações. "Vítima de uma emboscada", titulou um jornal do Rio. "*Es loco o tonto*", disse Unamuno, quando dias depois Huidobro apareceu, pijama debaixo do braço. Contou uma história enrolada. Cloroformizado, na Ponte d'Augeuil foi raptado. Ninguém o demoveu dessa versão. A farsa parece que escondia um rabo de saia. Tempos de nenhuma permissividade...

· · · · ·

Graça e desgraça

20/04/1992

Tendo mais de uma vez escrito sobre a sina do poeta, nem sempre fui entendido como queria e esperava. Não sou poeta, porque não tive o dom, que é dado de nascença. Nem por isso deixo de reconhecer a importância da poesia para a cultura de um povo. E até para o destino da humanidade. Sou do tempo em que se dizia que o mundo precisava mais de poesia do que de carvão. E também que, se o mundo tivesse de ser salvo, por certo o seria pelos poetas.

[294]

Nem por isso deixo de reconhecer que a sina do poeta, a sua sorte, não está entre as mais desejáveis, sobretudo num século que cultiva acima de tudo o conforto dos bens materiais. Para confirmar o que digo, posso me valer do testemunho de muitos poetas. Escolho um, pela eloquência com que se pronunciou a respeito. Trata-se de Paul Claudel. Poucas pessoas são capazes de suportar a vocação artística, diz ele. A arte é perigosa para a imaginação e a sensibilidade.

Basta ver a maior parte dos poetas. Dão às vezes um espetáculo de completo desequilíbrio. São vidas frequentemente frustradas. Até Chateaubriand e Victor Hugo foram vítimas de um profundo desequilíbrio. Os poetas não têm a paz dos homens de ciência. Ou dos homens de ação. Um Pasteur e um Lesseps se realizaram num êxito saudável. Foram vidas felizes. Já poetas, e escritores também, conhecem experiências dolorosas. Quem gostaria de ser um Baudelaire ou um Verlaine?

O martirológio dos artistas é mais que exuberante. E não falo dos poetas malditos, que a meu ver constituem um enigma. Ninguém em sã consciência pode desejar para si ou para um filho a vocação artística. Marginal, nada tem de atraente. Penso na minha irmã Camille. Graça terrível, o poeta aparece neste mundo sem graça por um decreto dos poderes supremos. É o que está em Baudelaire. Será que o mundo sentiria falta de Verlaine, se não tivesse existido?

Nenhum pai de família é bastante louco para desejar ao filho a vocação de um Rimbaud. Quem poderá dizer que a vida de Gide foi desejável? Ser poeta é mais ou menos como ser médium. Vivem de si mesmos, do seu equilíbrio. O artista vive à procura de sua essência, quase sempre voltado para os lados negativos e não para o lado bom. Veja o caso de Proust. Haverá vida pior do que a dele? Até aqui, é Claudel quem fala. Um poeta, pouco importa o que dele se pense.

·····

O arroz da raposa
20/08/1992

Julio Cortázar tem um conto que sai de um palíndromo — "Satarsa". Um menino brinca de desarticular as palavras. No fundo, um escritor é um sujeito que pela vida afora continua a mexer com as palavras. Para diante delas, estranha esta, questiona aquela. O menino de Cortázar, que devia ser ele mesmo, virava a palavra pelo avesso e se encantava. Saber que a leitura pode ser feita de trás pra diante é uma aventura.

E às vezes dá certo. No conto "Satarsa", a palavra é *ROMA*. Lida ao contrário, também faz sentido. Deixa de ser *ROMA* e vira *AMOR*. Para o leitor adulto e apressado, isso pode ser uma bobagem. Para o menino é uma descoberta fascinante. Olhos curiosos, o menino vê a partir daí que o mundo pode ser arrumado de várias maneiras. Não só o mundo das palavras. É a partir dessa possibilidade de mudar que o mundo se renova. E melhora.

Ou piora. Não teria graça se só melhorasse. O risco de piorar é fundamental na aventura humana. Mas estou me afastando da história do Cortázar. E sobretudo do que pretendo dizer. Ou pretendia. No embalo das palavras, vou me deixando arrastar de brincadeira, que nem o menino do conto. Um dia ele encontrou esta frase: "*Dábale arroz a la zorra el abad*". Em português, significa: "O vigário dava arroz à raposa". Soa estranho isso, não soa?

Mesmo para um menino aberto ao que der e vier, a frase é

[296]

bastante surrealista. Um vigário e uma raposa. Na fábula e na vida real, a raposa é espertíssima. Será que come arroz? Não importa. O que importa é que a oração em espanhol pode ser lida de trás pra diante. E fica igualzinha: *"DÁBALE ARROZ A LA ZORRA EL ABAD"*. Pois este palíndromo não só encantou o menino Cortázar, como decidiu o seu destino de escritor. Isto sou eu quem digo.

Ele percebeu aí que as palavras podem se relacionar de maneira diferente. E mágica. Sem essa consciência, não há poeta, nem poesia. Como a criança, o poeta tem um olhar novo. Lê de trás pra diante. No castelhano, a brincadeira é o *vesre*. Falar ao revés. Em vez de dizer *mujer*, dizer *jermu*. Cheguei até aqui e não disse o que queria. Digo então que tentei uma série de anagramas com o Brasil de hoje. Quem sabe virando pelo avesso a gente acha o sentido?

· · · · ·

A INVENCÍVEL UTOPIA

O jeitão dele

07/06/1991

Digamos que você ouça da boca de um americano ou de um alemão o seguinte: "O Brasil sempre foi o retrato de um gigante abobalhado". Ou que você leia isso no texto de um desses *brazilianists* que estudam o Brasil de longe e se esforçam por entendê--lo. O Brasil entra aí como uma peça de laboratório, que desafia o pesquisador e o intérprete. O cientista social, no caso um estrangeiro, olha o Brasil como um entomólogo olha um inseto.

Nessa operação de laboratório, há muito mérito. Deus me livre de desmerecê-la. Mas há pouca vida. Ou nenhuma vida. Disseca-se é cadáver. Por uma associação de ideias, que é a estrada real da memória, estou me lembrando de uma velha anedota escolar. O professor de ciências naturais exibiu ao aluno um besouro e lhe pediu a classificação. O professor, como se sabe, nunca está satisfeito (nem com os salários nem com as respostas).

Por que é um coleóptero? Enquanto o aluno mergulhava nos arcanos de sua ignorância, o besouro começou a andar, doido também para se livrar do exame. Oral, ainda por cima. Foi aí que o aluno teve uma iluminação: "Professor, olhe só o jeitão dele". Nenhuma dúvida: era o jeitão de um coleóptero. Ninguém o confundiria com um lepidóptero, ou com um díptero. Estava na cara e na carapaça, nas asas recolhidas, no andar ao mesmo tempo sonso e aflito que era um coleóptero. Bastava olhar o seu jeitão.

Releia a frase lá no começo. Sabe de quem é? Do Severo Gomes, no discurso com que se despediu do Senado, a 13 de dezembro do ano passado. Pronunciada no Senado da República, pela boca de um pai da pátria, a frase soa diferente. O Severo pode ter

[300]

ideias discutíveis e até erradas. Mas é um homem culto e um patriota. Tenho certeza de que deseja o melhor para o Brasil.

Estou dizendo isso porque ontem almocei com três amigos. Comigo éramos quatro brasileiros cansados de torcer pelo Brasil. A gente só não tem um calo na alma porque não aceita ser indiferente. Com a quilometragem que tenho hoje, compreendo esse misto de amor e raiva com que falamos do Brasil. O jeitão dele é esse mesmo. Escusa explicar por que é um coleóptero. Ou um gigante. Abobalhado? Ou deitado em berço esplêndido. Tanto faz.

· · · · ·

Um certo jeito de ser

21/09/1992

Qualquer que seja o desfecho desta crise, o Brasil não será o mesmo. É o que ouvimos e lemos. É o que também dizemos. Se duvidar, é o que pensamos, convictos. Os anjos que digam amém. Nada como a experiência. No plano individual, nenhuma escola é melhor do que a vida. O diabo é que, quando o sujeito vai chegando ao limiar da sabedoria, é uma pena, está na hora de morrer. E a experiência não é testamentável. Não se pode passar adiante, nem legar.

No caso de um país, a história é que ensina. A mestra da vida. Luz da verdade. Como está no Cícero: "*lux veritatis*". Se é assim mesmo, o Brasil não tem sido um bom aluno. Ou, nação jovem, não passou ainda das séries iniciais do primeiro grau. Eu sou um que não concordo muito com essa tese da nossa puerilidade nacional, que o Ruy Mesquita ainda outro dia sustentou no Jô Soares. Afinal, tão jovem, senão mais, serão os Estados Unidos. Ou o Canadá. Para não falar da Austrália.

Muitos, em suma, são os fatores que compõem o que pode ser a personalidade do brasileiro. O nosso jeito de ser e de estar no mundo. De uns anos para cá, temos quebrado a cabeça pra decifrar este enigma. Estudos e pesquisas vão às fontes. Na origem, nas raízes do Brasil, se não a explicação, pode estar um dado importante. Daí salta-se para o legado ibérico. O forte legado. E válido. Como o recado genético, a que hoje em dia se dá cada vez mais valor.

Um traço do nosso jeito é o jeitinho. Encaramos com simpatia o que se encaixa na malandragem. Todo brasileiro é malandro. É o que estaria escrito no sangue. Ou no caráter. A visão dos estrangeiros contribui para esta crença antropológica. A nossa literatura de ficção está cheia de personagens que confirmam a fatalidade de tal vocação. O Saci-Pererê seria um símbolo autóctone. E negro, óbvio. Mas há antes, já na Europa ibérica, o Pedro Malasartes.

Encarnação da esperteza, o Malasartes, mais que português ou espanhol, é universal. Aparece até na Europa do Norte, numa versão que terá sua nuance própria. Aqui, o que cumpriria é não fazer do malandro um herói. Digno de louvor e imitação no plano cívico. Ou político. A vitória a qualquer preço. O dinheiro fácil. O trambique. O culto sistemático da vigarice, sem lei nem rei. Se aprendermos essa lição a partir deste episódio, não terá sido em vão. Valeu!

· · · · ·

Brasileiro: o que é

11/10/1992

Outro dia a pergunta era esta. O que é ser mineiro? Assuntinho de amargar. Acho que é ter nascido em Minas, não será? Me dou por suspeito e espero que me perguntem o que é pernambucanidade. Aí recorro ao Gilberto Freyre e mando brasa. O Álvaro Lins, pernambucano, sustentava que mineiro tem muito em comum com pernambucano. Não ouso perguntar ao João Cabral se ele também acha. Pode ficar ofendido. O que é ser alagoano, já este é um tema em recesso.

O que é ser brasileiro? Assim, de chofre, apanhado no telefone, estou obtuso. Nada de abstrações, me intima o interlocutor. É uma pesquisa. Exige objetividade. Cite alguma coisa típica do brasileiro. Seu modo de ser. Quanto mais explicação, menos me ocorre o que dizer. Seria mais fácil definir o esquimó. Próprio da cultura brasileira, entende? Não vale falar em feijoada. Futebol, carnaval. O óbvio.

Conto que um professor francês me disse que o brasileiro tem uma forte cultura porque em Paris sente saudade do feijão com arroz. É pela boca, pela cozinha que se conhece um povo. Já aquele rapaz holandês sustenta que brasileiro não se mistura. No exterior, se vive lá, forma um gueto. Só quer saber de brasileiro. Turista, uma semana, quinze dias, e está doido pra vir embora. Por quê? Porque temos um modo típico de nos dar uns com os outros. Um jeito afetuoso. Íntimo. É a nossa marca.

Nada disso satisfaz o meu algoz. Não quer saber do que dizem os gringos a nosso respeito. Eu que diga algo objetivo sobre o comportamento do brasileiro. A ginga, a malemolência. Só os chavões me passam pela ideia. Posso pensar? Não, não pode. Então me lembro da moça canadense. Ficou pasma quando ouviu uma mulher na janela gritar pra vizinha que ia tomar banho. Foi o primeiro choque. A partir daí entendeu o Brasil. Brasileiro é isso, esse jeitão descontraído.

Boazinha a história, mas falta a minha definição do jeito bra-

[303]

sileiro de ser. Não vale falar em calor humano. Puxo pela cuca e me vem a conversa com o americano. Só o brasileiro inventaria o quebra-molas. Na Bahia, é redutor de velocidade. Sinais e placas como em qualquer lugar do mundo. E o quebra-molas. Velocidade máxima: quarenta quilômetros. E o quebra-molas: cinco quilômetros. Nos Estados Unidos, quebravam o quebra-molas. E a cara de quem o inventasse. Será que achei? Sim, está aí: é isto ser brasileiro. Nesse exato momento, caiu a ligação. Viva o Brasil!

· · · · ·

Sonetos e jabuticabas
05/11/1992

Calma, que o Brasil é nosso. Não sei de onde vem esta expressão, que não ouço há tempos. À falta de quem a diga, digo-a eu, sem que tenha a ver com a onda de privatização, quero dizer. Seu objetivo, como hoje se diz, é agilizar o Estado. A língua vai sendo assim enriquecida de neologismos, ainda que nem sempre bem formados. Que também se enriqueça o povão.

Ou pelo menos lhe tirem a barriga da miséria. O meu tanto encabulado, a minha já tirei, no que se refere a um item da velha pauta saudosista. Já disse que não gosto de saudosismo, nem de pigarro. São cacoetes de velho. Mas quando dei de cara com o meu jabuticabal, mal contive o atropelo da emoção. Emoção que vem de longe, das saudosas jabuticabeiras. Tempo em que havia o tempo das jabuticabas. Lá uma certa hora, de repente, aquele alvoroço.

Tem até a clássica história. Numa época em que quase ninguém viajava, sobretudo homem público, um bando de gente partiu pra Europa. O mineirão não teve dúvida: devia ser tempo de jabuticaba por lá. A jabuticabeira até que avisa, florida qual uma noiva. Boas águas, um belo dia de supetão amanhece carregada. Distraído com temas de somenos, tipo eleição do Clinton, neste fim de semana cheguei à serra e levei aquele susto. Apinhadinhas, as três.

A simples visão desperta, ou agiliza, a salivação. Água na boca, é só ir apanhando e chupando. No apetitoso automatismo da gula, sem querer a gente passa da conta. Mas esse é um prazer de antes e de durante. Sobretudo durante. Depois seja o que Deus quiser. Aquelas bagas sumarentas, luminosas. Lisas e docinhas. Trepar na árvore? Pode. Lá em Belo Horizonte você comprava o pé, em Sabará ou Betim. E se mandava cedinho com a família. A meninada, desculpe, se entupia.

Se bobear, os passarinhos comem tudo. Os sabiás ainda agora estão de olho. Nada de pessimismo, gente. É tempo de jabuticaba. Dá e sobra pra fazer geleia. Pode exportar até pra Casa Branca. Falar nisso, quem seria melhor pro Brasil — Bush ou Clinton? Me lembrei do sujeito que levou dois sonetos ao jornal. Empistoladíssimo, exibiu o primeiro soneto. Publico o outro, decidiu o editor. Mas você ainda não leu o segundo, reclamou o poeta. E o editor: "Pior do que este, meu filho, não pode ser".

· · · · ·

O poeta e o marechal 01/06/1991

Aos sessenta e nove anos, o PCB, Partidão na intimidade, está ameaçado de mais um racha. É o reflexo do que acontece lá fora, no Vaticano, perdão, no Kremlin e adjacências. Mas na desarrumação da Europa do Leste, penso é na Iugoslávia. Sob a camisa de força da ditadura, aguentou-se arrumadinha como uma só nação. Sobre etnias e culturas, pulso de ferro, Tito era marechal e presidente vitalício.

Tito foi um herói da resistência antinazista. Quando a guerra acabou, tudo convergia para a sua liderança. Comunista, alinhou--se com a União Soviética. Mandão como ele só, Stalin impôs a vassalagem aos seus satélites. Desceu a cortina de ferro, na expressão de Churchill. Começou a guerra fria (outra criação literária de Churchill).

Foi aí que Tito se revelou. Ou melhor, se rebelou. Em 1948, decidiu discordar. Virou revisionista e enfrentou o bigode, as sanções econômicas e o poderio militar de Stalin. Não alinhado, líder dos neutros, criou um polo de poder. O nosso Jânio simpatizou com a ideia e mandou ao Cairo o Araújo Castro, em 1961. Jânio tinha no seu escritório do palácio duas fotos autografadas. A do Tito e a do Nasser. Eu vi.

Todo dissidente tem o seu fascínio. Tito criou a autogestão, uma via nova para o socialismo. A Iugoslávia se aguentou e Tito rebelde também. Nas horas vagas, saía a caçar. Excelente atirador, matava javalis e veados. E batia papo com o embaixador Ribeiro Couto. Couto ficou lá em Belgrado quinze anos. Poeta, bom amigo, devoto de santa Teresinha, Couto se aposentou e morreu logo depois em Paris. Em 1963.

Em 1965, fui ao polo norte ver o sol da meia-noite. Viajei à beça e achei Tromso igual a Barbacena. Só que fedendo a peixe e com muita maresia. Lá conheci um chileno, Rojas, amigão do Tito. Tínhamos amigos comuns no Chile — Oyarsum, Oribe, Neruda. Ficamos amigos de infância. Ele se tocou para Belgrado e eu para Londres.

Uma noite, estou com o Fernando Sabino e o Jânio (Quadros), quando o telefone me chama. Era o Rojas. Estava hospedado com o Tito. E o Tito me convidava para ir de Londres à Iugoslávia. Ia até falar comigo. Foi aí que ouvi o convite, ou a ordem, do marechal: "*Venga*, Otto". Não fui. Hoje tenho saudades do Couto, do Rojas e do Tito — por que não?

· · · · ·

Também já estive lá

05/06/1991

De repente me bateu uma saudade danada da Suécia. Deve ser a viagem do Collor. Quando eu crescer, quero ser presidente para viajar assim. Não, não quero. Não gosto de viagem oficial. Nem de ambiente oficial. Tem muito discurso, muito protocolo, muita segurança e pouca sinceridade. Pelo jeito o Collor vai dar a volta ao mundo várias vezes. Aproveita enquanto é moço. E enquanto o Brás é o tesoureiro. Não duvido de que amanhã faça jogging na Lua.

A primeira vez que eu fui à Suécia foi uma beleza. Como diz o anúncio, a gente nunca esquece. Éramos um grupo de jornalistas. O programa era puxado. Começava cedinho e para mim entrava pela noite adentro. Verdadeira ginástica sueca. Visitei fábrica subterrânea e andei de avião supersônico. Avião militar. Uma glória. E uma novidade.

Como detesto fazer compra (eu e o Rubem Fonseca), me sobrava tempo pra tudo. Comprei só um par de sapatos. Ingleses, *Church*. De sapato novo, fui a Kiruna ver as minas de carvão. Vi o aço fino. Finíssimo. Mais fina só a família Erickson, que me aco-

[307]

lheu em Atvidaberg, na *guest-house* de sua mansão. A maior mordomia. Cheguei lá de sapato novo. E de avião, claro.

Em Estocolmo, quis ver a meninada cabeluda e contestadora. De barriga cheia, contestavam a sociedade afluente. Ainda não tinham descoberto a ecologia. Nem a Amazônia. Perguntei a um sociólogo por que tantos suicídios. "Somos a pátria da máquina de calcular", disse ele. A mãe do computador. Nós contamos os nossos suicidas. Vocês contam os seus? O homem me embatucou: qual a taxa de suicídios no Brasil? Sei lá. Nem o IBGE sabe.

Em Estocolmo, ninguém olha pra ninguém. Nem para as moças bonitas. Em penca. Me senti invisível. Uma pomba teve pena de mim e pousou no meu ombro. Ninguém reparou. Na hora de partir, deixei de propósito no quarto os sapatos velhos. Aonde eu chegava, chegava o par de sapatos. De hotel em hotel, só em Paris consegui me livrar deles. Aliviei a bagagem e concluí que nada como um país rico para evitar desperdício. O Primeiro Mundo tem um respeito religioso pelos sapatos velhos do Terceiro Mundo. O Collor não deixa lá nem um pé de chinelo velho.

·····

A morte da pena   07/08/1991

D. Paulo Evaristo Arns, preocupado com a possível aprovação da lei capital, está cogitando de um movimento que se oponha à ideia fixa do deputado Amaral Netto. Se esse movimento vai ter nome, vai aqui uma sugestão: Mota Coqueiro. Trata-se do réu que em 1855 foi enforcado em Macaé, no estado do Rio. Mas é também o nome do personagem de José do Patrocínio, na história que escreveu a propósito do episódio.

Empenhado no combate à pena de morte, o tribuno abolicionista decretou a morte da pena, tal a repercussão do seu livro, publicado em 1877. Seis anos depois, em 1883, morreu o último carrasco, de nome Fortunato. O lugar ficou vago e foi esta a única sinecura que nenhum brasileiro quis postular. Os jornais sugeriram a d. Pedro ii que não preenchesse a função. O imperador não disse que sim, mas de fato não nomeou substituto para o anjo da morte.

É possível que o fogoso José do Patrocínio tenha posto um pouco de fantasia no romance que escreveu. Mas existiu na vida real esse infortunado Manuel da Mota Coqueiro. Passou o tempo e, vinte e dois anos depois da execução, apareceu em Campos o verdadeiro autor do crime hediondo. Foi em Campos, aliás, que subiu à forca o último condenado, em 1876, treze anos antes da proclamação da República e da abolição da pena capital.

Há outros casos de grosseiros erros judiciais, como o do escravo cego Domingos Moçambique. O verdadeiro assassino apareceu anos depois. Supremo requinte, confessou que tinha comparecido à execução de Moçambique. A pena capital recaía de preferência sobre os escravos, cujo preço era ínfimo na bolsa da vida. As execuções no estado do Rio se explicam pela presença maciça do trabalho escravo na lavoura. Aliás, o negro Patrocínio era natural de Campos.

A pena capital causava tal repugnância que às vezes não se achava alguém disposto a fazer o papel de carrasco. Ainda em Campos, como em Barra Mansa, a execução chegou a ser feita por outro réu, também escravo, compulsoriamente convocado para a função. Pena de morte e escravatura andavam de mãos da-

[309]

das. Quem sabe alguém se lembra agora de proclamar a escravidão, como diria o Stanislaw Ponte Preta. Assim se completa essa sinistra volta ao passado, que vem a calhar na hora da visita do casal Mandela.

· · · · ·

Outro dia, há trinta anos 23/08/1991

A data assim de improviso não me lembro. Jânio tinha voltado da Europa, da viagem que fez logo depois da renúncia. Parlamentarismo instalado, Jango presidente. Que destino caberia agora ao Jânio? O José Aparecido me convocou para uma ida a São Paulo. No aeroporto, encontramos o Betinho, que vinha de Belo Horizonte. Sim, o futuro irmão do Henfil. O sociólogo Herbert de Souza, ombudsman de tantas boas causas. Lá fomos nós até um apartamento na praça Roosevelt.

Não falávamos do episódio da renúncia. A pauta era uma espécie de exame vago: o Brasil, o futuro. O ambiente modesto não favorecia nenhuma espécie de formalismo. Havia no ar uma corda esticada. Uma tensão. Vi logo que ia se frustrar qualquer expectativa de que Jânio fizesse alguma revelação objetiva. Quando falava, e falava quase sempre, o ex-presidente não descia dos seus conhecidos recursos retóricos.

Sua atenção estava sobretudo voltada para o Betinho, que tinha trazido de Minas e das lutas estudantis a cabeça ideologicamente arrumada. Percebia-se que a sua análise não coincidia com o discurso empertigado do ex-presidente. Entre pausas e reticências, havia objurgatórias e imprecações. Volta e meia o tom subia

[310]

até uma linha dramática. Estava em jogo o Brasil. O futuro. Falar no futuro era falar na mocidade, no papel que lhe cabia. Betinho voltava ao ponto de partida, à organização do povo. E às reformas. As urgentes reformas.

Depois que Betinho saiu, o ambiente se descontraiu um pouco. Não sei se Jânio tirou nessa hora o paletó, ou se apenas afrouxou a gravata. Estava de suspensórios e se recostou no sofá. Nem por isso se podia dizer que se sentia à vontade. De qualquer forma a ausência de Betinho permitiu que a conversa se situasse num plano mais coloquial. Já não havia a convencionalmente obrigatória interlocução da juventude estudiosa.

Fazia calor e a cerveja vinha a calhar. Jânio esperava um telefonema. A campainha soou, ele próprio atendeu. Uma pena: a cerveja estava quente. Mais um pouco e saímos os três. Na calçada, um cego esperava o sinal. Jânio tomou-o pelo braço e o guiou até o outro lado da praça. Até onde me lembro, o gesto não chamou a atenção de quem passava na rua. Recente renunciante, Jânio ainda despertava muita curiosidade. Mas entrou sozinho no carro e partiu. Aparecido e eu tomamos um táxi e fomos visitar um amigo. Se não me engano, era o Oscar Pedroso d'Horta.

. . . . .

Ao cair da tarde 24/08/1991

De repente se passaram trinta anos. O mundo mudou. Mudou o Brasil. De volta ao Rio, as opiniões divididas, todo mundo queria saber como tinha sido o nosso encontro com o Jânio. Depois da renúncia, era a primeira vez que eu o via. Já o Aparecido, não.

Era unha e carne com o ex-presidente, numa linha de fidelidade que nunca sofreria qualquer solução de continuidade. A renúncia nos tinha apanhado todos de surpresa.

Mas havia em tudo uma espécie de lógica subterrânea que, se não atenuava o choque inesperado, dava ao episódio uma linha de coerência. Nunca ninguém tinha surgido no cenário político com a força e a subitaneidade de Jânio. Eu o vira candidato a prefeito de São Paulo. Não sei se é verdade que Sana Kahn previu que aquele rapaz chegaria à presidência. Da minha parte, tive absoluta certeza de seu destino, assim que ouvi pelo rádio um seu discurso pontilhado de ironia e de impressionante efeito.

Assinalada por lances bruscos e arriscados, jogando sempre com uma intuição e um senso de liderança inatos, sua carreira teve a marca do imprevisto e do espetacular. A renúncia se situava nesse clima teatral de um temperamento arrebatado. Pouco importava se tinha sido premeditada ou não. Da parte de Jânio, nada a estranhar. Era um gesto bem seu. Da parte do povo é que faltou a resposta. Atônita, a opinião pública, janista ou não, apanhada sem aviso prévio, esperou pelo próximo lance.

Era pouco provável, nada verossímil, até irracional, que a carreira do presidente acabasse ali. Escaldada, a oposição temia pelo passo seguinte. E veio, fulminante, o xeque-mate da aceitação da renúncia. A astúcia de um Alkmin nunca seria apanhada desprevenida, abrindo mais uma vez espaço para um ádvena que escondia o próprio jogo. O pedido era unilateral. Bastava aceitar e pronto.

Odylo Costa, filho, insistiu para que eu lhe desse o relato do encontro com Jânio em São Paulo. No melhor estilo behaviorista, escrevi o que vi. Concluí com uma referência ao cego da praça Roosevelt. Esse homem que um dia liderou multidões hoje ajuda um cego a atravessar a rua. Saiu no *O Cruzeiro*, com o título de "Jânio ao cair da tarde". Só em Londres, em 1965, iria reencontrar Jânio, nas tardes de bate-papo regadas a *scotch*. Mas nada sobre a renúncia. Jânio andava numa ótima fase. A conversa às vezes entrava pela noite adentro.

· · · · ·

Nuvem de perplexidade
25/08/1991

Desde o primeiro momento, ficou evidente que Jânio com a renúncia não estava disposto a encerrar a sua carreira política. Já em 1962 concorreu ao governo de São Paulo e, se não fosse o Carvalho Pinto, estava de novo eleito. De lá é provável que saltasse outra vez para a presidência da República. São meras suposições, mas demonstram que o presidente depois da renúncia nem por um momento apagou os fogos da sua ambição política.

Do ponto de vista do êxito eleitoral posterior, não há dúvida de que a renúncia foi um fator negativo. O movimento janista continuou a existir, mas circunscrito aos seus fiéis de São Paulo e pouco mais. A classe política se fortaleceu numa desconfiança que Jânio não conseguiu vencer. Por um momento a sua surpreendente eleição para a prefeitura pareceu lhe abrir um novo espaço. Mas era ilusão e era tarde, mesmo, ou sobretudo, para servir a jogadas maquiavélicas de terceiros.

Trinta anos depois, a renúncia continua um episódio no mínimo nebuloso. Há versões e explicações, que dependem mais da fé dos crentes do que da evidência dos fatos e dos documentos. O próprio Jânio nunca se abriu. A alusão às "forças terríveis" é mais enigmática do que a responsabilidade das "forças ocultas" invocadas pelo Getúlio. Getúlio afinal encerrou com um tiro um longo ciclo da história do país. Jânio, se errou, quis retificar o erro. Queria prosseguir. Não sair do proscênio.

Eu li na época o depoimento de cem páginas que Carlos Castello Branco escreveu sobre o governo de Jânio. Perguntei-lhe agora por que não o publica. Diz ele que não há no seu texto revelações, nem novidades. Trabalhou no palácio junto de Jânio, mas sua visão, diz ele, é um reflexo da ação e das opiniões de José Aparecido. Castello entrou apenas com o filtro de sua sensibilidade. O interesse é escasso e a publicação, ainda prematura, poderia engrossar avaliações que não subscreve.

Para nós que vivemos aquela época, próximos ou não do poder, a renúncia é ainda uma fonte de perplexidade. Eu me lembro de uma conversa com Jânio no palácio do Planalto. Insistia para que eu ficasse em Brasília. Foi dificílimo dizer não e fugir de volta ao Rio. Mãos espalmadas, o presidente me garantia que me queria lá apenas por seis meses. E repetia: seis meses! Só seis! Ainda hoje me pergunto que é que estaria por trás daquele prazo tão enfático.

. . . . .

Jânio

19/02/1992

Enigma, desafio, feixe de controvérsias — a interrogação o acompanha no esquife. Ambíguo, dividido, louco e lúcido. Possesso, todo ambição de poder, teve o que quis. Tinha absoluta certeza de sua predestinação. E tinha pressa. Tendo corrido um risco desnecessário e (mal) calculado, voltou a perseguir o poder, sempre pelo voto. A derrota não estava no seu roteiro. Mas nem por isso lhe quebrou a espinha.

Dado em espetáculo até na agonia e na morte, conquistada a presidência da República, que aflitiva personagem continuou a interpretar? De ponta a ponta, uma linha de coerência dirige o ator que de um golpe ocupou a cena brasileira. Candidato a prefeito, só conhecido em São Paulo, sua voz no rádio me chamou a atenção. Mordaz, desafiava o poder estabelecido. A forma, peculiaríssima, passava à margem da modernização cultural.

De volta ao Rio, escrevi-lhe uma caudalosa carta para dizer o que Sana Kahn lhe teria dito em duas palavras. João Cabral leu minha carta, riu e achou que eu estava ficando maluco. Hélio Pellegrino me tomou o pulso. Eu tinha entrado numa onda de delírio. Pouco tempo depois, vi-o em São Paulo. Desconfio que da minha carta só leu, sublinhada, a fácil "profecia".

Que sonho trazia no coração aquele rapaz estranho? Escondido por trás do histrionismo que divulgou sua marca, que esperava do destino? E que destino nos queria impor a todos? Por que a altiva certeza de que era um guia? Penso no desdém meio ressentido com que encarava a arrogância dos que a princípio o ignoravam. O patinho feio se sabia um cisne. Esperava, impaciente, a sua hora. Gostava de alguém? A alguém odiava? Solitário, sempre agarrado à pequena e conflituosa constelação familiar — pai, mãe, filha. E a mulher Eloá.

Forte na adversidade, que motor movia esse encantador de serpentes? Vi-o no poder e fora do poder. Em público e em particular. No Brasil e fora do Brasil. A renúncia me chegou como um alívio. Pôs fim à batalha, com a (quase) irresistível ajuda do José Aparecido, para me encarcerar no palácio. Seu poder de sedução não vinha só do poder. Pedia e dispensava a sanção alheia. Vitorioso, mas derrotado, êxito e fracasso se misturam. A dimensão histórica mais o protegia do que o expunha. Até onde terá sido uma aventura pessoal de poder? Na sua máscara mortuária pousa um silêncio que trazia do berço. Até agora inviolável.

· · · · ·

Uma voz, um testemunho

22/05/1991

Gênero aborrecido, o necrológio. Impõe-se o tom convencional. Baixamos os olhos, a voz, com a cara de circunstância. Apanhado de surpresa, por mais esperada que seja a morte, o coração no entanto permanece mudo. De espanto, de perplexidade, no tumulto de sentimentos e reminiscências, que é preciso afastar para continuar vivendo.

Ninguém menos convencional do que Tarso de Castro. Há dias me disseram que ele estava salvo. Tinha feito um transplante de fígado. Desejei que fosse verdade, mas no fundo descri que Tarso pudesse viver com um fígado emprestado. Que fosse possível lhe salvar a vida com alguns generosos remendos. O sinal da rejeição lhe foi posto no berço guasco de Passo Fundo. O bem-nascido com a nostalgia do marginal.

Difícil, para não dizer impossível, trocar um pedaço de Tarso de Castro por alguma coisa que não fosse Tarso de Castro. Inteiro, na sua integridade feita, como tudo, de dois polos. O polo positivo e o polo negativo. Defeitos visíveis e qualidades nem sempre visíveis, sobretudo para quem o via de longe, ou o sofria de perto. Sonhos, atritos, delírios: Tarso se esbanjava. Tinha talento, garra, alegria. O rapaz boa-pinta veio ao Rio para ver e vencer. E fazia questão de ser visto. Não era homem da penumbra, ou dos bastidores. Queria ser protagonista.

O bicho-carpinteiro da inquietação nunca o deixou em paz. Tarso perseguia Tarso, sua vítima favorita. Dividindo o mundo em duas partes radicais, uma que exaltava, outra que execrava, sabia que a injustiça tem também um preço alto. Como a Justiça, sua utopia. Podia chegar lá pela contramão. Tantas vezes passei cedo pelo bar Joia e lá estava ele, pai amoroso, com João Vicente.

Tinha um pacto de felicidade com a vida. Pouco importava que a vida não cumprisse a sua parte. Eu interpelava os astros: de quem foge Tarso de Castro? Quem persegue Tarso de Castro? Ele ria. E o riso apagava no rosto o vinco das noites boêmias. A vida jogada fora, num gesto de desdém e de rebeldia. Mas onde está a vida dos que a depositaram na poupança? Na vertigem com que vivia, no seu furor, havia, sim, um sinal de maldição. Sua morte nos punge como um remorso. Tantas imposturas, tantos vencedores! Adeus, Tarso.

· · · · ·

Fascinante torvelinho

15/06/1991

O tumulto em pessoa, criava em torno de si o tumulto para se sentir à vontade. Tinha a exuberância de quem chegou ao mundo com um largo saldo positivo. Não chorou ao nascer. Gargalhou. A pequena estatura era compensada pela compleição mais redonda que angulosa. Ágil, no jeito só seu de levitar. A inquietação interior, ebuliente, lhe impunha a trepidação física de quem não pode parar quieto.

[317]

Andava, falava, escrevia sempre nesse ritmo turbulento, com qualquer coisa de espetáculo. Não disputava as atenções que se voltavam para ele. Luz que não se esconde, a claridade da sua alegria o acompanhava. Ou o precedia, à simples enunciação do seu nome. E permanecia no ar depois dele, sinal de vitalidade. Eco do generoso coração em paz com a vida.

Formado nas boas humanidades, aprendeu português para ensinar. Mas a cátedra não era ainda o seu destino. O torvelinho juvenil precisava do contato direto com a rua. O jornal era naquele tempo o encontro com a rua. A incerta disciplina profissional. Com a pressa de uma lufada, confusa como um rodamoinho. A boêmia disciplina da dedicação integral. Era ali na redação que se sentia em casa. O também meu *Diário Carioca* da praça Tiradentes. A um passo da zorra e do rebolado. E sempre aberto à renovação. À novidade que é progresso.

Com a pilha carregada de nascença, podia se gastar à vontade. Não descarregava. Suas palavras mágicas, que os iniciados descodificavam. Ó monstro de escuridão e rutilância! O grito tanto podia se dirigir a um obscuro contínuo, como a uma eminência política. Escrevia, ria, dava ordens e falava ao telefone ao mesmo tempo. Como o Brasil é um circo, trazia na boca às vezes uma lâmina gilete.

Mas não era por aí que iria sangrar. Um emotivo impulso o compelia à participação. Muitas vezes defendia a liberdade pelo método confuso. Não acreditava na linha reta. Até a sua indignação era jovial. O primeiro empurrão vinha de um secreto instinto. Aí mergulhava fundo, sem dar a menor bola para a racionalidade. Por isso fascinava tanta gente que dele discordava. E o compreendia. Espontâneo e teatral, uma palavra rara quem sabe ajude a defini-lo: oximoro. Dito Roberto Pompeu de Sousa Brasil. No batismo, um nome eólio: o Pompeu!

O começo da novidade 29/07/1991

Ainda não conheço, postas em ordem por Gabriel Priolli, as histórias que o Walter Clark vai contar. Desde já aplaudo, porém, a sua decisão de pôr em livro a aventura pioneira que viveu na televisão. Dizemos todos que somos um país sem memória. O videoteipe e outros recursos técnicos não nos curam a amnésia. É preciso que cada qual dê o seu depoimento. Precisamos de incentivar e ampliar o memorialismo no Brasil. Sem memória não há cultura.

No caso da televisão, um veículo recente, o que o Walter Clark vai contar será na certa a narrativa de um protagonista que esteve em cena durante os anos decisivos de uma época. Tendo estado ao seu lado por um bom período, hoje, à distância, posso olhar para trás e fazer uma avaliação, que de resto não precisa ser isenta de calor humano.

Nem de paixão. Pois foi com paixão que Walter se atirou à oportunidade e à missão que a vida lhe ofereceu. Ele tinha de ser, como foi, naquela altura, um traço de união. Tinha para tanto a empatia e a imantação pessoal. Difícil encontrar um profissional daquele tempo que não tenha passado pelo seu horizonte — para não dizer por sua mão. Tendo começado como publicitário, nada na televisão lhe era estranho. Quem, como eu, o viu naqueles anos 50 sabe com que talento ele ampliou o seu espaço.

Primeiro foi na TV Rio, ali no Posto Seis, onde antes era o Cassino Atlântico. Quando, em 1965, a TV Globo pôs no ar o seu sinal, Walter era fora de dúvida a liderança mais visível no confuso universo da televisão. Como diretor-geral, coube-lhe consolidar uma profissão que apenas dava os primeiros passos. Era o co-

[319]

meço e era também a novidade. A inovação. Cada um pense o que quiser, mas o Brasil era um antes da TV e é outro depois dela. Foi uma revolução social.

O rapaz inquieto e perspicaz que encontrei na TV Rio acompanhou passo a passo os velozes avanços da tecnologia. Na telinha mágica, primeiro em preto e branco, depois em cores, Walter projetou o seu sonho de poeta. Carioca de São Paulo, paulista do Rio, o encontro da televisão com o Walter foi mais do que uma simples coincidência. Foi um destino. Aos meus olhos de hoje foi também uma festa, de que participei um pouco às cegas, mas com muito prazer. E com saudade, digo agora.

· · · · ·

San(to) ou demônio 01/08/1991

O Marcílio não conseguiu ainda (otimismo! otimismo!) segurar a inflação, o tigre que ruge, mas trouxe à colação a figura de San Tiago Dantas. Morto em 1964, San Tiago foi um homem controvertido. Carlos Lacerda espinafrou-o, mas na sátira que dele fez deixou de pé ao menos "a inteligência de primeira". Ainda hoje, San Tiago tem adversários e devotos. O Joel Silveira é um que não o perdoa. Volta e meia lhe dedica uma palavra ácida.

O jovem Pedro Dutra vem trabalhando num livro sobre o San Tiago, que de repente ficou mais atual. Ainda neste fim de semana, li a evocação que dele fez o Jorge Leão Teixeira na *Revista Nacional*. Jorge era diretor de *Visão* e San Tiago, já doente, tinha sido escolhido *Homem de Visão*. Jorge e Luiz Alberto Bahia foram visitá-lo várias vezes e assistiram ao estoicismo com que San Tiago suportou a doença.

Tais e tantas eram as dores, que ele tinha perdido até o prazer da leitura. Tinha uma tosse rebelde, que conseguiu controlar na hora de pronunciar o discurso que veio a ser o seu testamento político. Apeado do poder em 1964, só não foi cassado porque estava morrendo. Os militares respeitam a hierarquia do câncer, que é democrático, isto é, não poupa ninguém. Dos meus contatos com San Tiago, guardo como todo mundo a impressão de sua inteligência. Ninguém ouvia e expunha melhor do que ele, me disse Manuel Bandeira.

Também neste fim de semana, li o *Glossário das Gerais*, do Vivaldi Moreira. Homem de insaciável curiosidade intelectual, Vivaldi tem em Belo Horizonte uma das melhores bibliotecas particulares do Brasil. Com numerosas admirações, chega a ser indulgente com alguns homens públicos. É fã do Chico Campos. Mas o San Tiago não é santo de seu altar. Discordou dele em vida e, morto, não renegou o que disse.

Espírito frio e calculista, diabólica lucidez, tudo sacrificava a essa lucidez, diz o Vivaldi. Refere-se a uma conversa no *Jornal do Commercio*, mas não revela o seu conteúdo. Conte tudo, Vivaldi. Estou me lembrando do dia em que San Tiago me chamou ao Itamaraty e me propôs... casamento. Depois eu conto. E me lembro da consternação dos amigos quando ele morreu. "*Good night, sweet prince*", recitou o Gilson Amado alta noite na TVE. Não tenho vergonha de dizer que as lágrimas me vieram aos olhos.

. . . . .

Isto cansa, mas assusta

13/09/1991

Quando o Castellinho tinha dez anos, ia a caminho da escola e soube que as aulas tinham sido suspensas. O motivo era meio nebuloso, mas já dizia respeito à trapalhada nacional. Só que havia um fato objetivo e próximo: o governador tinha sido preso. Isso foi em 1930. O menino que não foi à aula em Teresina naquele dia remoto é hoje o colunista político Carlos Castello Branco. Outro dia almoçamos juntos e cheguei com a pergunta engatilhada: como vai a crise?

Vivendo em Brasília com o compromisso profissional de observar o Brasil, o Castello tem sempre alguma novidade *off-the-records* para contar a um amigo de confiança. Achei-o, porém, entediado e compreendi o seu tédio. Tudo isso cansa, tudo isso esfalfa, escreveu o Machado de Assis no seu tempo. Machado também foi repórter parlamentar e deixou aquela página imortal sobre o velho Senado. Tempo de senadores vitalícios e monarquia parlamentarista.

Um pouco por temperamento, um pouco por deformação profissional, o Castello sempre manteve uma atitude serena nos momentos difíceis. Quando começou a sua carreira de repórter político aqui no Rio, passávamos horas juntos no palácio Tiradentes e ele se gabava de ter um olhar científico. Nada emocional. Vimos e vivemos crises e mais crises. Um dia ele me contou esse feriado que o surpreendeu aos dez anos no Piauí. Menino, ficou boquiaberto. Cúmulo do absurdo, não tinha lógica.

Em matéria de prisão, em qualquer ordem, social ou gramatical, o governador entra na voz ativa. Prende, não é preso. A espantosa voz passiva de 1930 no Piauí deu ao Castellinho um perfeito

[322]

controle de nervos diante das angústias nacionais. A terapia infantil lhe valeu para o resto da vida. Vimos e comentamos juntos muitas datas que ainda me dão um arrepio: 1954, 1955, 1961, 1964, 1968. Para mim a crise traz sempre a bordo um susto. Por mais calejado que eu esteja, ainda sou capaz de ficar perplexo.

Está aí a desvantagem de Minas diante do Piauí. O governador nunca foi preso. Se não me engano, nem o prefeito de São João del Rei passou por esse vexame. Nasci e estudei em São João. Talvez por isso os mineiros somos considerados ordeiros e até conservadores. Temos um superego muito forte, que vem dos tempos da Colônia, do terror do Fisco e do Livro Verde. Nossa vocação é mais de bombeiro do que de incendiário. A esta hora já dá pra ouvir a sirene.

·····

A impossível tradução

04/10/1991

Como todo mundo, acompanhei pelos jornais o roteiro meio tumultuado da telenovela da venda da Rede Manchete. A falta de desfecho não tem importância. A obra é aberta, como é próprio do gênero. Um repórter a certa altura perguntou ao Cony o que havia de verdade no emaranhado daquela rede de intrigas. O Cony sugeriu que o repórter lesse um texto que há anos escrevi sobre o Adolpho Bloch — "Começos de um delírio".

Parodiando um título da Clarice Lispector, procuro dar aí uma ideia da fase Bloch anterior à revista *Manchete* e a tudo que veio depois. O Adolpho transformou em realidade todo o seu sonho, ou melhor, todo o delírio de que fui testemunha naquele ano remoto. Eu tinha ido procurá-lo na companhia de um jornalista que queria comprar uma velha máquina dos Bloch.

Uma boa porcaria, disse de cara o Adolpho. Meu amigo olhou o anúncio que trazia na mão: uma verdadeira maravilha a máquina. Sim, confirmou o Adolpho, mas um traste. Peça de museu. Nunca mais se fabricaria nada igual. Só tinha posto à venda porque era de fato uma joia. Aliás, por dinheiro nenhum venderia. O registro da cor saía perfeito, mas exigia duas entradas para quatro cores. Um atraso. O progresso tecnológico avançava em ritmo fantástico.

Arregaçando as calças como se evitasse pisar em invisíveis poças, repetia um refrão: dinheiro não é problema, não é verdade isso? Quem quisesse uma boa impressora, esperasse o que vinha da Alemanha. Já tínhamos visto os catálogos? Não? Então ia nos mostrar. Mas antes nos mostrava a oficina passo a passo. Ralhava com um, brincava com outro, íntimo de cada coisa. E de todos, que chamava pelo nome, enquanto examinava a qualidade do que estava sendo feito.

Voltamos à máquina plana, uma obra-prima que não prestava para nada. Cadê os catálogos? O Adolpho revirou a mesa, que ficava no meio das outras. Vamos tomar um café na esquina. Começou aí uma sessão de nostalgia sobre Kiev e a Aldeia Campista, onde os Bloch moraram assim que chegaram ao Rio. Depois o início de um poema de Pushkin em russo. Uma beleza, mas intraduzível. Em seguida me pediu um palpite para o bicho. Sugeri a borboleta. Tantos anos depois, não leio Pushkin no original. Mas entendo quase tudo na alma do Adolpho. Menos uma operação de venda.

• • • • •

A restrição mental
11/11/1991

Fui apenas o repórter que entrevistou o general Lott a 12 de novembro de 1955. Era um tempo em que não havia o gravador. Morto Getúlio, Café Filho assumiu. Lott no Ministério da Guerra evitava que se aprofundasse a divisão entre os militares. Foi Juarez Távora quem o indicou. E a sugestão teria sido do coronel Mamede, que Lott admirava, assim como venerava o brigadeiro Eduardo Gomes.

Em 1950, o brigadeiro tinha sido derrotado pela segunda vez. Pelo Getúlio, o que era um sacrilégio na ótica udenista. Veio a campanha da maioria absoluta, que o *Diário Carioca* sustentou com uma obstinação que entrou pelo terreno da piada. Nosso excelente Prudente de Morais, neto, o Pedro Dantas, esfalfou-se em argumentos e artigos diários, com evidente cobertura militar. Mas a tese não colou.

Em 1955, um ano e tanto depois do suicídio do Getúlio, o salvacionismo fez do Café Filho o seu porta-voz. Apegado à letra da Constituição, Lott foi conversando com Alkmin e transitando para o legalismo que o aproximaria do esquema político vitorioso com a dobradinha Juscelino e Jango. Pela boca de Café falou o veto militar, que Juscelino enfrentou: "Deus poupou-me o sentimento do medo". O jeito era impedir a posse.

A 8 de novembro, Café cedeu o lugar ao presidente da Câmara, Carlos Luz. Luz tentou cortar o nó da crise militar demitindo Lott. Era 11 de novembro. No dia seguinte, Lott entregaria o ministério ao general Fiúza de Castro. À noite, Fiúza telefona: havia movimento de tropa na cidade? "Se não menti, fiz uma restrição mental" — escrevi na entrevista do dia 12, na qual Lott contou o

[325]

que o levou ao Movimento de Retorno aos Quadros Constitucionais Vigentes.

É possível que ele nem conhecesse a expressão "restrição mental", que pertence ao vocabulário da moral católica. Procurei um eufemismo para dizer que ele tinha encoberto a verdade por dever de consciência. A oposição, que não queria a posse de JK, pegou no pé de Lott com o "retorno" ao que era "vigente". E com a tal de "restrição mental". Invenção minha. Não fui golpista, nem tentei atingir Lott. Fui apenas repórter, repito. Quando fez oitenta anos, em 1974, Lott tinha caído em desgraça. Convidado por ele, lá fui abraçá-lo. Estava tranquilo, com cara de bebê rosadinho.

· · · · ·

O direito no sufoco 22/11/1991

No dia 21 de novembro de 1955, o Congresso Nacional aprovou por duzentos e oito votos o impedimento do presidente Café Filho. Desculpem se a história é velha de trinta e seis anos, mas é também atual. Votaram contra cento e nove congressistas. Nereu Ramos estava na presidência da República desde o dia 11, data do afastamento de Carlos Luz. Café se encontrava hospitalizado e Luz foi obrigado a se recolher a bordo do cruzador *Tamandaré*, diante da crise militar.

Começou aí a se frustrar a tentativa de impedir a posse do presidente eleito a 3 de outubro daquele ano — Juscelino Kubitschek. O argumento contra a posse era a falta de maioria absoluta. Apoiada por parte da imprensa, a tese merecia o patrocínio de chefes militares de prestígio, a começar pelo brigadeiro Eduardo

Gomes. Escrevi aqui outro dia que a entrevista do general Lott saiu publicada a 12 de novembro.

Na verdade saiu a 15 de novembro, na *Manchete*. Encontrei-a agora em *Reportagens que abalaram o Brasil*, título retumbante do livro publicado em 1973. A entrevista é longa (vai da página 189 à página 207), sobretudo para quem a escreveu sem a ajuda de um gravador e a partir de umas poucas notas. Lott nem sequer a leu antes de ser publicada. Ainda assim foi considerada o relato oficial dos acontecimentos daquela novembrada hoje remota.

Os que se opunham ao golpe e defendiam a posse do presidente eleito não mexeram numa vírgula desse relato. De lá para cá o Brasil mudou, claro, mas quero crer que a leitura dessa entrevista é útil e oportuna ainda hoje, pelas lições que encerra. Mostra, por exemplo, a saída pacífica para um impasse político-militar. O direito constitucional entre nós às vezes se escreve com a decisiva colaboração dos quartéis. Assim se explica uma novidade como o "impedimento" (não confundir com o impeachment). A figura surgiu no sufoco da crise.

Depois de palavras simpáticas, Sebastião Nery escreveu na *Tribuna da Imprensa* que fui contra a posse de Juscelino e que por isso preguei no general Lott "a peça da restrição mental". Ora, não fui golpista, nem contra a posse. Não há na entrevista sombra dessa intenção. Nem o Lott era bobo de cair nessa arapuca. A *reservatio mentalis* é expressão católica e o Nery, como ex-seminarista, sabe bem o que é. Da minha parte, só fui o repórter que ouviu e registrou o histórico depoimento.

· · · · ·

O cortejo e a mentira 15/11/1991

Hoje é aniversário da República. Cento e dois anos e ainda não tomou juízo. Começou instável, pela espada do Deodoro, e continua aí na corda bamba. Deodoro renunciou, Floriano assumiu. Outro marechal e de novo alagoano, o que em absoluto não é defeito. Presidente pode ser de qualquer estado. Se for de um estado pequeno e for bom, ótimo. O Sebastião Nery escreveu que o que tenho contra o Collor é ele não ser mineiro. Ora, bolas. Isto é lá argumento?

Sou república e parlamentarista. Sempre fui. E não desejo golpe, nem em cima do Collor, nem em cima de ninguém. Mas vamos falar do passado. O Floriano era o Marechal de Ferro. Ficou no governo à força, voluntarioso como ele só. Ou gostavam dele ou lhe tinham ódio. Em 1893, comprometeu-se a fazer eleições. Quando divulgou a nota oficial, só se referiu à eleição para o Legislativo. E ficou lá, mandão. Isto é que era a doutrina florianista.

A certa altura, constou que ia nomear o Barata Ribeiro, médico, para o Supremo. Um absurdo. Floriano autoriza o desmentido. No dia seguinte, sai a nomeação do Barata. O ministro do Exterior era Carlos de Carvalho. Nunca mais pôs os pés no palácio. Foi ministro dezessete dias, mas a mentira ele não engoliu. Um caráter. E que exemplo para hoje! Esse negócio de presidente mentir é uma tristeza. Diz uma coisa e faz outra. Tem uma porção de mentirinha na história da República. Péssimo para a educação cívica das crianças.

Agora veja como era o cortejo do imperador. Sempre a galope. Na frente, dois batedores de espada desembainhada. A seguir, a grande sege, puxada a quatro, com lacaios montados, com dois

[328]

por detrás, todos com chapéu de veludo, redondos, de pala. Por fim, o grande piquete comandado por um oficial que seguia ao lado da portinhola do coche. Toda a gente olhava, tirava o chapéu e se inundava de um eflúvio sobrenatural (sic). O imperador!

Algo de diferente, sobre-humano, inacessível. Pouco se via o imperador. Só se vislumbrava o branco das grandes barbas no fundo do carro sombrio. A voz era fraca. Vozinha pouco nítida, contrastava com o porte respeitável. Bom, tudo isso está no livro do Rodrigo Octavio. Um luxo. Já na República, o Prudente escrevia do próprio punho e tinha só um oficial de gabinete. Muito bonito o Império, d. Pedro II e tal e coisa. Monocultura e escravidão. Quer saber de uma coisa? Viva a República! É tocar pra frente, esperar a eleição e mandar brasa. Sempre no voto.

· · · · ·

Direto à fonte 26/07/1992

A República se inaugurou com um alagoano — e bem à brasileira. O bom marechal Deodoro não queria mal ao imperador. Era até seu afilhado, o que justificava lhe tomar a bênção duas vezes por dia. Quando chegou o 15 de novembro, com o Benjamin Constant republicamente açodado, Deodoro foi um mártir sem fé. Já não era nenhum rapazelho. Tinha dobrado o cabo sexagenário e era natural que se sentisse no maior sufoco.

Posto pelos mistérios do acaso naquela circunstância, que fazer? Viva a República! Montou no seu cavalo alazão (alazão ou branco, talvez baio), desembainhou a espada e proclamou a República. Melhor com ele do que sem ele, ou contra ele. Afinal,

Deodoro já tinha assinado um manifesto redigido pela pena republicana do Rui Barbosa. Ainda assim, o marechal dava evidente mostra de ansiedade. O fôlego curto, sobreveio-lhe um acesso de asma.

Esse acesso de asma é para mim um dado histórico que conta a favor do Deodoro. E quem sabe há nele o sinal premonitório do sufoco que iria viver a República. Destronado, d. Pedro II foi respirar os ares civilizados da Europa. Entre uma e outra tertúlia em Paris, podia compor seu sonetinho de saudades da pátria amada (e ingrata). Já Deodoro se via aqui nas cólicas do novo regime. Piorou até de suas almorreimas. E não demorou a morrer.

A República substituiu o trono pela curul. Num ou noutra, não é fácil se sentar, sobretudo almorreimado. Deodoro, digno, não demorou a se levantar. Imaginem só: estavam propondo no Senado uma lei de responsabilidade do presidente da República! Considerando-se atingido na sua honra, Deodoro renunciou. Nobre exemplo, o desse altivo alagoano. Pôs logo no berço da República o oportuníssimo e honroso gesto da renúncia.

Ao Deodoro, sucedeu o Floriano, outro alagoano. O Marechal de Ferro. Sabia mandar e consolidou a República, à custa de muito sacrifício. Entre outras maluquices, nomeou para o Supremo o médico Cândido Barata Ribeiro. Na véspera, autorizou Carlos de Carvalho a desmentir a nomeação. Mas nomeou assim mesmo. Carlos de Carvalho, ministro do Exterior, não teve dúvida: demitiu-se. Foi ministro dezessete dias. E saiu de cabeça erguida. Mentira, com ele, nem de Marechal de Ferro — e ainda mais presidente!

$$\bullet\ \bullet\ \bullet\ \bullet\ \bullet$$

Direito ao tédio

10/06/1991

No auge de uma crise política, dessas que são cíclicas, encontrei o senador Afonso Arinos. Falamos de tudo, menos da crise. Falamos dos amigos comuns, de poetas e de doidinhos mineiros. Alguns casos engraçados nos fizeram rir. Só no fim do encontro me lembrei da crise. Eu era jovem e fiquei escandalizado quando o Afonso me disse que a crise lhe dava um tédio danado. Se não me engano, até abriu a boca.

Carlos Drummond de Andrade pôs como epígrafe no seu *Claro enigma* um conhecido verso de Paul Valéry: "*Les événements m'ennuient*". "Os acontecimentos me entediam." Ou me chateiam, na tradução livre. Pode ser o que em psicologia se chama de fuga. A fuga dá até sono. Como o sono é uma forma interina de morrer (Machado de Assis), o sujeito se afasta assim da canseira da vida, com a vantagem de ter assegurado o bilhete de volta.

Estou dizendo isso porque me apanhei outro dia bocejando de tédio diante da televisão. Costumo dizer que nunca ninguém me viu bocejando. Sou do tipo insone. Mas há coisas que hoje me dão sono. Sono e tédio. Talvez seja a idade. Uma delas é a discussão em torno da pena de morte. Há anos e anos me interessei pelo assunto. Li, conversei, escrevi, refleti. Sou radicalmente contra. Com a mesma opinião, o Pedro Nava ficava uma fera com essa história de restaurar a pena capital.

Conversávamos pessoalmente, ou pelo telefone, e depois nos escrevíamos. Tenho umas cartas dele que são indignados libelos contra a pena de morte. Já pensei até em publicar, mas qual! A conversa está muito emocionalizada. E demagógica. Há um excelente time que forma na oposição. Ainda assim o debate me dá um

[331]

tédio mortal. É o tipo da discussão da qual não nasce a luz. Nascem os perdigotos.

Treze anos antes de acabar o Império, na prática acabou a pena capital no Brasil. Dom Pedro II não gostava de aplicá-la. Recaía sempre sobre os escravos. Foi a única sinecura brasileira que deixou de ser disputada — o lugar de carrasco. Era preciso recorrer a um prisioneiro e fazer dele à força um carrasco. Negro matando negro. Uma beleza! A República há cem anos decretou o fim da pena capital. Agora vem essa gritaria emocional. É de matar, sim, mas de tédio.

· · · · ·

O escambo de volta   01/07/1991

A empregada de férias, a garota ia sempre comprar o pão. Cedinho já havia fila. E nunca havia troco. Por que não arredondam logo o preço do pão? Um ou outro freguês se recusava a deixar o troco na padaria. Ela, dócil, recebia como troco os caramelos. Umas balinhas que nem gosto tinham. Ainda se fossem azedinhas, como as que chupam os personagens do Dalton Trevisan...

Até que enfim a empregada chegava de férias no dia seguinte. Na fila a garota pensava como o brasileiro é pouco ou nada cooperativo. Não ajuda. Todo mundo recebe uns níqueis de troco. E ninguém guarda. Ou ninguém leva às compras, para auxiliar no troco. Deitam fora ou atiram no fundo de uma gaveta. Chegou a sua vez e a menina entregou o saquinho de balas. Por essa é que a moça da caixa não esperava.

Perplexa, não sabia o que fazer. E a fila aumentando. A garota firme, a mãozinha estendida: cadê o pão? Se duvidasse, ainda tinha troco. Queria em dinheiro. Nada de confeitos ou rebuçados. A moça da caixa resolveu consultar a autoridade superior, um caixeiro antigo. O caixeiro não achou jurisprudência e apelou para o gerente. Barriga e bigodes à mostra, mais um minuto e lá estava o português. O dono da padaria.

Um país pode viver sem os chamados símbolos nacionais. Amanhã, se resolverem mudar o Hino Nacional, eu não ligo a mínima. Já tentaram mudar até a bandeira. Única que tem dístico. Tem avesso. E positivista. Exótico. As cores também não combinam. Difícil a programação visual. Sem cunhar moeda é que um país não pode viver. Soberania é moeda.

No Império apareceu o vintém. Vintém poupado, vintém ganho. Tinha essa inscrição. Veio a República. Caldeireiros e espertos, os ciganos fundiam os vinténs e faziam tachos e panelas. No ocaso do Império, deu-se a Revolta do Vintém, por causa do aumento dos bondes. Um tostão: cinco vinténs. Vintém já não servia nem para esmola. Aí Epitácio cunhou o tostão de níquel, que eu menino ainda apanhei. Mas e a garota da padaria? Sim, a fila ficou solidária e o português aceitou o saquinho de balas. E ainda deu o troco. Um cruzeiro certinho.

· · · · ·

Papéis trocados

08/07/1992

Se está dito no Livro que Deus descansou no dia sétimo, força é concluir que Deus se cansou. Por que não haveria também eu de me cansar? Até o mais enfadonho rame-rame acaba extenuante.

Na outra ponta da alternativa, cansa a aventura, como cansa a patuscada. Tudo cansa. A ordem e a desordem. A folia e a mágoa. Cansa o ódio, que tem fogos acesos. Só não cansa o amor.

Não cansa? Cansa, sim, por mais que os poetas teimem em dizer o contrário. Mas poeta diz a verdade pelo avesso. No canto provençal, cansa o enamorado. Como na cantiga de amigo a coita tisna de fadiga a infundada esperança. Não correspondida, a canção de amor só avinagra na cantiga de escárnio. E também cansa o sarcasmo, como cansa a ironia. Só não cansa o amor a Deus. O músico amor, extremoso, desvelado sempre.

Pois também esse cansa. Tanto é que lutam os monges do claustro contra a acédia. O insinuante fastio da acídia, que amolecia até os monges no calor da fé na Idade Média. O véu de apatia que desmobiliza as almas e lhes sopra a demoníaca certeza de que tudo é vão. Tudo é enfaro e enfado. O tédio que sufoca e anula a linha do horizonte. Nenhuma perspectiva. Nem miragem. O seco vazio do *spleen*. Nada vale nada. Vezes nada, igual a nada.

Abafada, prenúncio de um inverno molhado, a atmosfera estimula o desânimo, está no ar essa geral prostração. Fecha, lento, o sinal vermelho. Um vermelho, até ele, descorado. Tudo se concilia com o feriado interior que me decretei. Nada de crise. Nisso, maquinal, a mão liga o rádio do carro. Um samba de Noel, ou Assis Valente. A voz de Gal, quem sabe? A boa melodia do Brasil brasileiro. Mas o que o rádio verte é a própria crise.

Mais um bilhete: o país da impunidade é um capítulo do passado. Empenho das autoridades para o êxito do desate? A voz do locutor me chama de volta à realidade. Mas onde está a realidade? É o caos. Até que enfim, o caos! No mínimo a novela se embaralhou toda. O texto de Cândido Alegria está na boca do padre Otoniel. A fala de Hilda passou para Gioconda. E já, já Murilo Pontes vai uivar pra lua como o Sérgio Cabeleira. Quem diria, o Brasil é uma novela!

· · · · ·

Esse Brasil? Sumiu!   08/08/1991

Sim, menina, você pode pôr em dúvida. Achar até que é exagero meu. Mas pode crer, não é saudosismo. O saudosismo, como o pigarro, é um cacoete de velho. Nem chega a ser um sentimento, ou uma emoção. É mais um ressentimento, que, em nome de exaltar o passado, hostiliza o presente. Como a Terra vista pelo Gagarin, o passado é azul. Toda distância, no tempo ou no espaço, é azul. De perto as coisas exibem as cores que têm.

Pois lhe digo que não sou pessimista. Nem quero fazer comparação. Mas já que você pergunta, respondo. Pó, só da estrada, que não era asfaltada. Até se usava guarda-pó, uma peça que não figura mais no vestuário. E pó de arroz, que você deve saber o que é. Ou também saiu de moda? É possível que tudo sejam modismos. Uma onda que vem e vai. De repente, passa. Quando menos se espera, some. Quanta coisa sumiu e a gente nem se dá conta.

Maconha? Uma vez me mostraram umas folhinhas secas e fedorentas ali na praça Mauá. Zona do cais do porto, devia ser coisa de forasteiro. Gente sem raízes, de passagem. Era a erva maldita, no jargão da reportagem. Cocaína, só num poema do Manuel Bandeira. "Uns tomam éter, outros cocaína", dizia o poeta. Uma meia dúzia de excêntricos parece que se drogava. Artigo de muito luxo, não era para qualquer um. Assunto de colunista, ou de cronista mundano, e não de repórter policial.

[335]

Rondônia, claro, era uma palavra conhecida. Mas como título do livro do Roquete Pinto, que tomou parte na expedição do Rondon e contou o que viu. Naturalista, pesquisador, um apóstolo. Como Rondon, aliás. E um pioneiro. Só pensava no Brasil. Queria o rádio a serviço da educação. E o cinema, sempre educativo. Não, nem todo mundo era apóstolo. Não exageremos. Havia também vigaristas. Alguns até de carteirinha assinada. A linha divisória entre uns e outros era bem vincada.

Olhe, inflação não era uma palavra corrente. O custo de vida subia e as donas de casa se queixavam da carestia, mas sem pânico. O Brasil tinha moeda, o mil-réis, que em 1942 foi batizado de cruzeiro. Cassação? Fora os comunistas, houve uma, do Barreto Pinto. Posou de cuecas. E depois debaixo do chuveiro. Que pelado que nada. Mas feriu o decoro parlamentar e perdeu o mandato. Palavra de honra que era assim. O Brasil, sim, senhora.

· · · · ·

Mas é coisa nossa
14/03/1992

Eu ainda estava em jejum quando abri o jornal. Pensei: quem sabe tomo café primeiro? A foto é tão chamativa que não dá para desviar a atenção. Todo leitor da *Folha* deve ter tido o mesmo choque. Mas eu confesso que resisti. Pra que, meu Deus, uma foto dessas na primeira página? Posso falar, porque tenho vivido em jornal a vida toda: jornalista tem essa inclinação para o que é negativo. Há quem diga que é um traço mórbido.

Hoje todo mundo sabe, na teoria e na prática, que o corriqueiro não é notícia. Aquele exemplo clássico que já está careca de tanto ser citado. Se um cão morde um homem, nada a noticiar. Se um homem morde um cão, está aí a matéria-prima. Cumpre apurar tudo direitinho. Se o homem foi vacinado contra a raiva. Se o cão estava quieto no seu canto, ou se partiu dele a provocação. Nome, idade, cor e sexo da vítima. Enfim, um prato cheio.

Se notícia é o inusitado, o que sai da banalidade e escapa ao lixo do cotidiano, então por que essa foto na primeira página? Esse personagem será assim tão insólito? Imagino que o leitor já esqueceu a foto de ontem e o impacto que ela nos causou. Esquecer é um mecanismo confortável. E essencial. É o que nos permite continuar vivendo na santa paz de nossa consciência. Que diabo, a gente tem que se defender. Eu, por exemplo, quando dei com a foto, logo pensei com os meus botões: deve ser coisa de muito longe. Biafra, por exemplo. Você se lembra de Biafra?

Biafra, ou Bangladesh. Lá nos cafundós, onde Judas perdeu as botas. Nada a ver comigo. E decidi fugir da legenda. Por via das dúvidas, preferia não saber onde vive, ou sobrevive, aquela coisinha de olhos fechados. Ainda bem. Se tivesse os olhos abertos, grampeava o meu olhar e adeus café da manhã. A mão direita no peito lhe dá um ar contrito. A mão esquerda segura o pé direito. Segura firme, a perna direita cruzada sobre a esquerda. Tem até graça. Uma graça horrível, mas tem.

E aquela fralda imensa. Branca, farta, não o deixa nu. Ou nua. Não está dito qual o sexo do top model que posou para o fotógrafo. Tem quatro meses, diz a legenda. Está internado na Paraíba, com suspeita de cólera. Como será o nome desse serzinho tão indefeso? Aí me ocorreu que seu nome é legião. Seu sobrenome? Brasil. Por falar nisso, quando é que a gente vai tomar vergonha na cara?

[337]

Caminho de volta

18/04/1992

Veio menina para o Brasil. Algumas lembranças, poucas, às vezes se confundiam no seu espírito. Isto assim-assim tinha acontecido aqui ou lá? E também sonhava com uma paisagem que não era brasileira nem holandesa. Quando a mãe morreu, cortou para sempre o cordão umbilical com a antiga pátria. Deixar de bobagem. Apesar dos olhos claros, do cabelo puxado a amarelo, da altura batendo no metro e setenta e quatro, era brasileira da gema.

Mãe, pátria, língua, só uma. Nem duas nem três. Muito menos uma e meia. O que sai da unidade só traz confusão. Atropela a identidade, num *split* que já não é saúde. E pode ser o começo do desequilíbrio, da instabilidade emocional. Por decisão voluntária, apagou da memória palavras e frases holandesas que a acompanhavam desde o tempo em que começou a falar. Era preciso ser uma pessoa só, por inteiro plantada aqui.

Casou, teve uma filha, foi mais ou menos feliz como todo mundo. Como todo mundo, de repente estava inquieta. De inquieta a insolúvel foi um passo. O marido brasileiro, doze anos mais velho do que ela, concordou com a separação. Claro, continuariam amigos para sempre. E amigos teriam ficado, se ela não descobrisse a prova insofismável de que ele já estava na dele muito antes da separação. Ela vinha com o milho e ele voltava com o fubá.

Foi quando lhe apareceu a oportunidade de se mandar para a Holanda. O país de fadas existia. Existia o espaço para ser feliz. Ver a filha crescer, refazer a vida. As duas tias, que já conhecia de uma longa temporada de férias, a recebiam de braços abertos. Uns amores. Bem alimentadas, sólidas, eram o próprio seio materno.

[338]

A *muter* rediviva. O regaço. A perfeita estabilidade, com emprego, seguro-saúde, moradia. Absoluta segurança. A vida que milhões de brasileiros pediram a Deus.

Até que outro dia veio a carta. Não aguentava mais fingir de feliz. Passeava, sim, todo dia no parque. Mas no parque de cara fechada, que nem verde é. É preto e branco. Todo santo dia esbarrava no parque com as mesmas três pessoas. Na rua e em casa, faltava luz. Faltava sol. Afinal se abriu com a filha e as duas descobriram que só pensavam na volta à bagunça do *techicollor* brasileiro. Fez as malas, deu adeus à paz do Primeiro Mundo e está de volta ao calorento reino verde-amarelo. Para sempre. E seja o que Deus quiser.

· · · · ·

Suspense carioca 11/09/1991

A esta altura do ano, o dia ainda está frio. Vou dar uma volta para desenferrujar as pernas. Na farmácia, vejo que os preços voam alto. Aumento de cem por cento num frasquinho de nada. O balconista sorri. É isso aí. Nem dá mais vontade de comentar.

O controle de preços, se existe, deve estar sendo feito pelo Ministério da Aeronáutica, em convênio com a Nasa. Estico a caminhada até a banca de jornais mais bem fornida.

Com tanta leitura atrasada, me encho de revistas. Vamos ver o que dizem os Estados Unidos, a França, a Inglaterra. Deve ser tudo mais ou menos a mesma coisa. Até as capas se repetem, ao dar notícia do que vai pela URSS, quatro letras que em 1934 eram título de um poema de Murilo Mendes: "Volta para a comunidade

[339]

dos filhos de Deus, ó pródiga, ó generosa. E verás a dança múltipla dos irmãos que te aclamam, ó irmã transviada".

Pouco movimento na rua. Comércio fechado. Sábado de manhã. 7 de setembro. Só agora me dou conta de que é feriado. De pé tomo um chope em homenagem ao Hélio Pellegrino. No bar Joia não vejo o Tarso de Castro. Esse pessoal anda muito relapso. Quando dou por mim, infleti (como diria o Emílio Moura) à direita, na rua J. J. Seabra. Segunda-feira vão inaugurar o Quadrifoglio Caffé. Do Baixo Lagoa pra cá, o pedaço está se tornando o "*quartier des restaurants*". O fino.

Entre o hospital do INPS e a igreja de São José, vou indo, distraído. Ninguém nesta quadra. Epa, lá vêm dois tipos estranhos. Estão se aproximando. Altos, um de busto nu. Cabelos, roupas, jeito, parece que saltaram de um videoclipe. Já não dá pra mudar de rumo. Muito menos de calçada. Um deles tem uma faca na mão. Uma faca só lâmina. Cinco, quatro, três metros. Está cortando uma ripa. Ou afiando a faca. Uma peixeira.

Entrei num conto do Borges e o jeito agora é sair. Dois bandidos, nenhuma dúvida. Fundos da igreja de São José. Mais um passo, a Hípica. Vozes, gente, cavalos. Ai, meu Deus, são José está de costas. Assaltantes? Pararam. Bem diante de mim. São José, valei-me. O de busto nu me dirige a palavra. Estou mais frito do que um ministro do Collor. Ah, sim. A rua J. J. Seabra? Essa aí, aponto. Seguem adiante. O meu pulso está um pouco acelerado. Tentação de olhar para trás: lá se vão os dois meliantes. Cidade cordial, o Rio. Assusta, mas não mata.

· · · · ·

Ontem, hoje, amanhã

29/08/1992

Aí em São Paulo, no primeiro comício, e aqui no Rio, eu vi a cara da meninada. Quando a coisa pegou fogo, me interessei pelos pormenores. Essa história de pintar a cara, por exemplo. Primeiro, é a facilidade. Há hoje mil recursos. Antigamente seria preciso queimar uma rolha de cortiça. Uma coisa assim primitiva, como fazer um bigode de mentira nos meninos. Inocente brincadeira no Carnaval. Menino querendo ser homem.

Por falar, me impressiona a alegria com que levam adiante a sua participação. Tudo parecia adormecido e de repente a garotada está nas ruas. Nunca se viu luto tão eufórico. O misterioso comando numa simples tecla, o fumo preto se abre em cores. Verde, amarelo. Vermelho. Todo o arco-íris. Todos os tons, desde que gritem o que lhes vai no coração. E cantam. E dançam, ao som do que pode ser música ou infernal barulho.

Se há ódio, não percebi. Pelo menos nos que abordei não vi sequer uma ponta de cólera. Cólera no sentido vulgar, de descontrolada ferocidade. Ou até no sentido teológico, de pecado capital. Que dá origem a outros pecados. Aqui e ali, coletiva, como vi na televisão, haverá uma ponta de ira sagrada. O clamor da Justiça. A garota de dezesseis anos, por exemplo. Não votaria no Collor. Por que está tão decepcionada?

Ela própria não acha a palavra. Sou eu quem lhe falo em frustração. Daí ela e as amigas querem saber se os mais velhos também nos sentimos frustrados. Não agora, mas noutros momentos históricos. Por pudor ou sei lá por quê, contenho o impulso que quase me abre o coração. Mais adiante, ouço a conversa de um grupo animado. Nem sei como se entendem nessa gritaria. Tento

[341]

pegar uma carona, mas não cogitam do passado. A orgia se concentra no presente.

E traz essa dimensão lúcida. Quase mágica. Mesmerizados, movem-se como bandeiras. Não caminham. Já flutuam, vitoriosos. Receio no meu silêncio que esperem demais. Confiem demais. Sem nostalgia, me lembro dos velhos tempos. O vago e luminoso amanhã traria a solução de todos os problemas. A salvação. O céu na Terra. Mas é isso mesmo. Mil vezes um jovem indignado a um velho cínico. Cívicos, os meninos estão brincando a sério de mudar o Brasil. Deus os abençoe.

· · · · ·

A caixa-preta   07/10/1992

Não parece, mas é o mesmo país. O jovem Brasil dos caras pintadas, da euforia dos quatrocentos e quarenta e um votos — e o Brasil do massacre. São tantos os mortos, que nem se sabe o número certo. Concomitante, o Brasil foi às urnas como quem vai à festa. Uma boa parcela, inapetente, não se moveu. Absteve-se, ou preferiu anular o próprio direito. Tudo bem. Vem aí o segundo turno e na certa a competição acirrada empolgará os partidos.

Como o avião que caiu no subúrbio de Amsterdam, a carnificina da Casa de Detenção é dessas coisas que não deviam acontecer. No presídio, não há caixa-preta, como no *Boeing*. Ou talvez haja e escusa abrir. Não é preciso ser perito pra saber no que pode dar essa promiscuidade. Meter sete mil e duzentos homens num espaço previsto para três mil e trezentos. Fossem monges, ou

[342]

freirinhas, e nem um louco esperaria que dali saísse um hino à vida. Um ramalhete de virtudes.

Curioso, o país da impunidade. Não tem lugar pra tanta gente presa. Isto em São Paulo, num presídio moderno. Vá você a um xilindró qualquer. No Rio, em São Paulo, por aí afora. Eu já fiz essa experiência. Dostoiévski vira um escritor cor-de-rosa, com a sua *Casa dos mortos*. Camilo Castelo Branco e Graciliano Ramos se convertem em autores para antigas mocinhas do Sion. Carandiru dá vontade de não pertencer ao gênero humano.

Importamos e traduzimos o *white collar*. Já é um progresso, em relação à coleira e ao garrote, à polé e ao tronco. Veio do Primeiro Mundo, por oposição ao *blue collar*. O colarinho azul de operário por lá bem nutrido, direitos assegurados. O colarinho--branco é o executivo, outro anglicismo. Ou o burocrata do escalão superior. O boa-vida que só pensa em mordomia. O impeachment seria o *divortium aquarum*. O Brasil de antes e o Brasil de depois do *white Collor*.

Mas entre o antes e o depois, a tarefa é gigantesca. Não há passe de mágica. O *Boeing* de Amsterdam pode ter sido derrubado por aves migratórias nas turbinas. Pioneiras, estão no céu primeiro. Pequena causa, grande efeito. A tragédia começar num pássaro, quem diria, dá o que pensar. Do céu ao inferno. Como e onde começou a carnificina de Carandiru? Nesse regime carcerário que não devia existir. Fábrica de criminosos. Há quanto tempo a gente sabe disso! Está na hora de acabar com essa monstruosidade.

· · · · ·

O show piorou

12/11/1992

A menina que parou o José Simão na rua está certa. Absolutamente certa, como diria o J. Silvestre. Ela não se lembra desse tempo da pedra lascada. Mas eu sou da era da pedra polida e me lembro de muita coisa que saiu do cartaz. Para um certo tipo de coisa e de gente, sair do cartaz é a morte. Este é o tempo do show biz. Tudo é público, escancarado. Ou tem promoção, ou não existe.

Até a política. Até? Não estou longe de dizer sobretudo a política. O Collor é de ontem mesmo, mas daqui a pouco ninguém sabe mais quem é. O rei do marketing, quem diria? Tomou de assalto a cena. Roubou (epa!) o espetáculo. Vapt-vupt — e passou todo mundo pra trás. Chegou lá e tome lance e mais lance de publicidade. Uma agitação só. Notícia atrás de notícia, não saía do cartaz. Rampa pra baixo e pra cima.

Antes era mais animado porque tinha impeachment e roubalheira. É o que disse a menina. E tem toda razão. Do ponto de vista do espetáculo, piorou mesmo. O Jô Soares, que tira leite de pedra, pegou outro dia a reforma fiscal pelos chifres. Ou pelo rabo. Sou duro de dormir, mas confesso que cochilei. Simpático, o ministro. Mas, em matéria de humor, reforma fiscal rima e empata com cólica renal. Tão interessante quanto discurso à bandeira num sol de rachar.

O Collorgate motivou o país. A adrenalina corria solta nas nossas veias. O maior barato, com direito a suspense. Nem Fla-Flu em decisão final. Por falar, me lembro daquela história. O Maracanã à cunha. Quarenta graus à sombra. Silêncio, pede, estentóreo, o alto-falante. E vem o aviso. Por motivo de força maior, não se realizará o Fla-Flu. Em compensação, o prof. Bernardelli fará uma palestra sobre o déficit público e as perdas internacionais. Já viu o desfecho, né?

Mutatis mutandis, sai o Collorgate e entra o Itamar. Nem ao menos primeira-dama! Topete, namorada, pão de queijo. O gás é pouco pra manter a chama. Juiz de Fora não rende tanto quanto Canapi. Tenho uma velha amiga que adorava Londres durante a guerra. O bombardeio de V-2 então! Voltou lá dez anos depois e odiou. Uma chatice. Aconselhei-lhe Beirute. Hoje sugeriria Luanda. *Very exciting*. E sexy, dizia ela. Por quê? Não tenho a menor ideia. Essa é uma que tem saudade do Collor.

$\cdots\cdots$

A chapa e a operação 16/12/1992

Apanhado de surpresa, vi, horrorizado, o linchamento da pobre mulher que na Somália teria saído com um soldado francês. A televisão nos deu esse olho onipresente, que anula a distância e o tempo. Reduzido de repente a testemunha ocular, não tenho ainda no coração a dose infinita de misericórdia e de indignação que o espetáculo reclama. O horror se transforma em náusea. Me lembrei do dia em que vi Matupá no *TJ-Brasil*, do Boris Casoy.

E assim vamos vendo, televendo, a exibição da nossa humana crueldade. Na pressa de tudo saber, tudo comunicar, somos planetariamente bárbaros. É o fenômeno da aceleração da história, cujo fim o tal Fukuyama decretou. Eu venho de um tempo menos apressado. Quando comecei na imprensa, notícia era só palavra. A ilustração, indigente, era rara. A guerra impôs mais restrições ao

[345]

uso da foto. Filme, clichê, tudo era uma parada. Foi aí que apareceu a chapa Uruguai.

Naquela época o jornal recebia muita visita. Sempre ilustre, no critério do visitante. Na hora de documentar, lá vinha o fotógrafo com a sua trapizonga. Pose feita, imóvel, estourava o magnésio. Fazia muito mais fumaça do que luz. No dia seguinte, cadê a foto? Se houvesse cobrança, era falha técnica e pronto. No jornal a gente sabia que tudo tinha sido simulação. Chapa Uruguai era ausência de filme, que custava caro e vinha do estrangeiro.

Uma vez o Murilo Mendes estava em plena conferência e o fotógrafo, capa, tripé, caixa e tudo, começou a operar. Explosões sucessivas de magnésio. No fumacê, o poeta virou vítima. Tapou o nariz com o lenço e, irritado, se retirou da sala. Ou fumaça, ou poesia. Hoje, o satélite nos dá na mesma hora cor, movimento, voz e gesto de um conferencista em Tóquio. Ou na Lua. Talvez estejamos assim criando um calo na alma, que nos defenda contra a injúria à nossa sensibilidade.

A notícia entra na pauta quase sempre pelo lado negativo. No caso do Rio, a má conjuntura desta hora agrava o quadro. E tome um pesado bombardeio. Aí me pergunto até onde o banditismo não se vê estimulado pelo mau exemplo que vem de cima. Em nome de combater a corrupção, o presidente organiza a sua quadrilha. E assalta o país miserável. Depois inventa a carocha da tal "Operação Uruguai". Desculpa mais esfarrapada. Quem é que acredita nessa reedição da antiga chapa Uruguai?

· · · · ·

Símbolo augusto de quê? 21/11/1991

Dia da Bandeira anteontem, me plantei diante da televisão pra ver como é que a data ia ser comemorada em Brasília. Bandeira é insígnia. A pátria desfraldada. Tive uma educação muito cívica, na base do ufanismo. Passei anos esgoelando o afeto que se encerra em nosso peito juvenil. O cara vai ficando velho e, se não segura o ponto, acaba um lamuriento, sempre com aquele desconforto de galinha viajada. E se recolhe ao porão do saudosismo.

O feriado dia 15, da República, que tinha acabado, voltou, mas o da bandeira, dia 19, não. Quem diz república diz cidadania. Já a bandeira, canta o hino, é o pendão da esperança, o símbolo augusto da paz. Em seu seio formoso retrata nosso céu de puríssimo azul. O Bilac, autor da letra, não era forte em meteorologia. No Brasil a instabilidade é a regra. Tudo muda. Até o nome do país mudou logo de cara. Com Cabral era Vera Cruz, a "terra chã com grandes arvoredos".

Quem lê a carta do Caminha jura que estava desembarcando aqui a executiva nacional do Partido Verde alemão. Ou era a Eco-1500. Coitados dos índios. Nem sonhavam com o que os esperava. Pareciam eleitores do Collor: só fé e ingenuidade. Bom, mas o nome foi mudando, virou Santa Cruz e finalmente Brasil, por força do comércio do pau homônimo. Vejam o que pode o comércio. Aliás, não fosse o lucro e ninguém vinha dar com os costados aqui. Donde se conclui que a FIESP tem profundas raízes históricas.

De 1500 a 1991, tivemos nove bandeiras. Muito brasileiro passa a vida toda e nem sonha com nove camisas, mas em compensação o Brasil, em matéria de bandeira, tem um enxoval de *nouveau riche*. A programação visual dos positivistas era uma

[347]

pobreza. A bandeira é bem feinha. Botaram o dístico "Ordem e Progresso", mas cortaram o Amor, que também figura no trinômio do Augusto Comte. Em vão o Carlito Maia pede a inclusão do Amor. Em 1889 machão não falava em Amor, mesmo com *A* grande.

Quanto à festa em Brasília, foi um fiasco. Caiu um toró medonho, quatrocentas e noventa e duas crianças ficaram encharcadas. O Passarinho molhado, todo mundo ensopado. O vento embrulhou o palanque e não foi pra presente. Corajoso, o Collor quis enfrentar o temporal de peito e guarda-chuva abertos, mas se rendeu à força da borrasca. Era como se o céu dissesse: isto é hora de festa? Até parece que Fernando Pessoa tem razão. Diz ele: "Ah! Tudo é símbolo e analogia!".

· · · · ·

Falam as cores

15/08/1992

O Brasil já teve cinco bandeiras. Datam de 1645, 1811, 1821, 1822 e 1889. Duas como nação soberana. A do Império e a da República. Ambas verde-amarelas. A da República, hasteada pela primeira vez em 19 de novembro. Símbolo da pátria, é data nacional. Mas hino e bandeira, muita gente já tentou mudá-los. Patriotas que neles não veem, expressivo, o que o Brasil reclama. Também na França, querem mudar o hino. A Marselhesa, vejam só.

Um general, deputado federal, defendeu em vão a mudança. Na era da programação visual, com tanto bom desenhista, não faltam sugestões. Respeito à tradição, mantêm-se as cores originais. Com a televisão, o verde e o amarelo conseguiram se impor. Já se cogitou de um toque novo. Um tom mais claro ou mais escuro, questão de matiz. Mas que se mude. Ainda agora há quem deseje modificar o hino. Acabar por exemplo com o berço esplêndido. Pega mal, esse emblema da preguiça.

Cá entre nós, a letra é bem ruinzinha. Um país de altos poetas e essa versalhada na boca das crianças! Já as cores, o caso é aqui mais discutível. Como é que diz o latinório? *"De gustibus et coloribus non est disputandum"*. Não se discutem porque cada qual tem a sua cor favorita. Salvo o amarelo, que ninguém quer. Basta ver as bandeiras de todo o mundo. Quem escolheu foi o Debret, aquele francês que veio em 1808 com d. João.

No centenário do arco-íris, o amigo da onça foi direto ao amarelo. Cor do ouro (epa!). No seu tempo, século XIX, na Europa o amarelo era falta de sorte. Sabe aquela palavrinha? Quatro letras, começa com *a* e acaba com *r*. *"Unlucky colour"*, dizem os anglo-saxões. "Cor do desespero", diz o povo. Falta de graça, diz o gosto geral. No trânsito, manda esperar. No Oriente, anuncia o declínio. No universo infantil, é a cor da bruxa.

Palavra que não estou inventando. Tem muita coisa mais, que nem ouso escrever. O subnutrido do Nordeste, pálido, é o amarelinho. A pior epidemia por estas bandas qual foi? A febre amarela. Já o verde é esperança, não é? A última que morre. Agora é ecológico. Mas também quer dizer abalo à vista. Há países em que o verde indica o abismo. Ou a força do destino. Essa história de símbolo e cor é fogo. Verde de raiva, sorriso amarelo, o tiro pode sair pela culatra. Mais uma vez.

· · · · ·

O melhor é ser mineiro

25/11/1991

Na entrevista que o repórter André Petry fez com o governador de São Paulo, nas páginas amarelas de *Veja*, Fleury elogia Collor e Quércia, critica os juros altos e fala bem do Marcílio. "O senhor não fala mal de ninguém?", perguntou o repórter. Resposta: "Isso não adianta muito. A situação é tão grave que não é preciso citar nomes ou criticar pessoas. Hoje a melhor forma de se comportar em política é ser mineiro".

O governador não explica, nem o repórter indaga o que é ser mineiro. Por certo não é nascer em Minas. Pelo jeito, a metáfora é tão clara que nem precisa de esclarecimento. Que diabo será "ser mineiro", pergunto eu, mineiro de quatro costados, nascido e criado em São João del Rei. Não sei se vocês se lembram do Rubião. Machado de Assis assim o define no *Quincas Borba*: "Singelo como um bom mineiro, mas desconfiado como um paulista".

O romance, uma obra-prima, é de 1891. Um século. Quem diria hoje que o paulista é desconfiado? Que o mineiro é singelo, talvez, por causa daquela história de comprar bonde. Mas até os bondes acabaram e não foram vendidos para Minas. As palavras vão passando por variações semânticas no curso do tempo. Para Eduardo Frieiro, em seu *Feijão, angu e couve*, não existe *o* mineiro, como o viu Tristão de Ataíde em *A voz de Minas*. É só um estereótipo. É o que também sustenta Francisco Iglésias.

Por causa do ouro, Minas teve uma formação eminentemente urbana. Foi obrigado a cultivar astúcia, paciência e teimosia, diz Sylvio de Vasconcellos em seu *Mineiridade*. Isso não justifica, porém, que se veja no mineiro só ronha e esperteza. Ou um sujeito sem caráter, bifronte e oportunista. "Murista", como se diz hoje.

[350]

Afinal, de onde era o Tiradentes? Qual o papel de Minas na Revolução de 1930? Em 1937, um único ministro se opôs ao golpe: Odilon Braga, mineiro. Contra a ditadura foi o Manifesto dos Mineiros, de 1943.

Por ocasião do AI-5, Pedro Aleixo, mineiro, não mandou às favas os seus escrúpulos. Ergueu sua voz solitária contra o monstro. O general Lott era mineiro de Sítio. Em 1954, o mineiro Tancredo propôs a resistência armada na dramática reunião que precedeu o suicídio do Getúlio. Em 1964, o estouvado general Mourão Filho era mineiro. Magalhães Pinto no governo tomou partido. Mineiro é um quixote como Sobral Pinto. De São João del Rei, é o procurador geral Aristides Junqueira. Como era Gabriel Passos. Que história é essa de ser mineiro?

·····

Às vezes, pega 14/10/1992

Frases, histórias, piadas, o folclore mineiro está de volta. O mineiro trabalha em silêncio, dizem. Aliás, isto foi o mote do governo Magalhães Pinto. Daí, pegou. Várias vezes li truncada a frase do Milton Campos. Está no seu discurso de posse, em 1947. Prometia um governo austero como convém à República e modesto como é do gosto dos mineiros.

Já ninguém sabe o que foi dito e por quem. Passa de boca em boca, de geração em geração. O que importa é a versão e não o fato. Isto foi o Capanema quem disse, mas colou no Alkmin. A propósito, Alkmin não tem *i*. Uma vez ganhei uma aposta por causa deste *i*. Minas está onde sempre esteve.

[351]

Quem disse? Ora o Alkmin, ora o Antônio Carlos. Ou um terceiro, ou um quarto. A verdade verdadeira: foi um manifesto que escrevi de brincadeira em 1961. Estava aquela indecisão sobre a posse do Jango. Não se falava ainda na metáfora do muro. Juntei umas tantas frases ocas e solenes e botei o tal fecho. Virou chave de ouro. Ou de barro. A propósito do Krause, o Luís Nassif citou aquela história. No Brasil há leis que pegam e leis que não pegam. Tipo da máxima que pegou. Apareceu pela primeira vez numa crônica do Fernando Sabino — "O império da lei". Num livro de 1962, *A mulher do vizinho*. A primeira edição e a décima sexta, do ano passado, têm uma capa que não é lá essas coisas.

Posso falar porque o capista sou eu. Mais de uma vez o Fernando me atribuiu a mim essa história de lei que pega e que não pega. Lisonjeiro, mas não fui eu. A história é do Genolino Amado. Eu ia almoçar em sua casa em Botafogo e ele tinha sempre uns casos engraçados. Boas histórias e boa comida. Eu passava adiante. As histórias.

Daí, virava crônica do Fernando Sabino e de outros cronistas. O mérito, claro, é deles. O Genolino tinha feito sucesso como cronista de jornal e de rádio. Mas já não escrevia. Era advogado da prefeitura. Nessa condição é que a tal parte o procurou. Diante da lei clara, taxativa, ele indeferiu o pedido. Mas essa lei eu conheço não é de hoje, disse o postulante. Não pegou. O senhor não sabia?

Na crônica do Fernando, o Genolino conclui que lei é feito vacina. Umas pegam e outras, não. Isso mesmo. Essa, por exemplo, não houve jeito de pegar. A modéstia me manda calar, mas já dei ao Genolino o que é do Genolino. Então digo que "lei é feito vacina" foi contribuição minha. Bons tempos, aqueles. Hoje, se duvidar, nem Constituição pega!

O mestre do inglês

21/11/1992

Mauricinho usa cabelo tipo reco. O cabelo da patricinha é comprido e bem cuidado. O tênis, importado. Sapatos herdados do pai ou do avô, calça de costureira, óculos de aro preto e cabelo de corte personalizado. É o tipo moderno. Camisa xadrez amassada, olhos apavorados diante das gatas, calça caída, jeito desengonçado. É o tipo *nerd*. Completo, o *nerd* leva debaixo do braço livros de títulos complicados. É a velha, desculpem, cultura de sovaco. Exibicionista.

Aprendi isso no *Fovest 93*. Se eu não fosse curioso, estava pastando por aí. Ou pior, já teria morrido; incompetente pra encontrar capim. Cada coisinha que aprendo amplia o horizonte da minha ignorância. Sei agora o que é *nerd*, mas desconheço a origem da palavra. No meu tempo de faculdade, não havia essa nomenclatura. Não fui colega, mas fui amigo de um *nerd* que deu sorte na vida. Tinha talento, sim. Estudou direito na Bahia e veio colar grau no Rio.

Seu nome: Genolino Amado. Irmão do Gilberto, primo do Jorge. Na Bahia, pegou uma turma de ases. Hermes Lima, Anísio Teixeira. Formado, Genolino foi advogar aí em São Paulo. O jornal logo o agarrou. E o rádio. Na Rádio Mayrink Veiga, aqui no Rio, todo dia o César Ladeira botava no ar uma crônica sua, dita da Cidade Maravilhosa. Foi o mote que sugeriu a marcha do André Filho, que virou hino do estado da Guanabara. E até hoje se ouve pelo mundo todo.

Morto em 1989, Genolino escreveu também livros de memórias. Na faculdade baiana, ia à aula com o *Cain*, do Lord Byron. Emprestou na Biblioteca Pública. Dois volumes, um com a tradução castelhana. *Nerd avant la lettre*, ele divulgava entre os colegas o original inglês. Era o homem que falava javanês, do Lima Barreto. Inglês não era como hoje língua corrente, quase oficial. A três por dois, esgrimia o Byron. Aprendia em casa no castelhano e dava aos ignaros boquiabertos o texto em português.

Rola o tempo, o Anísio Teixeira vai estudar nos Estados Unidos. Vem de lá decidido a reformar nossa educação. Assume a Diretoria do Ensino no Rio. E aqui na rua dá de cara com o Genolino. "Quer ser professor?" Pergunta à queima-roupa, resposta na bucha. Surpresa na hora da posse. Professor de inglês! Na Escola Amaro Cavalcanti, de meninas. Anísio se lembrou do *nerd* sovacal. Mil apertos, Genolino veio a ser um bom tradutor. E o inglês mudou o seu destino, vejam só.

· · · · ·

Adeus a um companheiro

11/12/1991

Há dias, dei com o Chico Barbosa na rua. Saudei-o com espalhafato, antes que me visse. Chapeuzinho cobrindo os bonitos cabelos brancos, sua fisionomia se iluminou. Riu como nos velhos tempos. Mencionou qualquer coisa que eu tinha escrito e me disse que ia a São Paulo, numa tarefa universitária. O magistério e a pesquisa estavam na base de sua vocação, como o demonstrou na Casa de Rui Barbosa.

O Congresso Nacional de Escritores de 1945 em São Paulo foi uma decisiva contribuição para a volta à liberdade de expressão. Ali nos aproximamos, Chico e eu. Sua voz de secretário era de todas a mais sonora. Paulista de velha cepa, de Guaratinguetá, como Brito Broca, fez toda a vida no Rio. Tendo colado grau em 1935, foi discípulo de Castro Rebelo, de Hermes Lima, de Gilberto Amado. Na faculdade de direito começou a abrir o seu círculo de afeições e admirações.

Com Odylo Costa, filho, R. Magalhães Júnior, Luiz Martins, integrou a turma que viu a velha Lapa desaparecer. O carioca L. M. virou cronista de São Paulo no *Estadão* e morreu num acidente na via Dutra, quando vinha ao Rio. Trágico traço de união. O testamento de Mário de Andrade, J. J. Seabra, Roquete Pinto, Dilermando de Assis: simples reportagens se tornaram clássicas na mão do operoso e incansável Chico Barbosa. Quem fez melhor?

Depois de *Diretrizes* e *Política & Letras*, veio a *Última Hora*, em 1951. Samuel Wainer deu-nos, a ele e a mim, o título de redatores principais. Passional, na Constituinte de 1946 ninguém trabalhou mais do que o Chico pela "categoria" (sim, a dos jornalistas). Despertou ódios e rancores. De brincadeira eu lhe dizia que ele era um colérico, na classificação de Kretschner. Um dia brigamos por causa de um atraso de cinco minutos. A "pedreira" começava às sete horas da matina (antes era às seis).

Nessa época o Chico só pensava, obsessivo, em Lima Barreto, que com o seu livro retirou da sarjeta em que jazia. E também da "lista negra". Noutro polo, Chico foi das primeiras vozes a reconhecer o gênio de Clarice Lispector. O tempo veio desfazendo a coroa de suas admirações: Ribeiro Couto, Otávio Tarquínio, Sérgio Buarque de Holanda, Gilberto Freyre, Afonso Arinos. Andava agora meio triste, esse operário de glórias alheias. Partiu em silêncio — Francisco de Assis Barbosa. E significativamente em sua terra, São Paulo, que tem mais o que fazer do que um simples necrológio.

[355]

Convém não esquecer

13/12/1991

Na véspera, dia 12, eu estava em Brasília. De madrugada, Carlos Castello Branco e eu fomos acordar o deputado Márcio Moreira Alves. Ninguém duvidava de que a tempestade ia desabar dentro de algumas horas. Nossa preocupação era saber se o Marcito tinha um esquema de fuga. Claro que tinha. Como apertar as cravelhas do arbítrio sem cair no ridículo? Era o que eu me perguntava, entre tantas interrogações e perplexidades.

Mas o discurso do Marcito era simples pretexto. Os acontecimentos tinham tomado o freio nos dentes, desde que se rompeu a ordem constitucional em 1964. O primeiro ato era para durar seis meses e ponto final. Tudo voltaria à ordem democrática. Voltou? Uma ova! Com os freios nos dentes ou não, os acontecimentos conduzem os oportunistas de toda espécie. Chega um ponto em que fica difícil saber quem quer o quê.

O país se divide então entre vítimas e algozes. Muitas e poucos. Entre uns e outros, os espectadores. Há sempre o risco de bancar o Fabrice del Dongo. O herói de Stendhal não sabia que aquele pega pra capar era nada mais nada menos do que a batalha de Waterloo. Num país periférico, onde a história passa pelo ridículo sem se chamuscar, o espetáculo é de fato chinfrim. Bom. No dia seguinte, um agourento 13 de dezembro como hoje, só que de 1968, eu saí à noitinha do *Jornal do Brasil*.

Na praia do Flamengo, o táxi parou. Chovia fininho e triste. Pneu furado. E o carro não tinha estepe. Parece mentira, mas a realidade é inverossímil. Abrigado na porta do prédio, de repente me dei conta de que ali morava o Carlos Lacerda. Era o famoso tríplex, de que a *Última Hora* tinha feito alarde. Subi até a cobertura. Uma empregada me abriu a porta. O dr. Carlos está lá em cima. Lá estava, sim, na bela biblioteca, sentado na cadeira de balanço. Sozinho.

A Frente Ampla tinha sido fechada em abril. O Carlos estava interessado em parapsicologia. Foi o nosso primeiro assunto. Depois, os anjos. Ele e eu, mera coincidência, tínhamos comprado um dicionário americano sobre anjos. Até que caímos na real. Sim, o AI-5. Ele achava que ia ser preso. E foi. O silêncio do telefone me afligia. Mais de uma hora depois, chegou o Renato Archer. Deixei lá os dois na conversa de gente grande. Fui ler o AI-5. Você já leu? Que coisa pífia, santo Deus! E aconteceu. No Brasil.

· · · · ·

Filha, mas personagem   29/01/1992

A morte de Alzira Vargas do Amaral Peixoto suscita a curiosidade em torno do papel que lhe coube. Ditatorial ou democrático, por via militar em 1930 ou eleitoral em 1950, Getúlio foi quem melhor entendeu os mecanismos do poder no Brasil. Quem por mais tempo o exerceu. Teve de tudo, o seu currículo. Uma revolução e um golpe de Estado, duas vitórias. Duas derrotas: deposto em 1945 e em 1954. E o suicídio. Este, sim, curso de ph.D. em nosso clubinho do poder.

Getúlio não chegava a cultivar o mistério, como De Gaulle. Cultivava um espesso silêncio missioneiro. O adversário de hoje podia ser o correligionário de amanhã. O amigo de amanhã podia ser o inimigo de hoje. Seguia o rumo do vento, conforme soprassem as circunstâncias e as conveniências. Ria franco, se comunicava, mas era homem trancado. Perto do seu coração, Alzirinha foi um exemplo pioneiro.

Fez no Rio a faculdade de direito. Professores não convencionais, até subversivos, Leônidas de Rezende, Castro Rebelo, Hermes Lima. E o ex-carcomido Gilberto Amado. A turma de contemporâneos da escola inclui Jorge Amado e Marques Rebelo, Rosário Fusco e José Honório Rodrigues. A mocinha gaúcha colou grau em 1935, o ano da Intentona. O mundo cheio de nuvens lá fora. O Brasil dividido. Comunistas e integralistas.

O Patrão. Se bem me lembro, era assim que Alzirinha chamava o pai. Pai, patrão, palavreado de estância. Nada fácil ser filha do Getúlio. Mito, ditador, caudilho, o pai nomeou-a para o gabinete. Até onde ela o quis e o Patrão lhe fez a vontade? Filha à mesa do poder, uma ousadia feminista. Em 1938, o Guanabara invadido pelo *Putsch*, Alzirinha, de arma em punho, se dispôs a morrer pelo pai. Casada, a fatalidade política não a abandonou. Tornou-se Amaral Peixoto. Embaixatriz em Washington, ficou amiga de Clarice Lispector.

Família presidencial no Brasil tende a virar família real. Já são várias. Hereditário, o que contraria a República, o poder perfuma a parentela e nutre os descendentes da oligarquia. A despeito de honras e mandatos (estes, nunca os teve), Alzirinha foi de fato protagonista da cena brasileira. Só o suicídio em 1954 bastaria para ressaltar a personagem que encarnou. Passa por aí o conhecimento do Brasil contemporâneo, que ainda tem, visível, o vulto ou a sombra de Getúlio Vargas.

• • • • •

Fantasia de onipotência

01/04/1992

Em 1951, Getúlio Vargas, sessenta e nove anos, assumiu o governo e nomeou um ministério de experiência. Em 1990, Collor, quarenta anos, empossou o ministério com a declaração de que iria com ele até o fim. Tendo chegado ao governo na crista de um movimento armado, em 1930 Getúlio se intitulou chefe do governo provisório. Provisório se tornou sinônimo de definitivo. Tudo passa e Getúlio fica, diziam as piadas e as quadrinhas populares.

Getúlio só caiu em 1945, depois de quinze anos de governo sem jamais ter sido eleito pelo povo. Um escândalo. Quase quatro quatriênios. Nem por isso Getúlio deixou de se referir em famoso discurso ao seu "curto período". Quando apareceu o ministério de experiência, a oposição, desconfiada, temeu que fossem outros quinze anos. Não foram. Em 1953, o ministério dançou.

Causou estranheza a demissão de Ernesto Simões Filho, ministro da Educação. Encontrava-se em Florença, em missão oficial. Uma deselegância, demitir um ministro no Exterior. Numa época de telefone precário, sem fax e sem avião a jato. Um caso sem precedentes. Vinte e nove anos depois, o ministro Francisco Rezek soube agora de sua demissão em Nova York. Também em missão oficial. O DDI pelo menos impede o trauma do fato consumado. E quem sabe Rezek pode voltar ao Supremo, no lugar de Célio Borja.

A opção do velho Getúlio por um ministério de experiência em 1951 pareceu insólita. Em 1990, o jovem Collor empossou o ministério com a declaração de que iria até o último minuto de seu governo. Uma audácia. Estendeu sobre os ministros o manto protetor de seu milionário mandato de cinco anos. E fez questão

[359]

de se dizer responsável por tudo que fizesse cada um deles. Pra começar, subscreveu toda a nova política econômica.

Em 1946, Getúlio chegou ao Rio eleito senador. Hospedado na avenida Rui Barbosa, em casa de Amaral Peixoto, teve um dia tumultuado. Obra do acaso e de um eficiente chefe de reportagem, entrevistei-o a sós. Ouvia sereno as perguntas e a minha conversa, a que não faltava uma ponta de juvenil petulância. Mas Getúlio até me deu corda. Falávamos do Estado Novo. Foi quando, mão no meu ombro, sentenciou: "Tu ainda és muito jovem para saberes que um ditador não pode tudo". Quem no mundo pensa que pode tudo?, me pergunto hoje. Resposta: o Collor-1990. Estará curado?

· · · · ·

Quem ri primeiro
07/09/1991

Não sei se fizeram, mas deviam ter feito em 1989, um álbum de retratos comemorando o centenário da República. Só com os presidentes, de preferência os que foram eleitos em pleito direto. Não, volto atrás, todos, a começar pelo Deodoro, que não foi eleito. Seria interessante a gente ver a cara de cada um e ir comparando. Fotos oficiais e sobretudo não oficiais, não posadas. Duvido que haja alguma parecida com a do Collor outro dia.

Aliás, não vi a foto. Vi na televisão, que estava sem o áudio. Por isso só vi, não ouvi. Ele dava uma gostosa gargalhada daquelas de gargarejo, de virar a cabeça para trás até encostá-la nas costas. Só não era de rebentar as ilhargas porque estava de traje esporte. O país do jeito que a gente sabe e o presidente rindo às

[360]

bandeiras despregadas. Pois vejam a minha reação: gostei. Chega de cara fechada e de apocalipse. Tem crise, sim, mas o presidente está rolando de rir.

Não sei qual o motivo da casquinada. Pouco importa. O homem é o único animal que ri. Foi Voltaire quem disse? Também pouco importa. Rir faz bem à saúde. Num país enfermiço, cheio de mazelas, que ao menos o presidente tenha um momento de ovante satisfação. Além do mais, era domingo. Cumprido o dever religioso, caíram bem a folga e o riso. Anos atrás, nunca que ninguém ia ver um presidente assim espojado à vontade, em trajes quase menores. E gargalhando. Se não me engano, gargalhada era até falta de educação.

Mas os tempos são outros. Na República Velha, era todo mundo de sobrecasaca. Um calor de derreter os untos e o sujeito fechado até o último botão. E ainda tinha o fraque. Até na Câmara os hábitos e a indumentária eram severos. O paletó-saco só apareceu no parlamento depois de 1930. Antigos conselheiros, os presidentes eram sisudos. Deodoro, coitado, era asmático. Aliás, *asthmatico*. Na velha ortografia a dispneia era maior.

Getúlio foi quem inaugurou a gargalhada. Era um homem fechado e de raro em raro, charuto em punho, soltava o riso. JK era risonho. Os generais pós-64, que nada. Nem sorriam. O Jânio não sabia rir. O Bernardes, o Washington, o Prudente eram todos circunspectos. A primeira-dama chorou em público, me comoveu, mas que me desculpe. Gostei da gargalhada do Collor. Pode ser saúde ou doideira, mas gostei.

· · · · ·

Nós, mentirosos

06/09/1992

Era no palácio Monroe. História antiga. Depois que demoliram o Monroe, ficou mais antiga. Palácio coisa nenhuma. Qualquer casa de Brasília lhe dá de dez a zero. Nem precisa ser a casa da Dinda, com seus jardins suspensos por fantasmas. Mixuruca, nada faraônico, o Monroe era a réplica do pavilhão brasileiro na exposição de São Luís, em 1904. São Luís americana. Erguido aqui em 1906, lá oraram Rio Branco e Nabuco na conferência pan-americana.

Ainda assim, ninguém chiou quando demoliram o palácio. Escrevi eu uma jeremiada nostálgica. Generoso, o Pedro Nava botou meu texto nas nuvens e nas suas memórias. "O meu velho Senado" era uma pálida paródia da crônica clássica do Machado de Assis. Esta, sim, obra-prima. No Senado de 1860, o jovem Joaquim Maria, vinte e um anos, era repórter. Também eu, desculpem, fui jovem. E fui repórter no Senado. Oitenta e seis anos depois, em 1946.

O Lúcio Costa disse que o Monroe não valia nada como arquitetura. O autor do projeto foi o arquiteto-general Sousa Aguiar. O Lúcio disse, está dito. Mas me deu uma dorzinha no coração, que veio aumentando com o tempo. Outro dia achei a carteirinha. Minha primeira credencial federal. No retrato três por quatro, tenho um olhar magoado e pra dentro. Mocinho, eu reportava os pais da pátria. Getúlio, Nereu, Melo Viana. O Prestes, sempre sério. O Chateaubriand.

O Hamilton Nogueira falava todo dia. Citava Conrad, Kafka, Dostoiévski. E íamos bater papo na sala do café. O luxo era um copo de mate gelado. Nenhuma mordomia. Um clube pobre, bem

[362]

no centro da cidade. O Zé Lins do Rego ia lá toda tarde. Conversar com o José Américo, monstro sagrado. Foi ali que formulamos a teoria da mentira. O Hamilton criou a mentira colorida, com um *l* só. Inocente, não faz mal e diverte. Você já mentiu alguma vez?

Saí pela casa fazendo a pergunta. Colhi boas histórias. Mentirinha de criança não vale. Nem de pescador. Um senador, mentiroso profissional, jurou que nunca. Foi o único. Se dissesse bom-dia, estava chovendo. Mentira social também não vale. Diplomática, pode ser cortesia. Só mentira mesmo. Quanto mais cabeluda, melhor para o inquérito. Pois olhem: perto da CPI do PC *et caterva*, os mentirosos de 1946 éramos uns santinhos. Iríamos todos para o altar.

· · · · ·

Saudades de Sodoma

31/07/1991

"A corrupção do mundo é antiquíssima", me disse o Murilo Mendes com um gesto teatral que acentuava a ênfase da declaração. Já não me lembro de que falávamos, mas devia ser sobre a política brasileira. Murilo era um poeta religioso, um espírito metafísico, mas nunca dispensava o senso de humor. Um poeta é capaz dessa proeza de ser dramático sem deixar de achar graça em tudo. Autor de uma *História do Brasil*, Murilo foi também um profeta.

E um profeta bem-humorado, como está evidente nos versos brincalhões que escreveu a propósito dos fastos da nossa história, tratada quase sempre com excesso de retórica e escassez de documentos e de pesquisa. Publicada em 1932, numa edição modesta, a *História do Brasil* tem, por exemplo, um "Hino do deputado", que começa assim: "Chora, meu filho, chora. Ai quem não chora não mama, Quem não mama fica fraco". E vai por aí afora.

Pode haver coisa mais atual? Como o José Dias do Machado de Assis, o Murilo tinha o gosto do superlativo. Tendo morrido a 13 de agosto de 1980, em Lisboa, fico imaginando onde é que o poeta iria hoje buscar os superlativos superlativíssimos para falar do Brasil deste ano da graça de 1991. De lá para cá, mais do que antiquíssima, a corrução se tornou atualíssima. Tirei o p da palavra *corrupção* porque o Murilo não o pronunciava. Já devia ter sido furtado por algum reformador ortográfico.

Com p ou sem p, antiquíssima, a corrupção sempre existiu. Lá está no Gênesis que, assim que os homens começaram a se multiplicar, o Senhor viu que a maldade deles era grande. Ferido de íntima dor, arrependeu-se de ter criado o homem. E veio o dilúvio. Pois ainda assim a bandalheira continuou de tal forma que foi preciso mandar uma chuva de enxofre e de fogo para destruir Sodoma e Gomorra.

Quem acompanha hoje a vida pública brasileira deve achar uma injustiça o que o Senhor fez com Sodoma e Gomorra. Nem o vocabulário do Vieira e do Rui, nem os superlativos do José Dias e do Murilo Mendes, nada é capaz de dar uma pálida ideia do que se lê e se ouve por aí. No cochicho, ao pé do ouvido, a missão foi substituída pela comissão. Os honestos são percentauros: metade missão, metade comissão. Se dez por cento do que se diz é verdade, ai que saudades de Sodoma e Gomorra!

· · · · ·

Uma época, um herói

15/10/1992

Sim, é possível ver na morte do dr. Ulysses um símbolo. Mais do que possível, é preciso ver um símbolo em mais essa tragédia que se abate sobre o Brasil. D. Mora e o dr. Ulysses, sempre unidos, morrerem juntos. Ao lado do casal de amigos, Maria Henriqueta e Severo. Tinham ido buscar um pouco de solidão e paz, em companhia de outros amigos fiéis, Maria da Glória e Renato. O mau tempo rosnava, negras nuvens baixas. A fatalidade já tinha alçado voo.

Um fim de semana entre amigos. E a urgência de voltar à base. Retomar a eterna batalha. Só d. Mora ousaria dizer à meia-voz que o perigo rondava. Natural, o receio naquela hora. Mas a presença do dr. Ulysses impunha confiança. Nada o assustava. Nenhum medo se permitia à sua volta. E assim o destino juntou os dois casais na hora extrema. O bom amigo do convívio de toda a vida partia amigo e convivente. Política e amizade, vocações. Paixões.

Nome de herói, fez-se herói de sua época. De uma nação, num tormentoso momento de sua história. O tempo não lhe arrefeceu a disposição para a luta. Não lhe esfriou o coração. Velho, quanto mais velho, mais viva a chama de seu civismo. Os reveses o rejuvenesceram. Sua bravura se reabastecia a cada dificuldade. Emergiu assim como líder e exemplo. Num país sem instituições, foi um homem-instituição.

Para saber que rumo tomar, convinha olhar o dr. Ulysses. A bússola. Nunca se desprendeu da realidade. E soube sempre dosá-la com ideal. A utopia, sim, pelo caminho possível. Mas era preciso abrir caminho. Ir à frente e inspirar confiança. Fé. Quando tudo parecia perdido, aí é que cumpria crer e agir. O candidato

[365]

natural se fazia anticandidato. Ou cedia a vez. À legítima ambição, preferia a grandeza do desprendimento.

Vinha de longe, o dr. Ulysses. Do Rio capital. Aqui o vi, jovem. E nunca mais o perdi de vista. Fora uma rápida passagem pelo Executivo, foi só deputado. Representante do povo. Modelo, se iluminou com o tempo. Na Câmara correu todos os riscos. Ali se agigantou. Redimiu a política. A vida não o aviltou. Resistiu à indiferença e ao ceticismo. O tédio jamais o anestesiou. Morreu jovem. Jovem e velho. Velho e jovem. Sua ausência amplia o deserto, que é preciso deter. E reanimar.

· · · · ·

A sua vida continua   16/10/1992

Passamos um pelo outro e não nos vimos. Eu por mim não vagava absorvido nas obras de arte. Ele, é possível que sim. Nisso, damos de cara um com o outro. Há quanto tempo! Sempre sabedor, entendia também de pintura, o Severo. De que é que não entendia? Dali saímos para a noite boêmia. Era o tempo do bar do Jaraguá. Mais que jovens, todos os amigos estavam vivos.

Tinha este dom, o Severo: nele, os extremos se tocavam. Cessavam os contrastes. A boemia e a disciplina. O empenho no que fazia e o à-vontade de quem sabia de graça. A vida pública o trouxe ao Rio. A princípio era meio complicado para quem não o conhecia entender o grão-senhor paulista. Liberal num governo autoritário. Memória privilegiada, a postos para qualquer amnésia alheia. O Manuel Bandeira na ponta da língua. Quem é? É o diretor do Banco do Brasil.

[366]

Não demorou e caíram-lhe aos pés os preconceitos. Ministro de Estado, já ninguém estranhava a sua competência. Do intelectual e do homem público. Um começo de surdez lhe dava aquele ar de interlocutor atento. Coração generoso, sua inesgotável misericórdia. Presos, índios, doidos, crianças. O sonhado Brasil. Estava a par de tudo. Na sua fazenda de São José, dormir era um desperdício. A conversa atrasava o sol.

Mário de Andrade, Oswald. Os dois Bastide. As Arcadas. A Bucha. A política estudantil. E a grã-finagem paulistana. Em Tóquio, no New Ottani, esperamos mesmo o sol nascer. "É o nosso Pico della Mirandola", dizia eu. Do capim-gordura ao Dante, nada ignora. Julga um zebu, uma pinga e um interesse nacional. Ele ria, inquieto, ágil. Tirei-o do Country um domingo de manhã. Veio de calção e se fechou no escritório. A privatização da Light. "Amizade, a quanto nos obrigas!", disse ao sair. A gratuidade é que nos aproximava.

Seus arrancos de entusiasmo cívico. E o permanente bom humor. Lá fui eu conhecer o general Euler. Mobilizava um frade de pedra, o senador Severo. Sua integridade moral. O primeiro comício das diretas-já começou com ele, aqui, na casa do Miguel Lins. Trouxe o Montoro. Iria dar certo? Se não desse, e daí? A pior provação, a trágica perda do filho, não lhe amesquinhou o coração. Um só coração, Maria Henriqueta e Severo. O casal casado. A homenagem aos mortos é não os esquecer. Esses não nos esquecem. E nos fazem a doce companhia de amigos. Agora eternos.

· · · · ·

Ao parto, minha gente
06/09/1991

Está aí de novo, proposto pelo Collor, o acordo nacional. Uma vez eu fui com o Mário Pedrosa, o santo Mário Pedrosa, entrevistar o Brigadeiro. Hoje tenho de explicar que é o Eduardo Gomes, esse do retrato nos aeroportos. Naquele tempo não era só efígie. Era gente e até herói em carne e osso. Tinha perdido a eleição para o Dutra, em 1945. Como o Collor hoje, o Brigadeiro era bonito e era solteiro. Perdão, o Collor é casado.

Lá pelas tantas, o Brigadeiro citou o dr. Nilo. Era o Nilo Peçanha, seu conterrâneo do estado do Rio. Já era história do Brasil e eu achei engraçada a maneira de dizer dr. Nilo. Estava no ar nessa época a coalizão partidária. A ideia tinha partido do próprio Dutra. O Dutra era feio e não era moço. Mas era o presidente. O Mangabeira topou e foi conversar. Todo mundo topou, menos o Virgílio Melo Franco.

Repórter, fora e acima dos partidos, como (desculpem) se dizia a Igreja, minha simpatia era pelo Virgílio. Estudante de direito durante o Estado Novo, eu tinha um pé-atrás contra o Getúlio e o pessoal da ditadura. Está claro que eu era moço, isto é, arrogante. Não muito, mas era. Tinha as minhas ideias e convivia mal com as alheias. No frigir dos ovos, a tal coalizão se fez. O acordo juntou as forças assemelhadas, como disse o Dutra no discurso. Hoje a coalizão também é história.

É uma pena que o Mário Pedrosa não esteja aí, para ver o que vai pelo mundo. Ele tinha a paixão da política, mas pisava nos astros, distraído. Para ele e para mim a coalizão não era a saída politicamente correta. Cada partido pegou o seu ministério e a vida prosseguiu. Só que o tiro contra o Getúlio saiu pela culatra. Ele acabou eleito em 1950. E derrotou logo quem? O Brigadeiro.

[368]

Esse papo de acordo nacional é mais antigo do que o dr. Nilo e o dr. Getúlio. Os mortos são doutores, escrevi eu naquele tempo. A morte é uma instituição democrática. Nivela todo mundo. Como diz o João Cabral, o parto do Brasil é muito demorado. Lá em Minas antigamente mandavam a parturiente assoprar numa garrafa. Assoprem, pessoal. Quem sabe agora essa criança nasce. E nasce viável, com a tal de governabilidade. Eu por mim estou disposto a esperar. E até confio.

· · · · ·

A invencível utopia

06/11/1991

A foto mostra o Mário sereno, de perfil, a mão direita largada no encosto da poltrona. Para onde olha? Com quem fala, se fala? Não consigo localizar no tempo essa foto. Mário andaria por volta dos cinquenta anos. Ou menos. É possível. Ou mais. De fato nunca envelheceu. Conheci-o em 1945, quando voltou do exílio que lhe foi imposto pela ditadura Vargas. Vinha dos Estados Unidos, fervilhante de ideias. Já tinha uma larga experiência, uma cultura vivida que o tornava fascinante.

Inscreveu-se na Esquerda Democrática, ala utópica da UDN, e apoiou a candidatura do brigadeiro Eduardo Gomes. Derrotado o Brigadeiro, a ED se transformou no utópico Partido Socialista Brasileiro. Impossível não admirar o Mário e não lhe querer bem. Profundamente ligado à realidade, doido para intervir nos acontecimentos, cheio de ideias originais, Mário trazia ao mesmo tempo aquele ar de quem não é deste mundo.

Na Constituinte de 1946, repórteres ambos, eu me sentava ao

[369]

seu lado. Seu *sense of humour* lhe acentuava a seriedade. Antes, ou foi depois? Foi antes: fundou a *Vanguarda Socialista*, onde conheci o Luiz Alberto Bahia. Numa ida a Belo Horizonte, levei a Minas o material do PSB. Hélio Pellegrino foi arrebatado primeiro pelos artigos do Mário. Em seguida veio ao Rio e se tornou seu amigo para o resto da vida.

Pertencia à "canalha trotskista", que o stalinismo tinha condenado ao inferno. Tinha passado pelo Partido Comunista, no Brasil e na Europa. Viu a ascensão de Hitler na Alemanha. Lutou nas ruas de Berlim, como lutou em São Paulo, onde levou um tiro numa arruaça. Inquieto, sempre disposto no plano político e social para o que lhe parecia a boa causa, Mário se enganou mais de uma vez. O Brasil dribla os homens de boa-fé.

Sua atuação como crítico de arte foi marcada pela obsessiva ideia da renovação. Agitador de ideias, seu olhar puro e matreiro tinha qualquer coisa de infantil. Seu protesto em 1964 lhe inspirou dois alentados livros. Exilado em 1968, não tirava os olhos do Brasil. Nossos papos noite adentro no Guincho, em Cascais, em Lisboa. Almoçamos no Rio na véspera do dia em que viajou para São Paulo. Foi se inscrever no PT novinho em folha. De bengala, boina, vejo-o à distância de dez anos. Que pensaria hoje do mundo? Do Brasil? Uma coisa é certa: sua utopia inabalável acharia jeito de se alimentar.

· · · · ·

Homem bom de verear

14/11/1992

Suspeito que o municipalismo passou de moda. Quente agora é o parlamentarismo. Por mim acho ótimo, porque sou parlamen-

[370]

tarista desde o tempo do dr. Pilla. Raul Pilla, o democrata sem jaça. Alma de apóstolo. Como o dr. Ulysses, foi só deputado. Representante do povo. Gaúcho, o centenário de seu nascimento passou este ano em branca nuvem. Os adversários do parlamentarismo dizem que é difícil conciliar o regime de gabinete com o governo municipal.

Esta não é uma polêmica para o meu bico. E sofro do mal do Machado de Assis. Tédio à controvérsia. Da discussão nascem quando muito os perdigotos, diz um sujeito que tem alma de trapista. Vive mergulhado no silêncio. Não abre a boca nem pra reclamar do barulho. Imaginem que tem um vizinho de apartamento que é fã do roque pauleira. Como se não bastasse, ataca no fim de semana de baterista. A *batera* é boa, mas o rapaz não é nenhum Joe Jones. Nem Gene Krupa.

Está aí um cidadão que não se pode chamar de bom vizinho. Ou de homem bom. Homem bom era em Portugal o pai de família exemplar. Insigne e prestante, cabia-lhe verear a cidade. Exatamente: verear é administrar. Daí é que veio a palavra *vereador*. *Verear* é conexo de *vereda*. O vereador é assim quem indica o caminho. Na cúpula, está o prefeito. Etimologicamente, "o que está posto na frente". Nada como a etimologia. Não custa ir ao latim.

Já que entrei por essa vereda, ou esse atalho, *município* vem de *munus*. "Dom, mérito." Mais o verbo *capere*, que é "receber". "O que recebe o dom. O que tem o privilégio." Prefeito já existia em Roma. No Brasil primeiro se chamou intendente. No lugar de vereador, ainda há quem diga edil. Outra palavra romana. Era um magistrado. Mas eu quero falar é da nossa tradição municipalista. Podia não ser lá muito democrática, mas existia já no Brasil-Colônia.

Os homens bons, ou vereadores, não eram profissionais da política. Reuniam-se, votavam, faziam a lei e estamos conversados. Poucas leis e nenhum subsídio. Trabalhavam de graça. Era uma honra ser homem bom. E assim foi por séculos. Vereador tempo integral o ano inteiro é coisa recente. O Pedro Aleixo restabeleceu a gratuidade da função. Ou missão. Depois caiu. O município virou megacidade. Muito complexo e tal e coisa, mas será que exige mesmo full time? Votemos, minha gente.

· · · · ·

A bruxa do poeta
01/11/1991

Eu não tenho o direito de enjoar a bordo do Brasil. Não sou passageiro de primeira viagem. Foi o que disse, quando ontem me perguntaram se não estou em pânico. Depois mudei um pouco o sentido de *enjoar*. A esta altura da vida, já vi tantas vezes esse filme que até tenho o direito ao enjoo. Enjoo no sentido daquele acesso de tédio que acometia o Afonso Arinos, em momentos de crise nacional aguda.

Mesmo investido de mandato popular, deputado ou senador, o Afonso tinha que lutar contra o sono. Mas não conseguia segurar o bocejo. Digamos que vai nisso um pouco de piada. Mas que dá um tédio medonho, ah isso dá. Você agora vê, por exemplo, esse corre-corre por causa do ouro e do dólar. Até onde o povo, o povão anônimo, tem a ver com isso? Acaba chegando lá, claro, no casebre do pobre. Ou pior: já chegou, com a perda salarial e o mais.

O pânico é um medo irracional, sem razão. Contagioso, se espalha como se alastra no fogo. Basta um boato e está aceso o rastilho de pólvora. Ninguém sabe por quê, nem como é que começou. Se alguém grita "calma, calma!", aí é que o susto se am-

[372]

plia e provoca o estouro da boiada. Ontem, foi o dia das bruxas. O *Halloween* teve origem na Irlanda. Na última noite do verão, no hemisfério norte, 31 de outubro, os mortos andam soltos e agarram o primeiro que bobear. É uma antiga superstição.

Séculos depois, na era da conquista do espaço, corre o boato em Nova York de que haverá um massacre. Se deu no *The New York Times*, e deu, aí então é que a doideira anda solta. E com ela as bruxas. Há um código de comunicação curioso em certas situações. Quando você ouve um amigo lhe dizer "vou lhe falar francamente", está claro que lá vem pedrada. Agrado é que não é. Na hora do alarma, se um cara lhe diz "calma", você sai correndo.

Ainda bem que aqui temos o Marcílio. Todo mundo afobado e ele impassível garante que a turbulência é só até março do ano que vem. Podemos continuar até lá dançando ao som da orquestra do *Titanic*. Mas ontem, para mim, foi o aniversário do Carlos Drummond de Andrade. Saudade do Carlos. Nasceu no dia das bruxas, em 1902. Quarenta anos depois escreveu o poema "A bruxa". Bruxa era a mariposa, que lhe fez companhia numa noite de solidão. "Certo não é a vida humana, mas é vida" — diz o poeta. Que mané pânico coisa nenhuma. Vamos ler os poetas e esperar. O Brasil não vai acabar.

· · · · ·

Águia na cabeça 21/12/1992

Ninguém ousou até hoje fazer a sério uma associação, pálida embora, entre Dreyfus e Collor. Os cinco advogados franceses não insinuaram, nem sugeriram, tamanho absurdo. O outro, o palpiteiro que andou por aqui, estava mais pra socialite do que pra boca de foro. Daqui a pouco, menos de dois anos, o centenário do processo Dreyfus será lembrado em todo o mundo. Como os processos de Moscou deste século e outras ferozes iniquidades.

O capitão Dreyfus foi preso a 15 de outubro de 1894. Nove semanas depois, a 22 de dezembro (data sugestiva, não?), ele foi condenado e deportado para a ilha do Diabo. Paixões postas de lado, a inocência do réu se tornou inquestionável. Virou símbolo. Só no fim de 1897 Émile Zola entrou na polêmica. Em janeiro de 1898, vinha a público o seu histórico *J'accuse*, um rasgo da grandeza humana. Sozinho, o panfleto de Zola lhe garante a imortalidade.

O Brasil tem no famoso *affaire* um lugar de honra, graças a Rui Barbosa. Exilado em Londres, fugindo do primeiro arreganho do arbítrio militar, sai aqui no *Jornal do Commercio* a primeira carta de Inglaterra, em 7 de janeiro de 1895. Contra a opinião geral da França e da Europa, ergue-se a voz de Rui, solitária. Foi a primeira no mundo que se levantou em meu favor, disse o próprio Dreyfus. Bastaria esse gesto de bravura para imortalizar a nossa Águia de Haia.

Uma coisa que me dá prazer é ver como Rui está vivo, tantos anos depois de sua morte, em 1923. Vibra ainda no ar a sua fibra de advogado. Paladino da Justiça, digamos sem receio da ênfase. Rui não nos enche o fátuo balão da empáfia. Antes, bafeja o nosso orgulho de cidadãos brasileiros. Por pior que ande o nível da autoestima nacional, a gente pode sempre se ufanar desta pátria tão maltratada. No começo da República, lá está, livre, intrépida, a voz de Rui.

Vivo, sim, e magistral, Rui é uma presença e um exemplo. Cinco, dez vezes por dia, na imprensa, na televisão, no Congresso, nos tribunais, seu nome fulgura. Entra, obrigatório, na sinonímia da Liberdade e da Justiça. Inseparável da consciência republicana de cidadania, a que vamos dando consistência prática, Rui é também o sagrado direito de defesa. O respeito aos direitos humanos. Toda a grandeza da Justiça, menos a má-fé que, no processo, é tão só chicana protelatória.

. . . . .

SANTA JUMENTALIDADE

A vaca de Ipanema

24/07/1991

Até outro dia, o Brasil era um país essencialmente agrícola. A definição estava na retórica e na realidade. Ainda hoje, se raspar um pouco a pele de um dos nossos playboys, logo se encontra o cheiro da roça. Ou do curral. Há de ver que vem daí o sucesso da onda caipira. O rodeio em Barretos atrai mais gente do que o Maracanã. Chitãozinho e Xororó são capazes de vender mais discos do que a Xuxa e o Roberto Carlos.

Mesmo escondida atrás do modismo americano country, é a velha roça brasileira que está no nosso inconsciente coletivo. Justíssimo, pois, é o sucesso que está fazendo a vaca Baronesa. Pesa quinhentos e cinquenta quilos e, boa mãe, trouxe com ela a filhinha. Veio concorrer ao título de Miss Leite B, no festival Country in Rio que começa hoje. Tem um curriculum respeitável para vaca brasileira. Sua origem é holandesa, mas deve ser mestiça e raceada, como convém a uma boa brasileira.

Está hospedada no Caesar Park, que recebe muita gente famosa. Foi lá que vi Elis Regina pela última vez. Lá esteve, mas não o vi, o rei Gustavo da Suécia, o que me lembra a Dinamarca. Ou melhor: uma vaca que vi numa fazenda dinamarquesa. Tinha um ubre tão grande que parecia um aparelho de carregar o próprio ubre. A vaca era adjetiva. O substantivo eram as tetas. O fazendeiro me disse que gostava mais da vaca do que da sua mulher. Vi uma e outra e entendi.

O rei Gustavo pode ter tido pesadelo na suíte presidencial. Num caso assim a suíte devia ser imperial. Ou monárquica. Lá esteve também o general Pinochet. Este deve ter se sentido promovido de ditador a presidente. Foi preciso que manifestantes lá

[378]

fora lhe refrescassem a memória. No caso da Baronesa, vê-se que traz no nome a nostalgia do Império.

Vinda de Campos, no norte do estado, a vaca chegou duas horas atrasada. Diz a notícia que foi por causa de um pneu furado. Na cabeça de muito leitor que já não sabe o que é uma vaca, a Baronesa veio rodando em cima de quatro pneus. Não se imagina uma vaca e suas quatro patas numa rodovia. Parece uma ideia absurda. De repente a roça ficou muito longe no Brasil de hoje — urbanizado, industrializado e avacalhado. Deu-se aí o *split* da nossa esquizofrenia. Convém por isso mesmo ir ver e apalpar a vaca na suíte *vacum* da calçada da Vieira Souto, em Ipanema.

· · · · ·

Olhe debaixo da cama

16/08/1991

Eu estava de passagem por São Paulo quando apareceu no Tietê aquele jacaré. Espantadíssimo, o chofer de táxi parecia que circulava à margem do Danúbio. Tentei lhe dar uma explicação sensata, mas ele só acreditava no inverossímil. Quem não quer brigar com jacaré, tire o rabo d'água. Por via das dúvidas, vim-me embora para o Rio. No folclore da minha infância mineira, jacaré comprou cadeira, mas não tem bunda pra sentar. Bicho inocente.

Mas o imenso jacaré tyryryry manha, assim mesmo, cheio de terríveis *y*, quando muda de posição causa um terremoto. Segundo os índios, é ele que sustenta o mundo. "Deixa estar, jacaré, que a lagoa há de secar" — era uma cantiga de roda. Não, era uma ameaça. E havia, ainda há a advertência: "Cuidado, que o jacaré te abraça".

O chofer paulista tem lá suas razões de ter medo de jacaré.

[379]

Jacaré, o nosso caimão, é de vários tipos e tamanhos. A mesma família do crocodilo, o das lágrimas, que por sua vez lembra o dragão. Aqui já estamos no reino do pesadelo e do pavor noturno. Antes de ser figurante no cinema, o dragão habita o inferno. Está na Bíblia, como o jacaré está no *Macunaíma*. No *Cobra Norato*, do Raul Bopp, contei três jacarés. Vejam aí em São Paulo a alegre adaptação teatral que o Munganga fez do *Cobra Norato*. O jacaré está em cena.

Já tinha me acostumado à ideia ecológica de que é preciso preservar o jacaré, quando aparece essa inflação gaviálica no Amazonas. Eta país exagerado! Em Nhamundá, está pior do que praga de gafanhoto. Jacaré quer dormitar em paz. Se o cutucam com vara curta, fica uma fera. Come quem estiver na frente, homem ou mulher. No Amazonas os jacarés já estão comendo criancinhas. Devem ser comunistas, expulsos do Volga pelo Gorby.

Não duvido de que amanhã apareçam aqui no Rio. Ainda bem que o nosso Nilo cuida da segurança e é também Batista, nome cristão. O crocodilo do Nilo, o rio, literariamente ilustre, está no Heródoto. Piada profética, a do paciente que tinha um jacaré debaixo da cama. Alucinação uma ova. Acabou devorado. Nenhum de nós hoje está a salvo. É jacaré ou bandido. No jogo do bicho, jacaré é quinze. Bandido é legião. No bicho ou fora do bicho.

· · · · ·

Brasileiros de prestígio · 09/09/1991

O brasileiro não anda muito bem-visto lá fora. Em compensação, sobe o prestígio de nossos animais. Venho juntando notícias dessa ascendente cotação da fauna brasileira, que de resto sempre seduziu o Primeiro Mundo. Não sei como até hoje não apareceu um escritor para tirar partido do nosso bestiário, que é de fato riquíssimo. Ganha disparado do Jorge Luis Borges.

A Associação In Natura tem razão, por isso mesmo, quando reclama contra o descaso com que tratamos os bichos brasileiros. Até na publicidade oficial, esquecemos do que é genuinamente nosso, para prestigiar o similar estrangeiro. Similar coisa nenhuma. Só estrangeiro. O leão do Imposto de Renda, por exemplo. É duplamente estúpido. Primeiro porque quer meter medo, intimidar o contribuinte. Segundo, porque é leão, animal de outra paróquia.

Na hora de matar a inflação, convocaram o tigre, outro alienígena. Ora, além de muitíssimo esperto e paciente, o tigre é um péssimo alvo, como sabe todo caçador. Com a pelagem colorida e riscada que tem, ele passa despercebido no meio da folhagem. Há tempos, o Renato Castello Branco criou o Prêmio Jeca Tatu. Creio que existe ainda e se destina a prestigiar a cultura brasileira na propaganda. O tigre e o leão cederiam lugar à onça-pintada e à suçuarana, por exemplo. Duas feras de grande porte. Pequenas, mas também ferozes, são a ariranha e a jaguatirica.

Agora vejam o contraste. Elizabeth Taylor vai casar pela enésima vez. Como *"garçon"* e *"demoiselle d'honneur"*, terá um casal de barrigudos, um macaco muito bonzinho da Amazônia. Quem quiser pergunte ao Mário Palmério, que já teve (ou ainda tem) um barrigudo como secretário particular. Quem deu os macacos a Elizabeth Taylor foi Michael Jackson, que tem em sua casa em San Diego uma criação deles.

Em Paris, o nosso capuchinho está fazendo tanto sucesso que não dá pra contar assim depressa. Saju, sapaju ou saimiri, como é chamado, nos Estados Unidos ele já trabalha, amabilíssimo, como enfermeiro, ou quase. Atendente. Do sapaju, escreveu o Guimarães Rosa que os quiromantes podem ler-lhe a sorte nas muitas linhas da mão. Também é do Rosa: a careta do macaco é feita por obrigação. E a do brasileiro hoje? Esta pergunta é minha.

· · · · ·

Preguiça e inteligência 17/02/1992

O dr. Fritz Muller é um alemão que veio jovem para o Brasil, no século passado. Um sábio. E até um herói, pela vida que levou em Santa Catarina. O Moacir Werneck de Castro escreveu sobre o dr. Muller um livro que ainda está inédito. Li o original e fiquei impressionado: que vida! O homem se adaptou ao Brasil de tal forma que chegou a andar descalço, com chapéu de caipira na cabeça.

Nem por isso deixou de ser alemão. Em 1878, escreveu numa carta o seguinte: "Quando se vive todo um quarto de século na terra das preguiças, incorpora-se pouco a pouco algo da natureza desses bichos, seja em razão do exemplo, do clima ou, o que é essencial, da falta de estímulos espirituais". Estava amargo nesse dia o dr. Muller. E tinha lá as suas razões. Era de briga o homem. Teve muito aborrecimento, mas nunca mais saiu daqui e deixou uma bela obra.

Per Johns, escritor, é filho de dinamarqueses. Se você quer saber como os nórdicos que vivem aqui veem o brasileiro, leia *As aves de Cassandra*. É um romance e nem por isso deixa de ser um documento. Disse nórdicos, mas posso dizer europeus do Norte, para aí incluir alemães, ingleses e outros. Têm horror a itálicos e hispânicos. E do Brasil não têm uma visão lisonjeira. Acabam às

[382]

vezes se abrasileirando, mas não suportam, com licença, a nossa esculhambação (sic).

Está lá no Per Johns o que sentem e o que dizem do trópico. Metem o pau na nossa pasmaceira, sensualidade e preguiça. Mas uma prova da força da nossa cultura é que o próprio Per Johns, dinamarquês, é hoje um acabado escritor brasileiro. Dizer que o brasileiro é preguiçoso a meu ver é injusto. O sujeito que diz isso não conhece o brasileiro. E muito menos a preguiça, um desdentado da família dos bradipodídeos.

Brasileira cem por cento, a preguiça não gasta energia à toa. Prova de que é inteligentíssima. Vive o tempo todo na embaúba. Só se muda se for preciso. Por exemplo se faltarem as folhinhas novas que aprecia. Ameaçada, é capaz de subir correndo numa árvore de trinta metros. Adora o sol e faz ginástica, feliz da vida. Bem camuflada, não há onça nem jiboia que a peguem. Os nórdicos queriam o quê? Que a preguiça saísse correndo pelo mato qual antílope? Isso seria burrice. E morte na certa. Inteligência é capacidade de adaptação. É o que não falta ao brasileiro e à preguiça.

· · · · ·

Rosa, tatu e urubu   17/08/1991

Mais um animal ameaçado de extinção. Agora é o tatu, em Minas Gerais. O tatu-canastra, bem entendido, que tem de onze a treze anéis. O tatu-bola só tem três. É um bicho curioso, o tatu. Passa por desdentado, mas tem fortes molares que não aparecem. Pertence à família dos dasipodídeos e agora querem chamá-lo de xenartros. Só porque tem zigapófises na coluna vertebral.

[383]

Há coisa de vinte anos, quando crescia a todo vapor a nossa pauta de exportações, o Brasil exportou urubus para a Holanda. Vejam só. Atrás do urubu foi o tatu, *made in Brazil*. O tatu, porque tem a carne saborosa, para ser iguaria em restaurante. É melhor do que galinha. Acho que esse comércio promissor não foi adiante. Deu pra trás. Cresceu como rabo de cavalo.

Por falar, rabo de tatu é um excelente relho. Servia para exemplar menino malcriado. Segundo os índios, a carne do tatu tem virtudes fantásticas. Melhor do que qualquer outra caça, quem a come ganha força e astúcia. No fabulário indígena, o tatu é muito esperto, apesar de acanhado. É capaz de enfrentar uma onça e cobra foge dele. A couraça o protege de qualquer investida. Vive sozinho na sua toca. Taciturno, não sai de dia e tem o mau hábito de comer rato.

Não é todo tatu que come rato. É mais o tatupeba, um plebeu, e assim mesmo quando está faminto. Uma coisa é verdade: o tatu, mesmo o canastra, gosta de passear à noite no cemitério. Como se não lhe bastasse viver enterrado durante o dia. Quando Rudyard Kipling esteve no Brasil, em 1927, ganhou de presente um tatu. Pois adorou. E levou-o para Londres. Não sei se entrou na sua autobiografia, que ficou inacabada.

No Brasil ao tatu não lhe faltam galas literárias. Até na música, com "O tatu subiu no pau". Meio sem graça, melhor é brincar de "paca, tatu, cutia não". Na fauna do Guimarães Rosa, está lá, firme, o tatu. "O tatu não vê a lua", diz a menina de lá. Uma beleza de conto, que vem depois da obra-prima "Soroco, sua mãe, sua filha". Este, sozinho, consagrava o Rosa. Mãe e filha doidinhas, tangidas para Barbacena. O grupo Munganga adaptou-o para o teatro e a peça há dois anos faz sucesso na Holanda. No lugar do urubu, agora exportamos o Rosa. A peça está em São Paulo. Eu vi no Rio e gostei. Uma proeza.

[384]

Onça, tatu, Light não

17/05/1992

Há sessenta e cinco anos, no auge de sua glória, Rudyard Kipling esteve no Brasil. Prêmio Nobel, conhecido em todo o mundo, foi aqui recebido com todas as honras. Na Academia, para homenageá-lo, além de vários embaixadores, estava Getúlio Vargas. Era o ministro da Fazenda em 1927. Escritor, poeta, autor do "*If*", que todo mundo sabia de cor, Kipling era acima de tudo um súdito inglês. A libra é quem dava as cartas.

Natural que Alexander Mackenzie, da Light, quisesse impressioná-lo. Para isso levou-o à usina de Cubatão. Recente, a grande obra de engenharia tinha dimensão ciclópica no alto da serra do Mar. Kipling desembarcou em Santos, cujo céu achou parecido com o da África Ocidental. No seu diário de viagem, anotou que, para "chegar à planície verde, subiu um tortuoso rio holandês". A atmosfera é a do sul da Índia, acrescentou. Até parece a Belíndia do Edmar Bacha, não parece?

Mas a Índia no caso era elogio. Kipling nasceu lá e tinha orgulho disso. Para o engenheiro Mackenzie, canadense, um artigo na imprensa inglesa valia qualquer rapapé. A Light tinha muitos acionistas na Inglaterra. Ou na Europa. Até Proust, como eu próprio vi na sua correspondência. Sucede, porém, que Kipling escreveu um artigo no *Morning Post* e não deu a menor bola para Cubatão. Nem para a Light.

O que ele admirou foi o fantástico potencial hidrelétrico do Brasil. Um dia, quando os barões do petróleo tivessem cometido haraquiri, nós iríamos ter energia para dar e vender. Palavras suas. Naquele momento, porém, em 1927, o escritor estava era chateado, no maior tédio. Isso foi o que apurou Roniwalter Jatobá, que

[385]

deu notícia de sua pesquisa na revista *Memória*. Kipling só se impressionou com "as generosas tempestades tropicais".

Sei por outras fontes que o escritor manifestou especial curiosidade pela nossa fauna. Estava na linha do seu interesse, que hoje diríamos ecológico. Dois animais o fascinaram: a onça e o tatu. Gostou tanto do tatu que ganhou um de presente. Levou-o para a Inglaterra. Lá o exibia aos amigos. Era um tatu-bola, com aquela couraça que se fecha inteirinha. Kipling morreu em 1936. Ignoro o que aconteceu com o tatu. Mas sei que foi ele, com a sua armadura, quem nobremente representou o Brasil junto à intelligentsia britânica.

$$\cdots\cdots$$

O tatu brasileiro

24/10/1992

Saí da cochilada para aquele inferno bem na minha cara. Medonhas labaredas, fumo negro aos rolos. Por um mínimo lapso, e eterno, me senti envolvido pela tragédia. Estava lá dentro, vítima. E vítima solitária, que mal entrevia as outras, longe. Longe e perto. Pertíssimo. E depois, a trilha sonora. Sirene de bombeiro e de ambulância. Era mais que grito, porque também gemia. Lamento dentro da noite, na pauta urgente do pânico.

Nesse confuso estado de espírito, entre o sono e a vigília, não dá pra saber que existe o controle remoto. E nem era o caso. Não consigo desligar o Brasil. Assim que desci à realidade, a consciência me doeu. Dá vontade de recorrer a uma palavra mágica. Interromper essa enfiada de misérias e tragédias. Tirar o país da enrascada em que se meteu. Em que o metemos. Está pelo avesso.

Voltar atrás. Desentortar ali onde o engenho enguiçou. Não pode continuar abracadabrante.

Trocado em miúdos: cochilei com a televisão ligada e acordei com o motim da Febem na minha cara. Num milionésimo de segundo, deu pra sonhar. Ou fora do sono, era um fiapo de devaneio pela força da associação de ideias. Não há tatu que aguente. Quem assim dizia, voz solene, dramático e todavia sereno, era o dr. Ulysses. Naquele instante o dr. Ulysses, ai de nós, já estava ausente. Mas poucos dias antes, ele disse que não há tatu que aguente.

Sabia usar tanto a palavra empertigada como o que vem do vulgo. Tinha vindo do hospital com a corda toda. E disse na televisão. Assim mesmo. Não há tatu que aguente. Anotei e me prometi procurar a razão por que o tatu foi se enfiar aí. Seria símbolo de resistência, o tatu. Se nem o tatu aguenta, de fato passou da conta. Mas com a sua couraça, o brasileiro que aguente. Sou meio cismado com bichos. O tatu pertence à minha zoofilia.

O tatu de Kipling, levado pra Londres. Agora o tatu do dr. Ulysses. O que nem ele aguenta. Nessa mixórdia, no que se fez uma frincha de luz, entendi a razão do tatu. Era Tatuapé. De novo Tatuapé. E agora mais trágico. Depois de Carandiru, Tatuapé. Como se não bastasse um massacre. Esse permanente arrastão. Arrastão após arrastão. Que sina é essa? Só se o Brasil "surtou", como diz a moçada. Um país arrastado pela doideira. Vamos ver onde é que erramos. Não, não há tatu que aguente. Vamos mudar tudo isso. Já!

• • • • •

Desamarraram o bode

18/08/1991

Nada como um dia depois do outro. Enfim começaram a tirar o bode de nosso casebre, ainda que aos poucos, em suaves prestações mensais. Ando com uma inclinação zoológica, que nada tem a ver com o modismo ecológico. Tampouco é aborrecimento com a natureza humana. Sou um temperamento indulgente, talvez porque precise de indulgência. De misericórdia, sim. A ser rigoroso, procuro ser comigo mesmo. Como lá dizia o outro, moral para vigiar, basta a minha. O que já me dá muito trabalho e pouco sucesso.

O bicho do dia para mim hoje é o bode. Não o expiatório, que purga a culpa de todos. Mas sim aquele bode da anedota judaica. O pobre-diabo foi se queixar ao rabino. Morava numa lata de sardinha apertada e sem conforto. Pior do que buraco de favela. Só não era pior do que quarto de empregada doméstica em apartamento novinho em folha. E tinha a obrigação debaixo do mesmo teto. Filho, filha, afilhado, até a sogra. Vocês sabem: o rabino mandou botar um bode no cubículo.

Passado um mês, tirasse o bode e veria o conforto se instalar em casa. Bode tem vários sentidos. Alguns até obscenos. Mas no caso o bode é bode mesmo. O marido ou o macho da cabra. A cabra é musa do Picasso e do João Cabral, mas o bode, coitado, só inspira horror. Também quem mandou feder tanto? Não sei se vocês já repararam num bode. A cabra curaçá ou moxotó é simpática. É a nordestina do João Cabral. Cabral, notem bem. O destino do poeta já vem no nome.

Além de feio, o bode tem um ar enfezado. Dá marrada e não dá leite, claro. Não sei se é por causa da minha queda zoológica, acho que precisamos de um La Fontaine. Temos aqui bichos para

[388]

todos os gostos, capazes de fazer a alegria de um fabulista. Podia ser o Marco Aurélio Matos, que sabe Esopo e La Fontaine na ponta da língua. Tem imaginação e senso de humor, nas suas parábolas sobre o Brasil.

Pensem no rendimento que pode dar um jabuti. Ou uma preguiça. Pouca gente sabe que preguiça adora fazer ginástica. Palavra de honra. Não gosta é de ler, de esforço intelectual. Brasileira cem por cento. Não tem pressa nem para morrer. Mora numa imbaúba e daí não sai. Por falar em morar, esqueci o bode lá atrás. No caso o bode foi a bobagem do bloqueio dos cruzados. O tigre da inflação continua solto. Mas ao menos começam a retirar o bode que puseram pra dormir com a gente. E com a nossa poupança.

· · · · ·

Bodes e botas
27/12/1991

A anedota é antiga, dessas que, judaica, os judeus gostam de contar. Na Polônia ocupada pelos nazistas, o pobre coitado decidiu se matar. Tinha chegado ao fundo do poço da miséria material e moral. Antes, procurou o rabino e lhe contou como vivia. Faltava tudo no seu barraco. Sobravam aflições. O sábio rabino lhe deu apenas um conselho. Levasse para morar com ele três bodes.

Dito e feito. O que já era um inferno virou um inferno com três bodes. Como se sabe, o bode é o próprio diabo, com direito ao bodum, que etimologicamente ainda é o bode. Pior companhia, impossível. Mergulhado na medonha noite nazista, imagine o bode, agora metafórico, que amarrou o miserável polaco. Estoico, seguiu o conselho de Corneille: quando não se tem o que se ama, convém amar o que se tem.

A mesma filosofia dos bodes (e de Corneille, por que não?) está no *Brás Cubas*, capítulo 36. Só que aqui são botas, no lugar de bodes. Brás Cubas entra em casa e descalça as botas. Uma vez aliviado, respira à larga e se deita a fio comprido, enquanto os pés, e o próprio Brás Cubas atrás deles, entram numa relativa bem-aventurança. E assim conclui que as botas apertadas são uma das maiores venturas da Terra. Fazendo doer os pés, dão azo ao prazer de as descalçar.

Mortifica os pés, desgraçado, desmortifica-os depois, e aí tens a felicidade barata, ao sabor dos sapateiros e de Epicuro. Quem o diz é o Brás Cubas (ou o Machado). Quatro ou cinco dias depois, saboreando esse rápido momento de gozo, que sucede a uma dor pungente, a uma preocupação, a um incômodo, Brás Cubas percebe que a vida é o mais engenhoso dos fenômenos. Só aguça a fome com o fim de deparar com a ocasião de comer. Se inventou os calos, é porque eles aperfeiçoam a felicidade terrestre.

"Toda a sabedoria humana não vale um par de botas curtas", diz o Machado. Ou o Brás Cubas. Botas ou bodes (agora sou eu), só há uma forma de ser feliz — é não ser infeliz. Onde cabe um bode, cabe La Fontaine. No prefácio de suas *Fábulas*, diz ele que alegria não é o que excita o riso. É, sim, um certo encanto, um toque agradável que cabe a todo tipo de assunto, até os mais sérios. Dito isto, está quase na hora de desapertar as botas de 1991. Vamos respirar, aliviados. E quem sabe sorrir. Sorrir não dói.

• • • • •

Nosso irmão caluniado

10/10/1991

Pudesse eu e diria como o Chesterton: vou para casa escrever um livro. Felizmente o livro já está escrito. É de louvor ao nosso irmão burro. Seu autor é o padre Antônio Vieira, filósofo, ex-deputado cearense, criador do Clube Mundial dos Jumentos. O burro não é réu de crime nenhum, mas está pedindo defesa. Chamo à colação o xará do clássico orador do século XVII. Até no jogo do bicho o burro é símbolo da perfeição — seu número é o três.

O grande Vieira, se duvidar, também defendeu o burro, porque era próprio de seu verbo inflamado defender os pequenos diante dos poderosos deste mundo. Defendeu os índios, numa época em que índio se preava e se matava. Os índios têm hoje muitos advogados, o que é justo. Mas não está certo deixar o burro exposto à chacota geral. O burro, o jerico, o jumento, o jegue, o asno — esse perissodáctilo pacato e amigo do homem desde tempos imemoriais.

Pois senão vejamos. Privatização das estatais? Com a autoridade que ninguém lhe nega (em matéria de empresa, não de burro), Antônio Ermírio de Moraes diz que o programa é de uma burrice exemplar. E não só diz, como procura provar, bisando com experiência o emocionalismo do Brizola. Sem trocadilho, já que falei em bis e Brizola, o senador Bisol acusa o governo de querer passar um atestado de jumentalidade em todos os senadores e deputados, com o tal emendão.

Asneira, a maior asneira, é dizer que os Cieps confinam as crianças — é o que afirma Darcy Ribeiro, no seu estilo veemente. Na jumentalidade está o jumento, como na asneira está o asno. "Não sou burrinho de presépio", diz um deputado rebelde. "O

Congresso não é burro de carga", diz outro, pedindo licença para dormir ao menos uma vez por semana. Nunca o burro esteve tanto em evidência e de forma tão pejorativa. Tendo merecido a honra de um lugar na gruta da Natividade, foi numa jumenta que Jesus Cristo entrou em Jerusalém. Um espírito radical (e de porco) dirá que, mais do que o papamóvel e o *Boeing*, é o burro o meio ideal de locomoção adequado a João Paulo II. Simpático e modesto, é uma injúria dizer que o burro é burro. Álvaro Moreyra sustentava o contrário e colecionava burrinhos de todas as partes do mundo. O burro entrou agora no debate nacional como Pilatos no Credo. Também pudera: o governo, que começou *collorido*, está hoje com a cor de burro quando foge...

· · · · ·

Santa jumentalidade

06/04/1992

Se Álvaro Moreyra estivesse aí teria na certa protestado contra a agressão que alcançou um deputado. Pouco importa quem agrediu e quem foi agredido. O protesto seria contra o conteúdo da agressão. "Criticando um ato do governo, o deputado passou em si mesmo", disse o agressor, "um atestado de jumentalidade." Palavra bem formada, *jumentalidade* pode ser um neologismo. É mais uma contribuição oficial para a cultura brasileira.

O que Álvaro Moreyra não aprovaria é ver o jumento metido na refrega. Pertencendo à família do *equus asinus*, o jumento, ou jegue, ou jerico, mereceu sempre do escritor toda a simpatia. Até carinho. Álvaro juntou ao longo dos anos uma valiosa coleção de burrinhos. De todos os tipos e tamanhos. De qualquer gênero e procedência. Arte popular, artesanato ou obra refinada de artista de fino lavor. O burro tinha na sua casa um altar.

Hoje, o grande amigo do burro, e em particular do jumento, é o padre Antônio Vieira. Xará do sermonista. A última edição de seu *O jumento, nosso irmão* tem quatro volumes e mil e duzentas páginas. Apóstolo do asno desde 1954, o padre cearense projetou um Memorial do Jumento e nele aplicou todos os seus haveres. Tem museu e biblioteca. Pioneiro da ecologia, é dele a "Oração do jumento". Sim, para ser piedosamente rezada. Fundou também o Clube Mundial dos Jumentos.

O clube divulga os seus dez mandamentos. O primeiro manda "reconhecer a própria burrice", condição sine qua para quem quer aprender qualquer coisa. Com ligações internacionais, os membros do clube recebem um diploma em latim. Com o lema *"Asinus asinum fricat"*, ao titular é conferido o *"jus universale et aeternum pascendi, ornejandi, excoiceandi, atque vacandi sine bronca aliorum animalium"*. Não respondo pelo latim.

O diploma vem assinado pelo *asinus maximus* — o padre Antônio Vieira. Também por um *asinus medius* e por um *asinus minor*. Do Japão à Patagônia, o Clube do Jumento está hoje por toda parte. E nem precisa invocar o burrinho da gruta de Belém. Basta entre nós a farta literatura sobre o jegue, exemplo de humildade e fraternidade. Trabalha em silêncio e nada pede em troca. Sem ele o Nordeste seria um deserto. Donde se conclui que, virtude peregrina, a jumentalidade é um galardão. É preciso fazer por merecê-lo.

· · · · ·

Asno, cão e burrice

18/07/1992

O Hélio Pellegrino volta e meia falava no asno de Buridã. Quem foi Buridã? — me perguntava. A certa altura, escreveu um artigo que começava com o famoso asno. Menino, o Hélio aprendeu com o pai o sofisma. São desses destroços que acompanham a gente a vida toda. Camilo José Cela é outro cismado com o asno de Buridã. Tem até um livro — *El asno de Buridan*.

Com quase quinhentas páginas, começa assim: "*Supondo que la mitad de mis posibles lectores sabrá tanto o más que yo de Buridan y su asno*". Prêmio Nobel, Camilo José Cela tratou de saber que diacho de asno é esse. Jean Buridan viveu no século XIV e, apoiado em Aristóteles, formulou alguns princípios fundamentais.

Na verdade o asno de Buridã não era um asno. Era um cão, como está no tratado de *De caelo*. O cão morre de fome entre duas vasilhas atulhadas de comida. Buridã escrevia em latim e criou também a *pons asinorum*. "A ponte dos asnos." Rolaram os séculos, sua especulação foi esquecida e o cão virou asno. Não fosse o asno e de Buridã não se guardaria memória. Grande injustiça, jura Camilo José Cela.

Segundo Cela, Buridã merece ser lembrado também pelos físicos, pelos astrônomos e pelos gramáticos. E não só por causa do célebre paradoxo que ilustra a miséria a que se condenam os indecisos. Sem o livre-arbítrio, o asno, ou o cão, não tem por que preferir a vasilha da esquerda ou da direita. Ou vice-versa. Com fartura de aveia de um e outro lado, excelente pábulo, o burro morre de fome. Ou de indecisão. Situação tragicômica, que inspirou uma peça de teatro, a *Flers e Caillavet*.

Se for burrice, me perdoem. Mas o asno de Buridã está hoje

[394]

atualíssimo. É possível que haja mais de duas alternativas, para o Collor. Mas por enquanto ele não opta. E também não fica parado. Corre para a frente, na tentativa de mudar o foco do debate. Há uma força, porém, que desata o nó. Decide. É o *impetus*, de que tratou Buridã. Parado, indeciso até morrer de inanição, é que o país não pode ficar. Como diria Camilo José Cela, é uma atitude que contraria a cinemática, aquela parte da física de que Buridã foi pioneiro.

· · · · ·

O sal da autoridade
30/08/1992

A mula de Tales data da Grécia antiga. Associada ao nome do filósofo de Mileto, encarna a esperteza malsucedida. Só chegou até nós graças a Plutarco. Carregada de sal, a alimária atravessa um rio. E percebe que a carga derrete e o seu peso diminui. Aliviada, a mula nunca mais quis saber de outro caminho. Sal no lombo, banho de rio e vinha o desafogo.

O dono da mula, que não era um asno, troca as sacas de sal por sacos de lã. Finória, a mula procura o caminho do rio. O resultado é o oposto. Molhada, a carga pesa mais e a mula quase se afoga. Sai do outro lado do rio e se emenda. Nunca mais recorre à velhacaria. Mergulhado na cultura clássica, Montaigne retomou a mula de Tales. E, na sua deleitosa língua, tirou da história a óbvia lição moral.

Vindo depois de Montaigne, La Fontaine, zoófilo, tinha por força de incorporar a mula matreira ao seu fabulário. Rimada e metrificada, a mula muda de sexo. Agora é um asno. Aliás, um só, não. São dois. Um vai carregado de sal. O outro leva esponjas. Convenhamos que com essa duplicidade a lição moral fica mais eloquente. O sal se derrete na água e o burro se livra, fagueiro. Já o outro, o das esponjas, muito burro, morre afogado.

Na versão lafontainiana, levam ambos também quem os monta. Seus guias, ou burriqueiros, que são no vernáculo os *aniers*. O das esponjas luta com a morte até que um pastor o socorra. Mas o burro foi ao fundo e não surdiu. Eis a moral, na tradução de Curvo Semedo: "Guiar por cabeças más/ não é um bom portamento;/ às vezes a dita de um/ faz a desgraça de um cento". Presumo que o leitor a esta altura já tenha percebido por que trago de tão longe a mula que virou asno.

Exatamente: Collor vem perdendo substância em ritmo cada vez mais acelerado. Derreteu-se a sua autoridade moral. Ele tem hoje tanto poder quanto um Napoleão de hospício. De maneira literariamente mais nobre, digamos que é um personagem de Pirandello. É o Enrico IV. Na sátira, há uma nota dolorosa. Mas a vida é o que é, na definição pirandelliana. Só resta esperar que a mula de Tales não arraste na sua desgraça um cento. Ou um milhão. O Brasil afinal não enlouqueceu. Nem merece um desfecho trágico.

· · · · ·

Bem-vindo ao nosso calor 18/11/1991

Na minha ração diária da Bíblia, vou ao Antigo e ao Novo Testamento. Uma beleza e uma fonte inesgotável de sabedoria. Estou agora em Jeremias. Dá vontade de citar tudo. Mas o que interessa é este trechinho: "Até a cegonha pelo ar reconhece a estação, e as rolas e as andorinhas são fiéis à migração". Advirto que não sou candidato a mandato "evangélico". Nem quero encher a minha burra com a dinheirama do pobre — uma infâmia.

Saio da Bíblia e entro no jornal. Uma noticiazinha escondida me conta que foi encontrado um falcão peregrino em Presidente Prudente (SP). Já está aí na Pauliceia e espero que a poluição não lhe faça mal. Habituado a viver nas alturas, o pobrezinho está com a asa esquerda machucada. Isso já deve ser coisa da baixaria aqui da nossa altitude zero em matéria de qualidade de vida. É americano, do Texas, como se pode ver pelo anel que traz na perna.

Essa ideia de identificar com um anel foi uma boa. Ajuda muito no estudo das aves migratórias. Com uma curiosidade que me leva a tudo, acabei uma espécie de ignorante universal. Não sei nada direito. Tudo pela rama. Uns anos atrás, li sobre andorinhas viajeiras e fiquei fascinado. Tenho uma sobrinha nos Estados Unidos que pesquisa esse vaivém ornitológico. Quem entende um tiquinho do mundo abre o horizonte do conhecimento. Você olha a andorinha e chega à mais alta especulação filosófica. Vai a Deus.

Não conheço o falcão peregrino. Conheço o gavião, que é o falconídeo brasileiro. Tenho no ouvido o pio do pinhé, que é ave de rapina, como todo falcão. Até na palavra o bicho é rapace: falcão é a foice das suas garras. Peregrino não é porque é bonito, mas, sim, porque é estrangeiro. Um turista, esse pássaro. E com as próprias asas. O inverno lá no Norte anda rigorosíssimo. Uma geleira. Aí lá vem o falcão americano veranear no Brasil. Depois dizem que o Brasil não presta para nada.

As aves do céu nos ensinam que vivemos num mundo só. Aqui no Rio tem sol demais nesta época. Mas eu vi morrer centenas de pessoas na nevada do século em Boston. O Paulo Francis diz que no nosso atraso o clima deve ser decisivo. E taxativo: "Não há país rico quente". Deus me livre de polêmica, ainda mais com o Francis. Mas, ó Deus, isto não é uma fatalidade. Neve é muito engraçadinha quando começa. Depois é uma lama horrorosa. E atrapalha mais que o calor e as enchentes. Perguntem ao falcão peregrino.

•••••

Bom para o sorveteiro

28/08/1991

Por alguma razão inconsciente, eu fugia da notícia. Mas a notícia me perseguia. Até no avião, o único jornal abria na minha cara o drama da baleia encalhada na praia de Saquarema. Por mal dos pecados, o meu vizinho também não pensava noutra coisa. Leu a notícia com o rabo de olho e entrou no assunto com uma ração franciscana de conhecimento sobre o episódio e sobre as baleias.

Afinal, depois de quase três dias se debatendo na areia da praia e na tela da televisão, o filhote de jubarte conseguiu ser devolvido ao mar. Até a União Soviética acabou, como foi dito por locutores especializados em necrológio eufórico. Mas o drama da baleia não acabava. Centenas de curiosos foram lá apreciar aquela montanha de força a se esfalfar em vão na luta pela sobrevivência. Um belo espetáculo.

À noite, cessava o trabalho, ou a diversão. Mas já ao raiar do dia, sem recursos, com simples cordas e as próprias mãos, todos se empenhavam no lúcido objetivo comum. Comum, vírgula. O sorveteiro vendeu centenas de picolés. Por ele a baleia ficava encalhada por mais duas ou três semanas. Uma santa senhora teve a feliz ideia de levar pastéis e empadinhas para vender com ágio. Um malvado sugeriu que se desse por perdida a batalha e se começasse logo a repartir os primeiros bifes.

Em 1966, uma baleia adulta foi parar ali mesmo e em quinze minutos estava toda retalhada. Muitos se lembravam da alegria voraz com que foram disputadas as toneladas da vítima. Essa de agora teve mais sorte. Não porque fosse um filhote de doze metros e apenas dez toneladas. Foi salva graças à religião ecológica que anda na moda e que por um momento estabeleceu uma trégua entre todos nós, animais de sangue quente ou de sangue frio.

Até que enfim chegou uma traineira da Petrobrás. Logo uma estatal, ó céus, num momento em que é preciso dar provas da eficácia da empresa privada. De qualquer forma, eu já podia recolher a minha aflição. Metáfora fácil, lá se foi, espero que salva, a baleia de Saquarema. O maior animal do mundo assim frágil, à mercê de curiosos. Moby Dick, a baleia branca, derrotou o obstinado capitão Ahab. À noite, sonhei com o Brasil encalhado na areia diabólica da inflação. A bordo, uma tripulação de camelôs anunciava suas bugigangas. Tudo fala. Tudo é símbolo.

· · · · ·

A solidão proibida

09/03/1992

Eu lia o jornal, na manhã abafada e cinzenta. O noticiário político não anda lá muito estimulante. Não demora e a editoria política pode se fundir com a editoria policial. No Rio, por exemplo. Seja a favor ou contra, é impossível a política ignorar o bicho e a droga. Um passo e é o narcotráfico. O esquadrão da morte. O extermínio de menores.

Então levantei os olhos do jornal e espiei lá fora o infinito céu azul. Não era azul, nem infinito. Mas lá estava, bem visível, uma personagem que nunca vi tão alto. Entre as nuvens baixas lá em cima, e o tumulto dos carros cá embaixo, leve, levíssima, uma garça. Na quina do último andar, o décimo segundo. Altiva, elegante, via-se que resistia ao vento que soprava agora mais forte.

Nem sei se ainda há garças nesta época na Lagoa. Talvez haja. As cigarras, sei que sumiram. Ou pelo menos não têm vindo zinir na minha varanda, mal rompe a manhã. São a trilha sonora do verão carioca, as cigarras. Dão nos nervos de qualquer cristão, sobretudo quando começam a chirriar a sua zanguizarra no sono de um pobre insone. À tarde, ao cair do sol, são menos azucrinantes. Mas nem assim merecem a meu ver um único soneto. Quanto mais um poeta.

Mas lá estava a garça, hierática, serena, *"au-dessus de lá mêlée"*. Incorpórea, toda branca, alvíssima. Bico e pernas, finos cambitos de uma etérea arquitetura. No seu perfeito desenho, só penas, toda plumagem. Se olhasse, devia olhar para o alto. E veria o céu além das nuvens de chumbo que corriam, inquietas. Uma garça sozinha, acima da luta pela sobrevivência à beira da lagoa. Uma garça que apenas fruía o silêncio de sua solidão.

Nisso, um bando de andorinhas flecha o ar. Setas raivosas, atacam de baixo e de cima, com súbitas paradas a um palmo do alvo indiferente. Afinal assustada, bico aberto, a garça se defende contra as pequenas agressoras. Cauda e bico, as asas quais tesouras afiadas, se trissavam ou gazeavam, não sei. Não dava para ouvir. Dava para lhes perceber o ímpeto de batalha e ódio, cada vez mais numerosas e aguerridas. Até que venceram. A garça alçou voo. Mergulhou em direção à Lagoa, ou ao chão. Já não há lugar no mundo para as almas solitárias.

· · · · ·

Garças e ministros

02/04/1992

Domingo passado, saí cedinho de casa. O Rio até agora não deu a menor bola pro outono. O verão continua de caldeiras acesas. Depois de tantos meses, há momentos em que o calor acabrunha e irrita. Mas o Rio encontra sempre um jeito de nos reconciliar com a vida. Distraído, se me perguntassem se as garças têm aparecido, não saberia responder.

Mas lá estavam elas na Lagoa. Serenas, com aquele olhar de banda. Brancas, alvíssimas, alheias à poluição. Ou tinham acabado de chegar, ou tramavam um passeio até Jacarepaguá. Pareciam num colóquio, prestes a tomar uma decisão. Sem pressa, roçando bicicletas e cães, poucos àquela hora, estiquei o passeio até a curva do Calombo. Dá gosto apreciar a Lagoa.

Se não enfiarem aí um monte de jet skis, as garças nunca irão embora. E voltei com a intenção de observá-las melhor. Os olhos, o pescoço, o belo desenho pernalta, tão frágil. Já tinham, porém, alçado voo para o seu santo domingo de paz. Passei então pela banca de jornais e me abasteci com o apetite de um leão faminto. Se é que o rei dos animais é tão insensato.

Passava das sete horas quando comecei a minha descida ao Inferno. Não sei se o do Dante, ou se o do Velho Testamento. Ou se um terceiro, de trevas e lama. Li primeiro a *Folha*. Em seguida, o *Jornal do Commercio*. Do *Jornal do Brasil* passei a *O Globo*.

Mesmo com uma leitura seletiva, lá se iam as horas e os compromissos. Queria me pôr em dia com o Brasil. Minha pátria, que diabo!

Passei em seguida a *Veja* e *IstoÉ*. Exagero? Talvez. Só às duas horas da tarde levantei os olhos daquele apocalipse de papel. Razão tinha o papa João XXIII, quando no seu diário pedia a Deus que o livrasse do vício de ler jornais. Aí é que me ocorreu a pergunta: como deve se sentir o Collor? Há de ver que não lê coisa nenhuma. Faz ginástica e corre.

Então me lembrei das garças. Que Jacarepaguá que nada. Devem ter ido embora do Brasil. Só no exílio podem continuar serenas e branquinhas como as vi. Ontem, lendo a entrevista do Collor, vi que ele também andava lendo os jornais. Ou um clipping, *ad usum delphini*, como se dizia antigamente. Mas tanto bastou para fazer o que fez. Domingo que vem tenho esperança de reencontrar as garças.

• • • • •

Volte, Zano

11/04/1992

Ontem reunimos o conselho familiar. Devemos ainda ter esperança? Firme, disse eu que sim. Não me conformo. Por um momento, vi nos olhos de todos aquela cintilação. Metade fé, metade alívio. Ninguém quer se sentir culpado. Claro que tem de voltar. A menina me perguntou se era palpite ou intuição. Se era intuição pra valer, que eu jurasse. Tenho tradição no ramo. Com a ajuda de santo Antônio, já achei bicho e coisa que até Deus duvida.

Jurar, não juro. Questão de princípio. Mas quero crer que

volte. Pode ser *wishful thinking*. Que seja. De repente, reaparece. Já apareceu duas vezes. Minha filha chamou-o ao jeito dela, gritou, modulou a voz com carinho — e ei-lo em pessoa. Espantadíssimo, coitado. Aproximou-se tímido, desconfiado. E lhe caiu nos braços. Guardou absoluto silêncio, como se temesse qualquer manifestação sonora. Graças a Deus, são e salvo.

Quando cheguei à noite, estava em cima do carro. Como estátua. Ameaçou fugir, os magoados olhos azuis, belíssimos. Depois identificou o amigo e chegou pra perto. O ambiente estranho o intimidava. Mais vinte e quatro ou quarenta e oito horas e se sentiria em casa. Iria na certa desarmar aquela atitude de suspeita. Não quis comer, nem beber. É assim mesmo, disse o especialista que consultamos. Será que some de novo? Expliquei ao conselho familiar o que é etologia. Citei Konrad Lorenz. A noção do território. Podíamos dormir em paz.

Na manhã seguinte, pânico geral. Não adiantou chamar, nem gritar. O conselho se ampliou e cada qual tinha uma opinião. Uma única inaceitável. Crudelíssima: tinha sido apanhado e comido. Sim, senhor. Estão comendo muito gato neste Rio de Janeiro. Não é gato por lebre, não. Gato mesmo. Até siamês, como o Zano. Tão bonzinho, tão bonito — a hipótese é absurda. Verdadeira blasfêmia. Aos onze anos, não é bobo. Já conhece o novo endereço e volta. Claro que volta.

Foi batizado Zeno, como o personagem de Italo Svevo. Na língua infantil, virou Zano, Zaném, Zaninho. Inteligentíssimo, elegantérrimo, a esta altura não vai sair por este mundo hostil afora. Virar riponga, essa não. Tem aqui afeto, calor humano. Comidinha e ração. O que quiser. A ansiedade aumenta à medida que passa o tempo. Já é o terceiro dia do sumiço. A rua tem uma cachorrada danada, mas e daí? Ele sabe se defender dos perigos

[403]

desta vida. O fato é que aqui em casa não se toma conhecimento do novo ministério, nem do Brasil, enquanto o Zano não aparecer.

· · · · ·

Fuga do borralho
11/04/1992

Gato e velho não devem mudar de casa, dizia minha mãe. O ideal, aliás, é nascer, viver e morrer na mesma casa. Mudança é quase sempre aflição de espírito. Até porque mudança mesmo, daquele tipo evangélico, que mata o velho e abre espaço ao homem novo, esta pouquíssimos fazem. Mudança de hábito, qualquer uma, é um transtorno. Já contei aqui o que aconteceu com o Zano. Ou Zeno, como foi batizado.

O Zano é um caráter forte, ao contrário do personagem do Italo Svevo, que tinha consciência, mas era um fraco de vontade. Prometia parar de fumar e não parava. Há quem diga que de vez em quando me dá um acesso de autorreferência. Aquele professor até me acusou de não despregar os olhos do meu umbigo. Com franqueza, não me acho assim tão autorreferente. Podia ser muito mais. E se não sou é porque me policio.

No caso do Zano, me impressionou o número de pessoas que se interessaram pelo seu destino. Recebi telegramas, cartas e telefonemas. Só um sujeito mal-humorado é que me perguntou se não tenho vergonha de me preocupar com um gato, quando há tanta criança na miséria. Olhe a lógica, meu amigo. Interesse por um gato não implica descaso pelas crianças. Pelo contrário.

O Zano já apareceu em sonho e duas vezes surgiu em pessoa. Alucinação? Talvez. Quem sustenta que todos os gatos siameses se parecem é porque não conhece o Zano. Sonho e alucinação à parte, ainda temos esperança. A Luciana sabe de um gato que voltou quinze dias depois. Houve um outro que ficou sumido mais de um mês. E reapareceu. Afinal onze anos de Zano são quase uma vida. Pelo menos vida de felino.

Bicho por excelência literário, o gato tem sido o mais fiel companheiro dos escritores. A Collette acabou com cara de gato. O Guimarães Rosa conversava com os seus angorás. O da Clarice Lispector a confortava nos momentos de angústia. Perguntem ao Sérgio Augusto se ele se separa dos seus. Pelo seu Gaspar, a Ana Miranda paga qualquer resgate. Enfim, com o sumiço do Zano, só me resta também sumir. A partir de hoje, tomo sumiço. Bem substituído aqui na *Folha*, vou ver o Brasil de longe. Mas volto logo. Descanso eu e descansam os leitores. Em todo caso, espero fazer falta. Não tanta quanto o Zano. Mas pensem em mim.

· · · · ·

A chave do sonho 08/08/1992

Não sou especialista em gato. Andei escrevendo sobre o Zano porque sumiu. Pensando bem, deve ter sumido de vergonha. Pediu asilo numa embaixada, ou se mandou para o exterior. Não tem duzentos mil brasileiros no Japão? De sangue japonês, mas brasileiros. E por aí tudo tem hoje brasileiro. O "Brasil novo" está cheirando mal. Quem pode dá no pé. Agora uma leitora me diz que o Zano ainda vai voltar. Veremos. E me pergunta se gato sonha.

Bom, o Zano sonha, garante o pessoal aqui de casa. Ou sonhava. Por falar em sonho, outro dia falei de uma dúvida que provocou uma discussão. Cego sonha? Se sonha, sonha em cores? Citei Borges e Shakespeare, Milton e Homero, mas não soube responder. Quem me tirou as escamas dos olhos foi o dr. Carlos de Barros Laraia, oftalmologista de Pouso Alegre (MG). Está aqui a revista que ele me mandou, com um artigo sobre os sonhos invisíveis dos que não enxergam.

Uns mais, outros menos, todos sonhamos. Uns, com riqueza de detalhes e até cores. Outros, por alto. Este sonha toda noite, aquele nem tanto. Há fases oníricas, como há fases em que o sujeito dorme que nem uma pedra. Como o sono, o sonho vem sendo muito estudado. Todo mundo conhece hoje de ouvido o Freud e o Jung. Um sonho pode ser um bom palpite para o bicho, como pode desatar um enredo complicado. De amor ou de crime. É uma chave, o sonho.

Quando são de nascença ou se perderam a visão muito cedo, os cegos sonham sem imagens visuais. Seus sonhos têm sons, como podem ter sensações de olfato e tato. Também de movimento. Se a cegueira vem entre os cinco e os sete anos de idade, o sonho guarda fiapos de imagens. Aos poucos, desaparecem formas e cores. Ou seja, o cego sonha às cegas. Nem por isto uns tantos cegos deixam de sonhar com cores. E são até capazes de descrevê-las.

Como qualquer pessoa, o cego sonha no quadro de seu cotidiano. A relação entre o sonho e a realidade é fatal. Se vive num espaço restrito, sonha o cego com amplos espaços abertos. Objetos pequenos, fáceis de pegar, são os que lhe aparecem com mais frequência. Um traço curioso: os cegos sonham com mais lógica do que quem enxerga. Despojado, o sonho tende neles a se concentrar no próprio corpo. Em suma, todo mundo sonha, cego inclusive. Cá entre nós, quem no Brasil hoje vive sem sonhar?

[406]

Lágrimas e risos

21/09/1991

Estou a pique de formular uma lei sobre um fenômeno que venho observando. O seguinte: há um tipo de acontecimento que nunca vem sozinho. Quando vem um, vem outro. No mínimo, de parelha. Quando não vem aos bandos, como certas aves. É como diz o povo: além de queda, coice. Trata-se quase sempre de coisa funesta, mas não é obrigatório. Pode ser acontecimento propício e até afortunado. Este caso é mais raro, mas acontece com quem nasceu empelicado.

Vejam isto, por exemplo. No Rio e em Petrópolis convivo com dois cães que são dois amores. Adoram as damas e as crianças. Ambos pastores-alemães. O Pluft, mais velho, é o da serra. Como o fantasminha da Maria Clara Machado, pode meter medo a quem não sabe que é de boa paz. Late grosso, mas só para o céu, quando troveja. Não há jeito de ele entender o mistério do trovão. Tão inteligente, uma flor, mas é assim. Adora o pessoal da casa, segundo uma hierarquia justíssima.

Digo isto porque sou insuspeito. Não estou entre os seus favoritos. Outro dia, entrou um cavalo no jardim e o Pluft, cioso da propriedade privada, decidiu expulsá-lo à força de ladraduras e rosnadelas mais estrondosas que o trovão. Resultado: levou um coice e foi parar no hospital, de perna quebrada. Enquanto isto, o outro pastor, o Porthos, ganhava uma medalha numa exposição. Medalha merecidíssima, disse a sua dona, que o define assim: um santinho. Bonito por dentro e por fora, com pedigree racial e moral.

Tão avantajado de corpo e de coração quanto o Porthos do Alexandre Dumas, o nosso Porthos nada tinha de acanhado mentalmente. Vivíssimo, podia acompanhar com vantagem as aventu-

[407]

ras do Athos e do Aramis. Vejam lá porque o verbo está no passado. No dia seguinte à medalha e ao diploma, apareceu meio macambúzio. Talvez tenha tomado conhecimento da reunião do tal Conselho da República. Mais um pouco e esticou as canelas. Cavalheiro de fino trato, morreu escondido e caladinho.

A menina, claro, chorou muito e o enterrou no quintal. Depois escreveu e desenhou um jornal, a que chamou *Folha de S. Paulo*, assim mesmo, para dar a triste notícia. Desgraça para ela tem de sair no jornal. Terrível foi o dia seguinte. Era o seu aniversário. Idade da razão: sete anos. Divididíssima, ela conseguiu dois registros de voz. Um para falar do Porthos. O outro para falar da festa e do bolo com chocolate. E dos presentes! Lágrimas e risos têm mais sabor quando se misturam. Mas isso é outra lei.

· · · · ·

O passarinho do diabo

02/07/1992

Qualquer que seja o desfecho, já se tem o símbolo da crise que mais uma vez nos põe à beira não do abismo, mas do imprevisto. Dizem que o imprevisto é a lei da História. "E a História", por sua vez, já dizia Heródoto, "é a mestra da vida." No caso do Brasil, os antecedentes não são muito animadores. Mas quero agora chamar a atenção é para o símbolo, ou seja, o morcego. Morcego Negro, se quiserem, com maiúsculas.

Que é que leva um sujeito a batizar um avião assim? Pensar num morcego! Um animal repelente, que rivaliza com o rato. Aliás, é rato na origem etimológica: *mus*, no acusativo *murem*.

[408]

"Rato cego", *coecum* porque se supõe que o morcego não enxerga. Tem radar, como o avião moderno. Mamífero voador, chiróptero, é um bicho estranhíssimo. Não tem bico, mas tem asas, que são patágios, isto é, membranas. Nelas o povo vê uma espécie de capa sinistra.

Por mal dos pecados, o morcego é notívago. Só sai à noite, para melhor se esconder. Age na treva. Teme a luz do dia. Vive embiocado, fechado em si mesmo. Alimenta-se de frutos e de insetos. Mas pode ser ictiófago (come peixe). E, *the last but not the least*, é também hematófago. Nesse caso, seu prato favorito é o sangue. Ladrão, o morcego na calada da noite se instala no lombo de um boi e lhe chupa o sangue. Há quem jure que a vítima pode ser igualmente um ser humano.

Aqui temos o vampiro. Exemplar da zoologia fantástica, existe também na vida real. Repulsivo, cientificamente conhecido como *Desmodus rotundus*, suga animais e homens. Pode lhes transmitir a raiva, ou hidrofobia. Na imaginação popular, o vampiro tem preferência pelas mulheres grávidas. E pelas moças virgens. Sobre o vampiro, há vasta literatura, com farta cinematografia. Toda e qualquer conotação é sempre negativa, para não dizer horrenda.

Entre as cem espécies de morcegos brasileiros, nenhum deixa de ser visto como bicho asqueroso. São feíssimos. Metaforicamente, morcego é pior do que rato. Ladrão, sanguessuga, no folclore é associado ao diabo. Passarinho do diabo, seu sócio, é malvisto e perseguido em toda parte. Até entre os indígenas, dito Cupendiepe, o morcego se esconde na caverna e de lá só sai para o mal. Representa o lado vicioso da natureza humana. O podre, anagrama de poder. Em suma, é o símbolo mais eloquente da corrupção.

Rãs, fuinhas e morcegos

03/07/1992

Mal atendi o telefone, foi logo me dizendo pra ir ao La Fontaine. Tem essa mania, o meu amigo. Época de crise, já sabe, corre aos fabulistas. Tem de cor e salteado o Esopo. E me pergunta se ainda tenho aquela edição do Fedro. Sim, tenho. Foi do meu pai. Edição bonitinha, confortavelmente bilíngue. Latim e francês. Nem ouviu a minha resposta e recitava um latinório que me deixou confuso. Devia ser a história do homem que matou a galinha dos ovos de ouro.

O telefone anda muito ruim, disse eu. E eu ando meio surdo, disse ele. Só um doido, continuou, vai ao passado ou à ciência política para entender o Brasil. Está tudo no fabulário. Vivemos em plena era dos animais que falam. Foi aí que citei Swift e Andersen. Ele mal tomou fôlego e me espinafrou. Nada de perder tempo. O rei está nu. Direto aos animais! Falantes, não dizem uma única asneira. Veja, por exemplo, as rãs que pedem um rei.

Fui ver, claro. Cá está a tradução de Francisco Palha: "Viviam certas rãs num charco imundo/ Em república plena. Era um pagode!". Como está no original, nenhum rei satisfaz o exigente povo ranídeo. Recorro em seguida à adaptação de Guilherme Figueiredo, por sinal bem brasileira. No final, em dois versos, está a fala de Júpiter: "Quem é que pensa que eu sou essa rãzalhada?/ Querem um rei?/ Lá vai um rei de espada!".

Nessa altura meu amigo já está em outra. Agora é a doninha. No Brasil, doninha é o furão, você sabe, né? Furão ou fuinha. É coisa nossa. Só existe aqui e aí pela América do Sul. Fede pra burro. E quebra tudo que vê. Pior do que macaco em casa de louça. Seu prato predileto é sangue. Sim, senhor, hematófago. Sai da toca à noite e é sabidíssima. Conhece todos os truques da arte de furtar. Pois é isso mesmo. As doninhas do La Fontaine são as nossas brasileiríssimas fuinhas.

Mais esperto, só o morcego vira-casaca. É o único que consegue tapeá-las. Está lá na fábula. Leia, leia. E não se esqueça de repassar "O morcego, a sarça e o ganso". Vou direto à tradução do barão de Paranapiacaba. Chamado de tratante, o morcego se muda para o exterior e se cerca de comissários solícitos e ativos. Com negócios fortunosos, tinha livro "contendo o Deve e o Há de haver". Escapa em suma de todos os meirinhos e fiscais. Dito isso, vou perguntar ao meu amigo o que ele quer dizer com esse morcego e outros bichos.

• • • • •

Ronco perfumado

15/07/1992

Estava decidido: nada de bichos. Vou deixá-los em paz. Não quero saber nem da zoologia fantástica do Borges. Mas eu ponho e a realidade dispõe. Tudo começou, vocês se lembram, com um Morcego Negro. Magno, murcho, vespertilhão, quadrado na capa, capeta, com todo o tisne dos vampiros — eis como o Guimarães Rosa descreve o morcego. *Vespertilhão* deve ser mais um neologismo, a partir de *vespertilionídeo*. O Rosa foi sempre inventador de palavra.

Além de *vespertilionídeo*, nome científico do morcego, *vespertilhão* sugere esperteza. Soa quase como espertalhão. E aí está Vésper, que é Vênus, com o derivado *vespertino*. O morcego só sai da toca à noite, quando o sol se põe. E assim vieram à baila cobras e lagartos. Agora, de repente, os porcos são chamados à colação, com o cortejo de seus lugares-comuns. Em pleno palácio, a pocilga. Metáfora mais fora de hora e de local, Deus me livre!

Menino, aprendi com o meu tio Quinzinho que o porco detesta porcaria. É o homem que o condena à lavagem e ao chiqueiro. Anos depois, vi com os meus olhos que é verdade. Na fazenda do Herbert Levy, em Campinas, os porcos não refocilavam na lama. Pelo contrário. Eram limpíssimos. Gordos que nem texugo, até o ronco deles era perfumado. De raça nobre, tinham o branco da pelagem alvíssimo.

Descendente do javali, o porco é antes de tudo um bravo. Na Europa o javali merece até monumento. Numa floresta belga, vi várias vezes a estátua imponente. E os caçadores, respeitosos, lhe tiram o chapéu. O javali é o ancestral do nosso porco, que aqui chegou com Martim Afonso de Sousa. Brasileiríssimo, mais que quatrocentão, hoje faz parte da família. Pelo menos em Minas, onde, vivo ou morto, é um senhor personagem.

Como é que vocês têm coragem de comer um bicho que conhecem pessoalmente? Foi a pergunta que me fez uma vez o Adolpho Bloch, voltando de uma viagem ao interior de Minas. Porque não rumina e tem o casco fendido, o porco é impuro na Lei Mosaica. Mas muito mais impuro é o morcego, o passarinho do diabo, como diz o povo. No dialeto mineiro, porco é lombinho, costeleta, pernil, torresmo e linguiça. No mais, é um bom palpite para o bicho. Carreguem no milhar — e boa sorte!

$\bullet\ \bullet\ \bullet\ \bullet\ \bullet$

Defesa do elefante 11/11/1992

Deve ter sido coisa do regime autoritário. Ir buscar o leão para amedrontar o pobre do contribuinte. Quase sempre o assalariado, que não tem como fugir. Como se não bastasse a ferocidade, ainda inventaram um leão fiscal que trepa pelas paredes. E passeia no teto da sala, como lagartixa. O fato é que virou o símbolo de um imposto que aqui entre nós não era muito levado a sério. *Income tax.* Coisa de americano rico.

Rei dos animais que seja, o leão é um alienígena. Animal exótico. Ou exótica é só ideologia? Com uma fauna tão rica, o Brasil não precisa ir caçar leão na África. Além do mais, com juba e tudo, o leão não passa de um boa-vida. Detesta trabalhar. Sangue azul, imperial, nem ao menos faz ginástica. Enche o bucho e dorme. Ou cochila e boceja. A leoa que se vire, que vá buscar o antílope para matar a fome da família. Só em último caso o machão entra em cena.

E ainda assim, faz bonito na fábula, mas na vida real tem medo de búfalo. Se não ganhar a parada logo de cara, o búfalo é que sai vitorioso. Tem medo de rinoceronte e de crocodilo. Para não falar do elefante, a quem tira o chapéu, ou a juba, com todo o respeito. Por isto mesmo estranhei quando soube que o Itamar expulsou o elefante da publicidade oficial. Entra governo, sai governo, o leão está aí urrando no nosso ouvido. E logo agora, fim do ano, festas à vista, Natal.

Nem todo mundo sabe que o elefante é jeitosíssimo. Até nisto, mestre do jeitinho, tem afinidade com o brasileiro. No circo, é capaz de proezas incompatíveis com o seu volume. Quem vê tamanho não vê coração. Não pretendo advogar a causa do proboscídeo, mas não se pode ignorar o requinte de sua tromba. Forte, musculosíssima, tanto suspende no ar uma tora de mil quilos, como apanha no chão um alfinete. É mais habilidosa do que a nossa humana mão, a tromba.

Tipo sociável, espírito comunitário, vive em manada. Só se isola, delicado, pra morrer. É preciso dizer ao Itamar, que já anda cansado, que o elefante pode passar quarenta anos sem se sentar. Sempre em pé. A cassar um dos dois, casse o leão, presidente. Ou esqueça um e outro, antes que a oposição lhe venha de latim em riste. "*Aquila non capit muscas.*" Isso mesmo: "A águia não pega moscas". Aliás, a águia, ave de rapina, é o símbolo dos Estados Unidos. Aqui, é só palpite pro bicho. Já as moscas, estas são brasileiríssimas.

· · · · ·

Atração e repulsa

27/11/1992

A que ilustra a capa do livro do Henfil é de um minudente hiper-realismo. Como se não bastasse, na dedicatória ele desenhou outra com o seu traço eloquente e sóbrio. E coloriu. De salto alto, busto exuberante, braços, tentáculos e olhos se arregalam. De pé, traz nas costas uma capa triangular que a torna mais sinistra. Entre as antenas, a linha vermelha de um coração com o meu nome. "Decifra-me ou te devoro!" — desafia a legenda.

Não a decifrei, nem ela me devorou. O livro é o *Diário de um cucaracha*. São as cartas que o Henfil escreveu de Nova York, entre outubro de 1973 e outubro de 1975. Documento espontâneo, textos escritos ao correr da pena, contém o registro de um encon-

[414]

tro marcado por contrastes e arestas. O gênio do Henfil e a poderosa máquina americana. O menino de Bocaiuva, de Ribeirão das Neves, encara, mordaz, o gigantismo de Manhattan e Wall Street.

A galhofa começa pelo título e de cara escarnece do autor. Cucaracha é o próprio Henfil. O marginal que Nova York discrimina. A palavra castelhana quer dizer isto mesmo: barata. Ser humano e barata, identificados. Kafka, está se vendo, é um escritor realista. Ou Nova York é uma cidade kafkiana. Antes e depois de acordar naquela manhã, Gregório Samsa é o mesmo homem. Ou o mesmo inseto. E Gregório seria de fato uma barata? De que família?

No ensaio que escreveu sobre *A metamorfose*, o Hélio Pellegrino não esclareceu este pormenor. Estudou o fenômeno da alienação. Bastava-lhe examinar o que chamou de a honra de ser inseto. Na capa do livro do Henfil, a barata provocou náusea e protesto. Até admiradores lhe viravam a cara. Livrarias chegaram a esconder o livro. Exibi-lo afugentava os fregueses. Não me chamem de machista se disser que espantava, arrepiadas, todas as mulheres.

Escusa explicar por que para o Dalton Trevisan a suprema abjeção é a barata com caspa na sobrancelha. Na outra ponta situa-se a experiência mística da Clarice Lispector. Por que o imundo é proibido? *A paixão segundo G. H.* é um passo hoje obrigatório da literatura universal. Mais do que dentro de casa, esquiva, asquerosa, a barata é a nossa fatal companheira de viagem. Inimigos íntimos, mais uma vez o calor nos aproxima, cara a cara. Quem tem medo de quem?

· · · · ·

Viagem etimológica 30/11/1992

Eu nunca disse, minha amiga, que a barata é um feio privilégio do Brasil. É universal. Você sabe melhor do que eu que no verão Nova York fica literalmente entregue às baratas. Só que as de lá, do hemisfério norte, são miudinhas. Rápidas, campeãs olímpicas de corrida de fundo. No que você acende a luz, ziguezagueiam aflitas e escapam. Fizeram milenar estudo de balística. Não é qualquer vassourada ou patada que as derrota.

Neste sentido, louvemos o tamanhão família do nosso doméstico ortóptero. Ao contrário das doidivanas do Primeiro Mundo, está bem assentado onde quer que se encontre. Só sai do seu lúgubre escondedouro depois de cautelosa pesquisa. Manda cá fora um emissário, ou até um comando avançado. Suas sensíveis hastes captam no ar o perigo. Se arrosta risco, é porque não lhe sobra alternativa. Em qualquer de suas formas, *Humanitas* precisa comer.

Não chega a ser original, como você própria diz, o seu horror a barata. Também eu não morro de amores por essa fúnebre criatura. Tinha acabado de topar com uma, no topo da escada. Estacamos, ela e eu. Olhos nos olhos, juro, medimos nossas forças. As mãos ocupadas, reconheço que dei parte de fraco. Estremeci. Ela, firme, fazia um silêncio espesso. Cascudo mesmo. É possível que chiasse um fiozinho de ironia, antenas alertas.

Sim, retirou-se escada abaixo. Por duas vezes parou e olhou pra trás. Sem óculos, não pude ver se me acenava. Deixe estar, que ela volta. Estava na última lona, andrajosa. Até lá, fui à etimologia, como lhe disse. Peguei a palavra como se pegasse um inseto. Que fazer? É o meu ofício, minha amiga. Pelo dicionário do dr.

[416]

frei Domingos Vieira, edição de 1871, vem do grego — *blaptô*. E quer dizer "faço mal". O latim, *blatta*, deu *brata*. Engoliu um *a* e se fez barata.

A intercalação da vogal é uma modalidade de epêntese que se chama suarabácti. A exótica expressão é tomada à gramática hindu. Desenvolve-se por anaptixe. Recurso de poeta para acrescentar um pé ao verso. Poupo-lhe agora a descrição que acabo de ler. Dou o começo, que é inocente. Até poético, veja: loura, sem barriga, foge da luz e gosta de livros. Quem? Ela, exatamente. A suarabáctica visitante noturna. A esta altura, cá entre nós, o maior barato. Ou não?

· · · · ·

OTTO CRONISTA: HUMOR E COMPAIXÃO
Humberto Werneck

"Não sei se sou cronista", escreveu Otto Lara Resende numa carta que dele recebi em maio de 1992. Nem por um segundo me passou pela cabeça que o veterano escritor mineiro pudesse estar inchado de modéstia, tentando induzir desmentidos reconfortantes. Qualquer bom leitor da imprensa brasileira, àquela altura, não hesitaria em afirmar que Otto era, sim, não apenas cronista como dos melhores. Se ele, por natureza atormentado, chegava a pôr em dúvida sua aptidão, era talvez pelo seu pouco tempo de janela no gênero — apenas doze meses. Aos setenta anos de idade, de certa forma vivia emoções de principiante.

Entende-se. Em seus muitos anos de jornalismo — entrou na profissão aos dezesseis, e nela foi até a morte, aos setenta —, Otto Lara Resende fez de tudo nas várias redações belo-horizontinas e cariocas por onde passou. Aqui e ali, seu talento não só jornalístico se desdobrou também em crônicas, mas nunca por períodos longos. O Otto cronista só haveria de se mostrar inteiro nos dois últimos anos de sua vida. E não por iniciativa própria. Semiaposentado no Rio de Janeiro, cidade onde viveu a partir dos vinte e três anos de idade, foi preciso que um jornal de outra praça, a *Folha de S.Paulo*, o fosse tentar com uma proposta de ser cronista, e mais, cronista diário.

Não foi tarefa simples, lembra-se o jornalista e editor Matinas Suzuki Jr., editor-executivo da *Folha* naquele dia de abril de 1991 em que tomou a Ponte Aérea e foi bater na porta de Otto Lara Resende, no bairro da Gávea. Havia, na verdade, um namoro antigo — ou melhor, uma corte antiga e unilateral, da parte do jornal paulista, que quatro ou cinco anos antes manifestara pela primeira vez o desejo de ter Otto em suas páginas. Mas ele era então colaborador de *O Globo*, e a conversa não prosperou. A *Folha* voltaria à carga no início de 1991, quando, com a saída de Newton Rodrigues, um dos titulares de sua página 2, o jornal ficou sem colunista no Rio. Com a intercessão de outro veterano jornalista, seu amigo Jânio de Freitas, o papo foi retomado, e Otto aceitou convite para almoçar com Matinas num restaurante do Jardim Botânico, no que foi, para o jovem editor-executivo da *Folha*, "uma das tarefas mais agradáveis" que o jornal já lhe havia confiado.

Também para o escritor aquele foi um encontro marcante. "Quando ele se despediu de mim", contou-me Otto naquela carta, "eu estava menos assustado, apesar da surpresa: era mais do que eu previa, isto é, não apenas uma colaboração semanal, ou coisa parecida." Ao final do almoço, que se estendeu gostosamente por quatro horas, o negócio estava quase fechado.

Mas Otto ainda resistia. Argumentava, por exemplo, que se sentiria pouco à vontade na sisuda página 2 da *Folha de S.Paulo*, território então exclusivo da política e da economia. Matinas explicou que o jornal pretendia, exatamente, injetar ali novos temas, abrir uma janela inesperada na aridez daquela página. Quase vencido, mas ainda em busca de um pretexto para cair fora, nesse momento Otto perguntou se a *Folha* exigiria dele exclusividade. "Bem, a gente gostaria", respondeu o emissário do jornal, temeroso de que a conversa retrocedesse, "mas exigir não vamos." "Pois eu gostaria que vocês exigissem!", retrucou Otto, com humor típico, provocando uma gargalhada no outro lado da mesa.

Suas derradeiras resistências estavam vencidas quando, dias mais tarde, ainda em abril, se bateu o martelo, durante um almoço, dessa vez em São Paulo, na sede do jornal. O recém-contratado só não topou a ideia dos novos patrões de fazer soar trombetas para anunciar sua chegada, sob a forma de uma grande entrevista. Com mineira discrição, preferiu desembarcar sem oba-oba, e foi-lhe feita a vontade.

Coincidência ou não, a estreia de Otto Lara Resende na página 2 da *Folha* ocorreu em 1º de maio de 1991, data em que ele completava sessenta e nove anos de vida. "Bom dia para nascer", dizia já o título da primeira crônica — tomado para título também da coletânea que, Otto já falecido, Matinas Suzuki Jr. organizou para a Companhia das Letras em 1993, e que agora volta consideravelmente encorpada. Encarar emprego novo naquele aniversário de certa forma desmentia uma das famosas boutades do escritor mineiro, segundo a qual se nasceu num 1º de maio não foi por ser Dia do Trabalho, e sim por ser feriado...

De que Otto uma vez mais trabalhou muito, não há dúvida. Entre "Bom dia para nascer" e "Águia na cabeça", publicada em 21 de dezembro de 1992, apenas uma semana antes de sua morte, ocorrida no dia 28, ele escreveu para o rodapé da página 2 da *Folha de S.Paulo* nada menos de 508 crônicas — além de haver colaborado com frequência em outras seções do jornal, como a *Revista d'* e o caderno *Mais!*, hoje extintos, sob a forma de textos mais extensos. Na página 2, conformava-se sem reclamações ao espaço que lhe destinaram, capaz de abrigar, contabilizava ele, um máximo de 34 linhas de sessenta toques, ou, como agora se prefere dizer, 2040 caracteres, aí incluídos os espaços. Em geral se atinha a trinta linhas, ou 1800 caracteres.

Sem reclamações nem atrasos: "Nunca deixei de entregar um texto a tempo e hora, em tantos anos de jornal", registrou Otto na citada carta, na qual falou também de sua rotina de colunista da

Folha. Contou que se punha a postos "o mais cedo possível": "Acordo cedo, tomo café, leio os jornais (às vezes muito depressa) e me sento para escrever, de preferência com a escolha já feita (do tema)". Por comodidade, em geral produzia em casa, na rua Frederico Eyer, embora pudesse fazê-lo também, apenas virando a esquina, no escritório, um apartamento de quarto e sala num predinho antigo da rua Piratininga (e que chamou de "cela de frade pobre" quando, para espicaçá-lo, insinuei que pudesse tratar-se de uma "garçonnière literária" onde se deleitar em companhia de Emma Bovary, Anna Karênina, Jane Eyre e outras heroínas de papel...).

Instado a detalhar seus hábitos de trabalho, Otto contou que escrevia à máquina, "na mais nova (?) que tenho, uma Remington 150 que ganhei da Helena [sua mulher] há uns dez anos ou mais. No escritório, escrevo numa Olivetti que tem uns quarenta anos. E tenho outras máquinas que uso segundo as circunstâncias" (na sua casa em Petrópolis, por exemplo). "Todas velhas", acrescentou, "tipo maria-fumaça." Em meados de 1992, a seis meses de morrer, planejava passar para o computador. "Já aprendi a manejar um Toshiba portátil para mandar a matéria direto a São Paulo", anunciou-me, pois até então a sucursal carioca da *Folha* mandava apanhar em casa o que ele escrevia. Mas não parecia especialmente animado com o salto tecnológico que engatilhava: "O teclado é pequeno e a tela idem, não tem til nem cedilha...", queixou-se. "De maneira que continuo mais uns tempos na máquina. Escrevo em qualquer máquina. Me adapto depressa. Sou datilógrafo desde os dez anos de idade."

Adaptou-se igualmente bem aos usos e costumes da redação da *Folha de S.Paulo*. Então encarregado do fechamento da página 2, o jovem jornalista Edney Felice Dias se encantou com o hábito que tinha Otto de juntar às crônicas bilhetinhos (uma das manias do escritor pela vida afora) a um tempo divertidos e instrutivos. Em seu perfeccionismo, o cronista era exigente quanto aos detalhes — certa vez, no comando de uma redação, chegou a declarar, em tom de brincadeira, evidentemente, que o erro de revisão era crime merecedor de pena de morte. Na *Folha*, Otto, embora sem ranzinzice, costumava reclamar quando mexiam no seu texto. Um dia, começou uma frase com "me chamaram", e Edney, intransigente no respeito ao manual de redação da casa, mudou para "chamaram-me". Foi o que bastou para que viesse do Rio um bilhetinho perguntando ao colega se ele acaso era discípulo de Jânio Quadros...

"Me senti muito careta", lembrou numa entrevista o redator — testemunha, também, por outro lado, da flexibilidade que Otto muitas vezes demonstrou na peleja da edição de seus textos. Quando ele se referiu a alguém como "preto", Edney argumentou que o manual manda chamar de "negras" as pessoas de cor — e Otto concordou em escrever assim dali para a frente. Mas houve uma ocasião em que botou Edney no aperto ao defender, numa crônica, o uso de "americano" em lugar de "norte-americano", como determina o manual. Foi a vez de Edney se curvar: "Ele tendo feito uma coluna inteira para defender o uso de 'americano', ficava ridículo você corrigir para 'norte-americano'...".

Se 1º de maio era um bom dia para nascer, a chegada à *Folha de S.Paulo*, naquela data, marcou também, na carreira de Otto Lara Resende, um bom dia para renascer. Sua presença na página 2 causou impacto desde a primeira coluna. Fazia tempo que ele não mantinha colaboração regular em jornais ou revistas. De repente, a grande novidade na imprensa paulistana, naquele primeiro semestre de 1991, era um veterano escriba de sessenta e nove anos de idade. Para aumentar a perplexidade que então se instalou entre os colegas, isso aconteceu numa publicação onde até bem pouco tempo antes parecia proibido ter mais de trinta anos.

Entre os leitores, havia, é claro, quem tivesse ouvido falar e até tivesse acompanhado a trajetória daquele mineiro de São João del Rei, instalado no Rio desde meados da década de 1940. Ao longo dos anos 1980, a cada domingo, ele assinara luminosos artigos no primeiro caderno de *O Globo* — vários dos quais haveriam de ser reunidos, após a sua morte, na coletânea *O príncipe e o sabiá*, organizada pela escritora Ana Miranda e lançada pela Companhia das Letras em 1994.

Havia também entre os leitores da *Folha* quem conhecesse a faceta de ficcionista de Otto Lara Resende, autor de quatro livros de contos e de um romance, que em julho de 1979 o haviam levado à cadeira nº 39 da Academia Brasileira de Letras. Sabia-se sobretudo de sua reputação de *causeur*, de frasista cintilante que o dramaturgo Nelson Rodrigues, seu amigo, um dia transformou em nome alternativo de uma peça de teatro, *Otto Lara Resende ou Bonitinha mas ordinária*. Para a maior parte dos leitores da *Folha*, no entanto, tratava-se de um total desconhecido.

As reações não tardaram. Quem melhor registrou o que então sucedeu foi Carlos Castello Branco, num sentido "réquiem" publicado em sua coluna no *Jornal do Brasil* imediatamente após a morte do cronista. "A última versão de Otto Lara Resende foi essa que se leu diariamente até a semana passada na parte de baixo da segunda página da *Folha de S.Paulo*", escreveu Castellinho, como também era conhecido o maior colunista político brasileiro de seu tempo. E pôs em palavras o que tantos pensavam: a crônica de Otto "era o contraponto humano, sensível, entre lírico e mor-

[424]

daz, do seu rico cotidiano, vazado numa língua impecável, com que enriquecia aquele espaço político. Era um sopro de vida a circular por entre comentários ácidos de uma realidade nacional pouco estimável. O sucesso foi fulminante e Otto se viu de repente às voltas com milhares de jovens leitores que festejavam em cartas a descoberta do autor".

"Poucas vezes a gente teve uma repercussão igual", disse à época o editor-executivo Matinas Suzuki Jr. Em pouco tempo, Otto se tornou um dos colunistas mais lidos da *Folha de S.Paulo*. Não só: entre as mulheres, o índice de leitura da masculiníssima página 2 aumentou consideravelmente após a chegada do cronista. O próprio Otto pareceu surpreender-se com a acolhida. "A resposta que tenho tido é boa", escreveu-me ele no momento em que a sua colaboração completava um ano. E debulhou:

No princípio, acima da minha expectativa. Excelente acolhida, até onde dá pra perceber. Claro, minha amostragem é suspeita. O tom pessoal da coluna, dissonante na página 2, foi sendo estimulado pela maneira como reagia o público. Mas ainda sinto uma certa dúvida e vivo me perguntando se não estou pessoal demais, autorreferente em excesso, saudosista, reminiscente, desligado etc. Há leitores que gostam de um tom digamos "intimista" e outros que preferem o comentário em cima do fato, com gancho jornalístico. Há os que gostam da veia memorialística, ou reminiscente, quando conto algum coisa do passado, ligando a algum episódio atual. Que fazer? Que escolher? Faço um pouco de tudo. Não cito nome de ninguém, mas recebo também cartas de gente conhecida (sem falar nos comentários de viva voz, por telefone ou não). Umas tantas vezes o comentário me deixou na dúvida, ou frustrado, ou até deprimido... Mas isto é exceção. Em geral o leitor tem sido muito generoso.

Mais adiante:

Se "descobriram" OLR, não sei. Para mim, claro que é agradável ser "novidade", como diz você. Gostaria de ser um rapaz velho, mas é preciso cuidado para não exagerar e virar velhinho gaiteiro. Envelhecer com dignidade é difícil. "Ninguém finge a idade" (Nabuco ou Machado?). "Deve-se ter a idade que se tem" (Tristão?). Quando o leitor "descobre" a minha idade, se já não a sabe, em geral tende a me ver com mais simpatia. É o que me parece. Sou agora o "pai" ou o "avô" que olha a vida com serena compaixão e com *sense of humour*, na medida do possível. Se consigo ser isto mesmo, não cabe a mim dizer.

Também entre os colegas a admiração foi instantânea. "Otto é o melhor vizinho que já tive em minha vida", disse-me numa entrevista o colunista Gilberto Dimenstein, que, alocado naquela página, tinha então a metade dos quase setenta anos de vida do escritor mineiro. Quando Otto anunciou que ia entrar em férias, Dimenstein lhe enviou um bilhete: "Me sinto como se estivesse sendo abandonado pela primeira namorada...".

Não foi só Dimenstein. Edney Felice Dias, que além da página 2 editava a seção de cartas, pôde então testemunhar: "Os leitores têm uma relação muito carinhosa com o Otto, e se mostraram saudosos durante as férias dele". Habituados já a uma ração diária de graça e leveza, eles haviam acompanhado, pouco antes, solidários, as sucessivas crônicas em que o colunista relatou e lamentou o desaparecimento de seu gato, Zano. Ou a polêmica que se instaurou quando Otto, a propósito de uma questão do vestibular, se pôs a refutar a tese de que a Capitu de Machado de Assis no fundo não traiu o marido Bentinho com Escobar, amigo do casal. Houve, nesses dois casos — e em muitos outros — uma profusão de cartas de leitores. Não era para menos: como disse à época Gilberto Dimenstein, as crônicas de Otto na *Folha* eram "amostra diária do prazer do texto" — além de "enciclopédia de casos da história do Brasil".

Disso não há dúvida. Com sua riquíssima experiência de vida e de jornalismo, o escritor mineiro destilou no curto espaço de sua coluna um mundo de informações interessantes. Trouxe à luz, por exemplo, bastidores da política brasileira. Como, em "Nuvem de perplexidade", uma conversa em que Jânio Quadros, recém-empossado na presidência da República, tentou, sem êxito, capturá-lo para a sua assessoria em Brasília — "seis meses! Só seis!", insistia o presidente, que renunciaria ao cargo... seis meses mais tarde. Ou, em "Convém não esquecer", a patética solidão em que o escritor foi encontrar Carlos Lacerda, na noite da promulgação do Ato Institucional nº 5, em 13 de dezembro de 1968.

Também bastidores da vida literária transparecem em numerosas crônicas que Otto, sem um pingo de deslumbramento, dedica a autores graúdos que foram seus amigos, como Carlos Drummond de Andrade, Guimarães Rosa ou Dalton Trevisan. Sem posar de protagonista — e poucos teriam tanto direito de fazê-lo —, Otto vez por outra narra episódios de sua vida. A história do primeiro salário, aos dezesseis anos, tragado por um bueiro em meio a uma tempestade. Um acidente aéreo a que sobreviveu. Bicicletadas madrugais do Posto 5 ao Leblon, na juventude, em companhia de Vinicius de Moraes, Rubem Braga e outros amigos. "Sou um poço de reminiscências", admite ele em "As vivas folhas mortas" — mas o tom nunca é de lamúria, ou de exaltação do passado. Até porque, adverte, o saudosismo, como o pigarro, é um "cacoete de velho". Mesmo nesses momentos, imperam a graça, o bom humor, muitas vezes sob a forma de irretocáveis pérolas verbais que foram uma das marcas de Otto Lara Resende. "Já se foi o tempo", observa ele em "Intimidades públicas", "em que ninguém se metia em briga de marido e mulher — nem o marido." Ou mais adiante, na mesma crônica: "Era uma vez o casamento indissolúvel. Tudo hoje é solúvel, do café aos cálculos renais".

Em muitos textos, agrupados neste livro na seção a que se deu o nome de "Epidemia polissilábica", Otto Lara Resende, como quem não quer nada, dá lições de bom português — em "Abusão e palpite", por exemplo, vamos aprender que o pavor ao número 13 tem nome, triscaldecofobia. Vinte anos atrás, Otto já implicava com a mania brasileira de enfeitar a fala, "a nível disso e daquilo" ou "colocando" onde bastaria "pôr". Dominando como poucos de seus contemporâneos a língua portuguesa, ele nem por isso assumia postura professoral, infelizmente tão comum em colunas de jornal ou revista, de quem falasse à massa ignara do alto de um caixotinho. Otto era o contrário disso, e realizava à maravilha o ideal do cronista genuíno, aquele que dá ao leitor a sensação de estar sentado não numa cátedra, mas no meio-fio, ao lado dele. Sua produção nesse gênero é ilustração magnífica daquilo que Antonio Candido, num memorável estudo sobre a crônica, "Conversa ao rés do chão", chamou de "uma conversa aparentemente fiada".

Exagero? É só abrir este livro em qualquer ponto, embarcar nas sinuosidades da prosa hipnótica de Otto Lara Resende e observar com que despretensiosa maestria ele nos conduz, cativos, até o ponto final. Tão substancioso quanto saboroso, seu texto é amostra esplêndida daquilo que um amigo seu, o poeta Hélio Pellegrino, sem referir-se a nenhum escritor determinado, disse ser "a difícil arte de escrever fácil". Tente um de nós contar a alguém um texto de Otto que acabou de ler, sem que haja nisso irremediável perda de saber e substância! Pois uma crônica dele tem que ser contada com todas aquelas palavras, sem uma de mais ou de menos.

O cronista Otto frequentemente parte de algum pretexto colhido no noticiário, até mesmo alguma miudeza, e, sem deixar ver as emendas, vai, no embalo de uma boa conversa, encadeando assuntos, dependurando "aliases" como quem, numa viagem de carro, não resiste à tentação de enveredar pela tentação de estradinhas em que a rodovia se desgalha — a ponto de que, muitas vezes, fica difícil resumir em poucas palavras o tema de uma crônica sua. Uma grosseria do então presidente Fernando Collor, por exemplo, é pretexto para que ele nos ofereça, em "A universal banana", uma viagem pelo universo dos gestos obscenos ao redor do mundo, tão divertida quanto instrutiva.

Quem escreve para o dia não pode alimentar a veleidade de que seus escritos sobrevivam além daquelas vinte e quatro horas. Foi sob tal certeza que Otto Lara Resende, ao longo de vinte meses, escreveu para a página 2 da *Folha de S.Paulo*. Boa parte de sua produção, ali, serviu à circunstância e nela se esgotou — sobretudo a agonia e queda do governo Collor. Ao contrário de outros cronistas, não escrevia para jornal de olho no livro. Provocado por mim, foi categórico: "Não tenho intenção de reunir em livro matéria de jornal". Ainda assim, muito do que ele escreveu na *Folha* mostrou-se durável o bastante para atravessar as quase duas décadas que se passaram desde o desaparecimento do autor. Estamos falando de literatura — e em nosso apoio venha mais uma citação, do poeta Ezra Pound, para quem literatura é a notícia que continua sendo notícia.

Ao organizar a primeira versão desta coletânea, quando a morte de Otto era ainda bem recente, Matinas Suzuki Jr., entre aquelas 508 crônicas, garimpou 192 em cuja resistência ao tempo, no calor da hora, já se podia apostar para um primeiro livro. Duas décadas mais tarde, não apenas o acerto da aposta se confirma, como uma revisita às cinco centenas de textos permite resgatar dos arquivos mais 74. Num dos que entraram já na primeira seleção, por sinal, "A defunta, como vai?", Otto Lara Resende trouxe à tona uma enquete de 1972 a respeito do estado de saúde da crônica, gênero cuja morte ainda hoje volta e meia há quem decrete. A leitura deste livro leva à constatação de que, no que depender de cronistas como Otto Lara Resende, a defunta vai, sim, muito bem de saúde.

créditos das imagens

[p. 1]
Foto de Helena Cristina Lara Resende
Coleção Otto Lara Resende / Acervo Instituto Moreira Salles

[pp. 2 / 3 / 4 / 5 / 8 (abaixo)]
Autor desconhecido
Coleção Otto Lara Resende / Acervo Instituto Moreira Salles

[p. 6]
© Bel Pedrosa
Folhapress

[p. 7]
DR
Claire Varin

[p. 8 (acima)]
Departamento de Filatelia e Produtos
DEFIP / Correios

Todos os esforços foram feitos para determinar a origem das imagens deste livro. Nem sempre isso foi possível. Teremos prazer em creditar as fontes, caso se manifestem.

ESTA OBRA FOI COMPOSTA PELA SPRESS E
IMPRESSA EM OFSETE PELA RR DONNELLEY
SOBRE O PAPEL PÓLEN SOFT DA SUZANO
PAPEL E CELULOSE PARA A EDITORA
SCHWARCZ EM NOVEMBRO DE 2011